教育部高等学校电子商务类专业教学指导委员会规划教材

普通高等教育“十一五”国家级规划教材

电子商务概论

Electronic Commerce

（第6版）

覃征 王国龙 蒋锐 张普 王卫红
张伟哲 李旭 张惠迪 于文辉

高等教育出版社·北京

内容提要

本书是普通高等教育“十一五”国家级规划教材、普通高等教育精品教材，是在第5版基础上结合电子商务的发展修订而成的。本书分基础篇、技术篇、管理篇、实践篇、案例篇和战略篇6篇，主要内容包括电子商务基础知识、电子商务文化、电子商务支撑技术、电子商务支付技术、电子商务安全技术、电子商务与法律、电子商务体系结构与系统设计、移动电子商务、网络应用心理学、电子商务案例分析、电子商务战略，以及电子商务战略与文化。本书内容系统、翔实，具有一定的参考价值。

本书可作为高等学校电子商务、信息管理与信息系统、电子信息等专业的本科生和研究生教材，也可作为相关部门管理者，以及现代服务业和电子商务领域从业人员的参考读物。

图书在版编目（CIP）数据

电子商务概论/覃征等编著. --6版. --北京：高等教育出版社，2019.10

ISBN 978-7-04-052609-7

Ⅰ.①电… Ⅱ.①覃… Ⅲ.①电子商务-高等学校-教材 Ⅳ.①F713.36

中国版本图书馆CIP数据核字（2019）第187451号

Dianzi Shangwu Gailun

策划编辑 刘 艳　责任编辑 刘 艳　封面设计 李卫青　版式设计 马 云
插图绘制 李沛蓉　责任校对 马鑫蕊　责任印制 田 甜

出版发行 高等教育出版社
社 址 北京市西城区德外大街4号
邮政编码 100120
印 刷 人卫印务（北京）有限公司
开 本 850mm×1168mm 1/16
印 张 25.25
字 数 530千字
购书热线 010-58581118
咨询电话 400-810-0598
网 址 http://www.hep.edu.cn
http://www.hep.com.cn
网上订购 http://www.hepmall.com.cn
http://www.hepmall.com
http://www.hepmall.cn
版 次 2002年6月第1版
2019年10月第6版
印 次 2019年10月第1次印刷
定 价 48.00元

本书如有缺页、倒页、脱页等质量问题，请到所购图书销售部门联系调换

物 料 号 52609-00

教育部高等学校电子商务类专业教学指导委员会规划教材编写委员会

前言

电子商务创新作为国家战略，受到各国的广泛关注。它不仅影响着信息产业、工业、农业、教育等领域，还深刻地改变着各个国家的文化和社会面貌。电子商务不仅是对各行各业的一场革命，更推动了社会新文化的产生。

电子商务正在成为一门学科，并逐步走向成熟。电子商务的迅猛发展得益于全球经济一体化和信息技术的迅猛发展。它涉及多门学科，正在形成较为完备的学科体系。它所产生的创新领域，带动了新兴学科的发展，并深深地影响着未来。为此，研究电子商务具有十分重要的历史意义和现实意义。

在前5版的基础上，本书从电子商务的基础、技术、管理、实践、案例、战略6个层面更新内容体系。本书的内容体系及知识体系如图1所示。

本书共分6篇，共计12章。第1篇基础篇论述了电子商务基础知识和电子商务文化，包括电子商务概述、电子商务的基本模式、电子商务系统的主要组成、电子商务的主要支撑环境、相关基础学科对电子商务的影响，以及电子商务文化概述、电子商务文化对社会的影响。第2篇技术篇论述了电子商务支撑技术、电子商务支付技术、电子商务安全技术。第3篇管理篇论述了电子商务与法律，在研究电子商务法的基础上分析了电子商务的相关法律问题，主要内容包括电子合同、电子支付、电子商务中的知识产权保护、电子商务中的消费者权益保护等。第4篇实践篇论述了电子商务体系结构与系统设计、移动电子商务、网络应用心理学。第5篇案例篇论述了电子商务案例分析方法，并分析了电子商务在金融业、石油化工行业、国际贸易、零售等领域的应用实例。第6篇战略篇论述了电子商务战略以及电子商务战略与文化的辩证关系，包括国家和企业电子商务战略分析，以及中美电子商务战略与文化的比较。

本书结合电子商务目前的发展现状，对第5版的相关内容进行了更新和修订。例如，在技术篇，增加了区块链、人工智能等新的电子商务支撑技术，更新了电子商务支付工具；在管理篇，在对电子商务法内容进行调研的基础上，增加了对国内外电子商务相关法律发展情况的介绍，以及对已施行的《中华人民共和国电子商务法》的分析，并调整了第6章的结构；在案例篇，对电子商务案例进行了更新，同时补充了京东电子商务案例；在战略篇，补充了亚马逊公司的电子商务战略分析。

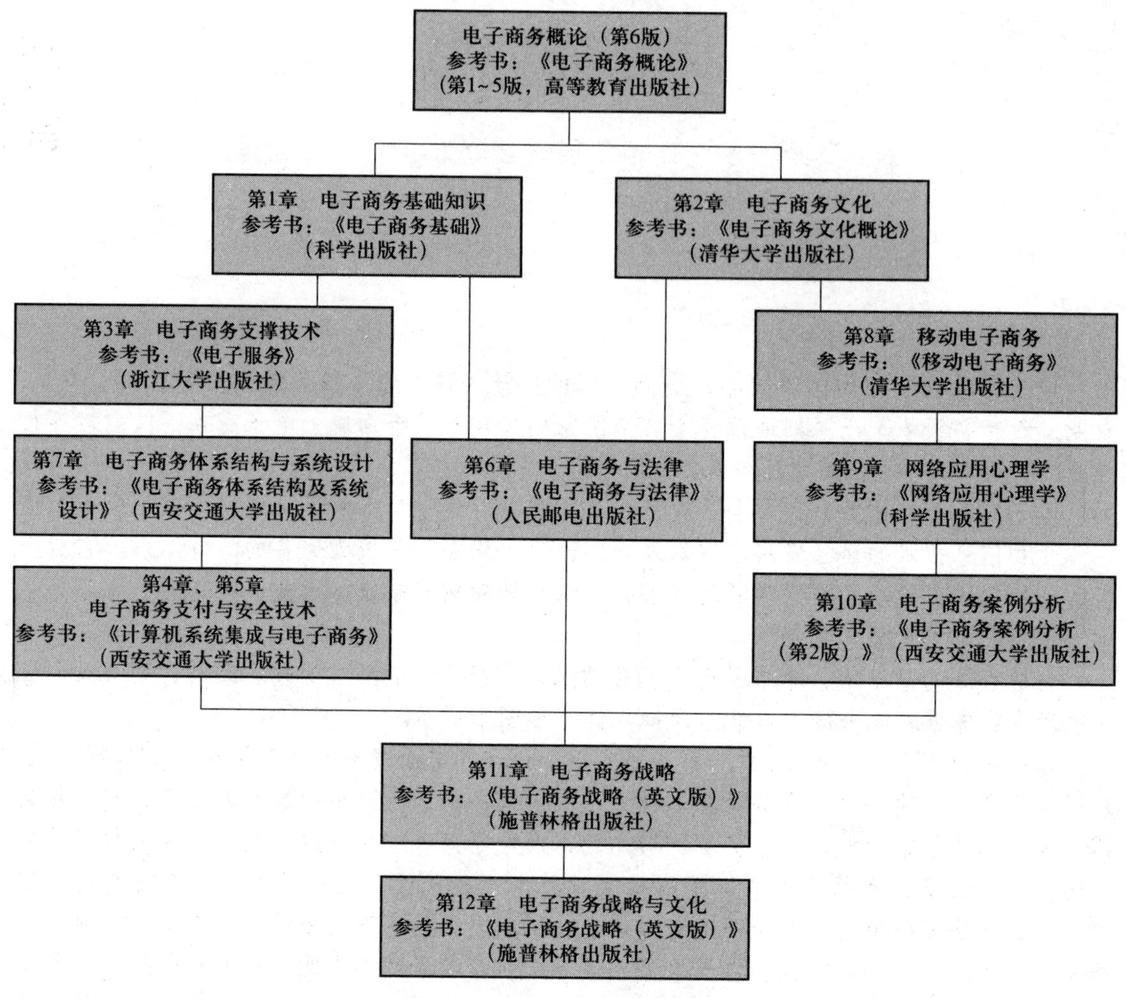

图 1　本书内容体系及知识体系

本书由覃征教授确定整体结构，并审稿和定稿。王国龙、蒋锐、张普、王卫红、张伟哲、李旭、张惠迪、于文辉负责本书内容的更新。

本书在再版过程中得到了清华大学信息科学技术学院、软件学院、法学院，北京大学信息科学技术学院，中国科学院软件所，中国科学院计算所，西安交通大学管理学院，浙江大学计算机科学与技术学院，上海财经大学国际工商管理学院等单位院士、教授和专家的支持，得到了《电子商务概论》第 1 版至第 5 版原作者李顺东、韩毅、曹晖等教授的支持，在此表示由衷的感谢。在本书编写过程中参考和借鉴了大量资料，引用了相关领域的最新研究成果及部分案例，在此谨向这些资料的作者和提供者表示诚挚的感谢。

电子商务的发展十分迅速，它的理论、技术、应用乃至文化都在不断发展和完善；加之电子商务又是由信息技术、管理、法律等众多学科交叉而形成的新学科，因此有许多未知的领域尚待进一步开发与探索。在此竭诚希望广大读者对本书提出宝贵意见，以不断改进。

由于电子商务发展迅速，新商业模式不断产生，新的领域不断出现，书中的疏漏和错误之处在所难免，请读者批评指正。

作　者

2019年8月

目录

一第1篇 基 础 篇一

第4篇 实 践 篇

—第5篇 案 例 篇—

—第6篇 战 略 篇—

第1篇

基础篇

第1章
电子商务基础知识

本章介绍电子商务的基础知识，主要内容包括电子商务的产生与发展、电子商务的概念与含义、电子商务的基本模式、电子商务系统的主要组成、电子商务的主要支撑环境以及相关基础学科对电子商务的影响等。

1.1 电子商务概述

路甬祥院士把互联网世界称为地球的第六大洲。在互联网基础上产生的电子商务技术，是20世纪重要的科技成果之一。对于商务活动而言，电子商务的兴起促使其发生了一场革命。电子商务打破了时空界限，改变了贸易形态，改善了物流、资金流、信息流的环境，加速了整个社会的商品流通，有效地降低了企业生产成本，提高了企业的竞争力。一句话：电子商务使传统的商务活动能够多、快、好、省地进行。除此之外，电子商务的影响远远超出商务活动本身，无论是工业、流通业、金融业还是媒体传播业，无论是政府、企业还是科研机构，甚至传统的农业都将受到电子商务的洗礼。以数字化为基础、以互联网为纽带的新经济革命已经到来。可以毫不夸张地说，电子商务是工业革命以来最重大的产业革命，而电子商务对人类社会的影响将远远超过之前的产业革命，因为它能够大大地提高劳动生产率，提高经济运行效率，降低经济运行成本，使许多原来不可能的事情成为可能。那么，电子商务究竟是如何产生和发展的？电子商务系统是如何组织的？电子商务技术有哪些？电子商务系统的体系结构是怎样的？电子商务系统设计应该遵循什么原则？电子商务交易中遇到哪些安全问题，如何解决这些问题？如何设计一个好的电子商务门户网站？电子商务与国际贸易有什么关系？电子商务的运用可能产生哪些法律问题？应该如何看待和分析电子商务案例？总之，传统商务活动电子化过程可能遇到哪些问题，这些问题是否能够解决，如何解决，以及哪些问题需要采用技术的方法加以解决，哪些问题需要采用法律的、经济的方法来解决，这些就是本书要回答的问题。

1.1.1　电子商务的产生与发展

电子商务是国际商务活动发展的必然要求，国际商务是电子商务发展的第一推动力。计算机技术与通信技术的发展为电子商务的产生奠定了物质基础，信息安全技术的发展使建立在计算机技术与通信技术基础上的电子商务能够安全地进行，电子商务有关法律的制定保证了电子商务活动的法律秩序。电子商务的发展经历了 5 个阶段，如图 1.1 所示。

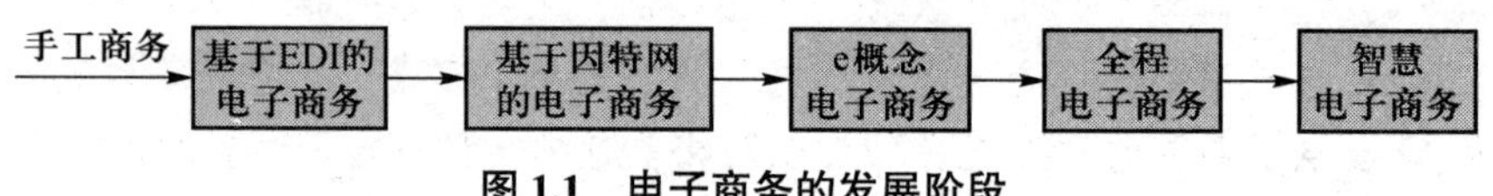

图 1.1　电子商务的发展阶段

第一阶段：基于 EDI 的电子商务阶段。

EDI（electronic data interchange，电子数据交换）起源于 20 世纪 60 年代，20 世纪 80 年代发达国家的大型企业基本上都实现了 EDI。我国的 EDI 始于 20 世纪 80 年代。EDI 是将业务文件按照一个公认的标准从一台计算机传输到另一台计算机上的电子化数据传输方法。由于 EDI 大大减少了纸质票据的数量，因此人们曾形象地称 EDI 为“无纸贸易”或“无纸交易”。从技术上讲，EDI 包括硬件与软件两大部分，硬件主要是指计算机网络，软件主要包括计算机软件和 EDI 标准。20 世纪 90 年代之前的大多数 EDI 都不通过因特网（Internet）实现，而是通过增值网（value added network，VAN）实现，这样做的主要目的是确保数据交换安全可靠。EDI 软件用于将用户数据库系统中的信息翻译成 EDI 的标准格式以供传输、交换。由于不同行业的企业是根据自己的业务特点来规定数据库系统中的信息格式的，因此在发送 EDI 文件时，必须将其翻译成 EDI 的标准格式，只有这样才能进行传输。EDI 是电子商务的初级阶段。EDI 还没来得及在我国普及，电子商务就迅速发展到了第二个阶段。

第二阶段：基于因特网的电子商务阶段。

EDI 的运用，使得单证制作和文件处理的劳动强度、出错率和费用都大大降低，效率大大提高，极大地推动了国际贸易的发展，显示出巨大的优势和强大的生命力。但由于 EDI 通信系统的建立需要较大的投资，使用增值网的费用很高，因此它比较适合大型跨国公司，这限制了基于 EDI 的电子商务的应用范围的扩大。此外，EDI 对信息共享考虑得较少。随着大型跨国企业对信息共享需求的不断增加和中小企业对电子数据交换需求的不断增加，迫切需要建立一种新的成本低廉、能够实现信息共享的电子信息交换系统。

20 世纪 90 年代中期以后，因特网迅速普及，逐步从象牙塔走向企业和寻常百姓家庭，成为一种大众化的信息传播工具。商业活动也正式进入这个互联网王国，使电子商务成为互联网应用的最大热点。与此同时，互联网借助商业应用迅速发展。互联网上的营业性网站 1995 年仅有 2 000 个，1998 年就达到 42.4 万个。现在因特网已成为全球最大的网络，覆盖 200 多个国家和地区，目前全球已有超过 43 亿互联网用户。中国互联网络信息中心（CNNIC）2019 年 2 月发布的统计报告显示，截至 2018 年 12 月，我国互联网用户数已达 8.29 亿，域名总数为 3 792.8 万，CN 下注册的域名数已达 2 124.3 万。因特网的迅速发展，吸引着大量企业开拓企业电子商务。为什么基于因特网的电子商务对企业有如此大的吸引力呢？这是因为它与基于 EDI 的电子商务相比具有以下优势。

（1）费用低廉。开放的因特网，使用起来费用很便宜。一般来说，其使用费用不到增值网的十分之一，这使得基于因特网的电子商务费用低廉。

（2）覆盖面广。由于因特网遍及全球的各个角落，用户通过因特网可以方便地与位于世界上不同地方的贸易伙伴相互传递商业信息和文件。

（3）功能更全面。因特网可以支持不同类型的用户实现不同层次的商务目标，如发布电子商情、在线洽谈、建立虚拟商场或网上银行等。

（4）使用更灵活。基于因特网的电子商务可以不受特殊数据交换协议的限制，任何商业文件或单证可以直接通过填写与现行的纸质单证格式一致的电子单证来完成，不需要再进行翻译，任何人都能看懂或直接使用。

因特网克服了 EDI 的不足，满足了中小企业对于电子数据交换的需求。因特网作为一个费用更低、覆盖面更广、服务更好的系统，已经取代增值网而成为 EDI 的硬件载体。在因特网基础上建立的电子信息交换系统，既成本低廉又能实现信息共享，为企业商务活动电子化提供了可能。基于因特网的 EDI 具备 EDI 和因特网的共同优势，因此有人把通过因特网实现的 EDI 直接称为 Internet EDI。

基于因特网的电子商务，最初主要是利用因特网的电子邮件功能进行日常商务通信，后来发展到利用因特网进行信息发布。从 1995 年起，企业逐渐突破用电子邮件进行日常通信的应用范围，依靠因特网发布企业信息，让公众不仅可以通过因特网来了解企业的全部情况，还可以通过因特网来直接获得企业产品和相关服务。这导致以 Web 技术为代表的信息发布系统爆炸式地发展起来，并成为因特网的主要应用。1996 年，联合国国际贸易法委员会通过《电子商务示范法》，标志着真正的电子商务的产生。1998 年，IBM 公司以一句响亮的广告语“你准备好迎接电子商务了吗”，在全球掀起了电子商务的热潮。

第三阶段：e 概念电子商务阶段。

自 2000 年以来，人们对于电子商务的认识，逐渐由电子商务扩展到 e 概念的高度，人们认识到电子商务实际上就是电子信息技术与商务应用的结合。而电子信息技术不但可以与商务活动结合，还可以与医疗、卫生、教育、军事、行政等的有关应用结合，从而形成相应领域的 e 概念。电子信息技术和教育相结合，产生了电子教务——远程教育；电子信息技术和医疗相结合，产生了电子医务——远程医疗；电子信息技术和政务相结合，产生了电子政务；电子信息技术和军务相结合，产生了电子军务——远程指挥；电子信息技术和金融相结合，产生了网络银行；电子信息技术与企业组织形式相结合，形成虚拟企业；等等。对应于不同的 e 概念，产生了不同的电子商务模式，如 e-business、e-commerce、e-government 等。随着电子信息技术的发展和社会需要的不断增加，人们会不断地为电子信息技术找到新的应用，因而必将产生越来越多的 e 概念，人类社会也将进入真正的 e 时代。

第四阶段：全程电子商务阶段。

2006 年 1 月，金银岛网交所（北京网信在线网络科技有限公司）首次公开提出要打造“全程电子商务平台”。同年 7 月，重庆金算盘软件有限公司也提出向“全程电子商务”转型的战略，推出了自己的全程电子商务平台，全程电子商务这个概念开始走入公众的视野。

随着互联网技术的发展和应用软件的成熟，“软件即服务”这种全新的软件应用模式开始兴起。正是由于“软件即服务”应用模式的出现，越来越多的软件出现在互联网上，延长了电子商务链条，形成了“全程电子商务”的概念。

“全程电子商务”能够整合电子商务资源，使其渗透到企业的每个商务活动中。它以电子商务时代的管理模式为核心，为企业提供在线管理以及电子商务服务，实现企业内部管理以及企业之间商务流程的有效协同，是未来企业提高自身竞争力的一种商业模式。随着网民数量的激增、支付方式的改进、物流企业的快速发展，全程电子商务将迎来大的发展期，它不仅会改变大众的消费模式和企业的经营模式，还会改变整个财富的分配模式，成为企业发展的必经之路。

第五阶段：智慧电子商务阶段。

随着社交网络、移动计算、云计算等技术的发展，2011 年 IBM 公司提出了“智慧商务”（smarter commerce）的概念，同时推出了智慧商务解决方案。IBM 公司大中华区前任首席执行总裁钱大群指出，社交网络和移动通信将越来越多的权力赋予客户，电子商务市场已经转向以客户为中心，企业只有拥有联系更为紧密、反应更加迅速的供应商及合作伙伴关系网络，才能适时地提供价格合理、符合客户需求的产品或服务。在千变万化的市场环境中，企业取得商业成功的关键就是预测市场趋势，并对市场反馈进行自动化处理，以消除买卖、供需双方之间的差距。这些新的需求催生了智慧商务。IBM 公司将智慧商务定义为一种方法，它帮助企业在快速变化的环境中，通过社区、协作、流程优化和分析，在采购、销售、市场活动和客户服务等各个环节中获得更智慧的运作流程，并整合运作流程，加强互动，增加为客户、合作伙伴和利益相关方提供的价值。

1.1.2 电子商务的概念与含义

电子商务指利用计算机技术、网络技术和远程通信技术，实现整个商务（买卖）过程的电子化、数字化和网络化。在电子商务中，人们不再是看着实实在在的货物，靠纸介质单据（包括现金）进行买卖交易，而是通过网络及其上琳琅满目的商品信息、完善的物流配送系统和方便安全的资金结算系统进行交易（买卖）。

许多有影响的国际组织、跨国公司都有自己对电子商务的定义。

国际标准化组织（International Organization for Standardization，ISO）的定义：电子商务是用于描述企业之间、企业与消费者之间信息内容与需求交换的一种通用术语。

全球信息基础设施（global information infrastructure，GII）委员会的定义：电子商务是运用电子通信作为手段的经济活动，通过这种方式人们可以对带有经济价值的产品和服务进行宣传、购置和结算。

Intel 公司的定义为：电子商务 = 电子市场 + 电子交易 + 电子服务。

IBM 公司的定义为：电子商务 = 信息技术 + Web + 业务。

维基百科的定义为：在因特网、企业内部网（intranet）和增值网（VAN）上以电子交易方式进行交易活动和相关服务活动，是传统商业活动各环节的电子化、网络化。

电子商务是一个全新的学科，目前有各种各样的定义不足为奇，相反如果过早地追求统一的定义，就会限制人们的思维而不利于电子商务的健康发展。

1. 电子商务的含义

电子商务，顾名思义是人们利用电子信息技术手段进行的商务活动。电子信息技术手段包括电子技术、电子工具、电子设备及系统，如电话、电视、传真、电子邮件、电子数据交换、计算机、通信网络、信用卡、电子货币、电子钱包和因特网等；商务活动包括发布广告、询盘、报价、磋商、签约、履约、支付等经济活动。狭义的电子商务（electronic commerce，即 e-commerce）是指人们利用电子信息技术手段进行的以商品交换为中心的各种商务活动，是指商家、用户、中间商等双方或多方通过计算机网络，主要是因特网进行的商务活动。广义的电子商务（electronic business，即 e-business）是指各行各业（包括政府机构和企业、事业单位）中各种业务的电子化，又称为电子业务，包括电子商务、电子政务、电子军务、电子医务、电子教务、电子公务、电子事务、电子家务等。

2. 电子商务的组成

电子商务的组成如图 1.2 所示。

（1）网络系统。网络系统包括 Internet、企业内部网、企业外部网（extranet）。其中，Internet 是电子商务的基础，是商务、业务信息传递的载体；企业内部网是企业内部商务活动的场所；企业外部网是企业与用户进行商务活动的纽带。

（2）客户。电子商务客户包括企业客户和个人客户。企业客户建立企业内部网、企业外部网和管理信息系统（management information system，MIS），对人、财、物、产、供、销进行科学管理。个人客户利用手机、个人计算机、机顶盒、个人数字助理（personal digital assistant，PDA）、Visual TV 等接入互联网获取信息、购买商品等。

（3）商家。这里的商家是指在网上提供商品或服务的单位或个人。

（4）认证中心。认证中心（certificate authority，CA）是法律承认的权威机构，负责发放和管理电子证书，使网上交易的各方都能够互相确认身份。

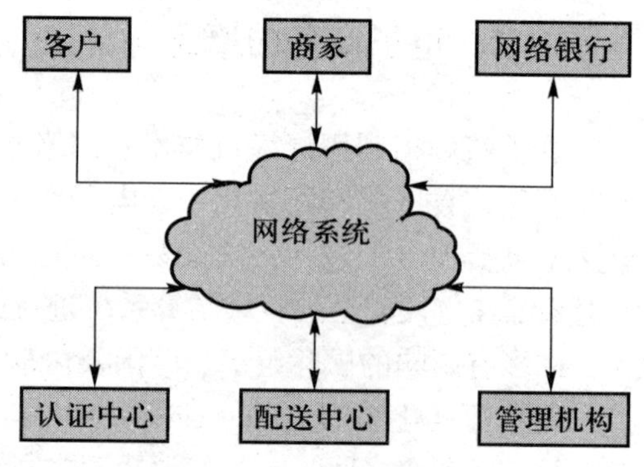

图 1.2 电子商务的组成

（5）配送中心。它按照商家的要求组织运送无法从网上直接得到的商品，跟踪商品流向，将商品送到客户手中。

（6）网络银行。网络银行在网上实现买卖双方结算等传统的银行业务，为商务交易中的客户和商家提供 24 小时实时服务。支付宝、微信支付和苹果支付（Apple Pay）等支付工具，也在网上交易中发挥了重要的作用。

（7）管理机构。商务活动的管理机构包括政府、工商、税务、海关、经贸等部门。

3. e 概念电子商务的意义

电子邮件（e-mail）被称为因特网的杀手级应用（killer application），它使人们开始关注网络的存在，并逐渐引起网络应用热潮。电子邮件的应用也从简单的邮件收发向商业用途扩展，成为人们在网络上进行交流的主要工具之一。电子钱包（e-wallet）、电子现金（e-cash）等使人们可以在网上初步实现资金划拨功能，从而使网络和现实生活的融合更加深入，而 e-commerce、e-bussiness 则开始大规模地冲击人们传统的贸易方式，并带来了一场激烈的社会生活形态的变革。目前，基于网络的电子信息技术仍在不断地向前发展。可以预见，新概念仍将不断涌现，电子信息技术与其他技术或思想的结合都可能引发一种新事物的出现。因此，针对这种趋势，“e 概念”的思想被提出并迅速得到认可和广泛的传播，即以电子信息技术为基础，以其他技术或思想为上层平台，经过功能与理念的双重整合，形成对社会生活形态有重大影响的新事物。从这个意义上来说，电子商务只是 e 概念的一个子集。

虽然电子商务只是 e 概念的一个子集，但它却给整个世界带来了新的动力和通向未来的广阔空间。电子商务的发展可能会改变整个社会的运作规则，而 e 概念给社会所带来的影响，无论是从深度上还是从广度上来说，都要比电子商务大得多。

e 概念的意义就在于使人们可以掌握未来新事物的本质特性，而不仅仅是新事物所带来的表象层面的巨变；使人们可以真正掌握 e 概念所带来的“e 时代”中可能发生的所有变化的根源，从而主动推动社会产生更大的变革。

1.2　电子商务的基本模式

先进的电子信息技术和信息时代的企业与消费者是电子商务发展的动力。电子商务的实现有一个逐渐成熟的过程，不可能一步到位。对企业和消费者来说，不同种类、不同层次的电子商务过程，蕴涵着不同的发展机遇。

按照交易对象分类，可以将电子商务分为以下 6 种基本模式：企业对企业（business to bussiness，B2B）电子商务、企业对消费者（business to consumer，B2C）电子商务、政府对政府（government to government，G2G）电子商务、消费者对消费者（consumer to consumer，C2C）电子商务、线上到线下（online to offline，O2O）电子商务，以及线上线下一体化（O together，$O2O^n$）电子商务。

B2B 电子商务。B2B 电子商务是在企业与企业之间进行的，它已经存在很多年了，其中企业通过专用网络或增值网采用 EDI 方式进行的商务活动尤为典型。这是电子商务的主流，也是企业在激烈的市场竞争面前，改善自身竞争条件的主要方式。

B2C 电子商务。B2C 电子商务是在企业与消费者之间进行的。这类电子商务主要是指借助因特网开展的在线销售活动，如亚马逊公司的在线书店。近年来，随着因特网不断为企业和消费者开辟新的交易平台，再加上全球网络用户不断增多，这类电子商务得到了较快发展。这类电子商务并不需要统一标准的单据传输，而且其在线销售和支付行为通常只涉及信用卡、电子货币或电子钱包。另外，因特网提供的浏览、搜索功能和多媒体界面，又使得消费者可以更容易地查找和深入了解所需要的产品。因此，开展 B2C 电子商务有巨大的潜能，是电子商务发展的主要动力。

G2G 电子商务。G2G 电子商务是在政府与政府之间进行的，主要用于实施政府部门之间的电子政务活动。传统的政府部门之间的大部分政务活动都可以通过电子信息技术的应用，高速、高效、低成本地实现。

C2C 电子商务。C2C 电子商务是消费者的个人行为，如二手市场等。这类电子商务活动还在发展之中。

O2O 电子商务。O2O 电子商务是在线上企业与线下企业之间进行的，是一种新型的电子商务模式，目前发展速度很快。它将线下的商务活动与互联网相结合，让互联网成为线下交易的平台。一方面，方便企业收集消费者的购买数据，达到精准营销的目的；另一方面，方便消费者快捷筛选和订购合适的商品和服务。

$O2O^n$ 电子商务。$O2O^n$ 电子商务是线上线下一体化的电子商务模式，它结合了线上丰富的策略和线下的服务，突出了“服务”的纽带作用。

按照交易对象划分的 6 种电子商务模式是目前常见的电子商务模式，下面具体分析这

6 种电子商务模式。

1.2.1　B2B 电子商务

在电子商务的 6 种基本模式中，B2B 电子商务占有绝对的优势。未来电子商务的主要模式也将是 B2B 电子商务。B2B 电子商务的优势如下。

1. B2B 电子商务的交易额占电子商务总交易额的绝大部分

B2B 电子商务的交易额在电子商务总交易额中所占的比重呈逐年上升趋势。有关数据显示，2018 年上半年中国 B2B 电子商务交易规模达 11.2 万亿人民币，同比增长 14.2%。按照经济学的观点，资本往往是流向能获取更多利润的领域。由于 B2B 电子商务企业在电子商务市场上占有很大的市场份额，越来越多的资金流向 B2B 电子商务企业。这种资金同向流动的结果，必然会造成 B2B 电子商务企业资本的大量积累，进而使它们能够不断地壮大自己的实力，逐年增大市场份额。在未来的电子商务市场中，B2B 电子商务必然是主力军。

2. B2B 电子商务企业在降低经营成本方面更有优势

B2B 电子商务企业的网上业务包括产、供、销，其业务的广泛性使其有更多的渠道降低成本。第一，可以采取网上单一品种大批量购货的方式节省采购成本；第二，通过缩短生产周期降低生产成本；第三，通过有效的库存管理降低经营成本；第四，通过面向全球的批量销售降低营销成本。这种多渠道降低成本的优势，是其他模式的电子商务企业无法相比的。

3. B2B 电子商务企业更适合现代物流管理

物流配送在电子商务企业的整个商务活动中起着举足轻重的作用。不解决物流问题，电子商务企业就无法持续经营。即使可以将物流外包，其外包的费用也会影响电子商务企业的经营业绩。B2B 电子商务企业与其他电子商务企业相比，其物流配送以少批次、大批量为特征，其他模式的电子商务企业都以小批量、多批次、高速周转为主要特点。二者相比，B2B 电子商务企业可以节省大量的配送成本。据统计，B2B 电子商务企业比 B2C 电子商务企业节约 20% ~ 60% 的物流配送成本，使得 B2B 电子商务企业更具竞争力。

4. B2B 电子商务企业在经营过程中的信用和资金安全问题更有保障

无论过去、现在还是将来，信用和安全问题都是制约电子商务高速发展的关键问题，只要是通过网络来实现完整的商务活动，就存在安全问题。关于信用问题，由于 B2C 电子商务企业面对的是成千上万个消费者，使其很难对每一个消费者进行信用核查。同时，小批量、多批次频繁的在线支付更增添了消费者对在线支付安全问题的担忧，这将影响 B2C 电子商务企业捕捉更多的商业机会。而 B2B 企业则刚好相反，B2B 电子商务企业少批次、大批量的经营方式，使得其对贸易伙伴的信用问题有核查与鉴别的机会。同时，由于批次较少，客户稳定，为了保证资金运行的安全，可以避开在线支付而采用银行网络的专线支付方式，这样也可达到安全快捷的目的，有利于 B2B 电子商务企业之间贸易的开展。

5. B2B 电子商务从理论到实践都更加成熟

这里所说的 B2B 电子商务，是指基于因特网的 B2B 电子商务，而在 20 世纪 70 年代初，基于 EDI 的电子商务，实际上也是典型的 B2B 电子商务。只是当时的专用网络是价格昂贵的增值网专线，限制了基于 EDI 的电子商务的贸易伙伴的数量。也就是说，电子商务一开始就是以 B2B 模式出现的。由于 B2B 模式有较长的发展历史，其理论和实践都更加成熟，对未来电子商务的运作有极大的指导作用，有利于 B2B 模式的良性发展。

综上所述，B2B 电子商务企业在激烈的市场竞争中具有很强的竞争力，B2B 电子商务是电子商务的主要模式，应该加以重点研究和发展。有专家认为，全球电子商务已经从以雅虎（Yahoo）为代表的注意力经济，以亚马逊（Amazon）和亿贝（eBay）为代表的网络经济（B2C、C2C），发展到面向四大市场，即电子市场（e-market）、分销市场（e-channel）、采购网（e-procurement）、企业价值链管理（e-enterprise），以应用服务提供商（application service provider）的中介服务为特征，以 Internet 和 B2B 电子商务为工具和手段，促进新旧经济互动的整合经济。由此可见，B2B 电子商务时代已经来临。

1.2.2　B2C 电子商务

B2C 电子商务是以因特网为主要手段，由企业通过网站向消费者提供商品和服务的一种商务模式。目前，在因特网上遍布着各种类型的 B2C 电子商务网站，提供从鲜花、书籍到计算机、汽车等各种消费品和服务。从长远来看，B2C 电子商务将快速发展，并最终在电子商务领域占据重要地位。

从企业和消费者买卖关系的角度分析，可以将 B2C 电子商务分为卖方企业 - 买方个人的电子商务和买方企业 - 卖方个人的电子商务两种模式。

（1）卖方企业 - 买方个人的电子商务。这是企业出售商品和服务给消费者个人的电子商务模式。在这种模式中，企业首先在网站上开设网上商店，公布商品的品种、规格、价格、性能等，或者服务种类、价格和方式，由消费者个人选购，下订单，在线或离线付款，企业负责通过物流送货上门。这种网上购物的方式可以使消费者获得更多的商品信息，足不出户就可以货比多家，买到能够满足需要的、价格低廉的商品，节省了购物时间。当然，这种电子商务模式的发展需要高效率和低成本的物流体系的配合。这种模式中比较典型的代表就是全球知名的亚马逊网上书店。

（2）买方企业 - 卖方个人的电子商务。这是企业在网上向个人求购商品或服务的一种电子商务模式。这种模式应用得最多的就是企业在网上招聘人才。例如，许多企业通过深圳人才网招聘人才。在这种模式中，企业首先在网上发布人才需求信息，然后由个人上网洽谈。这种方式在人才流动量很大的今天非常流行，因为它建立起了企业与个人联系的平台，使得人力资源得以充分利用。

从交易商品和服务形态的角度分析，可以将 B2C 电子商务分为无形商品和服务的电子商务模式以及有形商品和服务的电子商务模式。前者可以完整地通过网络进行，而后者则不能完全在网上实现，要有传统手段的配合才能完成。

（1）无形商品和服务的电子商务模式。计算机网络本身具有信息传输和信息处理功能，无形商品和服务（如电子信息、计算机软件、数字化视听娱乐产品、法律咨询、教育、信息服务等）一般可以通过网络直接提供给消费者。无形商品和服务的电子商务模式主要有网上订阅模式、广告支持模式和网上赠予模式。

① 网上订阅模式。消费者通过网络订阅企业提供的无形商品和服务，并在网上直接浏览或消费。这种模式主要被一些商业在线企业用来销售报纸、杂志、有线电视节目等。网上订阅模式主要有以下几种。

在线出版（online publications）。出版商通过因特网向消费者提供除传统印刷出版物之外的电子刊物。在线出版一般不提供因特网的接入服务，只在网上发布电子刊物，消费者通过订阅可以下载有关的电子刊物。这种模式并不是一种理想的信息销售模式。在当今信息大爆炸的时代，普通用户获取信息的渠道很多，因而可能会对本来已经很廉价的收费信息服务敬而远之。因此，有些在线出版商采用免费赠送和收费订阅相结合的双轨制，从而吸引了一定数量的消费者，并保持了一定的营业收入。

在线服务（online services）。在线服务商通过每月收取固定的费用向消费者提供各种形式的在线信息服务。在线服务商一般都有自己特定的客户群体。例如，美国在线（AOL）的主要客户群体是家庭用户，而微软网络（Microsoft Network）的主要客户群体是 Windows 操作系统的使用者。订阅者每月支付固定的费用，就能享受多种信息服务。在线服务一般是为一定的社会群体提供的，以培养消费者的忠诚度。在线服务商强大的营销攻势，使其用户数量稳步上升。

在线娱乐（online entertainment）。在线娱乐商通过网站向消费者提供在线游戏，并收取一定的订阅费，这是无形商品和服务在线销售中一个令人关注的领域，也取得了一定的成功。当前，网络游戏已成为网络应用的焦点之一，各大软件公司纷纷在网络游戏方面强势出击。此外，一些网络经营者通常通过免费或价格低廉的网上娱乐换取消费者的访问率和忠诚度。

② 广告支持模式。在线服务商免费向消费者提供在线信息服务，其营业收入完全靠网站上的广告来获得。这种模式虽然不直接向消费者收费，但却是目前最成功的电子商务模式。谷歌（Google）、百度等在线搜索服务网站就是主要依靠广告收入来维持经营活动的。对于网络用户而言，信息搜索是使其能在因特网的信息海洋中寻找所需信息的最基础的服务。因此，企业也愿意在信息搜索网站上设置广告，通过点击广告可以直接到达该企业的网站。采用广告支持模式的在线服务商能否成功的关键是其网页是否能吸引大量的广告，是否能吸引广大消费者的注意。

③ 网上赠予模式。这种模式经常被软件公司用来赠送软件产品，以扩大其知名度和市场份额。一些软件公司将测试版软件通过因特网向用户免费发送，用户自行下载试用，之

后将意见或建议反馈给软件公司。用户对测试版软件试用一段时间后，如果满意，则有可能购买正式版本的软件。采用这种模式，软件公司不仅可以降低成本，还可以扩大测试群体，改善测试效果，提高市场占有率。美国的网景（Netscape）公司在其浏览器最初的推广阶段采用的就是这种方法，使其浏览器软件迅速占领市场，效果十分明显。

（2）有形商品和服务的电子商务模式。有形商品是指传统的实物商品，有形服务是必须当面进行的服务，如修理电器设备、修理水暖设备等，这些虽然是服务但是不能在网上提供。采用这种模式，有形商品和服务的查询、订购、付款等活动在网上进行，称为在线销售。目前，企业实现在线销售主要有两种方式：一种是在网上开设独立的虚拟商店；另一种是参与并成为网络购物中心的一部分。有形商品和服务的在线销售使企业扩大了销售渠道，增加了市场机会。与传统的店铺销售相比，即使企业的规模很小，网上销售也可以将业务伸展到世界的各个角落。网上商店不需要像一般的实物商店那样保持很多的库存，如果是纯粹的虚拟商店，则可以直接向厂家或批发商订货，省去了商品存储的阶段，从而大大节省了库存成本。

从企业管理的角度来看，发展 B2C 电子商务的企业应注意运用以下策略。

（1）企业的战略定位要适当。在 B2C 电子商务中，企业与消费者之间的关系发生了深刻的变化，出现了新的价值连接，产生了新的价值机会。开展 B2C 电子商务的首要问题就是对企业经营目标进行战略定位。例如，企业开展 B2C 电子商务，是希望开拓新的产品或服务项目，还是希望延伸现有产品或服务的市场空间。不同的战略定位将带来不同的经营效果。

（2）协调市场渠道。B2C 电子商务的开展势必会使市场渠道得以开拓和延伸，这有可能会对原有的渠道关系造成一定的冲击，这就需要企业管理人员进行有效的协调。B2C 电子商务的网络营销渠道与原有的传统营销渠道相互补充、相互促进，可以给企业带来更大的收益。例如，企业在因特网上发布内容丰富、图文并茂的产品信息并及时进行更新，或利用因特网及时为消费者提供技术支持等，能够促进企业与消费者之间的交流，强化原有的市场渠道，进一步提高市场份额。

（3）加强信息的管理。在 B2C 电子商务中，企业能够通过因特网以较低的成本向日益扩大的潜在市场发布其背景资料、产品或服务信息、电子广告等内容丰富的信息。这种信息发布与其市场定位密切相关。企业所发布的信息必须有利于改善企业形象，提高品牌知名度和信誉，消除原有的市场交易障碍，因此企业应进行认真的市场调研和信息筛选。企业的信息管理工作应注重在因特网上与用户的交互，通过信息交流了解用户需求，为之提供更有价值的信息服务，从而形成独特的市场竞争优势。

（4）加强对交易定价的管理。企业在开展 B2C 电子商务时，要实时发布有关产品价格的信息。企业在确定产品的网上销售价格时，必须考虑其是否与传统市场的产品价格结构相一致。在最简单的情况下，企业可以在传统市场和网络市场上采用标准化的定价策略。但这种方式可能导致与企业区域价格战略发生冲突。解决方案之一就是在采用差别化定价时列出不同的配送成本，以避免产生不利于企业的市场反应。

1.2.3　G2G 电子商务

政府在社会生产及商品经济活动中的电子商务需求涉及对生产、流通和消费的监测、统计、服务、疏导和自身的参与等多个方面。在我国，原有的国家信息系统主要是指由国家、省（市）、地（市）三级或多级统计局构成的统计系统。统计系统主要是针对国有经济、国有企业形成的信息系统，通过隶属于统计局的城市社会经济调查队、农村社会经济调查队为国家统计数据的收集提供组织保障，通过对工农业生产主要数据的收集、加工、整理，为政府宏观决策提供依据。但随着我国经济向社会主义市场经济体制转变，经济发展从粗放型向集约型转变（即“两个根本性转变”），随着改革开放力度的加大和商品经济主动权由生产向流通的转移，原有的统计系统对生产信息通过以计划代替实测、以局部代表全面、以抽样推全局的方式形成的统计数据的真实性大大降低，误差越来越大，而且严重滞后，使政府实际上不能获得实时的客观信息，从而难以实施实时调控。在这种背景下，利用电子商务方式进行宏观生产数据收集、处理并辅助国家宏观预决策就显得非常必要和紧迫了。

政府电子商务是为在互联网上有效实现行政、服务及内部管理等功能，利用电子信息技术在政府、社会和公众之间建立的有机服务系统的集合。总体来说，政府电子商务的作用主要体现在以下 5 个方面。

（1）政府机构各部门实现计算机化、网络化和信息化，有利于提高政府的行政、服务和管理效率。政府利用电子商务，有利于推动机构精简和办公简化等。

（2）政府从被动服务经济转变为主动服务经济，企业、公众可以不受地点、时间的限制，掌握和了解政府方针政策，接受政府的管理。

（3）政府的信息网络覆盖其各级部门。政府利用信息网络和统一的信息资源，通过语音、因特网等现代化手段，为公众提供优质的多元化服务。

（4）以政府的信息化发展推动整个社会的信息化发展。向公众展示高新技术的应用，让社会享受信息网络的便利，切实推动全社会信息化的发展。

（5）适应数字经济的发展，引导、规划和管理电子商务活动，构建电子商务的支撑环境。

政府电子商务基于因特网建立电子政府，并在网上实现政府职能。电子政府的建立，有利于对电子商务的管理，并促进电子商务的应用。电子政府使政府能够在网上与公众进行信息交流，听取公众的意见与心声，从而更好地为公众服务。政府电子商务主要包括以下内容。

（1）监督电子化。政府电子商务可以通过互联网向公众公开政府部门的名称、职能、机构组成、办事章程、政府预算及各项文件等，从而使公众能够及时了解政府部门的机构组成、职能、办事章程、各项政策法规等，增加办事的透明度，并自觉接受公众的监督。除政府行政部门之外，人大、政协上网可以让公众了解到人大立法和提出议案的过程，促使人大各项立法更完善、合理，同时也使各项法律能够更加迅速地传递到公众当中去。事实上，欧洲已经有了网上虚拟议会，人们足不出户就可以参与国家事务和对法律的考核，这使政府管理更加直接、有效。

（2）资料电子化。政府部门和科研教育部门服务于公众的各种资料、档案、数据库也应电子化。政府部门的一些资料、档案、数据对公众是很有用处的，通过电子化并基于互联网发布，可以充分挖掘其内在的潜力，为公众服务。例如，如果把各城市所有注册公司的情况在互联网上公布，供公众查询，那么在各公司进行商业交往时，通过因特网就可以便捷地查询到彼此的资信情况，以避免商业诈骗，保护经营者的利益。此外，公开政府部门的有关资料、档案、数据，可以使政府受到公众的监督，这对于发扬民主，搞好政府部门的廉政建设具有很大的意义。

（3）沟通电子化。基于互联网建立起政府与公众之间相互交流的桥梁，为公众与政府部门的沟通交流提供方便，并在网上行使对政府的民主监督权利。为了更好地利用网络与公众进行沟通、交流，并对公众的来信和意见做出及时有效的处理，政府部门应设有一个电子信息处理中心，处理公众意见，并及时转交给相关部门，督促问题的解决。此外，还可以就一些问题展开网上调查，为政府各部门的工作提供参考。

（4）办公电子化。政府电子商务的另一个功能就是让公众可以在网上办事。以往人们去政府部门办事，往往要到政府部门的所在地，如果涉及多个不同的政府部门，还可能要去不同的地方，因而会花费不少时间。基于政府的电子商务，除了有一些手续必须有实物证明外，可以通过一个文件资料电子化中心，把各种证明和文件电子化。对于涉及不同部门的文件，可以在此中心备案，然后其他各部门都以此为参照传送办理。同时，公众也可以在网上完成如交税、项目审批等与政府有关的各项工作。在政府内部，各部门之间也可以通过企业内部网相互联系，上级部门也可以通过网络对下级部门做出指示，指导各部门的工作。

（5）市场规范电子化。政府电子商务，除了其相关职能和内容上网以外，应建立各个部门相应的专业交易市场，以推动经济的发展。尤其是个体企业的资金、技术有限，需要政府为其建立起面向供需双方的专业化网上市场，这对于促进经济发展，繁荣市场非常重要。1996 年 2 月，中国国际电子商务中心建立。它作为“永不落幕的交易会”的“中国商品交易市场”，有上百万家厂商和产品供用户查询、交易，这不但比举办真正的交易会的花费少得多，而且不受时间限制，一天 24 小时、一年 365 天都可以入市，引起了大量国内外客户的极大兴趣。以此为样板，由相关政府部门牵头建立起了各种不同的网上交易市场，如首都电子商务工程和上海商务网。“政府搭台，企业唱戏”，由政府部门来牵头组建网上交易市场具有权威性，既可以避免重复建设，又可以吸引更多的商家前来参与，迅速形成规模和气候，从而产生巨大的社会效益和经济效益。

政府是国家的管理者，同时也是一个巨大的消费者。政府每年用来购买公共用品的支出占国内生产总值（GDP）的 3% ~ 15%。因此，政府不仅要对电子商务进行管理，还要应用电子商务。目前，在国际上较为成熟的政府电子商务应用为政府采购和电子收税。

政府采购是指各级政府为了开展日常政务活动或为公众提供公共服务，在财政的监督下，以法定形式、方法及程序，从市场上为政府部门和所属公共部门购买商品和服务。我国政府原先在采购物品时，由财政部门每年根据预算和各预算单位的用款，将经费层层下拨，由各直属单位根据需要自行购买。在这种分散采购方式下，采购资金脱离财政监督，容易出现盲目采购、重复采购、随意采购、不公平竞争等现象，导致公共开支浪费和资金使用效率下降，同时也容易滋生腐败。

美国联邦政府的采购规模每年为 2 000 亿美元，约占国内生产总值的 3%。欧盟各国政府采购额约占欧盟各国生产总值的 15%。它们的共同特点就是加入了世界贸易组织的《政府采购协议》，以公开政府采购市场，促进政府采购市场的全球化、贸易的自由化。美国颁布了专门的《购买美国产品法》，对其开放的政府采购市场进行管理，在保护本国部分行业的同时，也积极向国外市场渗透。

我国建立完善、规范的政府采购制度已经是大势所趋。总的来说，应该将原有的分散采购方式变为政府统一采购方式，同时以公开招标为主进行政府采购。而随着电子商务的产生，“电子招标”这种新型商务活动方式的出现，为政府采购创造了良好的条件。

电子征税包括电子申报和电子结算两个环节。电子申报是指纳税人利用各自的计算机通过电话网、分组交换网、因特网等通信网络系统，直接将申报资料发送给税务部门，从而实现纳税人不必亲临税务部门即可完成申报的一种方式。电子结算是指国库根据纳税人的税票信息，直接从其开户银行划拨税款的过程。第一个环节解决了纳税人与税务部门间的电子信息交换，实现了申报无纸化；第二个环节解决了纳税人、税务、银行及国库间电子信息及资金的交换，实现了税款收付的无纸化。

与传统缴税方式相比，电子征税提高了申报的效率和质量，降低了税收成本。对纳税人来说，申报不受时间和空间的约束，方便、省时、省钱；对税务机关来说，不仅减少了数据录入时的人力、物力消耗，还大幅度地降低了输入、审核的错误率。此外，由于采用现代化计算机网络技术，实现了申报、税票、税款结算等电子信息在纳税人、银行、国库间的传递，加快了票据的传递速度，缩短了税款滞留的环节和时间，从而确保了国家税收及时入库。

1.2.4　C2C 电子商务

C2C 电子商务是消费者对消费者的交易模式，其特点类似于现实世界中的农贸市场或者跳蚤市场。其构成要素，除了包括买卖双方外，还包括电子交易平台提供商，类似于现实中农贸市场、跳蚤市场的场地提供者和管理员。在 C2C 电子商务中，电子交易平台提供商扮演着举足轻重的作用。

首先，网络的覆盖范围如此广阔，如果没有一个知名的、受买卖双方信任的提供商提供平台将买卖双方聚集在一起，那么双方单靠在网络上漫无目的地搜索是很难发现彼此的，并且也会失去很多机会。

其次，电子交易平台提供商往往还具有监督和管理的职责，负责对买卖双方的诚信进行监督和管理，负责对交易行为进行监控，可以最大限度地避免欺诈等行为的发生，保障买卖双方的权益。

再次，电子交易平台提供商还能够为买卖双方提供技术支持服务，包括帮助卖方建立个人店铺，发布产品信息，制定定价策略等；帮助买方比较和选择产品以及进行电子支付等。正是由于有了这样的技术支持，C2C 电子商务才能够在短时间内迅速为广大普通用户所接受。

最后，随着 C2C 电子商务的不断发展，电子交易平台提供商还能够为买卖双方提供保险、借贷等金融类服务，从而更好地为买卖双方服务。

因此，可以说，在 C2C 电子商务中，电子交易平台提供商是至关重要的一个角色，它是这种商务模式存在的前提和基础。人们在讨论 C2C 电子商务时，总会从商品拍卖的角度分析该模式存在的合理性和发展潜力，但是往往忽略了电子交易平台提供商的地位和作用。

单纯从 C2C 电子商务本身来说，买卖双方只要能够进行交易，就有盈利的可能，该模式也就能够继续存在和发展。但是，这个前提是必须保证电子交易平台提供商能够实现盈利，否则这个模式就会失去存在与发展的基础。因此，分析 C2C 电子商务，应该更加关注电子交易平台提供商的盈利模式和能力，这才是 C2C 电子商务的重点，也是 C2C 电子商务区别于其他模式的重要特点。而反过来说，电子交易平台提供商同样要依赖 C2C 电子商务的买卖双方。电子交易平台提供商的利润来源，无非是广告、佣金、会员费、服务费以及金融服务的利润等。这其中，主要的利润均来自于买家和卖家，即购买电子交易平台提供商所提供的服务的消费者（会员）。因此，电子交易平台提供商要想生存和发展，就必须为其会员提供更加完善和个性化的服务，最大限度地提高会员的忠诚度，并不断发展新的会员。买家、卖家、电子交易平台提供商，三者相互依存，密不可分，共同构成了 C2C 电子商务的基本要素。

从理论上来说，C2C 电子商务是最能够体现互联网精神和优势的电子商务模式。数量巨大、地域不同、时间异步的买方和同样规模的卖方通过一个平台找到合适的对家进行交易，在传统领域要实现这样大的工程几乎是不可想象的。与传统的二手市场相比，它不再受时间和空间限制，节省了大量市场沟通成本，其价值是显而易见的。

从实际操作来说，C2C 电子商务具有两方面的可操作性。首先，C2C 电子商务能够为用户带来真正的实惠。C2C 电子商务不同于传统的交易方式。过去，卖方往往具有决定商品价格的绝对权力，而消费者的议价空间非常有限。拍卖网站的出现，则使得消费者也具有决定产品价格的权力，并且通过消费者相互之间的竞价，使得价格更有弹性。因此，通过这种网上竞拍，消费者在掌握了议价的主动权后，其获得的实惠自然不用说。其次，

C2C 电子商务能够吸引用户。打折永远对消费者有吸引力。由于拍卖网站上经常有商品打折出售，对于注重实惠的消费者来说，这种网站无疑能引起他们的关注。有明确目标的消费者，会受利益的驱动而频繁光顾 C2C 电子商务网站；而那些没有明确目标的消费者，也会为了享受购物过程中的乐趣而流连于 C2C 电子商务网站。因此，从吸引“注意力”的能力来说，C2C 电子商务的确是一种能够吸引“眼球”的电子商务模式。

亿贝的成功使 C2C 电子商务红极一时，雅虎、亚马逊等门户网站和电子商务网站纷纷做起了 C2C 电子商务业务，尽管不能与亿贝相比，但是无一例外地都获得了成功，发展迅速。就在阿里巴巴集团建立淘宝网的前一个月，亿贝宣布对中国的易趣网追加投资，支付 1.5 亿美元现金购买易趣网美国公司的剩余股份，实现对易趣网的完全控制。易趣网当时每月交易量超过 2 亿美元，并且每月以 20% 的速度增长，成为当时中国最大的 C2C 电子商务网站。

易趣网的成功让阿里巴巴集团看到了中国 C2C 电子商务市场也是一个大金矿。随着时间的推移，淘宝网逐渐成为中国规模最大的 C2C 电子商务平台。截至 2018 年 12 月，阿里巴巴集团旗下的电子商务平台日交易额峰值超过 2 000 亿人民币，每秒订单创建峰值超过 49 万笔；阿里巴巴集团旗下支付宝的支付峰值达到了每秒 25.6 万笔。作为亚洲最大的网络零售商圈，淘宝网整合了上百万个商家，为商家和消费者提供了一站式解决方案。

随着淘宝网规模的扩大和用户数量的增加，淘宝网也从单一的 C2C 网络集市变成了包括 C2C、团购、分销、拍卖等多种电子商务模式的综合性零售商圈，成为世界范围的电子商务交易平台。

C2C 电子商务虽然具有很大的发展潜力，但是它仍然面临着许多问题，这些问题如果不能得到妥善的解决，将会影响和制约 C2C 电子商务的发展。特别是我国电子商务处于发展阶段，制度、技术、信用体系等方面都有很多不完善的地方，必须积极解决建立完善的法律制度、交易信用与风险控制等问题。

1.2.5　O2O 电子商务

O2O 电子商务伴随着互联网的发展和各种交互工具的普及，已经逐渐成为电子商务的一个发展趋势，如图 1.3 所示。下面对 O2O 电子商务进行探讨。

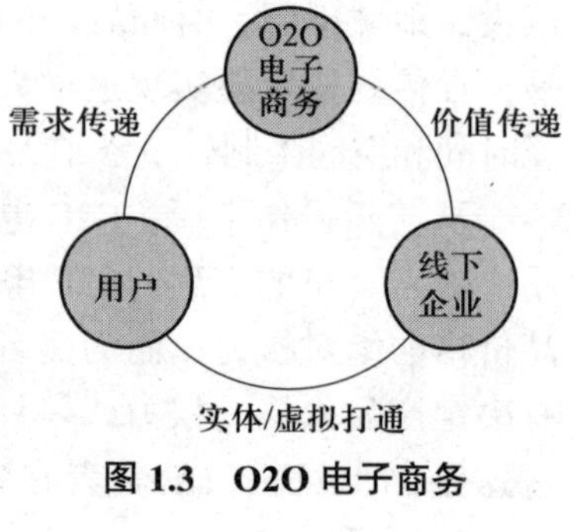

图 1.3　O2O 电子商务

1. 线上企业的能力

线上企业一般是指互联网企业。互联网企业属于轻资产、强产品、靠流量的商业模式。它为用户提供内容服务，但由于网上资源多为免费使用，用户付费意识不强，很难形成良好的现金流模式。所以，除了本身的运营之外，线上企业有十分强烈的用户服务变现需求，而这个需求绝大多数还要通过交易来实现，如虚拟产品，但虚拟产品的销售前提是有足够数量的用户，至少要有 5% 的用户愿意付费，才可以支撑这个线上企业。然而，很多企业没有能力获得那么大数量的用户，所以就需要涉及实物交易，把自己变成渠道，如 C2C 电子商务。而如果涉及本地化服务的交易，那么就进入了 O2O 电子商务领域，如团购。

线上企业缺乏强大的线下企业运营能力和管理能力。例如，美团是团购中的佼佼者，其技术和财务管理能力都很强，但仍无法实现对线下企业的管理。由于线上企业难以理解线下企业的需求和规则，其进军线下的壁垒是天然存在的。但是，与线下企业相比，线上企业仍有无法比拟的优势，那就是线上企业可以对用户的购买行为进行全程跟踪，并且留下了完整的用户信息（浏览信息、交易信息、个人通信信息、购物偏好等），有利于开展精准营销。

2. 线下企业的需求

线下企业的需求非常简单，就是用户。但是，这个需求又非常复杂，不同行业不同企业需求的用户差别很大。对用户群体进行定位和细分，对线下企业来说是必需的。但是，由于线下企业在用户购物的整个过程中，既不知道谁购买了什么产品，也不知道购买产品的用户的消费轨迹和联系方式等，就无法了解这些用户的购物偏好，无法对这些用户进行二次营销。

随着市场竞争激烈程度的不断增加，线下企业自己的用户群体已经成为其赖以生存的基础。如果不知道购买产品的用户是谁，就难以跟踪用户的变化。这种信息不对称的状况，制约了线下企业的发展。将线下企业与线上企业结合起来，打通线下实体店和线上虚拟店，让互联网成为线下交易的平台。由线上企业收集大量用户的相关数据，分析用户消费行为，根据用户的个性化需求进行宣传和促销，将用户带到线下企业。但是，线下企业有自己的运营规律，并且其营销具有本地化特征。因此，如何解决线上企业与线下企业的适配问题，是 O2O 电子商务的真正价值所在，能够解决这个问题，才真正建立了 O2O 电子商务的服务闭环，O2O 电子商务才可以真正地成为一个完整的商业模式。

3. 平台

关于 O2O 电子商务，很多人都只关注线上企业和线下企业，却很少有人去讨论平台问题。而线下企业要在不损害已有利益的情况下，向线上市场扩展，线上企业要实现线下产品“落地”，增强服务和用户体验，就需要平台。平台的主要功能是衔接线上企业和线下企业，使双方可以互相交流，创造更大的利益。例如，电子凭证是 O2O 电子商务的一个非常有效的平台。简单地说，电子凭证就是商务活动中原始凭证的电子化。基于手机的电子凭证有数字码、二维码等形式。企业在促销或者积分活动中发放的电子优惠券，就是一种电子凭证。电子凭证平台能够提供完整的二维码凭证在接入、展现、生成、传递、认证、存储、分析、处理等环节的服务和管理，形成 O2O 电子商务的服务闭环，可以广泛应用于金融、保险、影院、餐饮等行业。这种平台经过多年的发展，已经解决了线下企业与线上企业的适配问题。基于电子凭证平台，对于任何一种形式的产品，线下企业都可以设定各种各样的交易规则，如定时、定点、定量等，然后可以通过线上企业发布出去。

案例：步步高和它的云猴网

2014年10月29日，一场关乎传统零售业转型升级的O2O全新模式在长沙揭开面纱。步步高集团发布大平台战略暨全国首个O2O本地生活服务平台——云猴网上线。该平台涵盖商品、生活服务、文化、医疗、教育等多方面，为用户和全体联盟商家提供全方位的O2O电子商务解决方案。步步高集团董事长王填表示，大平台战略致力于为实体零售移动互联网化提供完整的解决方案，将成为中国零售业的主流模式和全新范本。云猴网首页如图1.4所示。

图1.4 云猴网首页

云猴网的核心理念，是整合同城资源，以本地化的供应链低成本、高效率地满足本地消费者线上、线下的需求。该平台目前是以应用程序（APP）形式，整合上万家联盟商户，涵盖购物、生活服务等多方面，它将商家积分统一兑换成高币，让用户能便捷地享受联盟商家服务。

云猴网是步步高大平台战略的核心，它与相关的大物流、大便利等共同形成闭环。其联盟商户覆盖了人们日常生活的方方面面，包括早餐、洗车、理发等服务，其推广模式有点类似滴滴打车，并且与步步高会员积分打通，利用积分可以换线下的生活服务。

云猴网大平台的目标是构建基于线上、线下的完整的生活购物闭环——从搜集商品信息、交易，到下订单、物流配送、交付、支付。据了解，步步高集团将自身的物流资源整合成第三方物流公司——云通物流，利用大卖场、城市分仓，可以向各个社区的便利店提供公交化配送。在长沙、株洲、湘潭等城市有3 000家便利店成为步步高的物流网点，每一家便利店都叫做iBBG，意为“我的步步高”或“爱步步高”，以后iBBG也是一个智慧社区的入口。

如果说物流干线是步步高电子商务的主动脉，那么从实体店到社区的“最后一公里”物流配送就是步步高电子商务的毛细血管。自2014年10月1日起，长沙地区9家线下门店开始门店发货服务，构建从门店到社区的O2O电子商务“毛细血管”。每个门店的配送范围将覆盖周边直径3 ~ 5 km的区域，基本上可以将长沙主城区全部覆盖，并将陆续向湖南全省推广。这意味着其对于用户“一日两配”“1 小时极速达”等的承诺将逐步得到实现。今后，全省 2 万家步步高便利店将为每个社区的用户提供便捷的生活服务。

1.2.6　O2O^{n} 电子商务

O2O^{n}（O together）电子商务是一种把用户体验和用户服务纳入电子商务的新的电子商务模式，通常将其称为线上线下一体化电子商务。但是，O2O^{n} 电子商务并不是简单的线上购买、线下体验，而是结合了已有的 O2O 电子商务与 B2C 电子商务，通过直接服务将这两者连接起来，突出了电子商务中“服务”的纽带作用。

O2O^{n} 电子商务的实现基础是线上与线下信息的融合。首先是数据的一致性，线上的商城和线下的实体店数据要保持一致。在这一模式中存在若干复杂场景：用户可以选择线上下单，线下自行取货；现场体验，线上下单等方式。在这些复杂场景中，需要有一套完备的流程和检验机制来保证精确的产品服务和良好的用户体验。其次是资源的融合，最重要的就是线下的仓储资源和物流资源。京东的京东物流、阿里巴巴的菜鸟物流和亚马逊的直营物流都是仓储物流一体化的物流商业模式。这种模式大大提高了运输效率，是电子商务全栈运营能力和用户体验提升的关键。

现在 O2O^{n} 电子商务的应用还没有大规模普及。比较接近 O2O^{n} 电子商务的有苏宁易购。苏宁易购在线上做了翔实的介绍和丰富、生动的展示，而实体店则以服务和辅助为主，虚实互动，为消费者提供产品、服务和交互，同时还可以作为新产品推广和新产品实验的前沿阵地，并根据消费者的反馈意见更新产品。随着大数据技术、云计算技术的发展，这种模式通过将消费者的用户数据反馈给供应商，使供应商可以做出相应的优化方案，从而提升整个供应链的柔性生产能力，并通过大规模定制的方式提高服务质量。

作为一种服务行业，电子商务的产生便是为了给用户提供更好的消费体验，从这个角度上看，O2O^{n} 电子商务就显得比 O2O 电子商务更符合当前电子商务的发展趋势。从长远看，O2O 电子商务很可能会被 O2O^{n} 电子商务所取代。

1.3　电子商务系统的主要组成

1.3.1　门户网站

根据目前主流的说法：“所谓门户网站，是指将不同来源的信息以一种整齐划一的形式整理、存储并呈现的网站。”门户网站最初提供搜索引擎和网络接入服务，后来由于市场竞争日益激烈，门户网站不得不快速地拓展各种新的业务类型，希望通过门类众多的业务来吸引和留住互联网用户，以至于目前门户网站的业务包罗万象，成为网络世界的“百货商场”或“网络超市”。从现在的情况来看，门户网站主要提供新闻、搜索引擎、网络接入、聊天室、电子公告牌、免费邮箱、影音资讯、电子商务、网络社区、网络游戏、免费网页空间等。在我国，主要的门户网站有新浪、网易和搜狐等。

1995—1999 年是门户网站的启动阶段，门户网站的概念开始引入，用户的使用习惯开始被培养。1998 年 2 月 25 日，中国首家大型分类查询搜索引擎——搜狐诞生。同年 12 月，四通利方公司宣布并购海外最大的华人网站公司“华渊资讯”，成立全球最大的华人网站“新浪网”。

2000 年 4 月 13 日，新浪公司宣布首次公开发行股票，在美国纳斯达克上市。2000 年 7 月 5 日，网易公司宣布首次公开发行股票，在美国纳斯达克上市。2000 年 7 月 12 日，搜狐公司在美国纳斯达克上市。门户网站进入快速发展阶段。

门户网站的快速发展阶段呈现出如下特点：一是门户网站纷纷上市。除了新浪于 2000 年 4 月 13 日在美国纳斯达克上市外，搜狐于 2000 年 7 月 12 日在美国纳斯达克上市，网易于 2000 年 6 月 30 日在美国纳斯达克上市，腾讯于 2004 年 6 月 16 日在中国香港联合交易所上市，凤凰新媒体于 2010 年 5 月 12 日在美国纽约证券交易所上市。二是总收入与广告收入快速增长。从 2004 年到 2013 年，新浪的总收入从 2 亿美元增长到 6.651 亿美元，广告收入从 0.654 亿美元增长到 5.265 亿美元；搜狐的总收入从 1.032 亿美元增长到 14 亿美元，广告收入从 0.557 亿美元增长到 6.27 亿美元；从 2005 年到 2013 年，腾讯的总收入从 1.768 亿美元增长到 99.13 亿美元，广告收入从 0.14 亿美元增长到 8.205 亿美元；网易的总收入从 2.1 亿美元增长到 16 亿美元，广告收入从 0.299 亿美元增长到 1.8 亿美元；凤凰新媒体的总收入从 2011 年的 1.51 亿美元增长到 2013 年的 2.353 亿美元，广告收入则从 0.74 亿美元增长到 1.37 亿美元。尤其需要指出的是，2008 年新浪网的广告收入一举超过当时我国广告收入最多的报纸——广州日报，也发出了对传统媒体冲击的号角。

门户网站作为 PC 互联网时代的杰出代表，毫无疑问获得了巨大的发展，但是随着手机网民数的快速增加以及移动、社交网络技术和个性化推荐技术的快速发展，门户网站受到了较大的冲击。根据有关门户网站的财报，新浪门户网站的广告收入从 2014 年第三季度开始下滑：当季微博广告收入同比增长 2 170 万美元，而门户网站广告收入同比下降 650 万美元；2016 年第一季度门户网站广告收入减少 750 万美元，其间除了 2015 年第四季度门户网站广告收入持平之外，其他季度均为下降。2015 年搜狐网（不计搜狐视频）收入为 1.98 亿美元，同比持平。凤凰新媒体 2015 年第三季度净广告收入同比下滑 7.9%，PC 端广告收入的下降被移动广告收入 89.8% 的同比增长所抵消；同年第四季度，其净广告收入仅同比增长 2.3%，PC 端广告收入的下降被移动广告收入 118.2% 的同比增长所抵消；2016 年第一季度，凤凰新媒体净广告收入仅同比增长 1.1%，PC 端广告收入的下降被移动广告收入 115.3% 的同比增长所抵消。美国的类门户网站雅虎从 2011 财年广告收入开始出现下降，当年总收入为 49.84 亿美元，同比下降 21%。

尚不到 20 岁，门户网站已经出现了“未老先衰”的症状，面临着越来越多的困境，其根本原因就是领一时风气之先的门户网站已经不能满足用户的需求。首先，移动终端更能满足用户的需求。进入 21 世纪，我国网民数快速增加，手机网民数则以更快的速度增加。中国互联网络信息中心发布的第 37 次《中国互联网络发展状况统计报告》显示，截至 2015 年 12 月，我国网民数为 6.88 亿，占比首次超过一半，而我国手机网民数达 6.20 亿，手机网民数超过 PC 网民数，其中只使用手机上网的网民数达 1.27 亿，占总网民数的 18.5%。在此背景下，用户的需求开始向移动端转移。其次，新技术给门户网站带来了极大的冲击。我国互联网的发展可以分为三个阶段：一是 Web 1.0 时代，以新浪、搜狐、网易、腾讯、凤凰新媒体等门户网站为典型代表，其主要特征是海量的内容突破了传统媒体的版面限制，对传统媒体产生了一定的影响；二是 Web 2.0 时代，以博客自媒体、新浪微博、腾讯微信等为代表，其主要特征是互动、即时，对门户网站和传统媒体产生了巨大的影响；三是 Web 3.0 时代，以今日头条等为代表，其主要特点是数据化、智能化，将对门户网站和传统媒体产生颠覆性的影响。

1.3.2　客户关系管理

客户关系管理（customer relationship management，CRM）是适应企业从“以产品为中心”到“以客户为中心”的经营模式的战略转移而迅猛发展起来的新的管理理念，它把追求客户满意和客户忠诚作为最终目标。近年来，越来越多的国内外企业和软件开发商把客户关系管理作为研究热点。客户关系管理系统是集成了后台应用的前台应用系统，是在以客户为中心的销售、营销、服务和支持应用增强、自动化的基础上，提高客户满意度和忠诚度，从而给企业带来长久利益的一种应用和理念。企业在实施客户关系管理时，因为违背了这条原则而使客户关系管理不成功的案例屡见不鲜。

著名管理咨询专家 Jim Berkowitz 认为客户关系管理必须具备两个坚实的基础：一个是合理的组织结构，另一个是合理的信息结构。如果企业实施客户关系管理的动机是建立在各部门各自的利益之上而不是适应面向以客户为中心的商业哲理、文化和战略，那么客户关系管理就缺少了合理的组织结构基础。这种合理的组织结构用一个共享的、更加整合的工作流和信息流代替原先集中的部门流程。这样，企业将变成一个统一的组织，以有效预测客户需求，管理客户价值，简化企业运作流程。

另一方面，在激烈的竞争环境下，对有限数目的客户的争夺将更加白热化。由于获取一个新客户的成本比保留一个老客户的成本要大得多，采取什么样的客户保留措施来提高其忠诚度，已成为企业考虑客户关系时的关键问题，而这些问题的答案存在于对与客户交往过程的记录，即客户数据库中。由于没有对客户数据进行有效的利用，因此难以从中发现潜在的，与客户忠诚有关的、有价值的信息。在麦塔集团（META Group）进行的一项调查中，800 家商业和信息技术（IT）公司的经理们被问了同一个问题：你认为你的公司是否使用了客户数据来理解你的客户？ 29% 的公司承认在一定程度上使用了客户数据来理解客户，67% 的公司的回答是否定的。仅有 4% 的公司的回答是充分利用了客户数据。

有些专家在研究客户关系管理中提到了客户智能的概念。他们对客户智能的研究分为三大类。第一类是围绕客户智能的作用、内容、实质的研究。Mark Allen Smith 将客户智能与客户分析等同起来。Business Object 公司的 Paul Clark 在分析客户智能与客户关系管理的关系时认为，客户智能是客户关系管理的智慧所在。第二类是围绕客户智能的实现的研究。Jim Berkowitz 提出"商业智能是客户关系管理的基础"的观点。另一个难能可贵之处是该研究对商业智能所包括的组件进行了分析，将联机分析处理（online analytical processing，OLAP）、数据仓库、数据挖掘技术作为商业智能的必备组件。第三类是与客户智能密切相关的研究。Emma Chablo 在研究中指出，客户知识是客户关系管理系统的重要组成部分，而营销数据智能则为客户关系管理系统提供真正的客户知识。他将营销数据智能定义为利用数据驱动营销手段和技术来提高对客户、产品和交易数据的理解，以帮助客户关系管理系统制定战略决策。

由于研究的角度因人而异，很难从中总结出一个令人信服的客户智能定义。这其中存在一个共性：几乎没有人从知识在制定与客户有关的决策过程中的作用这一视角来研究客户智能。只有将知识的研究作为出发点，才能够发现客户智能的实质内容。这里认为，客户智能是创新地使用客户知识，帮助企业提高优化客户关系的能力和整体运营能力的概念、方法、过程以及软件的集合。客户智能体系框架包括以下 5 个层面。

（1）理论基础。客户智能的理论基础是企业对客户采取决策的依据，这既包括企业分析和对待客户的理论与方法，也包括分别从客户角度和企业角度进行的价值分析。通过消费行为分析、满意度分析、利益率分析等诸如此类的指标的测评与衡量，达到决策科学化、合理化的目的。客户价值分析对与客户有关的活动具有巨大的支持作用。例如，客户标识（customer identification）、客户分类（customer segmentation）、客户差异（customer differentiation）、客户满意（customer satisfaction）、客户忠诚（customer loyalty）等客户活动有了客户价值分析的支持，就会有的放矢，能够引导正确的客户关系。

（2）信息系统层面。这是客户智能系统（customer intelligent system）的物理基础，表现为具有强大决策分析功能的软件工具和面向特定应用领域的信息系统平台，如客户关系管理、企业资源计划（enterprise resource planning，ERP）、销售自动化、商业活动管理。与事务型的管理信息系统不同，客户智能系统能提供分析、趋势预测等决策分析功能。

（3）数据分析层面。这是指一系列算法、工具或模型。首先获取与所关心主题有关的高质量的数据或信息，然后自动或人工使用具有分析功能的算法、工具或模型，帮助人们分析信息，得出结论，形成假设，验证假设。

（4）知识发现层面。与数据分析层面一样，这也是指一系列算法、工具或模型，用于将数据转变成信息，将信息转变成知识。

（5）战略层面。将信息或知识应用于提高决策能力和运营能力、企业建模能力等方面。

客户智能的战略层面是利用多个数据源的信息以及应用经验和假设来提高企业决策能力的一组概念、方法和过程的集合。它通过对数据的获取、管理和分析，为贯穿企业组织的各种人员提供知识，以提高企业战略决策和战术决策能力。

客户发展战略指的是企业坚持以客户为中心的发展战略，将企业内部资源条件与外部环境因素结合起来考虑，最终目标是使客户生命周期价值最大化。客户发展战略离不开企业其他战略的支持，如目标市场战略、营销组合战略、市场竞争战略、财务战略、协作战略、组织战略、人才战略等。以客户为中心的发展战略不能代替企业总体战略，但是它是总体战略最具有参考价值的战略。

客户智能系统包括了客户智能体系中的信息系统层面、数据分析层面、知识发现层面，是基于客户智能理论的可操作的系统框架。因此，客户智能体系也可以简单地用客户智能理论和基于客户智能理论的客户智能系统两个逻辑层面表示（如图 1.5 所示）。基于客户智能的客户关系管理系统是本书描述的客户智能系统中的一种。

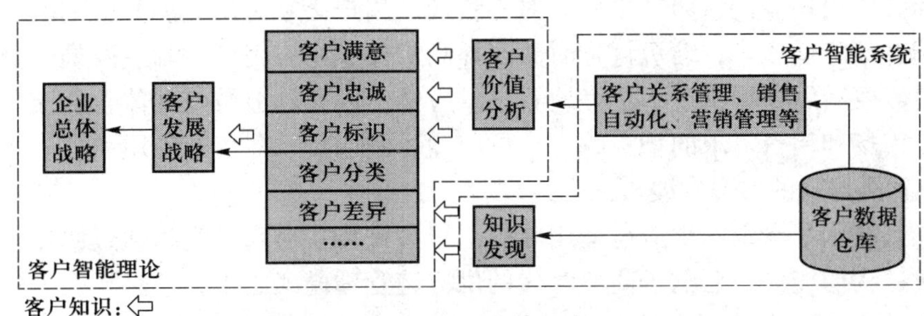

图 1.5　展开的客户智能体系

总之，客户智能的目标是将企业所掌握的信息转换成竞争优势，提高企业决策能力、决策效率、决策准确性。为了完成这一目标，客户智能必须具有实现从数据分析到知识发现的能力，决策的主题应具有普遍性。

1.3.3　供应链管理

供应链（supply chain）是指围绕核心企业，通过对信息流、物流、资金流的控制，从采购原材料开始，制成中间产品以及最终产品，最后由销售网络把产品送到最终用户手中的，将供应商、制造商、分销商、零售商，直到最终用户连成一个整体的，基于功能的网链结构模式。

供应链管理（supply chain management，SCM）是一种集成的管理思想和方法，它执行供应链中从供应商到最终用户的物流计划和控制等职能。供应链管理是一个整合的过程，其目标在于最优化地提供基本的、客户化的服务。简单地说，供应链管理将信息与产品流程最优化，包括从收到订单、采购原料到制成品的提供与消费。供应链管理在跨越功能、跨越部门的作业流程管理上扮演着重要的角色，它也超越了组织的界限，整合了供应商和用户。

以前的供应链管理重点放在管理库存上，作为平衡有限的生产能力和适应用户需求变化的缓冲手段，它通过各种协调手段，寻求把产品迅速、可靠地送到用户手中所需要的费用与生产、库存管理之间的平衡点，从而确定最佳的库存投资额。因此，其主要的任务是管理库存和运输。现在的供应链管理则把供应链上各个企业作为一个不可分割的整体，使供应链上各个企业分担采购、生产、分销和销售职能，成为一个协调发展的有机体。

供应链管理以同步化、集成化生产计划为指导，以各种技术为支持，尤其以计算机网络为依托，围绕供应、生产作业、物流、需求来实施。供应链管理主要包括计划、合作、控制从供应商到用户的物料和信息，其目标在于提高用户服务水平和降低总交易成本，并且寻求两个目标之间的平衡。

电子商务的出现使制造商和批发商对零售商和用户必须做出更加积极的响应，竞争的压力迫使制造商降低成本，缩短订货时间，提高工作效率。因此，制造商处于极大的压力之下，他们需要利用计算机技术更好地管理供应链，提高制造效率并改善物流工作，同时保持对变化市场和用户需求的积极响应。供应商、制造商、零售商和用户之间的交互正日益向复杂化和全球化的方向发展。

建立在新技术平台上的供应链应用取得了很大进步，提高了组织通过协作信息共享和规划来集成过程的能力。在电子商务时代的供应链管理模式之下，信息正在取代库存，擅长管理信息的企业不会有庞大的备用库存。当竞争从企业对企业转向供应链对供应链时，不理解这一趋势的企业将被淘汰，先进的供应链管理工具将会为企业带来巨大的竞争优势。

企业集成是供应链管理的核心。供应链管理具有两种主要模式：推动（push）与拉动（pull），如图 1.6 所示。

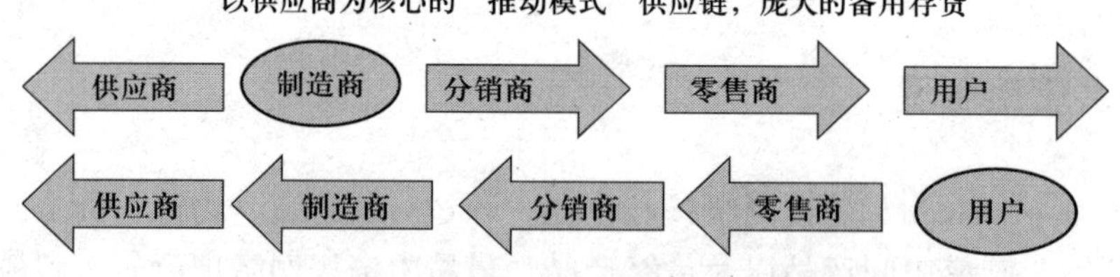

图 1.6 从后推式到前拉式的供应链转变

推动模式是传统的供应链模式，是指根据商品的库存情况，有计划地将商品推销给用户。

拉动模式中，用户是供应链的前端，又称为需求驱动模式。拉动模式中用户在收款台结账时，销售终端（point of sales，PoS）机会记录下其购买细节的数据；配送中心根据这些数据向零售商补货；各个配送中心的数据在制造商处汇集后，制造商就以此为依据向配送中心补货；制造商的生产程序会根据送货安排进行更新，并对采购安排做出相应调整；最后，供应商也要随之改变原材料配送计划。与推动模式相比，拉动模式具有以下优势。

（1）支持产品的不断变化。

（2）缩短交货周期。

（3）提高用户服务质量，降低经营成本。

（4）提高经营效率。

（5）能够全面衡量业绩，更易于实施控制。

供应链管理主要有以下 4 种功能。

（1）客户关系管理。通过对客户需求信息的管理，充分了解和预测市场和用户需求。企业利用客户服务、销售支持以及其他职能系统收集信息，并筛选所采集的信息，从而做到事先控制。

（2）综合后勤管理。管理自供应商开始到用户的物流工作，包括生产计划、采购和库存管理。

（3）生产过程管理。管理生产的全部过程，降低生产成本，提高生产效率。

（4）财会管理。利用网络化财务管理系统，与供应商及用户共同管理资金流。

以上供应链功能的共同点在于业务流程协调和数据的集成。供应链功能的集成要求供应链各方在关键技术和业务流程目标上达成一致，即消除浪费，使长期利益最大化，增加用户价值。为此，企业必须找出供应链中缺乏竞争力的环节以及未得到满足的用户需求，建立并迅速改进目标。

供应链管理系统的实施可以概括为三个过程：计划、执行和业绩衡量。在这三个过程中，必须考虑用户需求，同时优化企业内部流程，从传统的面向功能的观点转向面向过程的观点。

（1）计划系统是指在适当的时间、适当的地点得到适当的产品。计划系统为企业接受订单、履行订单提供了便利，加快了用户信息的收集速度，使得信息在整个供应链中的流动更为流畅。计划系统需要了解用户的需求，使之成为整个供应链管理系统的关键。拉动模式供应链管理系统要求能够有效收集关于用户需求的信息，根据用户需求的信息确定存货投资，包括安全存货、存货周转和补货频率。计划系统要求集成以下系统：订单生成和计划系统（能够预测用户需求）、订单接受和输入系统（为补货计划提供输入）。计划系统涉及配送需求计划（distribution requirement planning，DRP）、厂商管理库存和连续补货计划（continuous replenishment program，CRP）。

（2）执行系统促进商品在供应链中的实际运动。一般包括用户订单履行、采购、库存控制、生产和物流等系统。执行系统的最终目的是综合利用这些系统提高货物和服务在供应链中的流动效率。供应链执行系统的关键在于将单个商业应用提升为能够运作于整个商业过程的集成系统，实现跨部门的集成，加强供应链的协调，建立一套适用于整个供应链的电子商务解决方案，包括实施框架、优化业务流程、技术标准、通信技术以及软件、硬件设备等。

（3）业绩衡量系统是对供应链运行情况的跟踪，是保证供应链正常运行的基础，能够更有效地反映变化的市场需求。业绩衡量系统主要由会计和财务管理系统组成。目前大多数业务系统和传统的报表工具都是为事务处理而设计的，无法满足决策支持对信息访问的需要。为了解决这个问题，很多企业开始运用集成的数据仓库工具进行审计和分析，使得管理者能够在不影响系统运行的前提下分析商业信息。

业绩衡量的另一个趋势是利用基于因特网的代理程序进行事前分析。代理程序是指代替用户运行的程序。它适合于海量数据的环境，因为信息数量庞大，需要优先考虑管理者注意的信息。由于用户对事件的重要性有不同的看法，代理程序可以让用户建立自己的筛选标准。代理程序的作用是使管理者对运行情况进行事前监控，以能够对重大事件迅速做出反应。

1.3.4　物流管理

物流概念最早产生于美国。在第二次世界大战中，围绕战争物资供应，美国军队建立了"后勤"（logistics）理论，并将其用于战争活动。其中所提出的"后勤"是指将战时物资生产、采购、运输、配给等活动作为一个整体进行统一布置，以求战略物资补给的费用更低、速度更快、服务更好。后来，将战时的后勤保障体系移植到现代经济生活中，才逐步演变为今天的物流体系（如图 1.7 所示）。可能是由于市场经济条件下任何一种行为都不可能固定地长期不变，因此物流始终没有一个权威性的定义，其包含的概念也始终在不断地变化。经过多年的发展，物流已经由一种"物质资料的运动"变为"使用信息技术为消费者提供低成本服务的活动"。

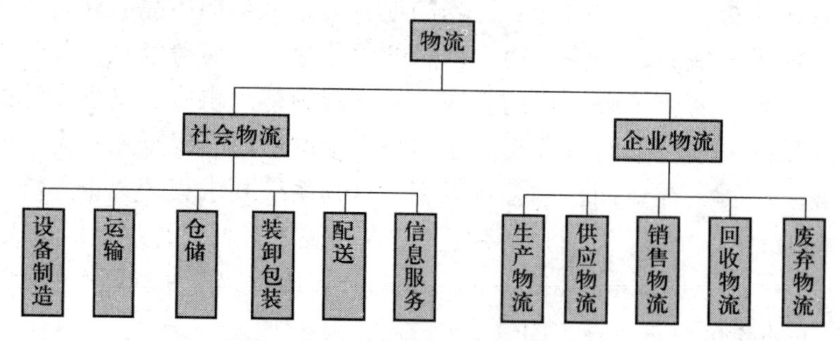

图 1.7　物流体系（网络虚拟物流）

所谓物流管理，是指在社会再生产过程中，根据物质资料实体流动的规律，应用管理学的基本原理和方法，对物流活动进行计划、组织、指挥、协调、控制和监督，使各项物流活动实现最佳的协调与配合，以降低物流成本，提高物流效率和经济效益。物流管理的对象有：对物流活动诸要素的管理，包括对运输、储运等环节的管理；对物流系统诸要素的管理，即对人、财、物、设备、方法和信息六大要素的管理；对物流活动中具体职能的管理，主要包括对物流的计划、质量、技术、经济等职能的管理。物流是实施电子商务的根本保证。

由电子商务的基本流程（如图 1.8 所示）可以看出，电子商务的任何一笔完整交易，都包含着几种基本的“流”，即信息流、资金流、物流。所谓信息流，是指商品相关信息（包括商品信息、商品订单信息、商品在途信息、商品运输信息等），资金信息（包括付款信息和收款信息）等的提供。资金流主要指付款、转账等资金的转移过程。物流则是指物质实体（商品或服务）的流动过程，如商品的存储、保管、配送、运输、装卸、信息管理等活动。物流虽然只是若干环节的一部分，但往往是商品和服务价值的最终体现，如果没有处理好，前端环节的价值就无法体现。在电子商务中，三种“流”中的前两流均可以通过计算机和网络通信设备实现，但作为其中最为特殊的物流，只有诸如电子出版物、信息咨询等少数商品和服务可以直接通过网络传输方式进行，而对于多数商品来说，物流仍要经由物理方式传输。一系列机械化、自动化工具的应用，可以提供准确、及时的物流信息，以及对物流过程的实时监控，使物流速度加快，准确率提高，从而有效地减少库存，缩短流通周期。

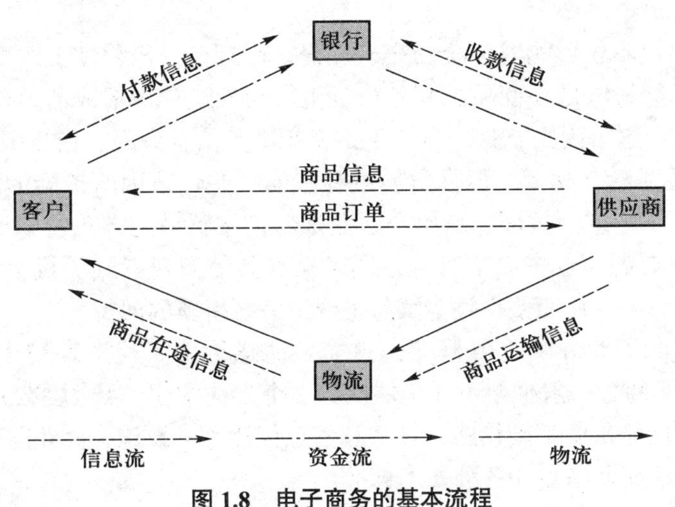

图 1.8　电子商务的基本流程

无论是在传统的贸易方式下，还是在电子商务下，生产都是商品流通之本，而生产的顺利进行需要各类物流活动的支持。生产的全过程从原材料的采购开始，要求有相应的供应物流活动，将所采购的材料运送到生产车间，否则，生产就难以进行；在生产的各工艺流程之间，也需要原材料、半成品的物流过程，即所谓的生产物流，以实现生产的流动性；部分余料、可重复利用的物资的回收，就需要所谓的回收物流；废弃物的处理则需要废弃物物流。可见，整个生产过程实际上就是系列化的物流活动。现代化的物流可以降低成本，优化库存结构，减少资金占压，缩短生产周期，保障现代化生产的高效进行。相反，缺少了现代化的物流，生产将难以顺利进行，无论电子商务是多么便捷的贸易形式，仍将是无米之炊。只有商品或服务真正转移到用户手中，商务活动才告以终结。没有现代化的物流，任何轻松的商务活动都是纸上谈兵。

电子商务的出现，最大限度地方便了最终用户。他们不必再跑到拥挤的商业街，一家又一家地挑选自己所需的商品，而只要坐在家里，在因特网上搜索、查看、挑选，就可以完成他们的购物过程。但如果他们所购的商品迟迟不能送到，那么用户就不会再选择网上购物。物流是电子商务中实现“以用户为中心”理念的最终保证，缺少了现代化的物流，电子商务给用户带来的购物便捷等于零，用户必然会转向他们认为更为安全的传统购物方式，网上购物就会失去存在的基础。

1.4　电子商务的主要支撑环境

1.4.1　技术环境

电子商务的出现不仅影响着传统的交易过程，而且在一定程度上改变了市场的组成结构。传统上，市场交易链是在商品、服务和货币的交换过程中形成的，现在电子商务在其中强化了一个因素，这个因素就是信息。于是就产生了信息商品、信息服务、电子货币等。人们做贸易的实质并没有改变，但是贸易过程中的一些环节因所依附的载体发生了变化，因而也相应地改变了形式。这样，从单个企业来看，做贸易的方式发生了一些变化，从整体贸易环境来看，有的商业失去了机会，同时又有新的商业得到了机会，有的产业衰退，同时又有新的产业兴起，从而使得整个贸易呈现出一些崭新的面貌。

图 1.9 描述了电子商务的一般框架，它简要地描绘出了这个环境中的主要因素。从图 1.9 中可知，电子商务一般框架由 4 个层次和 2 个支柱构成。4 个层次分别是网络基础设施、多媒体内容和网络出版基础设施、报文和信息传播基础设施、商业服务基础设施；2 个支柱是公共政策、法律及隐私和各种技术标准。

1. 网络基础设施

这个层次主要是电子商务的硬件基础设施，也是实现电子商务的最底层的基本设施。网络基础设施主要是信息传输系统，包括远程通信网、有线电视网、无线通信网和因特网等。以上这些不同的网络都提供了电子商务信息传输的线路，但是目前大部分的电子商务应用都建立在因特网之上，其主要硬件有电话设备、调制解调器（modem）、集线器（hub）、路由器（router）、交换机（switch）、网关（gateway）等。

图 1.9　电子商务的一般框架

2. 多媒体内容和网络出版基础设施

网络基础设施的日益完善，使得通过网络来传递信息成为可能，在网络上可以传播文本、影像、声音、图像等形式多样的信息。目前主要是以 HTML（超文本标记语言）的形式将信息发布在万维网（WWW）上，通过 HTML 可以使多媒体内容易于检索和富于表现力。这样，企业可以利用网上主页、电子邮件等在因特网上发布各类商业信息，用户可以借助网络上的检索工具迅速找到所需的商品信息。

3. 报文和信息传播基础设施

这个层次主要提供传播信息的工具和方式，是电子商务信息传播的主要工具。它提供了以下两种交流方式。

（1）非格式化的数据交流。例如，使用传真（fax）和电子邮件（e-mail）传递消息，它的对象一般是人，需要人来干预。

（2）格式化数据交流。例如，使用 EDI 传递消息，它的对象是机器，不需要人来干预，可以全部自动化。

4. 商业服务基础设施

这个层次主要是提供标准的网上商务活动服务，以方便网上交易。这个层次是所有企业、个人做贸易时都会使用到的服务。它主要包括商品目录 / 价目表建立、电子支付、商业信息的安全传送、买卖双方的合法性认证等。

对电子商务来说，目前信息传播要满足电子商务的业务要求，就必须提供安全认证机制来保证信息传递的可靠性、不可篡改性和不可抵赖性，而且在有争议时能够提供适当证据。商业服务的关键问题就是安全的电子支付。目前，很多技术（如密码技术、数字证书、安全电子交易（SET）协议等）都是为安全支付服务的，后面会专门讨论电子商务中的安全与支付问题。

5. 公共政策、法律及隐私

公共政策包括围绕电子商务的税收制度、信息的定价、信息访问的收费、信息传输成本、隐私问题等。法律维持着电子商务活动的正常运作，违法活动必须受到法律制裁。从法律角度考虑，电子商务安全认证是指商务活动双方的资料 / 产品的真实性和安全性。电子商务与传统商务一样，是一种严肃的社会行为，为从法律上保证买卖双方的权益，电子商务双方必须以真实的身份进入市场，并提供真实的资料 / 产品。这就是电子商务的真实性。正因为是真实的资料 / 产品，电子商务双方在对方没有授权公开资料的情况下有义务为对方的资料 / 产品保密，这就是电子商务的安全性。电子商务安全认证系统的建设首先是电子商务法的制定。只有法律还远不能保证电子商务的安全，电子商务安全认证需要政府职能部门的参与，利用互联网技术来管理电子商务活动。在电子商务交易过程中，企业的隐私一般为商品价格的隐私、货物进出渠道的隐私、商品促销手段的隐私等；个人的隐私一般为个人的姓名隐私、肖像隐私、性别隐私、身份隐私等。

6. 技术标准

技术标准是信息发布和传递的基础，是网络上信息一致性的保证。技术标准定义了用户接口、传输协议、信息发布标准、安全协议等技术细节。就整个网络环境来说，标准对于保证兼容性和通用性是十分重要的。这就好像不同的国家使用不同的电压传输电流，用不同的制式传输视频信号，限制了许多产品在世界范围的使用。目前在电子商务活动中也遇到了类似的问题，一些标准，如 EDI 标准、电子商务数据交换标准 ebXML 被制定出来。此外，像 VISA、MasterCard 这样的国际信用卡组织已经与各界合作制定出用于电子商务安全支付的 SET 协议等。

1.4.2　法律环境

互联网技术在商业领域的应用促生了电子商务这一新型的商业模式。电子商务在促进商业繁荣与经济发展的同时，也颠覆了传统的商业模式，更对现存的法律体系提出了挑战。电子商务法作为新兴的法律领域，是电子商务发展的重要保障。电子商务主要涉及电子合同、电子支付、知识产权保护、消费者权益保护以及电子商务安全等问题。这些问题除了要有技术的支持外，还要通过法律来加以规范和保护。

近 20 年来，电子商务立法已经成为世界商事立法的重点。联合国国际贸易法委员会（United Nations Commission on International Trade Law，UNCITRAL）、世界贸易组织（World Trade Organization，WTO）、经济合作与发展组织（Organization for Economic Cooperation and Development，OECD）、世界知识产权组织（World Intellectual Property Organization，WIPO）以及国际商会（International Chamber of Commerce，ICC）等国际组织的相关立法在很大程度上推动了世界各国的电子商务立法。

我国电子商务立法起步较晚，但发展迅速。2004 年由全国人大常委会通过的《中华人民共和国电子签名法》(简称《电子签名法》)是我国电子商务与信息化领域中的第一部人大立法。2018 年出台的《中华人民共和国电子商务法》(简称《电子商务法》)是我国电子商务领域的首部综合性立法，对我国电子商务领域的法律规范体系建设有着重要的意义。目前，我国已经基本形成以《电子商务法》为主导，以各部门法律法规为依托的电子商务法律规范体系。

1. 电子合同

《电子商务法》并未对电子合同的概念做出明确的定义。根据联合国国际贸易法委员会制定的《电子商务示范法》以及我国的《中华人民共和国合同法》(简称《合同法》)的相关规定，可以将电子合同定义为：平等主体的自然人、法人、其他组织之间以电报、电传、电子数据交换、电子邮件等数据电文形式达成的设立、变更、终止民事权利义务关系的协议。与传统合同相比，电子合同有着鲜明的特征。对于电子合同特殊的问题，《电子商务法》也做了相应的规定。然而，电子合同的订立、履行等一般行为还应当遵守《中华人民共和国民法总则》(简称《民法总则》)、《合同法》和《电子签名法》等法律法规的相关规定。

2. 电子支付

电子商务的本质特征决定了电子支付的必要性。电子支付的广泛使用催生了电子银行。《电子商务法》对电子资金划拨中错误支付的处理和责任进行了明确。电子支付亦离不开电子货币。目前，电子货币包含电子现金、电子支票等形式。

3. 知识产权保护

电子商务活动中的交易客体及交易行为都涉及传统的知识产权领域。域名作为电子商务网站的重要标志，其对个人姓名权保护、企业名称权保护、商标权保护、著作权保护、专利权保护等有着非常重要的意义。世界知识产权组织也对解决域名与知识产权的协调问题做出了一定的努力。目前，我国有关域名的法律规范主要有《全国人大常委会关于维护互联网安全的决定》《中华人民共和国电信条例》《互联网信息服务管理办法》《最高人民法院关于审理涉及计算机网络域名民事纠纷案件适用法律若干问题的解释》《互联网络域名管理办法》《非经营性互联网信息服务备案管理办法》《互联网 IP 地址备案管理办法》《中国互联网络域名体系》等。在域名与商标权、著作权、专利权等知识产权的协调与保护方面，应遵守《中华人民共和国商标法》(简称《商标法》)、《中华人民共和国著作权法》(简称《著作权法》)、《中华人民共和国专利法》(简称《专利法》)、《中华人民共和国反不正当竞争法》(简称《反不正当竞争法》)等法律法规的规定。《电子商务法》亦对电子商务平台经营者、电子商务经营者保护知识产权的义务做出了规定。

4. 消费者权益保护

电子商务的出现使消费者的消费理念、消费方式、消费角色等发生了转变。电子商务运行的虚拟性，使得保护消费者合法权益的问题更加突出。一方面，消费者在进行电子交易时其隐私可能会遭到他人的非法窃取和使用；另一方面，由于电子商务依托信息网络进行交易，消费者的合法权益被侵害后也往往面临着难以举证，甚至难以找到侵害人的问题。面对网络隐私权的保护问题，各国都进行了相应的立法。美国制定了《消费者互联网隐私保护加强法》和《儿童在线隐私保护法》等法律。欧盟制定了《数据保护指令》《隐私与电子通信条例》《欧洲 Cookie 指令》《通用数据保护条例》等法案。经济合作与发展组织也制定了《电子商务消费者保护准则》。目前，我国已经建立了相对完善的消费者权益保护法律体系，其不但包含对消费者隐私权保护的内容，还包括对消费者其他权利保护的问题。该体系以《中华人民共和国消费者权益保护法》(简称《消费者权益保护法》）为核心，而且在民法、行政法、经济法、刑法等部门法中也均有不同程度的涉及。针对电子商务中消费者权益保护问题，《电子商务法》做了特别的补充，内容涉及消费者的权利与电子商务经营者的义务、归责方式与举证责任、争议解决等方面。

5. 电子商务安全

电子商务安全是电子商务的基础，电子商务乃至整个互联网的安全问题受到各国消费者的高度重视。我国相关的法律规范主要有《中华人民共和国计算机信息系统安全保护条例》(简称《计算机信息系统安全保护条例》)，以及《计算机信息网络国际联网安全保护管理办法》《计算机信息系统安全专用产品检测和销售许可证管理办法》《计算机场地安全要求》《计算机信息系统安全保护等级划分准则》等。此外，《中华人民共和国网络安全法》(简称《网络安全法》）是我国首部保障网络安全的基本法。《电子商务法》亦以《网络安全法》为基本依据，明确了电子商务主体的网络安全保障义务。

1.4.3　信用环境

在电子商务全球化的发展过程中，电子商务交易的信用危机也悄然袭来，虚假交易、假冒行为、合同诈骗、网上拍卖哄抬标的、侵犯消费者合法权益等各种违法违规行为屡屡发生，这些现象在很大程度上制约了电子商务快速、健康的发展。

市场经济是信用化的商品经济，信用是市场经济的基础和生命线，特别是在经济进入全球化的过程中，信用是进入国际市场的通行证。电子商务作为一种商业活动，信用同样是其存在和发展的基础。

合理规范的信用体系不仅有利于电子商务的健康、规范发展，而且对树立全社会信用意识，完善我国的市场经济体制，建立公平公正的市场经济秩序起着巨大的推动作用。发达国家在“社会诚信体系”建设方面有许多成功的经验。综观国际社会，目前国际上主要有以下几种征信规范模式。

（1）市场运作、立法指导型。这一模式最主要的特征是征信机构的设立、运作、消亡基本上是通过市场机制进行的，而政府对征信行业的管理主要是以立法形式体现的。对这一模式进行细分，可以分为以下两类。

第一类是以征信公司开展商业运作形成的信用管理体系，最典型的是美国。美国的企业、个人征信公司等从事征信业务的企业都是以市场化运作为主的，征信机构无论从事哪种征信业务，都属于私营，政府不进行投资或者组织；政府也不对征信服务行业实施任何经营许可，而交由市场机制去决定和规范。市场的启动和认可是完全依靠市场经济的法则和运作机制，靠行业的自我管理而成长壮大的。在这种运作模式中，利益导向是核心。而政府则通过立法的形式来规范征信活动各方的行为，使征信活动的各个参与者均能遵守这样的游戏规则，遵循市场规律的基本原则，自由竞争。

第二类是以中央银行建立的中央信贷登记为特征的征信管理体系，这种模式以欧洲为代表。与美国一样，欧洲等经济发达地区也是典型的"市场驱动型"发展模式，政府仅负责提供立法支持和监管征信管理体系的运转，征信机构的生死存亡，取决于其在多大程度上满足投资者的需求。由于中央信贷登记系统掌握的信息包括企业和个人的信贷信息，这些信贷信息成为征信机构进行企业、个人信用分析与评价的主要信息，因此在这些国家的征信监管活动中，中央银行扮演着重要的角色。

（2）政府推动、直接监管型。这是一种以政府力量为主导建立的征信管理体系，政府在征信行业管理领域的投入较大。一些发展中国家，特别是大多数的非征信国家就属于这种"政府驱动型"的发展模式。这一模式的实质表现是政府不仅是征信市场的监管者，而且是促进该国征信行业发展的直接推动力。它的主要特征是政府监管部门对资信评级机构和评级业务的推动及有效监管是评级业务发展的主要动力之一。从亚洲各国的实践来看，政府驱动的发展模式效果并不理想。

完善健全的信用管理体系包括国家关于信用方面的立法、执法，政府对征信行业的监督和管理，行业自律等方面的监督和管理。

我国的立法工作取得了长足的进步，我国社会主义市场经济体制的法律体系初步形成，使市场经济由无序竞争走向有序竞争，为信用行为的记录和失信行为的惩戒提供了基本的法律规范。上海于 2000 年率先出台了《上海市个人信用联合征信试点办法》(该办法于 2003 年被《上海市个人信用征信管理试行办法》替代)；2001 年 4 月，国家经贸委会同国家工商行政管理总局、公安部、财政部、中国人民银行、国家税务总局、中国证监会等十部委联合下发了《关于加强中小企业信用管理工作的若干意见》；2001 年年底，深圳出台了《深圳个人信用征信及评级业务管理办法》；2002 年 8 月北京发布了《北京市行政机关归集和公布企业信用信息管理办法》；2003 年 7 月，国家税务总局出台了《纳税信用等级评定管理试行办法》；2003 年 10 月，中国证券业协会发布《中国证券业协会会员诚信信息管理暂行办法》；2003 年 10 月 31 日，国家工商行政管理总局发布《关于对企业实行信用分类监管的意见》；2004 年 2 月，国家质量监督管理总局发布《关于开展质量信用等级评价工作有关问题的通知》。早期出台的这些法规，提出了对于依法披露、合法征集、信用服务、失信惩戒、信用管理、推动以中小企业为主体的社会信用体系建设的一系列设想和指导意见，在政府立法规范信用征信领域做了一些探索，但这和征信行业发展的整体需求相比是远远不够的。2013 年 1 月，国务院发布《征信业管理条例》，这是我国第一部征信业法规。《征信业管理条例》的出台，解决了我国征信业发展中无法可依的问题，有利于加强对征信市场的管理，规范征信机构、信息提供者和信息使用者的行为，保护信息主体权益；有利于发挥市场机制的作用，推进社会信用体系建设。

电子商务作为虚拟经济、非接触经济，尤其需要完善的信用体系作保证。目前我国电子商务有 4 种较为典型的信用模式，即中介人模式、担保人模式、网站经营模式和委托授权模式。中介人模式是将电子商务网站作为交易中介人，达成交易协议后，购货的一方要将货款、销售的一方要将货物分别交给电子商务网站设在各地的办事机构，当电子商务网站的办事机构核对无误后再将货款及货物交给对方。这种信用模式试图通过网站的管理机构控制交易的全过程，虽然能在一定程度上减少商业欺诈等商业信用风险，但却需要电子商务网站有较大的投资来设立众多的办事机构，而且还有交易速度和交易成本问题。担保人模式是以电子商务网站或网站的经营企业为交易各方提供担保为特征，通过担保来解决信用风险问题。这种将电子商务网站或网站的经营企业作为担保机构的信用模式，也有一个核实谈判的过程，无形中增加了交易成本。因此，在实践中，这种信用模式一般只适用于具有特定组织性的行业。网站经营模式以建立网上商店的方式进行交易活动，在取得商品的交易权后，让购买方将购买商品的货款支付到网站指定的账户上，网站收到购物款后才给购买者发送货物。这种信用模式是单边的，是以网站的信誉为基础的，主要适用于零售业网站。委托授权模式是网站通过建立交易规则，要求参与交易的当事人按照预设条件在协议银行建立交易公共账户，网络服务器按照预设的程序对交易资金进行管理，以确保交易在安全的状况下进行。在这种信用模式中，电子商务网站并不直接进入交易的过程，交易双方的信用保证是以银行的公平监督为基础的。

我国电子商务目前所采用的这 4 种信用模式，是电子商务企业为解决商业信用问题而进行的积极探索，但各自存在的缺陷也是显而易见的。特别是这些信用模式所依据的规则基本上都是企业性规范，缺乏必要的稳定性和权威性。要克服这些问题，需要政府部门，包括银行、工商管理、公安、税务等部门协同作战，才能使交易双方在政府信用的基础上建立起对电子商务的信心。目前还需完善的方面主要包括以下几点。

（1）须构建网上信用销售评估模型。企业信用部门在进行电子商务交易之前应先评估客户信用。一般有两种客户信用评估方式：一种方式是根据客户的财务报表进行评估，另一种方式是开发出适合本行业特点和本企业特征的信用评估系统。我国已经有部分企业开始重视收集客户的信息资料，并取得了良好的效果：应收账款逾期率、坏账率都大幅下降，企业效益明显回升。

（2）须加强网上客户档案管理。企业对赊销客户的档案应进行定期（一般是半年）审查，根据客户信用信息的变化，及时调整信用额度。如果企业不能根据客户信息的变化及时调整信用额度，就会使优良的客户订单得不到增加，也不利于及时发现信誉较差的客户，容易造成坏账。

（3）须建立合理的应收账款回收机制。很多国家对应收账款管理都有明确的规定，一般超过半年（有的以 3 个月作为期限）的应收账款就必须作为坏账处理。为了防止坏账，若账款逾期在 3 个月以内，则由企业内部的信用部门进行追收；若超过 3 个月，不超过 6 个月，则寻求外部专业机构和力量协助追收；若超过 6 个月，一般就会采取法律行动追讨逾期账款。

1.4.4 金融环境

在线电子支付是电子商务得以顺利发展的关键环节和基础条件，随着电子商务在电子交易环节上的突破，网络银行、银行卡支付网络、银行电子支付系统以及电子支票、电子现金等服务，将传统的金融业带入了一个全新的领域。1995 年 10 月，全球第一家网络银行“安全第一网络银行”（Security First Network Bank）在美国诞生。这家没有建筑物、没有地址的银行，其首页画面就是营业厅，员工只有 10 人，与总资产超过 2 000 亿美元的美国花旗银行相比，安全第一网络银行简直微不足道，但是该银行通过互联网进行交易的思想却给整个金融行业带来了变革。自我国从 1993 年开始实施“三金工程”和后继的“金字系列工程”以来，从政府到民间相继开始对电子商务金融领域进行多方面的积极探索。图 1.10 体现了电子商务活动中的创新性金融服务。

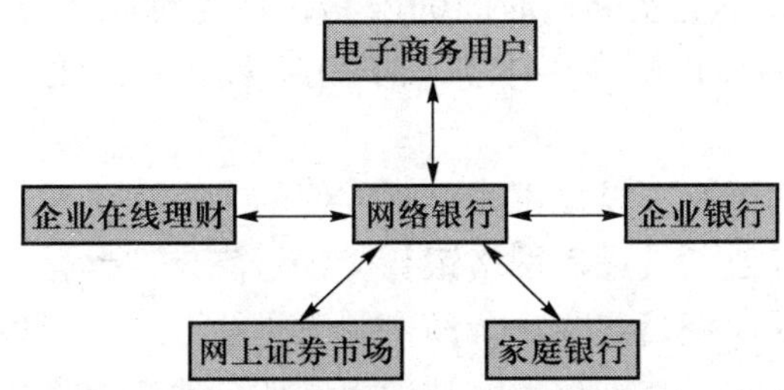

图 1.10 电子商务活动中的创新性金融服务

1. 电子商务时代的金融服务

电子商务的发展使信息的获取范围更为广泛，获取手段更为简便。贸易、商务活动中的商品认识、合同谈判、交易实现都可以通过因特网来完成，金融服务中的支票、柜台、保险、理财、证券、企业银行业务和家庭银行业务也可以在网络上实现。电子货币（信用卡、数字现金等）这种在线付款方式取代了传统的货币交易，金融业的竞争力影响因素也由人员数量、分支机构数量和规模等扩展到包括信息交流、数字现金等在内的更广泛的范围。电子商务给金融业带来的巨大影响，对世界经济金融状态也产生了深远的影响。信息交流和数字化电子货币在空间地域上的突破，在促进金融变革的同时也带来金融监管上的困难。各国政府都需要制定相关的金融法律和法规，结合技术上的控制来保障这一新兴金融商务方式的正常运转。

我国银行领域以中国人民银行为牵头单位，配合国家各主要商业银行及金融机构联合建设的中国金融数据通信网和全国银行卡信息交换中心，充分利用金融系统电子化基础设施，加强中央银行的支付清算职能，以逐步确立和完善我国的支付清算体制，并加快实现全国范围内银行卡跨行、跨地区支付业务的授权及清算信息自动交换。

2. 网上金融服务内容

电子商务实际上是把人们在传统办公室、商场、银行以及管理部门等场所进行的商务活动搬到互联网上进行。电子商务的范围十分广泛，包括连锁管理、异地银行、订货、购置、网络营销、广告，直至终端家庭购物，其中的金融服务主要表现在以下几个方面。

（1）网络银行。网络银行又称为网上银行、在线银行，是指银行利用互联网技术，向客户提供开户、销户、查询、缴费、对账、行内转账、跨行转账、信贷、网上证券、投资理财等传统服务项目，使客户足不出户就能够安全、便捷地管理活期和定期存款、支票、信用卡及个人投资等。可以说，网络银行是在因特网上的虚拟银行柜台。网络银行为企业或个体工商户提供信息查询、货币支付、储蓄、结算、在线投资等服务。例如，发布金融信息，完成基本支票业务、货币市场服务、信用卡业务、基本储蓄业务等，也可为客户提供信息查询、私人保密服务等多种金融服务。网络银行给银行和用户以及商户带来的变革主要体现在以下几个方面。首先，网络银行可以减少固定银行网点数量，降低经营成本，而客户则可以不受空间、时间的限制，享受每周 7 天、每天 24 小时的不间断服务。其次，网络银行的客户端便于维护，使用起来灵活方便，便于客户与银行之间的沟通。

（2）家庭银行。家庭银行可以提供完整、方便的个人金融服务。个人可以随时使用个人计算机、移动终端或其他工具进入网络银行，进行支票、储蓄、货币市场、存款账户的信息查询和管理等，可以检查当前账户余额，划拨资金。个人可以利用理财软件进行在线支付，结清支票簿，查看账户并进行理财管理（例如，使用支票簿规划所有金融事务，甚至跟踪和分析花费情况），制定纳税、消费、储蓄等资金计划，以及通过网络进行金融活动等。

（3）网络购物与消费。电子商务环境要求商场、厂家、政府部门（如税务、工商、海关等）、银行以及认证机构互相连接，形成通畅的信息流和资金流。客户通过网上商场可以进行商品预览、订货、支付等商务活动，也可以进行在线订票、购物、娱乐等消费。

（4）金融支付。传统的支付方式有汇款支付、支票支付、汇票支付、转账支付，而电子支付发展后，其支付方式将扩展为企业信用卡支付、电子支票支付、电子转账支付、信用认证支付等形式。

（5）企业在线理财。企业在线理财可以实现的功能有：企业集团服务——集团客户可以通过网络银行服务查询集团各子公司的账户余额、交易信息，划拨集团内部公司之间的资金，进行账户管理等服务；对公账户实时查询——企业可以实时查询对公账户余额及交易历史；网上转账——企业可以通过互联网实现支付和转账；国际收支申报——企业客户可以通过互联网向外汇管理局进行对公汇入汇款申报。

（6）银证快车。针对我国国内证券市场的一、二级清算业务，工商银行专门推出了适用于广大券商的“银证快车”服务产品。“银证快车”可以在最短的时间内，完成证券公司与交易所之间、证券公司各营业部之间的资金清算业务。

1.4.5　生态环境

1993 年，James F.Moore 在《竞争的衰亡：商务生态系统时代的领导与战略》（*The death of competition: Leadership and strategy in the age of business ecosystems*）中提出了商务生态系统的概念。起初，这个概念来源于自然界的生态系统。在生态环境学中，生态系统指的是生物之间存在着的一种相互依存、互为环境的关系。James F.Moore 所提出的商务生态系统模拟了自然生态系统中的这一复杂而微妙的关系。众多商家作为有生命的经济实体，共同组成和推动着整个国民经济乃至国际经济的发展，形成了功能协调、优势互补的共荣的商务生态环境。电子商务生态系统是商务生态系统的一种，是由电子商务核心交易企业、金融服务企业、物流服务企业、政府等组织机构，以联盟或虚拟合作等方式通过互联网平台分享资源而形成的一种生态系统，其成员之间信息共享，协同进化，实现自组织和他组织。

近些年，电子商务在带来国民经济快速增长的同时逐渐从网络化向平台化发展，并且呈现出生态化的发展趋势：参与到电子商务中的商家越来越多，这些商家之间的分工和协作越来越明显，在电子商务的不断发展中，这些同时存在于同一个电子商务生态系统中的商家变得越来越密不可分。与此同时，各个商家之间的竞争逐渐演变为电子商务生态系统间的竞争。

电子商务生态环境是电子商务生态系统的重要组成部分，电子商务生态环境为电子商务的发展提供了强有力的保障。在广义的电子商务生态环境中，与电子商务相互作用、相互影响的要素均为电子商务的生态环境，如与电子商务系统关系密切的经济环境、通信技术、网络技术、社会环境等；同时，其他电子商务生态系统也可以被认为是这一生态系统的外部生态环境。狭义的电子商务生态环境是指直接影响电子商务系统的、与电子商务生态系统密切相关的各个要素的总和。

下面举例讨论电子商务的生态环境。

蚂蚁金融服务集团（以下简称“蚂蚁金服”）起步于 2004 年成立的支付宝。2014 年 10 月，蚂蚁金服正式成立。蚂蚁金服以“为世界带来微小而美好的改变”为愿景，致力于打造开放的生态系统，通过“互联网推进器计划”助力金融机构和合作伙伴加速迈向“互联网 +”，为小微企业和个人消费者提供普惠金融服务。蚂蚁金服旗下业务包括生活服务平台支付宝、智慧理财平台蚂蚁聚宝、云计算服务平台蚂蚁金融云、独立第三方信用评价体系芝麻信用以及网商银行等。另外，蚂蚁金服也与投资控股的公司及关联公司一起，在业务和服务层面通力合作，深度整合，共推商业生态系统的繁荣。

就阿里巴巴、天猫、淘宝网而言，阿里巴巴旨在搭建一个外贸交易的平台，天猫旨在搭建一个品牌类商品的交易平台，淘宝网旨在搭建一个各类商品的交易平台；而蚂蚁金服则依托自身先进的云计算和大数据分析等技术构建了底层平台，并在引入外部金融机构的基础上开放自身的数据、客户，使整个业务体系完善成为一个完整的生态系统。

在生态环境学中，生态系统一般包括以下几个重要角色：非生物的物质和能量、生产者、消费者、分解者。与之对应，在蚂蚁金服的体系中数据和用户便是“非生物的物质和能量”，蚂蚁金服的产品部门就是“生产者”，传统金融机构、外部商家合作方以及大众用户就是“消费者”，蚂蚁金服强大的云计算和大数据分析技术就是“分解者”。蚂蚁金服利用海量交易所产生的数据和用户，生产对接传统金融机构、外部商家合作方以及大众用户的互联网金融产品，并通过强大的底层技术为相关各方提供数据分析的服务。

在淘宝网、天猫等平台上，支付宝仅仅是一个在线支付工具，而支付宝却是蚂蚁金服电子商务生态系统的核心。在这个生态系统中，围绕支付宝产生了许多互联网产品。蚂蚁金服利用以支付宝为核心的蚂蚁聚宝、招财宝等产品，将越来越多的金融机构和参与方及用户连接起来，共同服务用户；并且这个生态系统将会不断进化，越来越丰富，越来越广阔。

蚂蚁金服国内事业群总裁樊治铭在 2016 年 8 月召开的蚂蚁金服合作伙伴大会上说：“蚂蚁金服和所有合作伙伴互为生态，是共生的关系，在同一条船上同舟共济。”并承诺蚂蚁金服开放平台将坚定地走开放共享的道路，推动生态繁荣发展。相信伴随着蚂蚁金服的不断发展，一个无所不在的电子商务生态系统将会逐步形成。

1.5　相关基础学科对电子商务的影响

电子商务是一个系统工程，它的发展首先需要许多相关学科、技术的发展。对电子商务软环境发展影响较大的学科包括数学学科、信息学科和管理学科等。对电子商务硬环境发展影响较大的有物流、交通、电子信息等技术的发展程度，还有电子商务发展所必需的法律环境的完善程度等。电子商务和这些学科之间的关系是相互依赖和相互促进的关系。本节将简单介绍数学学科、信息学科和管理学科对电子商务的影响，其他有关内容将在后面的相应部分做比较详细的介绍。

1.5.1　数学学科对电子商务的影响

电子商务是一个综合性的学科，所涉及的数学分支很多，所用到的数学模型也很多，这里只对电子商务常用数学模型进行简单的介绍。电子商务常用的数学模型主要有概率模型、排队论模型、非线性动力学模型、图论模型等。

1. 概率模型

（1）随机事件与概率。在一定条件下，可能发生也可能不发生的事件称为随机事件，简称事件，通常用大写字母 A，B，C 等表示。例如，在硬币密度相同的条件下，向上抛一枚硬币，当落地时正面朝上，这样一件事情就是随机事件。在一定的条件下，必定发生的事件称为必然事件，用 U 表示。在一定的条件下，不会发生的事件称为不可能事件，用 $\varnothing$ 表示。

（2）概率模型。概率论是研究自然界随机现象数量规律的科学。概率论中研究的随机事件常常可以抽象成 3 种模型：古典概率模型、几何概率模型和条件概率模型。

（3）概率性质。概率具有以下性质。

性质 1　任何随机事件 A 的概率 $P(A)$ 都有 $0 \leqslant P \leqslant 1$。

性质 2　必然事件的概率为 1，不可能事件的概率为 0，即 $P(U)=1$，$P(\varnothing)=0$。

性质 3　如果事件 A，B 满足 $A \cap B=\varnothing$，那么有 $P(A \cup B)=P(A)+P(B)$。

（4）随机事件之间的关系。概率的计算与随机事件之间的关系有比较密切的关系，要正确计算概率必须掌握随机事件之间的常见关系，如包含与相等、和、积、互不相容、对立和差等。此外，还要了解常见的概率模型。如果知道一个随机事件的概率模型及其与其他随机事件之间的关系，就很容易计算出正确的概率。

2. 排队论模型

电子商务活动中的信息流是在全球网络中流动的，当信息到达计算机控制的智能节点时，信息要流向下一个节点，就需要处理器对信息进行处理（在排队论中称为服务）；当到达节点的需要处理的信息超过处理器的处理能力时，信息就要排队等候处理。需要多长的等待时间才能获得服务？排队长度有多长？如何安排才能使排队的长度最短、成本最低，而客户又能得到最好的服务？这些都是排队论研究的问题。

排队模型如图 1.11 所示。

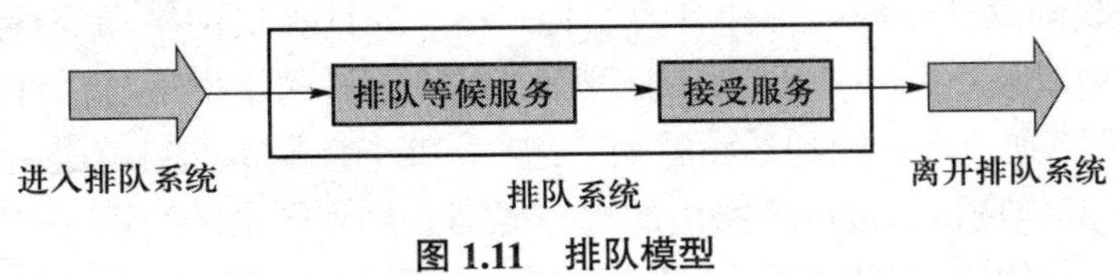

图 1.11　排队模型

从图 1.11 可以看出，信息按照某种规则进入排队系统，到达服务窗口后，按照一定的规则排队等候服务，窗口按照一定的规则提供服务，信息接受服务后离开排队系统。

在排队论中对整个过程影响较大的因素有：事件到达的规律 A（在排队论中称为分布）、服务规则 B、服务窗口数 C。根据这三个参数可以把排队论的数学模型用 $A/B/C$ 来表示。常用的排队模型有 $M/M/S$（事件到达为泊松分布，服务规则为负指数分布，服务窗口为 S 个）、

$M/G/S$（事件到达为泊松分布、服务规则为任意分布、服务窗口为 S 个）以及带有优先权的 $M/G/S$ 模型（对于系统中不同优先级的数据，按优先级分别进行处理）。

3. 非线性动力学模型

非线性科学是研究各个不同学科中非线性现象的一门前沿学科，它是在以非线性为特征的各门分支科学的基础上逐步发展起来的综合性学科，被誉为 20 世纪自然科学的第三次大革命。它的产生揭示了人们对事物的认识总是由浅入深的，而且随着科学技术的发展认识还在不断地深化。以往科学的发展使人们陶醉于自然界的和谐与完美之中，于是形成了这样的思想，就是任何复杂的自然现象，总可以找到一条简单的规律或用一组确定的方程来描述。物理学家几乎一致认为宇宙的基本规律是决定性的和可逆的。牛顿第二定律 $m\frac{\mathrm{d}^2x}{\mathrm{d}t^2}=F$（其中 m 是质点的质量，x 是质点运动的位置向量，F 是作用于质点的外力）就是这种观点的代表。但是，自然界的现象并不是如此简单，在自然界中既可以发现可逆过程，也可以发现非可逆的事物演化过程；既可以发现确定性的现象，也可以发现随机的现象；既有未来已经包含在过去之中的现象，也有未来并不包含在过去之中的现象。普利高津的“耗散结构”学说，对时间对称性提出了疑问，为研究自然界的复杂现象提供了新的依据，因此而获得 1977 年的诺贝尔奖。现在耗散结构学、混沌学、分岔学说、突变学、分维数学、协同学和细胞自动机理论相互渗透和补充，从而形成了一门研究复杂现象的综合性学科——非线性动力学。

非线性动力学研究的数学模型有耗散结构模型、混沌模型、分岔模型、突变模型、分维数模型、协同模型和细胞自动机模型。

混沌模型、分维数模型、协同模型和细胞自动机模型很难用比较具体的方程来描述。非线性动力学的许多理论都运用于电子商务之中。例如，混沌和细胞自动机在电子商务加密中得到应用，分形理论在数据压缩领域得到应用。此外，近年来十分活跃的电子商务安全中所用的遗传加密算法、免疫算法等均来自非线性动力学的研究成果。

4. 图论模型

图论方法是刻画离散结构的一种有力工具。在研究计算机网络和分析计算机程序流程时，经常会遇到由“顶点”和“边”组成的图。在计算机网络中常把由计算机控制的智能节点看做“顶点”，把节点之间的通路看做“边”，整个计算机网络就是由这些“顶点”和“边”组成的图，其信息传递过程中路由的选择等都要用到图论的知识。一个图 G 由顶点集 V、边集 E 组成。图论中的模型有有向图模型、无向图模型、完全图模型、连通图模型、欧拉图模型、哈密顿图模型等。

用顶点和边表示图比较直观，但是这样用计算机处理起来非常不便，这给图的研究带来了困难。为了克服这方面的不足，引入了图的另一种表示——邻接矩阵。设图 G 的顶点数为 m，边数为 n，那么用 $m\times n$ 的矩阵 $\boldsymbol{A}=[a_{ij}]$ 来表示图 G，其中 $\boldsymbol{A}$ 的元素 a_{ij} 这样确定：

$$a_{ij}=\begin{cases}1，当顶点 i 和 j 之间有边相连时\\0，当顶点 i 和 j 之间无边相连时\end{cases}$$

有了邻接矩阵，就可以很方便地用解析的方法来研究图。这样图的有向、无向、有无连通通路、连通通路的长度等都可以方便地用计算机进行处理和计算。

1.5.2　信息学科对电子商务的影响

电子商务是以电子信息技术为基础的商务活动，它必须通过计算机和计算机网络与通信系统来实现信息存储、信息交换和信息处理，因此计算机技术、计算机网络与通信技术的发展对电子商务的发展起着决定性的作用。自从第一台电子管计算机诞生以来，计算机的电子器件先后经历了电子管电路、晶体管电路、中小规模集成电路、大规模和超大规模集成电路发展阶段。随着电子器件制造技术的发展，计算机也产生了小型机、大型机和并行计算机。计算机技术是信息化进程中的核心技术，经过数十年的发展，计算机技术已日趋成熟。多媒体技术的诞生使得计算机可以处理图、文、声、像等多种形式的信息。各种专门应用软件的开发把计算机的应用范围从单一的科学计算推广到几乎所有的领域。计算机网络技术和数据库技术实现了软件、硬件及信息资源更快、更好的共享，实现了更大范围的信息综合协同处理。计算机系统正向着智能化、集成化、综合化的方向发展。数字化技术的一系列突破性进展以及计算机和计算机网络的普及，产生了席卷全球的信息革命。

目前计算机网络已经成为电子商务的主要平台。TCP/IP 的应用大大方便了各个网络之间信息的传输，降低了信息获取的成本；路由技术的不断发展，使得网络能够更充分地发挥作用。万维网技术的出现，使网上信息实现了多媒体化，从而变得更丰富多彩并更易于为用户所接受。与此同时，基于 IP 的企业内部网和企业外部网也得到了快速发展，成为企业实现电子商务的基础环境。

计算机网络系统是融数字化技术、网络技术和软件技术为一体的综合系统，计算机网络和计算机智能节点控制技术使远程通信成为可能，正是由于远程通信的产生，才使得远程教育和远程医疗等一系列的远程应用迅速发展。因此，电子商务的实施是和计算机网络的发展密切相关的，也正是计算机网络技术的发展推动了电子商务的发展。

如果说计算机网络平台是电子商务的基石，那么软件技术就是电子商务的发动机，它直接构筑了电子商务的各种应用，保证了电子商务的安全运行。各种电子商务开发软件为在网络上建立电子商务系统提供了工具，利用这些工具，人们可以构建网上商场、虚拟超市等商务系统。数据库技术是电子商务发展的关键技术，数据库不仅为电子商务存储各种商品信息、交易信息以及用户信息，而且通过对数据库中数据的再次整理和挖掘，可以为商家提供市场信息和决策依据，从而真正体现电子商务在市场敏锐性方面的优势。安全是关系电子商务能否普及的关键问题，为保障所传信息的安全性，必须利用各种信息安全技术。共享密钥、公共密钥等加密技术为信息保密提供了基础，而防火墙、入侵检测等技术为保护信息不受非法破坏和窃取提供了保障。

如果把软件设计工作比喻成建设一座大楼的话，以前软件设计就像手工盖楼必须从和泥、烧砖、砌墙等开始一样，需要从底层源代码编写开始；而随着软件开发技术的发展，现在软件设计就像利用现有的砖、水泥和大量的预制件以及现代化的建筑机械来建造一座大楼，可以把精力集中于大楼的设计和施工组织一样，利用各种应用软件和集成化应用开发软件，可以使人们摆脱繁重的源代码编写工作，方便、快捷地开发符合自己要求的电子商务软件。这是电子商务能够在各行各业及大中小型单位普及的技术前提。

在电子商务活动中，信息流和资金流的载体都是通信系统，信息的交换和传输必须通过通信网来实现，通信网是由传输、交换、终端设备和信令、协议以及相应的运行支撑系统组成的。信息的传递和交换需要一个宽阔的基础通信通道为电子商务网络的搭建提供支撑，当代通信技术的飞速发展为电子商务大通道的形成打下了基础。

数字程控电话交换技术的产生，为现代数字通信技术奠定了基础。它的发展推动了全球范围通信网络的发展，成为互联网规模发展的重要支撑网络。光通信技术的成熟，特别是目前快速发展的波分复用技术，使骨干通信网的带宽得以成倍地增加，为构筑在其上的计算机网络的扩张以及海量信息内容的顺畅传输提供了保障。包括地面移动通信技术、卫星通信技术等在内的无线通信技术向数据化和宽带化的方向迈进，第 4 代移动通信技术（4G）可以提供 1 000 Mbps 的带宽，为实现信息网络的普遍覆盖和灵活应用提供了新的手段，成为移动电子商务的基础。

数字通信网是信息化的中枢。正是数字通信网的出现，使计算机通信的覆盖范围不断扩大，通信进入了网络服务阶段，出现了以公用数字数据网为基础的电子邮件业务、电子数据交换业务、电子号码簿业务、电子公告牌业务和电子商务业务等。严格地说，这些业务都是广义电子商务的内容。

通信网为计算机之间的信息交换和传递提供了必要的手段，而信息交换和传递正是电子商务的核心内容。没有通信技术的发展，就没有信息交换和传递，电子商务也就无从谈起。电子商务的发展对通信提出了越来越高的要求，安全、高速的网络传输和多媒体通信已经成为开展电子商务活动的必然要求。

1.5.3　管理学科对电子商务的影响

管理理论是为适应客观的经济环境而发展起来的。在管理理论发展的不同阶段，对企业管理的要求是不同的。在古典管理理论阶段，管理的实践主要是通过硬性的规章制度、人工的方法管理机械设备和工人，提高劳动生产率。因为这一时期是卖方市场，产品供不应求，企业管理者的主要任务是提高劳动生产率，增加供给。在行为科学理论阶段，企业管理的核心是从大批量生产向小批量、多品种生产发展，企业的竞争由价格的竞争向满足消费者需求的服务竞争发展。这一阶段能够保证供应，消费者开始对产品提出质量的要求，质量低劣的产品很难出售。管理者的主要任务是生产的产品能够及时销售出去，为此就需要保证产品的质量，实行小批量、多品种的生产组织，以满足不同消费者的需求。

在以战略管理为主的阶段，管理者开始面向未来，根据所处的内外条件随机应变，使企业组织在稳定性、持续性、适应性、革新性之间保持动态的平衡。企业综合运用内部的资源和信息，这个阶段的信息收集和处理对管理手段提出了更高的要求，完全的人工操作已经不能适应，因而计算机开始进入管理领域。EDI 开始出现并取得长足的发展。

在企业再造阶段，面对日新月异的变化与激烈的竞争，企业急需提高自身的运营效率，迫切需要业务流程重组（business process reengineering，BPR），它是企业重新获得竞争优势与生存活力的有效途径。业务流程再造的实施需要两大基础，即现代信息技术与高素质的人才。企业业务流程再造对信息处理的需要，使得计算机在企业的应用范围不断扩大。反过来，管理信息系统（MIS）和决策支持系统（decision support system，DSS）的发展和普及，推动了计算机软件和硬件的迅速发展，也推动了计算机信息处理技术和信息交换技术的发展，为电子商务的产生奠定了企业应用的基础。

在全球化和知识经济时代的组织管理阶段，信息化和全球化浪潮席卷世界，知识经济的到来使信息与知识成为重要的战略资源。企业只有能够合理组织全球资源，在全球市场上争取客户，才有生存和发展的可能。为了合理组织全球资源，除了跨国公司这种组织形式以外，又出现了虚拟企业。由此引发了后来的“虚拟组织”热。这就对信息的获取能力、加工处理能力、利用能力提出了比前几个阶段都高的要求。正是这种客观的需要使得企业必须把原来的管理信息系统、决策支持系统相互连接起来，使具有信息传播和信息发布功能的因特网获得了突飞猛进的发展，使电子商务的基础设施不断完善。

总之，任何技术的发展都是以商业需求为推动力的。管理发展的需求不断推动着电子信息技术的发展与完善，两者的有机融合最终形成了今天的电子商务。

1.5.4　交叉学科对电子商务的影响

交叉学科是指由不同学科、不同领域、不同部门间相互作用、彼此融合而形成的一类学科群。就学科发展的历史而言，一个新兴学科的诞生，皆是不同传统学科、成熟学科之间交互作用的结果。一个新兴学科历经一定的发展期，将成为成熟学科，并有可能与其他学科再次交融，进而形成新的交叉学科。

人工智能、云计算、物联网等技术都是各类学科交互作用的产物，它们对电子商务的发展有着巨大的影响。

1. 人工智能及其对电子商务的影响

人工智能的基础学科是计算机科学，此外它还涉及自动化、信息论、控制论、数理逻辑、仿生学、语言学、生物学、心理学、人体科学及社会科学等诸多学科。人工智能对电子商务领域的影响主要体现在以下几个方面。

（1）导购服务。目前用户对电子商务平台服务的要求越来越高，他们总希望在购买商品时能够得到详尽、专业的解答。经过训练的人工智能聊天机器人能够耐心而专业地回答用户的问题，让用户拥有很好的购物体验，实现服务品质的提升。人工智能聊天机器人还能够将购物流程自动化，快速引导用户完成整个购买流程，并在收集有价值数据的同时对用户进行追踪。其提供的服务是全天候的，能有效降低人力资源成本。

（2）智能物流。拥有人工智能机器人的无人仓可以科学、合理地管理和分拣包裹。这不仅降低了包裹分拣的错误率，也节约了人力资源成本。

在整个物流过程中，最后一公里的服务尤其重要，其所面临的应用场景也更加多元化，不同的区域，其服务的性质、内容也截然不同。无人机能够在多种环境中完成送达任务，提升最后一公里的服务质量。借助人工智能，人们可以对不同场景及相关因素进行综合分析、科学决策，从而得出具体的送达方案，实现效率和成本的平衡。

（3）推荐系统。人工智能推荐系统能够综合考虑用户信息、用户偏好、用户历史购买行为、第三方数据以及上下文信息，结合推荐算法预测用户喜好的商品，并由人工智能聊天机器人进行商品推荐。

人工智能推荐系统也能够对海量用户的偏好、反馈等信息进行汇总、统计和分析，并依据得到的结果改进商品和优化服务。与一般的大数据分析不同的是，人工智能具备一定的学习能力和思考能力，其分析出的结果往往更接近用户的真实想法。

2. 云计算及其对电子商务的影响

云计算（cloud computing）这一概念最早是由谷歌公司提出的，它具有超大规模、虚拟化、安全可靠等功效。云计算对电子商务的影响体现在以下几个方面。

（1）改善电子商务的安全性。随着电子商务的高速发展，电子商务企业积累的数据也越来越多。例如，阿里巴巴集团积累的数据已高达 ZB 级，数据覆盖了用户资料数据、网页点击数据、用户浏览数据、购物习惯数据、交易数据等。电子商务数据的高价值性也越来越显现。然而，在电子商务数据得以大量保存的同时，病毒的侵入、黑客的攻击，甚至不良竞争对手等，都使其安全性面临着巨大的威胁，这也使得电子商务企业不得不投入巨大的成本来维护数据安全。应用云计算将数据存储于云端，由专业的云服务提供商提供安全、高效的数据存储服务，电子商务企业无须再担心因为各种安全问题而导致数据丢失。同时，大型电子商务企业也在致力于开发自己的云计算服务，如阿里巴巴集团的阿里云，其在天猫“双十一”购物狂欢节、12306 春运网络购票等富有挑战性的应用场景中，有着良好的运行记录，并在 2018 年 9 月 22 日举行的杭州云栖大会上宣布成立全球交付中心。由此可见，云计算能够为电子商务企业提供安全、高效的数据存储服务，提高电子商务的安全性。

（2）增加电子商务的灵活性与专业性。云计算能够为电子商务企业提供既可靠又经济的定制服务。例如，“软件即服务”就是将软件作为一种在线服务提供给用户。基于云计算的电子外包，是云计算服务在电子商务领域的应用之一。实际上，电子外包是一种按需定制的电子商务服务形式，电子商务企业作为客户端，借助电子外包通过互联网即可使用专业的云计算服务。通过云计算服务，电子商务企业可以更加方便地使用网络架构与应用程序（APP），而无须花费大量的人力、物力、财力来开发、维护以及升级电子商务系统及其内部的软件等。由此可见，云计算能够提高电子商务企业的灵活性与专业性。

（3）提供强大的数据处理能力。通过一定的调度策略，云计算可以集成数量众多（数万至数百万台）的微型计算机来为用户提供超强的数据处理能力，从而完成一般计算环境下无法完成的任务。在“云”中，每当用户提交一个计算请求，云计算都可以按需调用计算资源，来为用户提供强大的计算能力。在云计算模式下，电子商务企业不再在自己的计算机或某台定制的服务器上进行数据处理，而是利用各种终端设备通过互联网从“云”中获取所需的信息。由此可见，云计算能够为电子商务企业提供强大的数据处理能力。

（4）带来良好的经济效益。电子商务企业为构建电子商务系统，需要配备大量的计算机、网络设备以及软件等，而且还要随着商务需求的变化对它们定期进行维护或更新，因此需要大量持续的资金投入，这对中小电子商务企业而言，是难以承受的；而且，面对迅速发展的网络服务与电子商务应用，这种投入也是不经济的。在这种情况下，将云计算模式引入电子商务应用（如租用“基础设施即服务”），能够极大地降低企业的电子商务系统构建，以及维护和更新成本。由此可见，云计算能够降低电子商务企业的 IT 基础设施建设成本及更新、维护费用，从而为电子商务企业带来良好的经济效益。

3. 物联网及其对电子商务的影响

物联网（internet of things，IoT），是一种通过射频识别（radio frequency identification，RFID）、红外感应器、全球定位系统、激光扫描器等信息传感设备，按照约定的协议，把任何物体与互联网连接起来进行信息交换和通信，以实现对物体的智能化识别、定位、跟踪、监控和管理的网络。

物联网的本质特征主要体现在：第一，互联网，即能够实现物体与物体互联互通的强大网络；第二，识别与通信，即接入物联网的物体要有自动识别、物物通信（machine to machine，M2M）等功能；第三，智能化，即网络系统具备自动化、智能控制、自我反馈等功能。因此，物联网的核心理念是各种感知技术、互联网技术、人工智能与自动化技术的聚合与集成应用。

物联网对电子商务的影响主要有以下几个方面。

（1）实现库存的实时监控管理。利用物联网的射频识别技术，电子商务企业可以实时对其库存进行监控和管理，从而在不同部门间形成商品信息的自动化传输与交换。基于此，电子商务企业的管理系统与仓储系统可以实现数据的实时对接与同步处理，进而为管理者决策提供科学依据，最终实现经营决策的最优化。这不但能够使电子商务企业降低库存，提高商品流动率，节省管理成本，而且能够及时给予消费者反馈，提高消费者的购物体验。

（2）实现智能化的物流配送。利用物联网的传感与定位技术，电子商务企业可以实现智能化的物流配送。具体来说，就是利用物联网终端获取完整、翔实的信息，并通过网络将其传输至数据中心；数据中心依据收到的数据对物流配送路线、时长等进行优化、调整，并做出最优的判断与决策，从而实现物流配送的规范化与信息化。这样，商家、用户、物流公司，都可以基于智能配送平台实现对商品流动信息、运输车辆状态、配送状态等的实时监控。

（3）创新电子商务支付方式。利用物联网，电子商务企业可以使商家、用户、银行、第三方支付平台实现更紧密的联动，以探索和创新更便捷的电子商务支付方式，发展多样化、低门槛的移动支付服务，为用户提供更良好的支付体验。

（4）实现动态的商品管理。利用物联网，电子商务企业还可以构建动态的商品管理系统。例如，为商品建立唯一的识别标识，使得用户可以通过物联网有效地辨识商品，了解商品的来源、加工、销售等情况。

小结

本章主要介绍电子商务的基础知识，包括电子商务的产生与发展、电子商务的概念与含义，给出了电子商务的基本模式、电子商务系统的主要组成，以及电子商务的主要支撑环境，同时对相关基础学科对电子商务的影响等进行了介绍。

电子商务是人们利用电子信息技术进行的商务活动，是传统商务活动的电子化。电子商务的基本模式与传统的商务模式相对应，包括在企业之间进行的 B2B 电子商务、在企业与消费者之间进行的 B2C 电子商务、在政府与政府之间进行的 G2G 电子商务、在消费者之间进行的 C2C 电子商务、在线上企业与线下企业之间进行的 O2O 电子商务，以及线上线下一体化的 $O2O^n$ 电子商务等。

要组成一个完整的电子商务系统必须有企业的门户网站、全面的客户关系管理和供应链管理、完善的物流管理。电子商务要健康地发展，还要有相应的技术环境、法律环境、信用环境、金融环境以及生态环境等支撑环境。

电子商务的发展受多个学科的影响，其中数学学科和信息学科对电子商务的建立起到技术支撑作用，使电子商务能够安全地进行，为电子商务的顺利开展保驾护航。管理学科对电子商务的发展起到了战略导向的作用。交叉学科则会对电子商务的创新发展起到积极的推动作用。

思考与讨论

1. 电子商务是如何产生的？电子商务的发展经过了哪些阶段？
2. 电子商务发展过程中的推动技术有哪些？这些推动技术使电子商务的哪些领域发生了变革？有怎样的历史作用？
3. 电子商务会对哪些学科产生重大影响？
4. 我国电子商务的发展经历了哪些阶段？电子商务在中国的发展现状如何？我国电子商务的发展存在着哪些问题？
5. 发达国家电子商务的发展过程对我们有何启发？
6. 有人认为淘宝网、天猫等电子商务平台的迅速发展所带来的价格大战、诚信问题等，对我国很多产业的发展都产生了消极影响。请从电子商务对整个社会影响的角度分析这一观点的正确性。
7. 分析电子商务在未来20年、50年甚至100年的发展趋势。
8. 广义电子商务和狭义电子商务分别指的是什么？试阐述你对电子商务的理解。
9. 电子商务的基本特点是什么？理解电子商务这一概念的关键是什么？
10. 如何理解企业信息化与电子商务的关系？
11. 电子商务的一般框架包括哪些组成部分？试阐述各组成部分的功能和作用。
12. 按照交易对象分，电子商务有哪些模式？为什么说B2B电子商务是未来电子商务的主要模式？
13. 目前影响B2B电子商务发展的主要因素有哪些？谈谈你对这些问题的看法。
14. B2C电子商务可以分为无形商品和服务的电子商务模式与有形商品和服务的电子商务模式，两者各有哪些具体的商务模式？
15. 国内C2C电子商务的发展存在哪些问题？谈谈你认为应该如何更好地解决这些问题。
16. 当前C2C电子商务系统的主要应用特点和应用领域是什么？
17. 你如何理解$O2O^n$电子商务？
18. 计算机科学中与电子商务密切相关的重要技术有哪些？计算机科学的快速发展对电子商务的发展产生了哪些重大影响？
19. 通信学科对电子商务的发展做出了哪些贡献？
20. 管理理论的发展有哪些阶段？在其发展的各个阶段中，它是如何推动电子商务发展的？
21. 人工智能、云计算、物联网等技术会对电子商务产生哪些影响？

22. 除了本章中提到的学科，电子商务还与哪些学科有关？试举例说明。
23. 供应链管理的模式有哪些？推动模式与拉动模式有哪些区别？拉动模式的优势是什么？
24. 物流与电子商务是如何相互影响的？
25. 电子商务有哪些物流模式？现代物流与电子商务系统是如何协同工作的？
26. 电子商务下物流的特点及其发展趋势是什么？
27. 电子商务的技术支撑环境包括哪些关键技术？
28. 电子商务涉及的法律问题有哪些？我国有哪些相关的法律法规来保护合法的电子商务交易？
29. 我国电子商务目前采用哪 4 种信用模式？它们的优缺点各是什么？
30. 电子商务是怎样丰富金融服务的内容的？

第2章
电子商务文化

电子商务在其产生、发展并趋于成熟的历程中，对经济发展产生了有目共睹的推动作用。与此同时，电子商务也潜移默化地影响了人们的生活习惯、消费观等诸多方面，逐渐形成了以电子商务为核心的文化。而随着电子商务文化的逐步深入人心，像“网上购物”“网络银行”“电子支付”“网络营销”等一大批新词汇正在为人们所熟悉和认同。这些词汇不仅说明电子商务是新鲜事物，同时也从侧面反映了电子商务正在对社会和经济产生的影响。

本章首先从电子商务环境下的商品文化、技术文化、社区文化等方面展开，帮助读者了解电子商务如何切实地影响着社会的方方面面，进而对电子商务文化的内涵产生较为直观的理解。然后，从电子商务所产生的经济形式出发，对电子商务文化环境所孕育出的新消费观、新营销方式、新企业组织形式进行介绍。

2.1 电子商务文化概述

2.1.1 电子商务环境下的商品文化

1. 电子商务环境下的商品形态

（1）有形商品。首先，介绍有形商品的概念。有形商品是最传统的商品，人们日常生活中看得见的商品基本都包括在内。有形商品的种类包括烟酒、茶叶、糖果、纺织品、日用化学品和家用电器等。这类商品的性质与传统商品相比没有变化，其在电子商务环境中只是销售环节发生了变化，即需要借助互联网，通过电子商务平台进行交易，而其生产、配送、消费等环节与传统商品产销过程没有本质区别。虽然已经进入了电子商务时代，但是有形商品仍然并将继续作为社会存在和发展的基础，特别是能够满足衣食住行等物质生活的传统商品，是人们赖以生存的物质条件。这一性质并不会因为电子信息技术的迅速发展而改变。

其次，介绍有形商品经营方式。随着电子商务的发展，有形商品既可以通过传统的实体店经营，也可以通过网上商店进行经营。网上商店与传统的实体店主要存在以下区别。

投入成本。对于实体店而言，在经营成本方面，实体店无疑是成本很高的，除了货物投资成本外，还有店面租金、装修费用、水电费、雇员工资等。这就造成了实体店经营投入资金大，成本高。对于网上商店而言，目前网上商店的经营成本较低，不需要太多的启动资金。以淘宝网为例，开个人网上商店是免费的，一个人只需要通过实名认证，便可以拥有一家自己的网上商店。由于网店是虚拟商店，并不需要有实际的店面，因此可以免去昂贵的店面租金。

同行竞争。对于实体店而言，因为在同一个城市或同一个地区进货，所以除非是有地域控制的加盟品牌，所售商品相同的比例就较大。因此，实体店之间的竞争是显而易见的。对于同质化现象日趋严重的商品，如果压价，利润就会降低，以后的经营也难以维持下去；如果不压价，在竞争中就有可能处于劣势。此外，由于实体店经营成本不断上涨，使其利润不断下降。对于网上商店而言，模式相似、商品相似的网上商店很多，而且由于消费者获取信息很容易，往往会货比多家，使同行之间的竞争非常激烈。尽管竞争激烈，但如果网上商店信誉高，则会在竞争中取得优势。与实体店相比，面对同行竞争，网上商店经营更具灵活性。例如，可以重新设计网上商店页面，使其更富有特色。也可以尝试经营其他商品。这些改变并不像实体店的改变那样要花费很大的成本。

淡旺季。对于实体店而言，随着季节的交替，消费者对于很多有形商品的需求量都会有所不同，也就是通常所说的淡旺季。此外，节假日与普通工作日的销售量也会有所不同。对于实体店来说，必须掌握消费规律，通过促销、引导需求做旺淡季市场，同时也为即将到来的旺季打下基础。对于网上商店而言，虽然商品同样会受到淡旺季的影响，但是由于其不受地域限制，各地域的需求如果形成互补，则对其销售就不会造成太大的影响。

案例：苏宁易购

苏宁易购是建立在苏宁云商集团强大后台基础上的电子商务平台，用来作为实体零售业务的辅助。苏宁易购旨在利用苏宁云商集团既有优势，通过自主采购，独立运营，将虚拟经济和实体销售模式相结合，配合苏宁云商集团打造虚实结合的新型家电连锁模式。图 2.1 为苏宁易购网站主界面。

目前，苏宁易购网站以通信、计算机、数码产品、黑电产品、冰洗产品、空调、厨卫设备、生活电器为主。与此同时，苏宁易购不拘泥于家电零售，在快速消费品、百货产品、家居产品、娱乐产品等领域全面布局，利用网络平台便捷的优势，实现由家电 3C 零售商向综合产品零售商的转型。

图 2.1　苏宁易购网站主界面

从 1999 年开始，苏宁电器就开始了长达 10 年的电子商务研究，并承办新浪网首个电器商城，尝试门户网络购物嫁接，并于 2005 年组建 B2C 电子商务部门，开始自己的电子商务尝试。

2007 年，苏宁网上商城三期上线，销售覆盖全国并且拥有了单独的线上服务流程。

2009 年，苏宁网上商城全面改版升级，并更名为苏宁易购。

2010 年，苏宁易购正式对外发布上线。正式上线后，开展以旧换新的业务，填补了电子商务家电市场以旧换新的空白。一举成为中国最大的家电以旧换新 B2C 电子商务企业。同年，其销售额同比上年增长 300%，日订单增长 500%，占据中国家电网络购物市场 8% 的份额，成为中国主流的家电 B2C 电子商务企业之一。

2011 年，苏宁易购成为独立公司，定位成跟线下实体店平行的一个渠道。而苏宁易购的电子商务战略不止于家电 3C，还将扩大商品种类，打造综合百货产品供应商，即虚拟商品和百货自主采购，构建独立的定价体系，以及自动化的物流体系。

2012 年，苏宁易购收购母婴垂直类电子商务企业红孩子商城，并在 2013 年开设实体店，打造线上、线下同步发展的母婴零售品牌。

2014 年，苏宁 O2O 深度融合，成立大运营组织。

2015 年 8 月，苏宁易购正式入驻天猫。

2017 年 11 月，苏宁易购正式宣布，成立苏宁易购汽车公司。同年，苏宁易购首次跻身《财富》杂志公布的全球财富 500 强榜单。

2018 年 7 月，苏宁易购在《财富》杂志公布的全球财富 500 强榜单中名列第 427 位。

苏宁云商集团作为以主营家电百货等传统有形商品被人熟知的品牌，在电子商务发展的潮流中并没有故步自封，而是主动投入互联网的怀抱。在实体商店创收的同时，加速完成了向互联网的转型，并成功创建了属于自己的电子商务品牌——苏宁易购，从而实现了线上、线下的双赢。

（2）信息商品。信息商品是指用来交换的信息产品，即它是人们通过搜集、加工、传递和存储所形成的用来交换的信息。信息商品是一种特殊的商品，具有一系列不同于一般物质商品的特征，在生产、分配、流通和消费等再生产各环节中具有许多与物质商品不同的特点。

信息商品是人类社会经济发展到一定历史阶段的产物和必然趋势。从人类进化和发展的历程来看，人类的生存是第一位的，因此物质资料的生产成为人类社会前期的主要活动，而人类的经济活动也就主要围绕着物质商品的生产、分配、交换和消费进行。到了现代社会，随着社会分工越来越细，直接生产过程中脑力劳动和体力劳动分离，导致一种专门开发和利用信息的行业或产业出现。物化于商品之中的信息成分的比重逐渐加大，而且在很多情况下超过了物质成分。现代科学技术的飞跃发展，特别是信息科学技术革命浪潮的掀起，不仅改变了商品中信息成分的比重，而且创造出一种全新的信息商品。信息技术的迅猛发展，为信息在经济活动中发挥商品作用提供了更加雄厚的物质基础和技术支持，大大扩展了信息交流的规模，推动了信息商品化的深度和广度，确立了信息商品的坚实地位。

与传统的物质商品相比，信息商品具有高知识性、高风险性、独创性、共享性、保存性和时效性的显著特征。

案例：电子图书

电子图书又称为 e–book，是指以数字方式将图、文、声、像等信息存储在磁、光、电介质上，能够通过计算机或类似设备使用，并可复制发行的大众传播媒体。广义的电子图书还应该包括电子期刊、电子报纸和软件读物等，图 2.2 所示的为超星电子图书网站界面。

图 2.2　超星电子图书网站界面

电子图书有许多与传统图书相同的特点：包含一定的信息量，如文字、彩页；其编排格式与传统图书保持一致以适应读者的阅读习惯；通过被阅读而传递信息等。但是电子图书作为一种新形式的图书，又有许多与传统图书不同的或者是传统图书不具备的特点，即必须通过电子设备读取并通过屏幕显示出来；具备图文声像结合的特点；可检索、可复制；具有更高的性价比、更大的信息含量；有更多样的发行渠道等。

与传统图书相比，电子图书的优点在于：制作方便，不需要大型印刷设备，因此制作经费低；占用空间少；方便在光线较弱的环境下阅读；文字大小及颜色可以调节；可以使用外置的语音软件进行朗诵；不易损坏。其缺点在于：容易被非法复制，损害作者利益；长期注视电子屏幕对视力有害；有些受技术保护的电子书无法转移给其他人阅读。

（3）虚拟商品。虚拟商品是指电子商务市场中的数字产品和服务（专指可以通过下载或在线等形式使用的数字产品和服务），具有无实物性质，是在网上发布时默认无法选择物流运输的商品，可由虚拟货币或现实货币交易。

虚拟商品是一种典型的知识含量极高的经验产品，它给消费者提供的是有用的知识和信息。虚拟商品具有以下物理特性：具有不易破坏性；其形式是无形的，无法观察和触摸；其内容是可以改变的；具有复制性，且其复制的边际成本几乎为零；具有速度优势。

案例：网络硬盘

网络硬盘，又称为网盘、网络空间、云盘等，是提供文件寄存和文件上传下载服务的网站。它们大多是类似于 FTP 服务的网络服务，加入简易的上传下载功能，旨在方便用户访问文件。一般来说，存储在本机磁盘内的文件，其流动性和分享性较差，而存储在网络硬盘服务提供商服务器内的文件，则可以供任何人在任何时间、任何地点通过互联网来访问。如果使用的是高速宽带，则就像是使用本机磁盘一样。

免费网络硬盘的可用空间较少，一般对文件大小、下载速度、存放时间等均有限制。付费的网络硬盘能提供大容量的空间，文件大小、下载速度、存放时间及格式都不受限制。电子邮箱所提供的附件功能可以看做是最早的网络硬盘，随着网络空间的增大，网络硬盘从附件功能中独立出来。图 2.3 所示的为百度网盘的操作界面，可以看到将文件上传到网盘后，还可以像操作本地文件一样对其进行创建目录、移动和删除文件等操作。

2. 电子商务环境下的商品文化特征

（1）从功能需求到心理需求。网络消费者的购买动机，是指在网络购买活动中，能使网络消费者产生购买行为的某些内在的动力。只有了解消费者的购买动机，才能预测消费者的购买行为，以便采取相应的促销措施。由于网络促销是一种不见面的销售，不能直接观察到消费者的购买行为，因此对网络消费者购买动机进行研究，就显得尤为重要了。

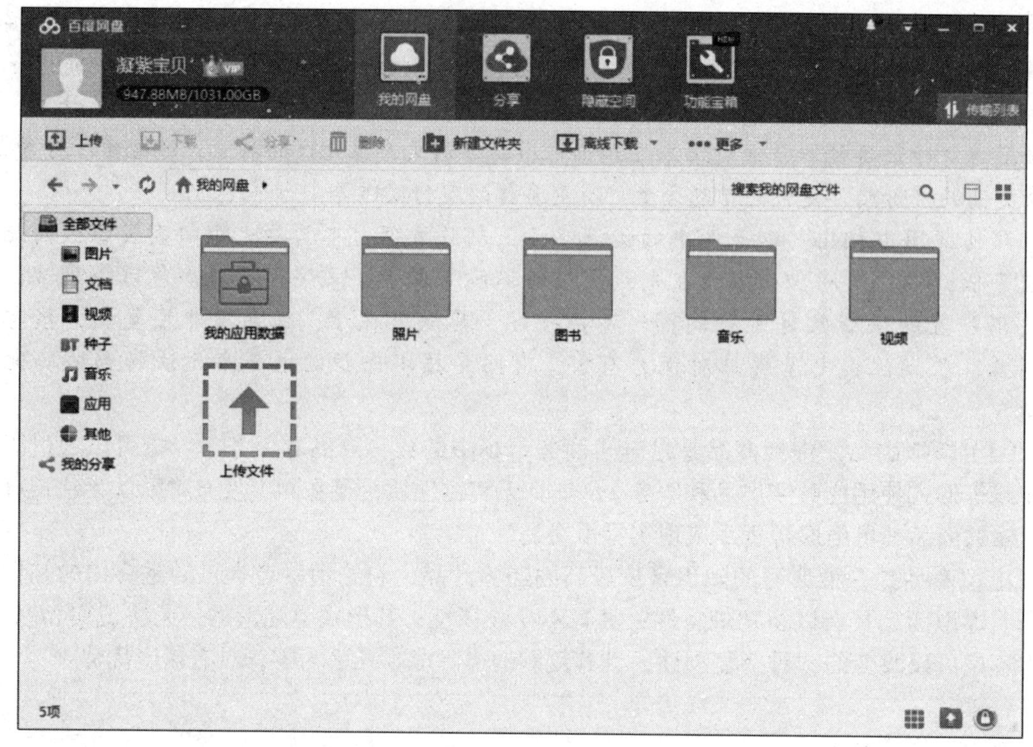

图 2.3　百度网盘的操作界面

网络消费者的购买动机可以分为需求动机和心理动机两大类。网络消费者的需求动机是指由需求引起的购买动机。要研究消费者的购买行为，首先需要研究网络消费者的需求动机。美国著名心理学家马斯洛把人的需求划分为五个层次，即生理的需求、安全的需求、社会的需求、尊重的需求和自我实现的需求，即马斯洛需求层次理论。马斯洛需求层次理论对网络需求层次的分析具有重要的指导作用。而网络技术的发展，使现在的市场变成了网络虚拟市场，但虚拟社会与现实社会毕竟有很大的差别，所以在虚拟社会中人们希望满足以下三个方面的基本需求。

① 兴趣需求。即人们出于好奇和获得成功的满足感对网络活动产生兴趣。

② 聚集。通过网络给相似经历的人提供了一个聚集的机会。

③ 交流。网络消费者可以聚集在一起互相交流买卖的信息和经验。

心理动机是由人们的认识、感情、意志等心理过程引起的购买动机。网络消费者购买行为的心理动机主要体现在理智动机、感情动机和惠顾动机三个方面。

① 理智动机。理智动机具有客观性、周密性和控制性的特点。这种购买动机是消费者在反复比较各网上商店的商品后才产生的。因此，这种购买动机比较理智、客观而很少受外界因素的影响。这种购买动机的产生主要用于耐用消费品或价值较高的高档商品的购买。

② 感情动机。感情动机是由人们的情绪和感情引起的购买动机。这种动机可以分为两

种类型：一种类型是由人们的喜欢、满意、快乐、好奇引起的购买动机，它具有冲动性和不稳定的特点；另一种类型是由人们的道德感、美感、群体感引起的购买动机，它具有稳定性和深刻性的特点。

③ 惠顾动机。惠顾动机是建立在理智经验和感情之上，由于对特定网站、广告、商品产生特殊的信任与偏好而重复、习惯性地前往访问并购买的一种动机。由惠顾动机产生的购买行为，一般是网络消费者在做出购买决策时心目中就已经确定了购买目标，并在购买时克服和排除其他同类产品的吸引和干扰，按照原计划确定的购买目标实施购买行动。具有惠顾动机的网络用户，往往是某一网站的忠实浏览者。

网上市场是一个虚拟市场，它是由一个上网的人群组成的，也被看成是一个包含不同分块市场的市场集合。经过快速的发展，互联网已经形成规模，其应用也走向多元化。在当今用户至上的经营理念占主导地位的条件下，谁掌握了用户的心理，谁就可能在竞争中取胜，取得主导地位。

网络用户是网络营销的主要个体消费者，他们的购买行为决定了网络营销的发展趋势，因此要做好网络营销工作，就必须对网络用户的群体特征进行分析，以便采取相应的对策。网络消费需求主要有以下 7 个方面的特点：消费需求个性化、消费需求差异化、消费需求主动性强、买卖方之间互动意识强、消费过程方便快捷、选择商品理性化、“货比三家”的方法随着比较成本的下降更加有效。

商家通过了解网络用户的动机和需求，可以从网络用户追求价廉物美、体现自身价值或者购物便捷等方面制定营销推广的策略。网络用户则在购物时往往会“货比三家”偏向于花费更少的金钱而获取更多的回馈。商家根据网络用户的这种心理，推出团购、秒杀、抽奖等促销手段。

① 团购。团购对于很多人来说并不是什么新鲜事物，参与团购的网络用户只需要在团购网站上查找到自己希望购买的商品或者服务，在参与该团购的人数达到了最低团购人数要求后，便可以较低价格完成购买。购物前去查看团购网站上是否有相应的商品，甚至专门在团购网站上找寻价格低廉的商品，已经成为某些网络用户的习惯。对于商家来说，薄利多销且兼带推广功能的团购无疑会带来巨大的商机。

② 秒杀。秒杀也是互联网上流行的购物形式，商家在网站上发布一些秒杀商品，在限定的时间内，网络用户可以以相当低的价格购买。商家会限制低价商品的数量，对于人气较高的知名网站，秒杀活动中，商品会被瞬间抢购一空，大多数参与秒杀的网络用户只能空手而归。秒杀大大增加了网站的访问量。

③ 抽奖。商家利用人们投机的心理，会开设一些抽奖活动，其目的是让访问用户注册，增加其潜在用户群。

在现实社会中，人们总会试图通过自己的努力来体现自己的价值，并通过他人的赞许来肯定这种价值。相应地，一些网络用户也会追求其在网络空间的与众不同，凸显自己在某个特定虚拟空间的地位等，从而体现自己在网络空间中的价值。很多网站都会通过设定等级等方式满足这种用户需求，这些价值体现的方式包括等级制度、特殊号码、粉丝等。

（2）从商品品牌到平台品牌。电子商务平台是一个为企业或个人提供网上交易洽谈的平台。企业电子商务平台是建立在因特网上进行商务活动的虚拟网络空间和保障商务顺利运营的管理环境；是协调、整合信息流、物质流、资金流，使它们有序、关联、高效流动的重要场所。企业可以充分利用电子商务平台提供的网络基础设施、支付平台、安全平台、管理平台等共享资源有效、低成本地开展自己的商业活动。

我国目前高速发展的电子商务平台有以下几种。

① B2C 电子商务平台。B2C 电子商务平台是目前很多企业选择的网上销售平台，如天猫、京东、一号店、凡客诚品等。在资金能够正常运转的前提下，已经上线的电子商务平台都保持了良好的发展势头。

② 独立商城。独立商城就是凭借商城系统打造的含有顶级域名的独立网店。独立网店的主要特征是：具有自有品牌，易于提升企业形象，能够降低成本，实现自主管理，不受约束。

③ C2C 电子商务平台。C2C 电子商务平台主要以淘宝网为代表，与 B2C 电子商务平台相比，虽然其曾经迅猛的发展势头正逐渐被削弱，但是其依然是个人开展商品经营的最佳选择。

④ O2O 电子商务平台。O2O 电子商务平台即用户线上筛选商品，线下体验服务。由于企业和用户都通过 O2O 电子商务平台满足了各自的需要，因此受到企业和用户的欢迎。

⑤ 银行网上商城。最初，许多银行网上商城是为了使信用卡用户分期付款而设立的。随着电子商务日益普及，用户需求增强，技术手段提升，银行网上商城也逐步成熟起来。银行网上商城为用户提供了全方位的服务，不仅包括积分换购、分期付款等，也覆盖支付、融资、担保等。同时，也给很多企业提供了展示、销售产品的平台和机会。

⑥ 运营商平台。现阶段，中国移动、中国联通、中国电信等运营商都有属于自己的电子商务平台。由于通信业务的硬性需求，运营商平台的用户始终具有一定的依赖性和黏性，加强电子商务平台的运营对于运营商具有很大的战略意义。

案例：凡客诚品

凡客诚品具有良好的网络基础设施和电子商务软硬件建设水平。凡客诚品建立了一个独特的门户网站，简洁的页面、合理的布局、别致的导航和那些经过专业摄影师拍摄的平整的服装都极大地提升了用户的购物体验。而这些细节元素，处处都透露出迎合特定网络用户群体的明确意图。凡客诚品网站主界面如图 2.4 所示。

凡客诚品始终倡导简单得体的生活方式，始终把客户体验放在战略的高度，一直坚持将客户体验放在第一位，认为提升客户体验不是成本，而是品牌投入。凡客诚品自成立至今，通过多年的积累，已经建立了一套完整的用户数据库，通过这个数据库，凡客诚品培养了一大批忠诚度较高的用户群体，这些用户群体是凡客诚品收入和利润的重要来源，也就成为凡客诚品重要的无形资源。

图 2.4 凡客诚品网站主界面

凡客诚品通过多种营销渠道来提升自身的知名度。凡客诚品在多家网络广告联盟上投放商品推广解决方案（commodity promotion solution，CPS）。CPS 指的是按照销售量提成广告费用。凡客诚品发展出一套以投资回报率（return on investment，ROI）为考核标准，对网络门户、社区、CPS 联盟等优胜劣汰，量身定制出一套完全符合凡客诚品的整体营销策略，保证了凡客诚品平稳快速地成长。强大的广告效应带来的结果，就是凡客诚品在业内的知名度迅速上升，这是凡客诚品的另一个无形资源。

凡客诚品能取得成功的另一个重要因素是凡客诚品有一个具有丰富网上销售推广经验的团队，其有很强的市场敏感度。

竞争力是企业将其资源转化为客户价值和利润的能力，它需要整合企业的多种资源。首先，凡客诚品具有快速的资源整合能力和快速的市场反应能力，能够实时地通过呼叫中心（call center，CC）和互联网收集市场信息，分析其中的变化和新需求，进而反馈给各供应商，制定出下阶段的市场计划。其次，凡客诚品具有对供应链的绝对控制能力，其耗资千万元打造的完善的物流体系，能够动态地搜集用户订单信息，通过控制上下游生产商成本进行自我产业链管理，以高效的物流体系销售产品，获得利润。最后，凡客诚品有自己的专门设计团队，能够为用户提供个性化的产品设计，来满足不同用户群体的多样化需求。

（3）从生产者文化到生产者与用户互动的文化。在电子商务环境下，商品文化有着与生俱来的双向传播特征。在电子商务环境下，商品文化在商品设计、生产经营和消费过程中，生产者和用户的互动性很强。用户可以反客为主，成为商品文化的创造者或有力的影响者。

在网络化商品文化的传播过程中，更容易形成比较统一的商品文化。在传统经营模式中，商品经营者在商品文化的运动中起着将商品文化推向社会的作用。社会发展的必然结果是社会分工的日趋细化，这种细化决定了商品生产者不可能既为生产者又为营销者，因此相当数量商品的交换是由商品经营者来完成的，当商品转入经营者手中时，生产者的文化就变成了经营者文化。为了推销商品，经营者就必须深入认识和挖掘商品文化的内涵并采取一定的宣传方式，使用户充分了解商品及其文化价值。商品经营者的这些宣传活动，客观上使商品文化得到丰富和发展，但这却造成了商品文化一定程度上的不统一，有时商品经营者对商品的理解与商品生产者的意愿甚至有可能存在矛盾。而在互联网上，在电子商务环境下，由于商品生产者可以直接与最终用户以极低的，甚至可以忽略不计的成本相接触，从而使有关商品的信息直接传递到最终用户那里，这就保证了商品文化的统一性。

用户也成为商品文化的传播者。用户在商品文化的传播中承担了双重角色：一方面是商品文化的接受者，另一方面又是商品文化的传播者，即他的消费行为本身在扩散着电子商务商品文化，因为他会非常迅速、方便地通过电子社区等方式，将自己喜欢的商品，连同其文化内涵，一起介绍、传递出去，用户互动性强的购买行为有利于商品生产者和经营者的工作，从而促成商品文化转向个人和社会。

案例：淘宝网及其阿里旺旺

淘宝网是亚太地区最大的网络零售商圈，由阿里巴巴集团于 2003 年投资创立。淘宝网现在的业务跨越 C2C 电子商务、B2C 电子商务两大部分。淘宝网的迅速崛起和持续发展与其提供的生产者和用户互动的渠道是分不开的。图 2.5 所示的为淘宝网主界面。

图 2.5　淘宝网主界面

首先，淘宝网通过为企业开发的即时通信工具阿里旺旺来保证用户间的沟通。

作为一款即时通信软件，用户既可以通过文字进行交谈，也可以通过语音或者视频的方式进行交流。如果没有阿里旺旺等即时通信软件，只能通过电子邮件或者网页留言方式联系对方，买卖双方之间的沟通就将费时费力。阿里旺旺提供了即时文字、语音聊天、视频聊天、离线信息4种不同的沟通方式，使买卖双方能够增进了解，促成交易顺利完成。除此之外，阿里旺旺的动态表情、群功能、文件传输功能，以及评价体系，都让淘宝网在电子商务市场中有更大的竞争力，形成了更加完善的平台交易环境。

2.1.2　电子商务环境下的技术文化

1. 电子商务的技术价值

（1）电子商务的学科性。一门学科的形成应具有以下几个条件：第一，要具有高度的复杂性；第二，要具有巨大的社会重要性；第三，要有经得住基础科学验证的理论基础。尽管人们越来越重视电子商务的实际应用，但对电子商务作为一门学科，仍缺乏足够系统、完整的认识。电子商务的社会重要性体现在电子商务是商业领域的根本性革命，它在改变商务活动方式和人们消费方式的同时，也在改变着企业的经营管理方式。电子商务的复杂性表现在电子商务正在形成一个完整的知识体系，电子商务的专业教育正成为高等教育的一个新的热点。此外，电子商务与信息、管理、经济等学科联系密切，具有一定的理论基础，正在成为一门独立的学科。作为一门学科，电子商务是以整个电子商务过程为研究对象的，是诸如电子商务的概念、类型、特性、产生与发展，电子商务交易及其技术与环境支持所涉及的所有原理、原则与方法的总和。电子商务的研究对象要与社会的发展和需要保持一致。

电子商务专业是融信息科学、管理学、经济学等和现代物流于一体的新型交叉学科。中国的电子商务专业教育可以追溯到1998年，其发展经历了尝试期、规范期、发展期和成熟期4个阶段。

① 尝试期。中国早期的电子商务专业是伴随着一批电子商务专业学者的不断研究而发展起来的。最初是在各高校以公共选修、专业选修课的形式开设电子商务类课程，也有少数学校在本科高年级开设电子商务班或设立电子商务方向（乃至设立电子商务研究生方向）等。

② 规范期。为适应市场需求，使电子商务专业人才的培养规范化、规模化，教育部于2001年首批批准了对外经济贸易大学等13所高校试办电子商务本科专业。

③ 发展期。2002年，教育部又批准了第三批开设电子商务本科专业的高校，包括中国农业大学、北京外国语大学、中央财经大学等83所高校。截至2016年，教育部共批准455所高校开设电子商务本科专业。在大力发展电子商务本科专业的同时，我国也开展了电子商务专业研究生阶段的培养工作。

④ 成熟期。根据2012年9月教育部颁布的普通高等学校本科专业目录，电子商务类专业由目录外专业调整为管理学一级学科下的二级学科。

（2）电子商务的研究价值。电子商务主要有以下研究方向。

① 电子商务应用方面。电子商务应用是涵盖面最广的研究领域，也是广大学者和研

究人员研究最多的方向。电子商务带来的经济增长很大一部分都来源于此。这方面的研究热点很多，如网上交易模式创新问题、网上诚信机制建立问题、支付方式安全和可靠问题等。这些问题不仅是学者、研究人员正在努力实践和解决的课题，更是信息化进程中电子商务企业必须面临和解决的问题。这方面有待进一步研究的问题集中在以下几个方面。

- 组织内系统（电子商务体系结构的融合）；
- 电子支付系统；
- 金融服务（网上证券、银行等）；
- 电子零售；
- 在线出版；
- 电子拍卖；
- 组织外部的电子商务；
- 教育和培训；
- 营销和广告；
- 电子政务。

② 技术方面。从商业流程角度来看，电子商务就是实现商业流程自动化和工作流程自动化的相关技术的应用。因此，电子商务的蓬勃发展离不开技术的进步，电子商务技术方面的研究具有很强的生命力。技术方面的研究可以分为以下几个方面。

- 电子商务安全问题；
- 电子商务技术构成；
- 网络技术 / 网络基础设施；
- 电子商务支持系统；
- 电子商务系统中的推荐算法；
- 电子商务的前端设计和开发。

③ 支持和实施方面。电子商务是实践性非常强的一门学科，在注重理论研究的同时，对电子商务实践的支持和实施环境的研究也是必要的。支持和实施方面的研究主要分为以下两个方面。

- 电子商务公共政策（法律、税收、隐私问题等）；
- 电子商务企业战略。

④ 电子商务相关的用户行为研究。节省用户的时间和精力是现代零售商店吸引用户、创造财富的最佳武器，提高购物效率和方便程度也成为现代零售业的竞争策略之一。电子商务正是迎合了现代用户和零售商的这种要求，因而得到了快速、蓬勃的发展。然而，电子商务市场与传统实体市场有着很大的不同，诸如文化和环境上的差异等，导致了网络用户的购买行为与传统用户的购买行为存在着较大的不同。这种购买行为的差异使网络零售商不得不重新寻找适合网络销售的营销战略和营销工具。制定网络营销策略和运用

网络营销工具，都应该基于对网络用户购买行为的认识和分析。如果仅仅将传统的营销策略或营销工具照搬到网络营销，网络零售商的决策就可能会发生重大的偏差或失误。因此，对电子商务环境下用户行为的研究具有重要意义，这方面的研究可以围绕以下问题开展。

- 网络环境中人类的认知问题；
- 在线消费者行为的研究；
- 在线搜索行为的分析和研究；
- 在线消费者满意的度量问题。

⑤ 移动商务和普适计算。移动电子商务是通过手机等移动通信设备与因特网有机结合进行的电子商务活动。移动通信技术和其他技术的组合创造了移动电子商务，但真正推动市场发展的却是服务。移动电子商务能提供个人信息服务、银行业务、交易、购物、基于位置的服务、娱乐等服务。

移动电子商务因其具有快捷方便、无所不在的特点，已经成为电子商务发展的新方向。美国旧金山的特利菲亚公司长期跟踪移动通信产业发展状况，其总裁约翰·狄菲尔说："移动商务市场从长远看具有超越传统电子商务规模的潜力。"美国冠群公司移动电子商务产品管理总监谢涛玲认为："只有移动电子商务能在任何地方、任何时间，真正解决做生意的问题。"移动电子商务将对人们的消费行为产生根本性的变化。

移动商务具有广阔的市场前景。然而，不同国家和地区之间采用不同的移动通信标准以及不同地区之间发展的不平衡限制了移动商务的发展，由此导致目前全球移动电子商务市场分为北美地区、欧洲地区和亚太地区三个部分。与此同时，中国的移动电话用户增长很快，是世界上移动电话用户数量最多的国家，因此在移动电子商务研究方面，中国的问题应该予以重视。

2. 电子商务与计算机技术

（1）电子商务中的计算机技术。要设计和实现一个电子商务系统，通常需要以下技术条件的支持。

① 高性能的计算机。通过高性能的计算机能够与互联网中的各种用户和合作伙伴相互交流，并在其中推广自己的商务活动。同时，需要利用高性能计算机对电子商务所涉及的大量数据进行精确而快速的计算，实现安全、高效的数据计算。

② 电子商务数据库。数据库主要用于存储并管理数据，在需要使用数据时可以很快地找到数据并使用，因此设置数据库的出发点就是使数据处理能够简单快捷，可操作性强且安全性高，同时可扩展的空间大，程序升级迅速且稳定。电子商务数据库的类型有 SQL Server、Oracle 等。

③ 网站运作需要的平台。随着电子商务应用的普及和深入，应用程序越来越复杂，基于 J2EE（Java 2 platform enterprise edition）平台，以组件为核心的体系结构是电子商务网站的最佳选择。J2EE 平台是用于简化分布式企业应用开发与部署的基于组件的多层应用模型。

这个应用模型根据功能将应用逻辑分成组件，分布于各个层次，每个层次支持相应的服务器和组件。J2EE 平台为电子商务网站的设计、开发、集成和部署提供了一条灵活、高效的实现途径，是目前电子商务网站运行必备的一个系统平台。

④ 电子商务网站开发网络编程语言。目前用于电子商务网站开发的网络编程语言主要有 ASP（active server page，动态服务器页面）、PHP（hypertext preprocessor，超文本预处理器）、JSP（Java server page，Java 服务器页面）等。这三种编程语言均能够兼容和处理多重数据库产品、各种规模的组件，以及各种语言设置涉及的软件等。

（2）电子商务与计算机技术的关系。计算机技术给电子商务提供了一个技术支撑平台。可以说，没有计算机技术，没有基于互联网的虚拟网络世界的存在，电子商务也不可能出现并发展。若计算机技术退步或停滞不前，电子商务也将寸步难行，两者之间的关系为相互促进，相互制约，主要体现在以下两个方面。

① 计算机技术是电子商务的基础和前提。电子商务利用计算机技术能够实现网络购物、网上支付、网上经营等一系列的电子交易和服务。计算机技术的发展使电子商务在全球范围内开展成为可能。同时，也使电子商务能够为不同的用户群体提供不同的功能和服务。计算机技术，尤其是网络技术的发展不仅使商务通信的速度提高，费用降低，交互性增强，还能够使企业和网络用户之间建立直接的联系，及时了解彼此的信息，提高商务活动的效率。

② 电子商务是计算机技术发展的主要推动力。技术不断发展和创新的前提是在使用过程中不断发现问题，解决问题。计算机技术应用于电子商务之中，在电子商务使用的过程中，当出现目前技术解决不了的问题时发展技术，使其能解决相关问题，这直接推动了技术的创新。

此外，由于电子商务对安全性要求很高，因此需要计算机技术不断创新和增强，以创造一个安全的电子商务环境。在通过计算机安全技术，如密码技术、身份认证技术以及防火墙技术等保证电子商务活动顺利进行的同时，反过来又推动计算机技术的发展。

2.1.3 电子商务环境下的社区文化

1. 社区文化的基本形式

（1）论坛。论坛，即电子公告牌（bulletin board system，BBS），又称为网络社区，是互联网上的一种电子信息服务系统。用户在论坛中可以发布主题和回复帖子。论坛内容灵活，具有极强的交互性。

① 论坛特点。论坛具有信息量大、信息更新快、交互性强等特点。

② 论坛分类。论坛按照功能可以分为以下几类。

教学 / 技术型论坛。这类论坛的用户往往是具有特定领域知识的人员，他们通过论坛相互交流学习。同时，由于论坛信息的持久性，对一定时期内搜索到相关话题的用户同样能

起到参考和学习的作用。在计算机技术类领域，这样的论坛发挥着重要的作用，如CSDN论坛等。

地方性论坛。这类论坛的区域性比较强，论坛名称一般会标识出该论坛的定位区域，如天府社区、杭州19楼、厦门小鱼网等。论坛用户一般集中于同一地区，具有相似的生活经历、习惯，因此同城内的话题更容易展开，如本地新闻、生活信息发布等。除了以省份或城市划分的地方性论坛外，以在校学生和校友为目标用户的论坛也相对活跃，如水木清华社区、饮水思源社区、小百合社区等。

交流型论坛。交流型论坛是给用户提供交流平台的综合型论坛，其重点在于论坛会员之间的交流和互动，没有特定地域限制，内容也丰富多样，无论是重大新闻还是活动信息，无论是旅游出行还是生活家居，用户都可以找到适合自己的话题。猫扑大杂烩是此类论坛中发展较为成熟的案例，其中产生了不少“喜闻乐见”的网络事件和网络用语，成为很多用户释放压力、舒缓心情的好去处。

推广型论坛。推广型论坛，顾名思义，是为了某些企业做产品推广而产生的论坛。论坛管理员往往是企业的工作人员，为用户答疑解惑，用户之间也可以围绕某些产品进行讨论。但是该类型论坛大多数人气并不高，用户黏性较低。

③ 盈利模式。论坛是大量用户聚集的地方。在论坛拥有一定的访问量和知名度以后，需要通过一定的手段进行盈利，以支持论坛的持续发展。当前论坛的盈利方式主要有以下几种。

第一，广告盈利。现在大部分论坛还是靠广告盈利，但是毕竟论坛的广告位是有限的。此类论坛的盈利模式需要有较大的用户流量和一定的影响力，而且实现盈利需要的周期较长。

第二，设立会员或者贵宾制度，收取会员费用。某些论坛通过设立专门的版面，提供专业的信息或学习资料，只有会员才能访问相关版面或者下载资料。

第三，开展线下的商业活动，这也是目前一些论坛，特别是地方性论坛普遍采用的盈利模式。例如，通过开展会员聚会、团购等与商家合作，通过旅游论坛组团出游，等等。

（2）即时通信工具。即时通信工具是目前互联网上最流行的通信方式，它主要分为以下几类。

① 个人即时通信工具。个人即时通信工具主要是以个人用户为主，用户可以免费使用其基本的即时通信功能进行聊天、交友和娱乐，如腾讯QQ和微信、YY语音、网易POPO、新浪UC、百度Hi、盛大圈圈、移动飞信、FastMsg、蚁傲等。即时通信工具以软件为主，以网站为辅；以增值收费为主，以免费使用为辅。图2.6所示的是QQ主界面及聊天界面。

② 商务即时通信工具。这里的“商务”主要指买卖关系。商务即时通信工具，如聚友中国、阿里旺旺贸易通、阿里旺旺淘宝版、慧聪发发、QQ（使QQ同时具备商务功能）、AnyChat等。

图 2.6　QQ 主界面及聊天界面

商务即时通信工具的主要功能是寻找客户资源或商务联系，以低成本实现商务交流或工作交流。商务即时通信主要用于中小企业、个人进行商务活动。同时，也可以用于跨地域的工作交流。例如，借助商务即时通信工具，把分散在各地的与会者组织起来，召开业务会议。与传统会议相比，这种形式的会议具有安排迅速，不受时间、地域限制，费用低廉等特点。与传统点对点电话业务相比，打破了通话只能局限于双方的限制，可以满足三方以上同时通话。

③ 企业即时通信工具。企业即时通信工具，一类主要用于在企业内部建立员工交流平台，减少运营成本，提高办公效率；另一类以即时通信为基础，整合相关应用。截至目前，企业即时通信工具被各类企业广泛使用，如 Microsoft Lync、协达智慧门户、ActiveMessenger、网络飞鸽、中电智能即时通信软件等。

④ 行业即时通信工具。行业即时通信工具是局限于某些行业或领域使用的即时通信工具，不被大众所知。它包括行业网站（如化工网）推出的即时通信软件。行业即时通信工具主要依靠购买或定制，使用单位一般不具备开发能力。

⑤ 网页即时通信工具。网页即时通信工具是指在社区、论坛和普通网页中加入即时聊天功能，使用户进入网站后可以通过其网页上的聊天窗口跟同时访问该网站的用户进行即时交流，从而提高了网站用户的活跃度和用户忠诚度。把即时通信功能整合到网站上是一种发展趋势，这是一个新兴的产业，已逐渐引起人们的关注。

（3）社交网络服务。社交网络服务（social networking service，SNS）是 Web 2.0 体系下的一个技术应用架构，它基于美国社会心理学家斯坦利 · 米尔格兰姆（Stanley Milgram）的“六度分隔理论”，即最多通过 6 个人就能够认识任何一个陌生人。基于这种思想，个体可以将朋友的朋友发展成新的朋友，使原本分属于每个个体的圈子逐渐相通，最后形成一个大型的网络。此外，社交网络服务为个体提供了一种人际交流的途径，个体很容易在网上研究和探讨某个共同话题，加速认识和了解的进程。正是由于社交网络服务的这种特性，使得它作为一种网络社交的模式被人们慢慢接受。例如，人人网就是一种社交网络服务社区，目前，大部分学生都拥有自己的人人网账号。通过人人网，“六度分隔理论”得到了很好的证实，结识朋友的数量几乎是按几何级数上升的。社交网络服务在人们的日常生活中有着广泛的应用，而且有不断扩大的趋势。

① 社交网络服务的特点。首先是真实性。社交网络服务提倡实名制网络，把真实生活中的人际关系及行为映射到网络上，保证沟通的质量，降低人际沟通中的成本和风险，通过网络的方便性让沟通变得顺畅和高效。其次是隐私性。社交网络服务为用户提供了一个可以自由选择私密的行为环境，个人资料、讨论及活动、自己的圈子或者俱乐部都可以由用户自己来限制其开放程度，在便捷互动与隐私安全之间选择适合自己的平衡点，既能充分保护自己的隐私，又能很好地保证交际的便捷性和互动性。最后是应用性。社交网络服务与传统的网络功能的不同之处在于先有人，后有功能，功能是因人的具体需求而产生的，并以人际的联结沟通为目标或前提。社交网络服务不是单纯为了人际的盲目性服务，而是为了某种商务目的而产生的人际拓展需求及其解决方案。这种特点使 SNS 网站成为人们维护、管理和拓展人际关系的有力工具。人们通过 SNS 网站可以轻松、低成本、高效率地满足社交需求。

② SNS 网站的分类。SNS 网站主要有以下几类。

校园类 SNS 网站。校园类 SNS 网站，是目前最受欢迎的 SNS 网站类型。这类网站如人人网、腾讯朋友网等。这些 SNS 网站以在校学生为主要使用人群，紧紧锁定校园生活，帮用户寻找老同学、老朋友，并根据不同的学习阶段来对老同学、老朋友进行分类。在这些 SNS 网站上用户通常愿意相互透露真实姓名与资料，进行真实度较高的互动。校园类 SNS 网站目前在大学校园中应用广泛。

商务类 SNS 网站。商务类 SNS 网站，也是目前比较活跃的 SNS 网站之一。这类网站如 LinkedIn、天际网、若邻网、人和网、搜狐白社会等。目前，这类 SNS 网站的发展趋势有两种：一种发展趋势是以企业白领为代表的应用主体，如天际网、搜狐白社会等，这类 SNS 网站以企业白领为目标用户，以工作交流为核心，招聘业务也逐渐发展成为这类 SNS 网站的重点；另一种发展趋势是以商家、店铺为应用主体，如若邻网、人和网等，这些 SNS 网站以电子商务交流人群为核心用户，试图将用户生活中疏散的商务关系用互联网联结在一起，让用户和商家更便捷地进行行业交流和商务来往。

娱乐类 SNS 网站。娱乐类 SNS 网站，目前从以学生为主的应用领域已经扩展到大众化的应用领域。这类 SNS 网站如开心网、城市达人等，其中开心网主要以在线游戏吸引用户。其用户群体是年轻、时尚一族。

垂直类 SNS 网站。垂直类 SNS 网站就是面向某个领域的 SNS 网站。通常，这类 SNS 网站是由垂直信息门户或者社区发展转变而来的，其核心目标是希望通过社交网络服务的方式实现用户黏性的增加以及用户价值的再挖掘。目前，学习类、音乐类、婚恋交友类的垂直类 SNS 网站都很受欢迎。

综合类 SNS 网站。综合类 SNS 网站以 Facebook、51.com 为代表。Facebook 已经发展成为用户提供生活、社会、文化、情感、娱乐、文学、经济、教育、科技、体育等综合信息的网站。目前，刚刚推出的 Facebook 中文网是一个联系朋友的游戏社交工具。可以通过它与朋友、同事、同学以及周围的人保持互动交流，分享上传的图片与转帖链接，还有大量的社交游戏。51.com 是目前中国最大的综合社交网站，可以为用户提供稳定、安全的数据存储空间和便捷的交流平台。

③ 盈利模式。SNS 网站的盈利模式大大拓宽了电子商务概念中固有的盈利模式。SNS 网站的盈利模式包括广告销售、会员收费、增值服务、第三方插件应用分成、调查问卷等。

（4）微博。微博，来源于英语词汇 micro blog，即微博客，俗称“围脖”，它是一种通过关注机制分享简短信息的广播式社交网络平台。单篇微博的文本内容通常被限制在 140 个汉字以内，用户能够通过微博所融合的多种渠道发布文字、图片、视频、音频等形式的信息。图 2.7 所示的是新浪微博首页界面。

图 2.7　新浪微博首页界面

① 微博的特点。第一，采用“碎片化”的信息传播方式。传统的大众传播是有组织的传播活动，是在特定的组织目标和方针指导下的传播活动，其内容具有完整性并符合主流话语。而微博则是自媒体，一般没有特定的组织目标和指导方针，它的“碎片化”信息传播迎合了社会信息化的进程，弥补了传统媒体时效性、即时性、反馈性弱的不足，散布在世界各地的微博博主随时随地传播着新闻和评论，见证着事件的发生，评论着事件的真善美等，以一种旁观和参与兼顾的状态记录着生活中发生的事情、思想上的千头万绪并宣泄着自己的情绪，抒发着自己的感想，诠释着自己的观点和倾向。

第二，传播过程的互动性。传统的大众传播属于单向性很强的传播活动，互动机制较弱，只能通过简单的读者来信、热线电话等形式进行信息反馈，并且反馈大多是滞后的，缺乏即时性和直接性。而微博的信息传播互动性很强，互动过程基本贯穿于新闻事件发生的始终，这种互动客观真实地传递了信息，易于在信息传递的过程中形成意见领袖。意见领袖能左右对新闻事件的评论，是不容忽视的群体。

第三，信息传播渠道的多方式整合。微博可以通过多种方式发布信息、传播新闻。例如，新浪微博的信息发布渠道和传播方式有桌面客户端、网页、在线更新、手机短信、即时通信工具、其他微博等。信息发布渠道和传播方式的多元化和多渠道整合，有利于拓宽信息共享的范围，使信息发布者便捷及时地发布信息，可谓“条条大路通罗马”。

第四，病毒式的传播速度。病毒式的传播速度是指信息被瞬间传播扩散，具有爆发式的影响力。这种病毒式的传播速度，使得信息从一个信息节点迅速传播到无数的信息节点，蔓延扩散为大众传播，有病毒性蔓延的速度，有信息传播的多渠道，这些都源于工具的便捷、社交群的错综复杂、信息传播渠道的多元整合。

② 盈利模式。第一，是品牌广告收入。这是最传统的一种模式，一个平台只要积累了足够多的用户和流量，就具有了广告价值。微博通过建立大平台，依靠较多的用户量带来较多的点击率，以吸引品牌广告的投放。

第二，与其他网站进行收入分成。微博可以利用自身庞大的用户群，建立类似索引或导航的工具，把大量的用户群转移到其他网站上，进而和其他网站进行广告分成。

第三，用户数据库盈利模式。在微博中，众多的用户公开个人的习惯、偏好等信息，而这些用户数据和信息都值得进行深层次挖掘，因此可以向想利用微博进行营销的企业提供有价值的数据和信息，让企业可以批量跟踪这些用户。例如，戴尔公司就是通过网络监控公司 Visible Technologies 在 Twitter 上的监控，掌握其用户对其产品的反馈。

第四，对企业用户进行收费。Twitter 针对企业用户推出了收费账户服务，企业用户可借此获得流量分析等服务，从而能够在 Twitter 上发展更多的潜在客户。

第五，运营商分成。随着 5G 的正式商用，移动媒体迎来快速发展期，而微博天生就具有内容和移动媒体良好融合的特点，这样就可以和移动运营商进行流量和短信分成。例如，Twitter 的大部分流量来自手机——手机互联网和短信。

2. 由电子社区所产生的语言文化

大多数网络语言不但在语法上、词汇上、音系特征上都与其他社区语言不同。此外，网络语言在选择谈论的话题、传递信息的方式和交互方式上都明显有别于其他社区语言。著名语言学家于根元对“网络语言”的定义是：“网络语言是互联网的产物。在网络日益普及的虚拟空间里，人们表达思想、情感的方式也应与现实生活中的表达习惯有所不同，于是有的人创造出令人新奇也令人愤怒和不懂的‘网络语言’。它是网民为提高输入速度，对一些汉语和英语词汇进行的改造，对文字、图片、符号等进行的随意链接和嵌入。从规范的语言表达方式来看，其中的汉字、数字、英文字母混杂在一起使用，会出现一些怪字、错字、别字，或者完全是病句。但是在网络中，它却是深受网民喜爱的正宗语言。”

（1）分类与成因。网络语言大体上可以分成三类：一是和网络有关的专业术语，如鼠标、硬件等；二是与网络有关的特别用语，如网民、网吧等；三是网民在聊天时的常用词语，如灌水、大虾等。

智能拼音输入法的使用，是出现网络语言的一大原因。网民在使用拼音输入文字时，由于拼音输入的同音字词很多，一些网民图方便，大量使用同音别字代替，久而久之，一些有错字的词汇便形成了公认的新词汇。

但是，网络语言不只是为了输入方便而产生的，它是在互联网运用中产生的，离不开互联网这片土壤。互联网本身的自由性、无限性、开放性、虚幻性等特色是传统媒体无法比拟的，因此其信息传输方式也形成了有实有虚、交互立体的特点，表现在网络语言上，就是自由和随意。网络作为一种休闲的媒体出现在大众眼前，需要一种轻松的表达方式用于调侃，并体现发言者的智慧和创意；一些年轻网民求新、求异的心理也是网络语言产生的重要原因。尽管网络已经渗透到了世界的各个角落，但其主体是年轻的学生和技术人员，网络语言不仅代表了高效率，更是一种求新求变的创意。这种充满活力的语言“创新”精神是网络语言在年轻人之间广泛流传的重要原因。

（2）构成方式。网络语言的构成方式主要有 4 种。一是字母的缩略化，如 LOL，即 laugh out loud，表示由于开心或者无奈而大笑；二是文字的谐音和转义，如“压力”谐音为“鸭梨”，如果某网友受到了其他网友的关注，会用“鸭梨很大”来自嘲；三是符号组合，如“：D”，横过来看就像一个调皮的笑脸；四是数字化，如“1314”表示一生一世。

（3）网络语言的特色。网络语言的特色很鲜明，或自由创新，或简洁明了，或幽默诙谐，或另类怪诞，或引经据典，但这当中也充斥着粗俗泛滥的词汇。如何应对这些词汇及它们所造成的影响，是新一代新闻工作者们应该特别注意的话题。

有些人认为网络语言不规范，认为网络语言是对语言的肢解和破坏。但是，语言是否规范，主要取决于人们是否认可。对于网络语言，应当让它接受时间的考验。近几年，网络语言词典的出现也正标志着网络语言逐渐被大众所认可。其实道理很简单，新词语是新事物、新概念的反映，只要时代在前进，新语汇的出现就是必然的，而新语汇的出现，又是对传统语言的丰富和发展。

网络语言的客观存在是因为符合了现代人的某种需求——自由至上的审美标准，意欲摆脱传统文化与现代快节奏的生活方式对现代人精神与心灵的束缚的迫切需要。但因网络发展在我国尚属起始阶段，还存在着许多弊端与不成熟之处，对待网络词语，也应该像对待其他新词语一样，随着时间的推移，符合语言规范的词语会留下来，成为经典语言，而那些不符合规范的词语，则会自然而然地被淘汰。只有这样，才能够推动汉语网络语言的发展，形成一个良好的、符合网络社区特定规律的语言环境。

3. 电子商务环境下网络社区文化的特点

网络虚拟社区能将网民培养成稳定的、忠实的社区成员的关键，在于由共同命运感、归属感及自我价值的实现构成的文化维系力。这种文化维系力表现为网络虚拟社区的如下文化特征。

（1）多元性。网络虚拟社区文化不同于普通的地域文化和单一的民族文化，网络虚拟社区由于思想文化的广泛交流，以及冲突与融合的频繁发生，导致多元化和多层次，因而在网络虚拟社区里多种思潮并存的现象非常普遍。

（2）多样性。不同性别、不同性格和不同文化背景的人，不仅都能够在网络虚拟社区中找到自己的位置，还能够找到与自己志同道合的人。不论是论坛，还是社交网络服务，都为不同的网民量身定制了适合其自身的空间，使得网民乐于前往。这种多样性的表现使网民有同等机会表达心声。网络社区中底层或边缘的人，与网络中其他位置上的人一样，拥有同等的机会陈述自己的意见。网络社区的存在，意味着一种崭新的社会组织或结构方式，已存在于当代的人类社会中。

（3）广域性。无论何时、何地，甚至足不出户，只要登录互联网，就能与他人进行交流、沟通。“伙伴”等原本只存在于真实的社区中，凭借面对面的互动与沟通才能建立起默契和亲密关系，现在通过网络就能建立起来。通过这样的默契和亲密关系，彼此陌生的网民之间不但可以交换信息，互通有无，也能从中获取“社会支持”与“归属感”，从中获取“自我认同”。

（4）虚拟性。在现实生活中，标识一个人的有其相貌、声音、举止、身份等诸多特征，而在网络虚拟社区中，唯一存在的是数字、图标和符号，鲜活的人在网络上被转换成代码标识。人们的网络行为必须依赖于网络图标和象征符号，这些抽象的图标和符号需要借助人们的想象力才能在头脑中转换为生动鲜活的场景。这种虚拟性在一定程度上避免了因相貌、身份、等级、利益等诸多因素导致的交往的局限性。虽然在网络虚拟社区中，人与人之间的关系是以数字化方式呈现出来的，但这种虚拟性是以现实社区的实在性为基础的。虚拟不等于虚无或虚幻。离开了现实社区，虚拟社区就会成为无源之水、无本之木。

（5）隐秘性。网络虚拟社区的交流只用一个网名标志某人的存在，并且多用抽象的文字来进行交流。网络虚拟社区中网民相互之间的沟通常常缺乏身体语言和辅助语言的一些要素，如沟通参与者言语的音色、腔调、音量，以及非言语化的信息，如瞪眼、扬眉、撇嘴、耸肩等肢体语言。此外，还缺乏沟通环境。网络社区的人际互动可以使网民轻而易举地将自己呈现在公众面前，扮演众人期待的角色，同时又可以隐匿自己的真实身份，维持数个不同身份。网民往往不需要暴露其真实身份即能在网络虚拟社区中进行“社交活动”。这种网络传达的沟通方式常被网民们巧妙地用来与他人保持社会距离以取得更大的隐私空间。

（6）开放性。开放性可以说是一个网络虚拟社区存在的基础。在网络虚拟社区中，人们不受自然的物理时空的限制，它没有中心、没有等级、没有严密的管理机构和繁杂的规章制度。相对松散的网络社会给人们以自由感和轻松感，畅所欲言成为网络虚拟社区中成员交流的最突出表现。表达自己的观点是每一个网民的权利，但一个完善的网络虚拟社区，其社会文化中应该有道德和法律的成分，这样才能在保持鲜明文化特征的同时具有长久发展的保证。

（7）脆弱性。网络社区的人际关系较为脆弱。通过网名来隐匿部分的身份，网络虚拟社区的成员每个人都可以自由选择自己的身份、交流方法，并伴随着明确的隐秘性。经由网络虚拟社区建立的关系可能会维持，也可能会消失，在线的朋友也可能成为离线的朋友。

（8）复杂性。网络虚拟社区的种种特征，给人性的复杂和丰富的表达留下了空间。在网络虚拟社区这个特殊的生活空间，积极和消极、正功能和负功能同时并存，甚至正效应有多大，潜在的负效应就相应地有多大。面对网络虚拟社区的复杂性，和现实社区一样，网络虚拟社区要最大限度地防范、抑制负面作用的发生。要正确分析网络社区的特性，真正理解网络虚拟社区的特性，保证网络虚拟社区生活的安全。这些特性包括以下几点。

① 虚拟性。网络虚拟性指在网络中创造出一种虚拟的环境，给人以一种真实的感受和体验。虚拟存在着三个向度：一个指向现实性；一个指向现实中的可能性；一个指向现实中的不可能性。因此，虚拟的内涵可以从以下三个方面进行理解：一是对于现实事物的虚拟；二是对于可能事物的虚拟；三是对于不可能事物的虚拟。第一类虚拟是现实世界中的存在物在网络世界中的仿真、模仿；第二类虚拟是对依据现实世界的规律和惯例可能存在但是没有实际存在的事物的数字化模拟与展现；第三类虚拟是对依据现实世界的规律没有出现也不可能出现的幻想之事物的数字化表现。虚拟具有两种基本功能：一是对现实的反映，二是对现实的超越。目前的虚拟现实技术已经达到虚拟某些“不可能”和“不存在”的水平，这大大扩展了人们的生活空间，改变和丰富了人们的生存和发展方式，提高了人们的选择能力和创造能力，促进了人对现实性的超越和自我超越。网络虚拟能构成一个性质特殊、内涵丰富、现象复杂的新型空间。从人全面发展的视角出发，虚拟是网络社会条件下，人在数字化基础上所形成的有一定行为观和价值观的实践活动平台。

网络虚拟性带来了一系列积极和消极的影响。积极的影响是，网络虚拟性可以凸显人的主体地位，可以从很多角度促进人的自身发展，可以推动个人与社会发展的一致性；消极的影响是，这种虚拟性经常会引起人的虚拟异化，形成人际信任的危机，引起人们思维的模式化。可以说，虚拟性是由网络产生并带到电子商务当中的一把双刃剑。

② 开放性。传统的企业观念认为，关键资源是稀缺的，要使这些资源为我所用，就必须把它放置于封闭的企业体系内部，绝对不能对企业以外的社会力量开放。这些资源可能是一种关键技术、一项杀手级应用，也可能是一些优质的内容产品。凭借这些关键资源，企业在封闭的独立体系内生产运营并从市场获得直接的利润回报。

然而，在当今企业如雨后春笋般迅速崛起的时代，尤其是伴随着网络及电子商务的迅速发展，这种封闭体系内的创新以及依靠这种创新所带来的市场拓展已经远远跟不上产业发展的步伐。在融合产业中，竞争优势将依赖于对知识和资源的创造、转移、收集、融合以及利用的综合能力，企业从过去封闭思维方式中走出来，从企业内部转向更加广泛和开阔的外部力量，以开放的姿态获得高速成长。

那么，如何实现“开放”呢？开放的第一步是保密资源的共享和关键技术的公开。以前是机密的信息开始与合作者、员工、消费者、股东和其他利益参与者交流，从而增加企业的“透明度”和信任感，为外部力量参与企业内部创新创造必要的条件。第二步是开放性的接入和广泛的兼容性许可。第三步则是为外部力量的接入提供各种必要的支持。经过这三步，传统企业向现代企业的成功转型将有迹可循，有所保障。

③ 多元性。网络文化并非毫无意义或是肤浅不堪，而是将所有使用者都当做制作人，对自我、社群等意涵进行主动构建。

以博客为例。由于博客制作、发布和消费的主体模糊性，所以很难对其主体有一个明确的确定。名人博客的制作者无疑属于精英一族，但主体之所以构成，乃是由于诸多人的互动或消费的支持。而从其内容来看，这些所谓的精英们所构建成的文化现象，有的也不免有矫情和媚俗的成分。当然，有的名人利用个人博客借机炒作提高自己的知名度，更是难以归入精英文化之列。

多媒体的重要特征，乃是多媒体在其领域里以其各式各样的面貌容纳了绝大多数文化表现。从文化角度看，互联网也是如此。博客文化的多元性表现在以下几个方面。

表达方式的多样性。博客并不是将个人日记挂到网页上那么简单，几乎所有博客都开通了多样化的服务功能。相册、互动、超链接，甚至可以将各种制式的音频文件放在上面，构成了一种“多媒体”的表现形式。

使用价值多元化。大多数的博客使用者把博客看成表达自我情感的一种方式，名人博客也在表达自己的情感，但相较于大多数普通人记录生活点滴和感情真挚流露，有的名人博客则少了很多真挚和自然。

发布主体和内容的多样性。博客为大多数人提供了信息发布的机会，只要有足够的硬件设施和一定的文化水平，谁都可以在上面“秀”一把，博客发布主体呈现多元性。同时，博客也不是个人网上日志的代名词，各种组织也都有自己的博客，利用其进行管理和沟通。按照不同的标准，博客也有不同的分类，如新闻博客、专业博客、个人博客等。

2.2　电子商务文化对社会的影响

2.2.1　电子商务文化产生的新经济

1. 电子商务对社会经济的影响

作为一种不同于传统交易方式的新型交易方式，电子商务将生产企业、流通企业以及消费者和政府带入了一个数字化的虚拟空间，使人们不再受地域、时间的限制，从而以简捷、快速的方式完成较为复杂的商务活动，它将人工操作和电子信息处理集成为一个不可分割的整体，优化了资源配置，提高了商务系统运行的严密性和效率。因此，电子商务的发展对社会经济和生活产生的影响是很大的。

（1）电子商务改变了人们的消费习惯和消费方式。电子商务使人们可以进入网上商店浏览、采购各类商品，而且还能得到在线服务，供应商们也可以在网上与客户联系，并利用网络进行货款结算。在这种虚拟的市场上，消费者的地位由被动变为主动，购物意愿掌握在消费者手中，消费者能以一种轻松自由的自我服务方式来完成交易，消费者主权在网络购物中也被充分体现出来。

（2）电子商务改变了传统商务产业链的经营运作方式。电子商务通过人与电子通信方式的结合，极大地提高了商务活动的效率，减少了不必要的中间环节。同时，伴随着企业和消费者关系的拉近，消费者的个性化、特殊化需求也依赖网络展示在生产企业面前，从而使生产企业能够真正实现根据用户的不同要求按需生产。传统的制造业也借此进入小批量、多品种的时代，“零库存”成为可能。

（3）电子商务拓展了金融业的发展空间。在线电子支付是电子商务的关键环节，也是电子商务得以顺利发展的基础条件。随着电子商务在电子交易环节上的突破，网上银行、银行卡支付网络、银行电子支付系统以及电子客票、电子现金等服务的出现，使传统的金融业进入了一个全新的发展阶段。

一方面，网上金融的出现改变了传统的客户和金融机构雇员面对面式的交易方式，距离不会再成为制约金融机构业务发展的因素；另一方面，金融服务的电子化和信息化，大大提高了资金流动速度和信息透明度。此外，金融机构借助电子商务，将经济与金融信息分析、资源投向决策、资金筹措调配等环节有机结合起来，在很大程度上提高了资金的运用效率。

（4）电子商务将转变政府职能部门的管理行为。政府作为“看得见的手”，在调节市场经济运行、防止市场失灵所带来的不足方面有着很大的作用。电子商务的发展对政府管理经济的手段和能力提出了新的要求，要求政府适应电子商务的发展，在电子商务的进入、认证、安全管理、消费者权利保护、争议处理、国际合作及协调等相关政策法规方面，能够根据环境的变化适时进行新的调整与管理。

2. 电子商务经济学

为了更好地研究电子商务所带来的新经济形式，一个新的学科应运而生，这就是电子商务经济学（e-commerce economics）。

如同第 1 章中所介绍的，电子商务在学术领域已经具有了相当的地位。正因如此，深入研究横跨信息技术、管理、经济等多领域知识的电子商务经济学才具有深刻的意义。

（1）什么是电子商务经济学。电子商务经济学是研究电子商务活动经济现象和经济规律的学科。或者说，电子商务经济学是将电子商务市场或在线市场作为研究对象而形成的一门新兴经济学分支学科，也是伴随着因特网和电子商务的迅速发展而形成的一门新兴经济学分支。电子商务经济学始于技术层面的研究，逐步拓展到数字产品和商业流程的研究，再上升到企业和市场层面的研究，最后形成将电子商务作为一个整体生产要素来考虑的宏观经济研究。在研究方法上，电子商务经济学依然采用传统的微观经济学和宏观经济学方法。电子商务经济学的研究主体是在线市场，消费者在在线市场的消费行为与离线市场相比，仍有其独特之处。

（2）电子商务经济学的基本问题。可以认为，电子商务经济学研究的范围将随着电子商务实践活动的展开和深入而发生变化，这种变化将会持续下去。因此，现在来总结和概括电子商务经济学研究的基本问题存在着一定的风险。但是，基于对国内外电子商务经济学研究进展及其主要成果的认识，可以认为电子商务经济学研究大体由以下三类基本问题构成。

第一类是将电子商务作为一个市场和一种数字服务产品而展开的研究，包括电子商务市场的形成、电子商务市场规模的测度与分析（如数字商品市场的测度与分析等）、市场构成，以及市场的演化和发展等内容，也包括电子商务对企业和消费者的福利影响等内容的研究。

第二类是研究在线市场和离线市场的相互影响，包括在线市场价格离散和灵敏度等内容的分析、数字产品定价与价格歧视、中介作用、垄断与竞争分析、知识产权管理、企业盈利模式与商业模型等。此外，还包括电子商务如何创造市场价值，特别是对离线市场价值与在线市场价值之间如何相互转移等问题的研究。电子商务的价值创造和价值转移问题构成电子商务经济学研究的基本问题，这个问题始终贯穿于电子商务经济学研究和发展的全过程。

第三类是侧重于研究电子商务的宏观经济影响，包括电子商务对国家福利的短期与长期影响，电子商务对技术进步、市场效率、就业、税收、金融、投资和国际贸易，以及国际关系等方面的影响等内容。

网络外部性是电子商务经济学的一个基本概念（连接到一个网络的价值，取决于已经连接到该网络的其他人的数量）。网络外部性既是电子商务经济学研究的基本问题，也是电子商务经济学研究的基本假设条件之一。在电子商务经济学的研究中，一般将网络外部性看做是一种隐含的假设条件。网络经济学则将网络外部性作为一个基本问题来研究。

（3）电子商务中的边际效用递增规律。在电子商务市场，消费者不仅可以购买实物商品，也可以购买电子产品。电子商务经济学认为，消费者对某种商品使用得越多，该商品消费量增加的动力就越强。这就是所谓的边际效用递增规律，导致这种规律的原因主要有以下三点。

一是电子商务消费具有锁定性。在电子商务市场进行消费，首先要有软件支持，一旦消费者使用某一品牌的软件产品，该产品又能满足其基本需要，消费者如换用其他软件，会增加其学习成本和因学不会而带来的风险，转移成本较大。因此，软件产品具有锁定性。由于软件具有锁定性，所以会使其使用规模扩大，消费群体增加，通用性增强，消费者在任何计算机上都可以使用该软件，因此就增加了软件的边际效用。

二是电子商务的网络外部性。产品或服务不仅有自身的价值，还有着网络价值，这是指当存在其他用户，且用户的消费相互关联时，产品或服务对某个用户的价值。根据麦特卡夫定律可知，网络价值与网络用户数量的平方成正比，即 N 个联结的用户就能创造 N 的平方效益。因此，用户数量的增加，表示每个用户所获得的信息量的增加，获得的效用也相应增加，新用户在使其他用户增加效用的同时，也增加了自己的边际效用。

三是电子商务消费规模的正反馈性。当一种电子商务消费模式得到消费者的广泛认同时，使用这种模式的消费者的数量会迅速增多，当消费者数量较大时，该消费模式的辅助功能种类会更加齐全和方便，消费者获得的效用增加，会吸引更多的消费者选择该消费模式，进一步扩大规模。电子商务消费的这种正反馈性，使其呈现出自发的扩展趋势。例如，作为国内电子商务领头羊的阿里巴巴集团的迅速发展就是电子商务消费规模正反馈性的必然结果。

电子商务经济学中信息不对称和信息搜索对消费者购买决策的影响与传统经济学有一定的差异，在电子商务成为流行趋势的当今社会，企业只有充分分析电子商务环境下的消费者行为，才能制定出有效的营销策略，从而实现利润最大化的目标。

（4）与电子商务经济学相关的其他经济学原理。电子商务经济学涉及的相关经济学原理不仅包括基础的宏观与微观经济学相关原理，还包括产业组织、国际经济学、信息经济学、博弈论、计量经济学和技术经济学等众多领域的知识。

2.2.2　电子商务文化产生的新消费观

消费观念或消费文化，是指人们对消费水平、消费方式等问题的总的态度和看法。与生产观、交换观和分配观一样，消费观是经济伦理的重要组成部分。作为一种观念，消费观是社会经济现实在人们头脑中的反映，但它一旦形成又会反作用于社会经济，并对其产生深刻而重大的影响。所以，有必要深入研究各种消费观及其特点、作用和变化规律，以确立正确的消费观念，建立合理的生活方式，并以此促进社会经济的健康运行和持续发展。

在电子商务成为经济体的一部分以前，影响消费观的因素大多是较为客观的条件。从环境上说，消费观主要受国家或地区经济发展水平的制约，其他的环境因素还包括地理环境、宗教意识、种族等。一般来讲，消费者在一个稳定的生活、生产和相互交往的过程中会形成同样稳定的消费行为，这些消费行为将带有地域、种族甚至是宗教色彩。例如，中国川渝地区潮湿的气候使得当地居民喜食辛辣食品，而在旅游业发达的城市和国家，其对纪念品的需求就很旺盛。从个体上说，消费者的性别、年龄、生活经历、生活状态不同，其消费观也不同。简言之，消费文化决定于人们的价值观，而价值观又取决于其所生活、存在的状态，是环境与个体造就了不同的价值观和消费习惯。

自古以来，如何影响消费者的消费观，使其朝着对自己有利的方向发展，形成潮流，就是所有企业关注的问题。电子商务促生了新的经济形态和许多新的经济概念，因此势必产生新的消费观和消费文化。

1. 电子商务时代的新消费环境

电子商务所形成的新消费环境，指的是以互联网为基础，借助电子商务的手段进行消费活动的环境因素的总和。显然，没有互联网，就不能说是准确意义上的电子商务消费环境，而不借助电子商务手段的消费活动，也不是新的电子商务消费环境的组成部分。

而在当今时代，电子商务文化影响下的消费环境日益成熟。这种成熟是以电子商务文化成为社会文化稳定的组成部分，从而使得消费群体日益成熟为基础的。没有成熟的消费群体，“成熟的消费环境”便无从谈起。

（1）消费群体日益成熟。由于社会经历、消费需求等多方面的原因，目前中青年人的消费力是最强的，他们正在成为主要的消费群体。对上一代人来说，电子商务是未知的领域、陌生的事物。但对于新的消费群体来说，电子商务只是一种新的消费手段，与出门购物或者进行传统的采购相比，使用电子商务手段进行消费活动更加便捷，更加受欢迎，这是电子商务文化对消费观产生冲击的首要原因。也正因如此，目前电子商务的消费群体正在日益成熟。

人们逐渐认同电子商务的模式，在很多个方面都有所体现。首先，随着主流消费群体的不断低龄化，电子商务的操作流程逐渐从新鲜事物变成人们日常生活中不可或缺的部分。与传统贸易相比，无论是哪种模式的电子商务活动，消费者在选购商品时都无法查看商品实物。这是电子商务摆在消费者面前的一道天然屏障。而同样与传统贸易相比，许多电子商务网站上都可以额外提供此前消费者对于所出售货品的评论信息。尽管这些评论的真实性不能得到规则或法律的保证，但这确实是消费者获得商品信息的重要渠道。因此，很多电子商务企业都非常重视之前消费者经验的展示，一开始是文字信息、图片信息，未来还将有更多维度的经验信息成为消费者购物的参考，而这也将受到越来越多电子商务企业的重视。同时，如何保证这些评论信息的真实性，也将是保证电子商务企业信誉的新课题。图 2.8 所示的是淘宝网中的商品评论信息示例。

耳机不错，质量也行，就是送的鼠标垫有点大.... 今天	颜色分类：白色+超大GA53鼠标垫	y***6（匿名）
不错不错，非常喜欢。 今天	颜色分类：黑色+硕美科多功能工具	h***、（匿名）
很好的东西，很好的卖家，全五分！ 今天	颜色分类：黑色+硕美科多功能工具	p***o（匿名）

图 2.8　淘宝网中的商品评论信息示例

（2）社会对电子商务的安全性逐渐信赖。电子商务的高速发展，不仅消除了消费者对这种新型消费模式的陌生感，同时也正在使消费者逐渐信赖电子商务的安全性。

在 B2C 电子商务中，消费者在信息搜索和网络购物的过程中对企业门户网站有所认识。根据自我知觉理论，消费者在这两个密切联系的过程中的总体验（经历与感受），将会彻底影响他们对电子商务企业门户网站基本特征的认识。而这一认识，将影响他们对电子商务企业的信任。这个过程用发生认识论可以表述为，消费者经历与电子商务企业互动和感受到刺激以后，他们的内心将会产生某种变化，原有的认知结构将经过同化和顺应，形成新的认知结构，在新的认知结构的作用下，他们将做出反应，最终形成对这家企业的基本态度，决定是否信任这个电子商务企业所提供的电子商务流程。

随着我国电子商务的消费群体逐渐成熟，电子商务的相关法律法规逐渐完善（尤其是 2018 年《电子商务法》的诞生），电子商务企业正在使用各种策略消除消费者对电子商务安全性的疑虑，并收到良好的成效。这些策略包括：使用各种手段加大用户账户和用户信息的安全系数；充分利用熟人、亲人、朋友的信任传递；支付流程、物流流程的透明化；第三方认证；等等。

（3）经济体系对电子商务逐渐产生依赖。显然，仅消除对电子商务环境的疑虑，产生对电子商务环境的信任是不足以形成成熟的消费群体的。成熟的电子商务消费群体，最终体现在目前各层次消费者对电子商务所产生的依赖上，这种依赖主要体现在以下几个方面。

① 部分消费者的消费活动以网络购物为主。随着电子商务企业服务能力的不断提升，电子商务的优势不断凸显，网络购物应用一直保持着迅猛的增长势头。根据中国互联网络信息中心发布的第 43 次《中国互联网络发展状况统计报告》等的数据，截至 2018 年 12 月，我国网络购物用户数达 6.10 亿，年增长率为 14.4%，网民使用率为 73.6%。而在 6.10 亿网络购物用户当中，已经有很多人（尤其是年轻人）将网络购物作为主要购物方式。在未来几年甚至几十年内，以电子商务作为实现购买力的主要途径的人数将会逐年增多，电子商务的发展将随着计算机技术的发展和普及达到新的规模和高度。

② 部分商品的消费活动以网络购物为主。在全世界积极转变经济发展模式的过程中，众多行业将电子商务作为发展的重点，并在这一领域取得了重要的进展。2018 年，我国网络零售总额达 9 万亿人民币，同比增长 23.9%；同时，占社会消费品零售总额的比重为 18.4%，保持良好的增长势头。商务部相关数据显示，2018 年天猫“双十一”购物狂欢节总交易额达 2 135 亿人民币，来自全球 200 余个国家和地区的消费者通过中国的电子商务平台购物。

③ 过度依赖电子商务。如果不能理性对待网络购物，很可能助推过度消费心态，痴迷于借助电子商务手段完成消费活动。有媒体报道，在一些购物网站打折当天，有的“网购达人”为了买东西，一天一夜不吃不喝，直至晕厥被送到医院急救。纵使打折力度可观，但这种无视身体健康，彻夜不眠排队“秒杀”的购物方式，仍然有失理性。电子商务天生具有的种种优势是一把双刃剑，很容易纵容人们的非理性消费行为。最直接的后果是，让很多消费者对电子商务网站产生了依赖心理，产生了不同程度的“网络购物强迫症”。有的人每天必上网购物，花了大量时间甄选商品，结果买到家才发现用处不大，这无疑是对时间和财富的双重浪费。

（4）消费环境日益成熟。消费群体的日益成熟使得电子商务得以蓬勃发展，这也促成了电子商务消费环境成熟度的不断提高。

① 商品种类增加。随着被摆上电子商务网站货架的商品越来越多，消费者在电子商务网站所能选择的范围也越来越广。电子商务网站从零开始，已经将数千万种商品纳入自己的经营范围。以淘宝网为例，截至 2016 年，消费者在淘宝网的可“淘”之“宝”已经超过了 10 亿件。

从种类划分上看，电子商务网站都将所有商品分为了图书、音像、数码、办公、电器、家居、食品、美妆、玩具、运动、服装、钟表、汽车用品等大类，从中可以看到电子商务行业正在逐步走向理性、战略化和精耕细作阶段。

② 可选商家浩如烟海。在电子商务时代，提供服务的商家已经遍布世界各个角落。互联网本身就是经济全球化进程的重要产物，而互联网一旦形成，就再一次加速了经济全球化的进程。在经济全球化完成之后，或者说伴随着经济的全球化进程，文化等的全球化都将是必然的。提供服务的商家是多元化的。在网络促进了全球经济一体化的同时，网络也为多渠道的商家提供了沃土。对于消费者来说，选择一个具有信任资质，同时又省钱省心的商家可以说并不困难。货比多家的便利程度也是促使电子商务消费环境越来越成熟的因素之一。

③ 消费成本大幅下降。互联网上有充足的信息，因此互联网可以大幅度地降低交易成本中的搜索成本；由于互联网可以让生产者直接面对消费者，省掉了常规多层次的经销体系，因此交易过程中的协商成本和契约成本可以大幅度地降低。由于消费者在互联网上获得信息的成本很低，他可以很容易地比较各个商家所提供的产品和服务，因此互联网可以降低交易过程中需求方和供应方信息不对称的程度，甚至可以扭转信息不对称的情况。在传

统的商业环境中，相对消费者，提供产品或服务的商家拥有较多的信息，因此它可以利用消费者的信息缺乏，对他们索取较高的费用，获取超额的报酬，这就是所谓的生产者剩余。

而在互联网上，消费者获取信息非常容易，通过与其他商家进行比较，他可以知道有关产品和服务的详细信息，这时商家就不再具有信息上的优势，也就无法任意提高价格，从而使交易过程中的价格决定力量由生产者转移到消费者身上，消费者所享有的是对他有利的价格，这种情况就是所谓的消费者剩余。

需要注意的是，上面所讨论的信息不对称都是针对一致化的产品或服务的，如果网站是针对不同消费者的需要提供个性化的产品或服务，则上面的情况就会有所不同。如果商家利用互联网一对一个性化服务的能力，为消费者提供完全个性化的服务或信息组合，这时商家需要知道个别消费者的偏好，而消费者也无法将商家所提供的服务或信息和其他商家进行比较，因此消费者对商家或商家对消费者，同时存在信息不对称的情况。

由此可见，互联网可以降低交易成本，换个角度看，凡是可以降低交易成本的行为就具有附加价值，也就能在互联网的商业环境中占有一席之地。例如，网上的信息过于泛滥，而搜索引擎的存在正好可以降低搜索成本；网上的商家太多了，素质参差不齐，这时电子商务网站就可以担任中介者的角色，保证信誉，降低信息不对称的情况；而为了降低契约成本、监督成本和违约成本，认证中心（CA）就有存在的必要。从降低交易成本的角度去思考，就会发现电子商务的发展规律。

与大多数技术革命一样，互联网的最大受益者是消费者，而不是生产者。因为随着利润率的减少，经济的快速增长并不必然意味着生产者利润的大幅度增加。

④ 个性化消费。以创新为动力的互联网，从来就不缺乏新的创意，用户的个性化需求推动了商家的个性化创新；商家的个性化创新又拉动了市场的个性化需求，个性化定制服务已经成为电子商务发展的一个新趋势。

个性化定制服务是传统企业不可忽视的商机。在集中、批量化生产方式下，消费者只能被动选择，你生产什么我买什么；在分散、个性化生产方式下，消费者变被动为主动，我需要什么，你就提供什么。在这样一种背景下，商家没有理由不在个性化上满足各类消费者的需求。

商家为了最大限度地满足消费者的需要和占领市场，要尽可能地为消费者进行商品定制。消费者购买商品也不再仅仅是为了满足其物质需要，而且还要满足其心理需要，这一全新的消费观念影响下的个性化消费方式正在逐渐成为消费的主流。电子商务营销必须面对这一市场环境，对市场实行细分，直至极限。在传统的消费过程中，消费者的消费行为是受商家引导的。在电子商务营销中，消费者对传统单向式营销沟通感到厌倦和不信任，尤其在购买一些大件耐用品以及高技术含量产品时，他们会主动通过各种可能的途径，获取与商品有关的信息并进行分析比较。

2. 电子商务时代的新商品构成

2.1 节以有形商品、无形商品、虚拟商品的分类分析了电子商务给商品文化带来的改变，电子商务与数字经济的相互促进使得“商品”两个字的内涵得到了充分的丰富，传统的流通形态与消费形态可以说已经发生了天翻地覆的变化。

然而在这个消费者需求主导供应市场的电子商务时代，真正影响商品结构的是消费者的消费结构。下面从几个方面分析当前消费结构的变化。

（1）文化产品消费显著增加。所谓文化产品消费，是指用文化产品或服务来满足人们精神需求的一种消费，主要包括教育、文化娱乐、体育健身、旅游观光等方面。在知识经济条件下，文化消费被赋予了新的内涵，文化消费呈现出主流化、高科技化、大众化、全球化的特征。文化消费之所以成为热点，有以下几个因素。

① 文化产品消费的边际效益正在明显上升。文化产品消费的边际效益的上升主要体现在以下几方面。

*教育投入增长迅速。*2013 年，《现代教育报》联合中国青少年研究中心家庭教育研究所就教育投入进行了调查，调查结果显示：中国城市家庭教育支出超过家庭总收入的三成。而这个比例相对于几年以前已经有了质的增长。除了子女教育以外，成人的自学、业务训练、再就业培训等自我教育开支也不断上升。

*旅游方面的文化开支不断增长。*随着现代人类生活质量的不断提升，旅游开支已经成为许多个人和家庭重要的投资。越来越多的人有充分的精力和财力走出户外，进行全方位的文化体验。而在电子商务领域，很多大型电子商务网站已经开通了度假旅游查询和酒店团购查询的模块，它们对于旅游业的支持和渗透可见一斑。同时，也有很多企业经营专业的旅游类网站，如途牛旅游网（如图 2.9 所示），所提供的旅游及周边服务十分丰富。同类的网站还有很多，诸如腾讯旅游、悠哉旅游网，已经形成了一个新的消费热潮。

图 2.9　旅游电子商务网站“途牛旅游网”

饮食消费支出增长速度提高。饮食同样是文化的表现，部分发展迅速的城市或者高收入家庭已经开始注意对饮食文化的追求。总体来说，人们对于饮食及其文化的需要是永恒的，因此饮食消费支出的增长速度也比教育支出、旅游支出等项目的增长速度高，尤其是通过电子商务手段进行支出的增长速度提高了不少。

② 电子商务中的文化消费在拉动经济增长的同时有利于社会资源的合理配置。由于多个方面的限制，有许多文化传播和生产的产值并没有计入多个统计口径的社会产值之内，如电影、电视、音乐、体育等，所以文化消费对经济增长的拉动作用不能直接从统计指数中反映出来。但是从部分文化产品的高增长速度来看，文化消费对经济增长及社会资源配置的影响是比较显著的。这主要体现在劳动力结构的改善上，消费链中白领的队伍迅猛扩容，蓝领队伍文化程度在提升，而乡村消费者的文化水平也在不断上升。由于市场竞争激烈，各个产业阶层都逐渐认识到文化知识的重要性，知识更新、求知求教的内在动力不断上升，整体和个体的文化水平也有了显著提高。白领与蓝领队伍对于提升自我的渴求，从根本上改善了整体的劳动力素质。而这是提高劳动效率、合理分配社会资源的基本保证。

③ 对外来文化有较强的吸纳性。随着人们文化消费水平的提高，对外来文化产品的需求也在不断上升。来自国外的科技、艺术、思想、观念、文学等的输入量越来越大，覆盖面也越来越广。在与国内文化的撞击中形成了一层又一层的波澜。

在这个过程中，要比较国内文化与国外文化具有一定的难度，这里不再赘述。但是可以看到，在互联网全球互通的背景下，电子商务对外来文化、外来文化产品的进一步引进起着重要的作用。一方面，大量外国原版图书、音乐等产品通过各种电子商务渠道进入中国市场；另一方面，国外电子商务网站，如亚马逊（Amazon）、贝宝（PayPal）等，在向中国引进优秀外来文化产品的工作中卓有成效。

（2）创新型产品，尤其是电子产品消费日益增加。信息产业发展至今，不但很多概念发生了很大的变化，而且很多电子类硬件产品的革新速度也超乎人们的想象。

例如，国际消费电子产品展览会（International Consumer Electronics Show，CES），由美国电子消费品制造商协会（CEA）主办，旨在促进尖端电子信息技术和现代生活紧密结合。该展始于 1967 年，迄今已有 50 多年的历史，现已成为全球各大电子产品企业发布产品信息和展示高科技水平及倡导未来生活方式的窗口。在 2017 年的展览会中，虚拟现实（VR）/增强现实（AR）设备、可穿戴设备、HDR 电视、智能家居、电动汽车、无人驾驶等技术成为展览会的宠儿。这些产品目前来看仍属电子信息技术的前沿，但是在不久的将来，它们会成为人们生活中的常用商品。

（3）虚拟商品正在逐渐成为消费的主流。商品除了有形商品外，还有重要的一类是虚拟商品，即数字产品和服务类商品。

说起数字产品和服务，就不得不提到苹果公司和它的 APP Store。苹果公司的成就绝不仅仅是研制出 iPhone 和 iPad，APP Store 和 iTunes 也是其重要组成部分。例如，iTunes 真正革新了音乐产业。研究公司 Asymco 的一份报告描述了 iTunes 用户到底在这项服务上花了多少钱。报告中提到，iTunes 用户每年在音乐、应用和其他内容上平均支出 40 美元，苹果公司认为 iTunes 仍将维持较高的增长率。2014 年，iTunes 的日均覆盖人数达 3 387 万，网民使用率达 9.9%，位居行业第一。

从 2013 年开始，苹果公司的服务业收入一直处于增长状态，2015 和 2016 财年其增幅分别为 10% 和 22%。2017 财年第一季度，苹果公司的首席执行官库克表示，“在 APP Store 创纪录的客户活动的带动下，去年服务业务收入增长强劲，同时我们也对渠道中的产品充满期待。”苹果公司的财报显示，服务类收入已在 2016 年成为除 iPhone 以外苹果公司收入贡献最大的业务。

当前苹果公司为全球 100 余个国家和地区提供 iTunes 音乐。苹果公司的 iTunes 音乐商店中已有数千万首歌曲。iTunes 提供的不仅包括音乐，也包括电影。除此之外，iTunes 的又一个巨大市场便是 iBookstore，提供了近 2 亿本图书的数据量。APP Store 也在全球 100 余个国家和地区开放，覆盖全球 90% 的人口。2018 年苹果全球开发者大会（WWDC）公布的数据显示，苹果开发者数量已经超过 2 000 万，比前一年增加 400 万；已有超过 200 万个苹果应用；通过苹果应用商店（APP Store），苹果应用下载量已超过 1 700 亿次。

苹果公司的市场占有率从一个侧面说明了一个问题，即人们对电子商务的需求已经不仅仅是需要电子产品或者其他新奇的事物，虚拟商品也已经成为很多人日常生活的必需品。

（4）生活和娱乐服务业电子商务蓬勃兴起。生活和娱乐服务业电子商务主要有以下几类。

① 生活服务业。餐饮、美容美发、摄影、休闲娱乐等各种生活型服务业电子商务的应用主要集中在团购领域，并逐渐形成了“网上团购 + 实体店消费 + 网上点评”的模式。这种模式不仅能够满足消费者对低价生活服务类商品的消费需求，也能够满足其对生活服务类多样性的消费需求。商家则通过这种模式提升了品牌价值，获得了服务担保。

截至 2015 年第一季度，大众点评网的月活跃用户数量超过 2 亿，月综合浏览量（包括网站和移动终端浏览量）超过 150 亿次，收录的商户数量超过 1 400 万，覆盖全国 2 500 多个城市。

基于位置的服务（location based services，LBS）在生活服务领域得到很大的发展。随着智能手机的普及和手机应用中定位场景的不断丰富，人们已经将基于位置的服务越来越多地应用于社交生活中。目前，每天在腾讯社交平台上产生的 LBS 分享次数已突破 3 000 万次，峰值达 4 000 万次。

② 网络游戏。在经历了一段时期的快速发展后，网络游戏市场趋于平稳。2018 年，我国游戏产业整体收入的增幅明显放缓，游戏市场实际销售收入达 2 144.4 亿人民币，同比增长 5.3%；我国游戏市场的实际销售收入约占全球游戏市场的 23.6%；我国自主研发网络游戏市场的实际销售收入达 1 643.9 亿人民币，同比增长 17.6%。我国游戏用户数达 6.26 亿，同比增长 7.3%，市场增量基本全部来源于移动游戏。移动游戏便捷、易操作且能够充分利

用碎片时间，更容易吸引用户。2018 年，我国移动游戏市场的实际销售收入达 1 339.6 亿人民币，同比增长 15.4%，约占全球移动游戏市场的 30.8%，其用户数为 6.05 亿，同比增长 9.2%。虽然受用户需求改变、用户获取难度提升、新产品竞争力减弱等因素的影响，移动游戏销售收入与 2017 年相比增速放缓，但仍是市场规模和用户规模均增长最快的细分市场，未来预期有较大的市场空间。

③ 网络视频。截至 2018 年 12 月，我国网络视频用户数达 6.12 亿，比 2017 年增加了 3 309 万，手机网络视频用户数达 5.90 亿，较 2017 年增加了 4 101 万，占手机网民数的 72.2%。智能手机作为个人网络视频服务中最重要的收看设备，使用率仍不断提升，手机网络视频用户数与网络视频用户总数之间的差距也在不断缩小。此外，随着家庭宽带提速降费、智能电视价格持续下降，智能电视的市场占有率不断提升。截至 2018 年 9 月，智能电视覆盖终端达 3.22 亿台，激活终端达 2.18 亿台，一半以上的网络视频用户通过智能电视收看网络视频节目。

2017 年以来，短视频领域持续火热，用户数的增长和广告投放者的关注带动了网络视频整体市场规模的提升。短视频产品凭借着碎片化、高传播和低门槛特性，加上目前其对整体移动互联网用户的渗透率较低，因此仍有较大的发展空间。2018 年，短视频市场获得各方的广泛关注，百度、腾讯、阿里巴巴等持续在短视频领域发力，网易、搜狐等也纷纷推出新的短视频应用，短视频市场迅速发展。截至 2018 年 12 月，我国短视频用户数达 6.48 亿，用户使用率为 78.2%。

3. 电子商务时代的新消费理念

全球电子商务市场在过去 10 多年中快速增长，而且这种增长势头仍在持续。2017 年，全球网络零售交易额达 2.304 万亿美元，同比增长 24.8%；中国稳居全球规模最大、最具活力的电子商务市场地位，电子商务交易总额达 29.2 万亿人民币，同比增长 11.7%，B2C 销售额和网购消费者人数均排名全球第一。同时，中国也是全球最大的互联网用户市场。截至 2018 年 12 月，网民规模达 8.29 亿人，互联网普及率达 59.6%。

随着市场由卖方垄断向买方垄断转化，消费者主导的时代已经来临，面对更为丰富的商品选择，消费者心理与以往相比呈现出新的特点和发展趋势，这些特点和趋势在电子商务中表现得更为突出。电子商务中消费心理的特点和发展有以下几点。

（1）追求文化品位的消费心理。消费动机的形成受制于一定的文化和社会传统，具有不同文化背景的人选择不同的生活方式与产品。美国著名未来学家约翰·奈斯比特在《2000 年大趋势》一书中认为，人们将来用的是瑞典的宜家家居（IKEA）家具，吃的是美国的麦当劳、汉堡和日本的寿司，喝的是意大利卡普奇诺咖啡，穿的是美国的贝纳通，听的是英国和美国的摇滚乐，开的是德国的汽车。尽管这些描写或许当时还不能被所有的人理解和接受，但在互联网时代，文化的全球性和地方性并存，文化的多样性带来消费品位的强烈融合，人们的消费观念无疑会受到强烈的冲击，尤其青年人对以文化为导向的产品有着强烈的购买动机，而电子商务恰恰能满足这一需求。

（2）追求个性化的消费心理。商品市场发展到今天，商品无论是数量还是品种都极大丰富，消费者能够以个人心理愿望为基础挑选和购买商品或服务。现代消费者往往富于想象力，渴望变化，喜欢创新，有强烈的好奇心，对个性化消费提出了更高的要求。他们所选择的已不再单是商品的实用价值，更要与众不同，充分体现个体的自身价值，这已成为很多消费者消费的首要标准。可见，个性化消费已成为现代消费的主流。

（3）追求自主、独立的消费心理。在社会分工日益细分化和专业化的趋势下，消费者购买商品时的风险感随选择的增多而上升，而且对传统的“填鸭式”“病毒式”营销感到厌倦和不信任。在对大件耐用消费品的购买上表现得尤其突出，消费者往往主动通过各种可能的途径获取与商品有关的信息，并对它们进行分析比较，从中可以获取心理上的平衡以减轻风险感，增强对产品的信任和心理满意度。

（4）追求表现自我的消费心理。网络购物是出自个人消费意向的积极的行动，消费者通常会花费较多的时间到网上的虚拟商店去浏览、比较和选择。独特的购物环境及与传统交易过程截然不同的购买方式，使消费者完全可以按照自己的意愿向商家提出要求，以自我为中心，根据自己的想法行事，在消费中充分表现自我。

（5）追求方便、快捷的消费心理。对于惜时如金的现代人来说，在购物中即时、便利、随手可得显得更为重要。传统的商品选择过程短则几分钟，长达几个小时，再加上往返路途的时间，消耗了消费者大量的时间、精力，而网络购物则可弥补这个缺陷。2016 年中国互联网络信息中心发布的《中国互联网络发展状况统计报告》的调查数据表明，基于节省时间而进行网络购物的人数占网上消费总人数的 54.8%。

（6）追求躲避干扰的消费心理。现代消费者更加注重精神的愉悦、个性的实现、情感的满足等高层次需要的满足，希望在购物中能够随便看，随便选，保持心理状态的轻松、自由，最大限度地满足自尊心的需要。但在实体店购物时商家提供的销售服务有时却会对消费者构成干扰和妨碍。

（7）追求物美价廉的消费心理。即使营销人员力图降低消费者对价格的敏感度，但价格却始终是消费者最敏感的因素。网上商店与实体店相比，能使消费者货比多家，选择余地更大，从而购买到物美价廉的商品。

（8）追求时尚商品的消费心理。现代社会新生事物不断涌现，消费心理受这种趋势的带动，稳定性降低，消费者的心理转换速度与社会同步，在消费行为上表现为需要及时了解和购买到最新商品，产品生命周期不断缩短。产品生命周期的不断缩短反过来又会促使消费者的心理转换速度进一步加快。传统购物方式已不能满足这种心理需求。

但是由于消费环境成熟度的提升受一些固有的消费心理的制约，虽然网络购物具有操作方便、信息快捷、节省时间等诸多优势，但是目前消费者对网上消费仍然有一定程度的担忧，因而对这种新的购物方式敬而远之，严重制约了电子商务的发展。这些心理因素主要表现在以下几个方面。

（1）传统购物观念受到束缚。长期以来消费者形成的“眼看、手摸、耳听”的传统购物习惯在网上受到束缚，使消费者无法直接接触到商品实物。网上消费不能满足消费者的某些特定心理，网络购物很难满足消费者的个人社交动机。

（2）价格预期心理得不到满足。据统计，消费者对网上商品的预期心理比实体店的价格便宜 20% ~ 30%，而目前网上商品总体而言仅比商场便宜 4% ~ 10%，加上配送费用，消费者所享受到的价格优惠是有限的。

（3）个人隐私权受到威胁。由于网络购物使消费者个人的相关信息被商家收集，个人的偏好、习惯和联系方式等被商家掌握。隐私权不能得到保障，使不少消费者不愿参与网上购物。

（4）对网上支付机制缺乏信任感。现阶段，在支付过程中消费者的个人资料和支付密码可能会被窃取、盗用，有时还会遇到虚假订单、钓鱼网络，给消费者造成损失。

（5）对虚拟的购物环境缺乏安全感。在电子商务环境下，所有的商家在网上均表现为网页和虚拟环境，网上商店很容易建立，也容易作假，使消费者缺乏安全感。另外，互联网是一个开放和自由的系统，目前仍缺乏适当的法律和其他规范手段，如果发生网上纠纷，消费者的权益不能获得充分的保障。

2.2.3　电子商务文化产生的新营销

由前面的介绍可以知道，在电子商务环境下，人们的传统消费文化观念正在发生变革，逐步形成一种新型的消费文化。对于经营者来说，这种新型的消费文化呼唤着与之相适应的营销文化，即以互联网为背景，在电子商务大环境下不断形成的、具有全新理念或内涵的、全方位适应消费者需求的新营销文化。

自古以来，经营者为了促销产生了许多不同的营销方式。20 世纪以来，市场信息的收集与阐释、消费者测试技术、品牌管理、市场细分理论、消费者满意度等各种营销理念不断提出。如果没有消费者的响应，这些新的营销理念会迅速地销声匿迹——一种营销理念的提出及其在营销活动中的成功实践都是以特定的消费文化为背景的。

而事实上，营销文化与消费文化之间应该是一种相互促进、互为表里的关系。如果说消费文化是里，那么营销文化就是表。下面将介绍如何放大营销文化，由表及里，发掘、培养新的消费文化。电子商务环境下的营销不同于传统环境中的商业营销。狭义的电子商务营销即网络营销，它不仅仅是技术手段的革命，还包含了深层次的营销观念革命。在电子商务环境下，新型的消费文化要求网络营销在营销理念、营销关系和营销策略上都要有所创新。

1. 电子商务环境下的新营销理念

（1）何谓“新营销”。在介绍“新营销”之前，先要明确什么是“营销模式”。营销模式，是指企业或组织在当前的市场条件下，结合自身特点采取的市场拓展和产品推广方式。严格地讲，一个产品的营销过程，要从这个产品的设计开始，直到该产品被卖到消费者手中，被消费者消耗或改变了原产品的形态才宣告结束。

商业营销模式，则只是营销模式的一个部分。它是指商业企业以自身为基础，以市场信息为核心，以效益为出发点，形成的产品推介、发售方式。对商业企业来说，它们与市场直接相连，只有对市场有更深的研究、认识、理解，才能根据自身优势对营销模式进行创新和重构。

而电子商务下的新营销，又有人称之为网络营销、互联网营销，国内外关于它的定义都大同小异。有人认为，电子商务新营销是借助联机网络、计算机通信和数字交互式媒体的威力来实现营销目标。也有人认为，电子商务新营销是以互联网为媒体，以新的方式、方法和理念实施营销活动，更有效地促成个人和组织交易活动的实现。

从国内外对电子商务新营销的不同定义和表示方法来看，对于电子商务新营销，其基本要素是互联网。没有互联网，也就没有电子商务新营销。不过，营销主体不限于互联网企业、电子商务企业。也就是说，电子商务新营销并不是互联网企业、电子商务企业的专利。

（2）电子商务的新营销理念。对一个企业来说，电子商务是一种新的经营手段。随着计算机技术和电子商务的发展，越来越多的企业开始以电子商务的方式实现管理和营销，于是便形成了一个电子商务的经营和市场环境，这是一个全新的经营环境。为适应这种新的经营环境，应对来自全球竞争者的挑战，我国的电子商务企业和开展或即将开展电子商务的传统企业，除了要选择适合自身发展的商业模式外，更重要的是要制定一个行之有效的经营战略，以提高企业的竞争力。

组织和个人之间进行信息传播和交换是市场营销的本质，因而互联网具有营销所要求的某些特性，使得电子商务新营销呈现出跨时空、多媒体、互动式、个性化等特点。

2. 经营者与消费者的新型关系

（1）从 4P 到 4C，再从 4R 到 4S。大部分的营销理念都是以消费者为导向的，其追求的是与消费者建立起长期维系的双向关系。电子商务环境下的营销模式，要求将消费者及相关细节（如个人信息、浏览记录）等整合到营销过程中来，具有整合营销的特征。这表现在营销理论体系的重心从由内而外转为由外而内。

而在营销观念发展的过程中，有这样一些“4X”营销理念，分析它们发展的历程，就能真正了解经营者与消费者之间建立的新型关系。

① 4P 策略。4P 是传统市场营销过程中可以控制的因素，也是企业进行市场营销活动的主要手段，对它们的具体运用，形成了最基本的企业的市场营销战略。4P 是指产品（product）、价格（price）、地点（place）、促销（promotion）。

对于产品来说，要注意产品的实体、服务、品牌和包装。具体来说，产品是指企业提供给目标市场的货物和服务的集合，这其中包括产品的效用、质量、外观、式样、品牌、包装和规格，此外还包括服务和保证等因素。

价格主要包括基本价格、折扣价格、付款时间、借贷条件等。它是指企业出售产品所追求的经济回报。

地点通常包括分销渠道、存储设施、运输设施、存货控制，它代表企业为使其产品进入目标市场所组织、实施的各种活动，包括途径、环节、场所、仓储和运输等。

促销是指企业利用各种信息载体与目标市场进行沟通的传播活动，包括广告、人员推销、营业推广与公共关系等。

4P 策略是最基础的一种策略，4P 的特点也十分明显。4P 策略的 4 种因素是企业可以调节、控制和运用的。例如，企业根据目标市场情况，能够自主决定生产什么产品，制定什么价格，选择什么地点，采用什么促销方式。这些因素都不是固定不变的，而是不断变化的。企业对所受到的内部条件、外部环境变化的影响，必须能动地做出相应的反应。但是，4P 策略主要通过分析和综合运用企业内部现有资源来选择营销手段，因此在电子商务时代已不再适用。

② 4C 策略。4C 是由营销学家菲利普・科特勒所提出来的，他提出了整合营销的概念。整合营销就是强调各种要素之间的关联性，要求它们成为统一的有机体。具体地讲，整合营销更要求各种营销要素的作用力统一方向，形成合力，共同为企业的营销目标服务。4C 是指消费者（consumer）、成本（cost）、便利（convenience）、沟通（communication）。

这里的消费者指消费者的需求和欲望。企业要把重视消费者放在第一位，强调创造消费者比开发产品更重要，满足消费者的需求和欲望比产品功能更重要，不能仅卖企业想制造的产品，而是要提供消费者确实想买的产品。

成本指消费者获得满足的成本，或是消费者满足自己的需要和预想所愿意付出的成本价格。其中包括：企业的生产成本，即生产满足消费者需求的产品成本；消费者购物成本，不仅指购物的货币支出，还有时间耗费、体力耗费和精力耗费以及风险承担。因此，企业要想在消费者能够承受的价格限度内增加利润就必须降低成本。

便利指购买的方便性。与传统的营销渠道相比，新的观念更重视服务环节，在销售过程中强调为消费者提供便利，让消费者既购买到商品，又购买到便利。企业要深入了解不同的消费者的不同购买方式和偏好，把便利原则贯穿于营销活动的全过程，售前做好服务，及时向消费者提供关于产品的性能、质量、价格、使用方法和效果的准确信息。售后应重视信息反馈和追踪调查，及时处理和答复消费者意见，对有问题的商品主动退换，对使用故障积极提供维修服务，对大件商品甚至提供终身保修。

沟通指与用户沟通，企业可以尝试多种营销策划与营销组合，如果没有收到理想的效果，则说明企业与产品尚没有完全被消费者接受。这时，不能只是单向劝导消费者，要着眼于加强双向沟通，增进相互的理解，实现真正的适销对路，培养忠诚的消费者。

电子商务环境下营销模式的实时互动特性使企业有能力通过与消费者的不断交互，清楚地了解每个消费者个性化的 4C 需求。以此为基础，企业可以形成利润最大化的 4P 策略。从某种意义上说，4C 策略并没有取代 4P 策略，而是所有 4P 策略都是在 4C 策略的基础上形成的。通过这些策略，电子商务环境下的营销活动才能实现满足每个消费者的需求和企业利润最大化这两个目标。

③ 4R 策略。美国的 Done Schuhz 提出了关于 4R 策略的营销新理论，阐述了一个全新的营销四要素：与消费者建立关联（relevance）、反应（react）、关系（relation）、回报（return）。

与消费者建立关联是指在竞争性的市场中，企业通过某些有效的方式在业务、需求等方面与消费者建立关联，形成一种互助、互求、互需的关系，把消费者与企业联系在一起。消费者具有动态性，其忠诚度也是变化的，要提高消费者的忠诚度，赢得长期稳定的市场，避免其忠诚度转移到其他企业，就必须要与他们建立起牢固的关联，这样才可以大大减少了消费者流失的可能性。

反应指的是企业市场反应。在相互影响的市场中，对经营者来说最现实的问题不在于如何控制、制定和实施计划，而在于如何站在消费者的角度及时地倾听消费者的希望和需求，并及时答复和迅速做出反应，满足消费者的需求。对于企业来说应该建立快速反应机制，了解消费者与竞争对手的一举一动，从而迅速做出反应。

而对于关系来说，则要求通过不断改进企业与消费者的关系，实现消费者固定化。同时企业要注意尽量对每一位消费者加以辨别，包括从一次性消费者到终生消费者之间的每一种消费者类型，分清不同的消费者类型才能在进行企业市场营销时不分散营销力量。与消费者建立起良好的关系，从而获得消费者的满意和忠诚感，才能吸引消费者，进一步把满意的消费者变成亲密的消费者。

回报对企业来说，是指市场营销为企业带来短期或长期的收入和利润的能力。一方面，追求回报是市场营销发展的动力。另一方面，回报是维持市场关系的必要条件。企业要满足消费者的需求，为消费者提供价值，同时也要获取利润，因此，市场营销目标必须注重产出，注重企业在营销活动中的回报，一切市场营销活动都必须以为消费者及股东创造价值为目的。

④ 4S 策略。4S 策略主要强调从消费者的需求出发，建立起一种“消费者占有”的导向。它要求企业根据消费者的满意度不断对产品、服务、品牌进行改进，从而达到企业服务品质最优化，使消费者满意度最大化，进而使消费者对企业产品产生一种忠诚。4S 是指满意（satisfaction）、服务（service）、速度（speed）、诚意（sincerity）。

满意指的是消费者满意，强调企业要以消费者需求为导向，以消费者满意为中心，企业要站在消费者的立场上考虑和解决问题，要把消费者的需求和满意放在一切考虑因素之首。

服务包括以下几个方面的内容。首先，精通业务工作的企业营销人员要为消费者提供尽可能多的商品信息，经常与消费者联络，询问他们的要求。其次，要对消费者态度亲切友善，用体贴入微的服务来感动消费者。第三，要将每个消费者都视为特殊和重要的人物。第四，在每次服务结束后要邀请消费者再度光临。作为企业，要以最好的服务、优质的产品、适中的价格来吸引消费者多次光临。最后，要为消费者营造一个温馨的服务环境，这就要求企业加大文化建设力度。在整个服务过程中，服务人员要用眼神表达对消费者的关心，用眼睛去观察，用头脑去分析，真正做到为消费者提供体贴入微的服务。

速度指不让消费者久等，只有迅速地接待、办理相关事务，不让消费者久等，才能迎来更多的消费者。

诚意指要用以他人利益为重的真诚来服务消费者。要想赢得消费者，必先投之以情，用真诚服务感化消费者，以有情服务赢得无情的竞争。

这里需要说明的是，4R 和 4S 的 8 个关键字（关联、反应、关系、回报、满意、服务、速度、诚意）各具深刻的含义，但事实上都是对沟通（communication）的诠释。因此，如果从买卖关系上分析营销策略，一个电子商务企业应该做到：要以研究消费者的需求和欲望（consumer’s wants and needs）为中心，卖消费者想购买的产品，而不是急于制定产品（product）策略，卖自己能够或喜欢生产、制造的产品；研究消费者为满足其需求所愿付出的成本（cost），而不是首先考虑定价（price）策略；考虑如何给消费者提供方便（convenience）以购买到商品，至于地点（place）是第二位的；加强与消费者的沟通和交流（communication），然后考虑促销（promotion）策略。

（2）和谐的企业、消费者双边关系。在传统贸易中，商品的经营者与消费者之间的关系经常是紧张，甚至是对立的。能够达到经营者与消费者高度和谐的层次，在人们曾经的观念中极为罕见。

在目前的电子商务环境下，商品经济已经发展到一个新的水平。全社会消费和生活意识的中心已经从物质转移到精神层面，市场销售不再是企业单方面向消费者促销，企业追求的是消费者与企业的和谐关系，即企业的活动在消费者心目中引起的感情共鸣和消费者在理性上对企业真正的认同感。这种感情共鸣和认同感，是深层次的感情和理性的交融，是企业获得知名度的前提。企业所注重的不仅仅是硬件或是软件，更重要的是与消费者关系的和谐。因此，企业与消费者正在共同创造新的、和谐的生活价值观和生活方式。这种新的生活方式，正在电子商务环境中悄然实现。正因为将对买和卖的关系认识提高到了审美的高度，电子商务环境下营销文化的内容才得以充实。

3. 电子商务环境下的新营销策略

（1）产品策略。在网络营销的过程中，消费者不能真正接触到产品本身，所以网上售卖的产品以提供信息为主，利用文字、声音、图像以及其他多媒体功能将产品的特性、品质为消费者真实地显示出来。

在电子商务环境下，一个产品从上架之日起，就应该有成熟的产品策略作为保障。而成熟的产品策略，分为选品、孕育期、成长期、成熟期、稳定期、衰退期和死亡几个阶段，图 2.10 所示的是这几个阶段产品销量可能发生的变化。在一个产品的不同阶段做好不同的工作，使一个产品不断创造最大的利润。

（2）价格策略。企业营销策略有很多种，但无论是传统营销还是网络营销，价格策略是最具灵活性和艺术性的策略，是企业营销组合策略的重要组成部分。网络营销价格是指

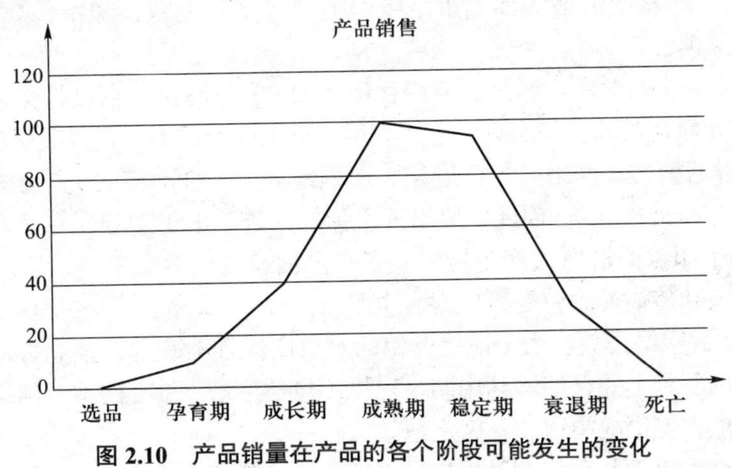

图 2.10 产品销量在产品的各个阶段可能发生的变化

企业在网络营销过程中买卖双方成交的价格。网络营销价格的形成是极其复杂的，它受多种因素的影响和制约。企业在进行网络营销决策时必须对各种因素进行综合考虑，从而采取相应的定价策略。很多传统营销的定价策略在应用于网络营销时得到了创新。根据影响营销价格因素的不同，网络定价策略可以分为以下几种：① 竞争定价策略；② 个性化定价策略；③ 自动调价、议价策略；④ 特有产品特殊价格策略；⑤ 捆绑销售的策略；⑥ 企业声誉定价策略；⑦ 品牌定价策略；⑧ 撇脂定价和渗透定价；⑨ 产品生命周期定价策略；等等。

（3）促销策略。基于互联网形成了特别的社交习惯，其最重要的基本原则是：不请自来的信息是不受欢迎的。传统贸易中的促销方式以广告造势、硬性推销为主，这些促销方式在网络营销的过程中反而会适得其反。

网络营销具有软营销的特征，在促销方面要以强化和消费者的感情与文化交流为内容，淡化商业活动的盈利意图，让消费者感觉自己获得了真实的利益。

以近年在我国火爆的“双十一”促销策略为例。“双十一”即指每年的 11 月 11 日，由于日期特殊，天猫、淘宝网等大型电子商务网站一般会利用这一天来进行一些大规模的打折促销活动，以提高销售额。2018 年 11 月 11 日，天猫“双十一”购物狂欢节全网交易额为 2 135 亿人民币，成为中国电子商务活动的一大里程碑。

在看似喜人的场面背后，“双十一”促销策略存在以下问题。首先，“双十一”促销策略不断冲击价格体系，企业利润被压薄，对品牌建设造成一定程度的影响。企业应以更优质的服务体系来替代一味低价的促销方式。其次，“双十一”促销策略虽然创造了很高的交易额，但这部分交易流水并不属于电子商务网站，他们获取的收益仅来自交易抽成。最后，电子商务网站和品牌企业不断把资金投放到营销层面，大品牌企业在狂欢，中小商家则难以享受到“双十一”促销策略带来的收益。电子商务网站应该思考如何让电子商务整个生态体系中的各类商家均衡生存。

由此可见，一味靠低价格的促销策略吸引消费者虽然奏效，却不长久。要做好促销，还可以采取以下策略。

① 精心设计企业的形象。网页、应用程序（APP）与消费者直接打交道，是企业形象的窗口。应该设计好企业的相关网页、应用程序，重视企业的形象，以吸引消费者。

② 网络广告的推送。网络广告不应该大面积地播送（推动模式），而应该是等待消费者自己进行选择（拉动模式）。因此，可以开设标题广告、电子赠券、专营广告等系列广告站点，并且由基于印象的劝诱式广告转向基于产品信息的说服式广告。这种广告，借助网络强大的信息查询和传播能力，变得非常有说服力。

③ 进行合理的网络公关。由于网络营销的对象广泛且不确定，企业必须小心谨慎地处理每一个消费者的要求，并且能够利用网络媒体（包括论坛、SNS 网站、网络门户）树立企业形象，这样才能在促销战中占有一席之地。

（4）渠道策略。下面从网络营销渠道功能特点，建设这三个方面对渠道策略进行介绍。

① 网络营销渠道功能。与传统营销渠道一样，以互联网作为支撑的网络营销渠道也应具备传统营销渠道的功能。营销渠道是指与提供产品或服务，以供使用或消费这一过程有关的一整套相互依存的机构，它涉及信息沟通、资金转移和事物转移等。一个完善的网络销售渠道应该有三大功能：订货功能、结算功能和物流配送功能。相应地，网络销售渠道应有订货系统、结算系统和物流配送系统。

订货系统。它能够为消费者提供产品信息，同时方便企业获取消费者的需求信息，以求达到供求平衡。一个完善的订货系统，可以最大限度地降低库存，减少销售费用。

结算系统。消费者在购买产品后，可以通过多种方式方便地进行付款，因此企业应该有多种结算方式。目前主要的结算方式有信用卡、电子货币、网上转账、货到付款等。

物流配送系统。一般来说，产品分为无形产品和有形产品。对于无形产品，如服务、软件、音乐等产品，可以直接通过网络进行配送；对于有形产品的物流配送，要涉及运输和仓储问题。目前已经形成了大量的专业物流配送公司，如著名的美国联邦快递公司，它的业务覆盖全球，实现全球快速的专递服务。因此，专业物流配送公司的存在是电子商务发展较为迅速的原因之一，良好的专业物流配送系统是网络营销的重要支撑。

② 网络营销渠道特点。在传统营销渠道中，中间商是重要的组成部分。中间商之所以在营销渠道中占有重要的地位，是因为利用中间商能够在广泛提供产品和进入目标市场方面实现最高的效率。营销中间商凭借其业务往来关系、经验、专业化和规模化的经营，提供给企业的利润通常高于企业自营渠道所能获取的利润。但互联网的发展及其商业应用，使得传统营销中间商凭借地缘所获取的优势被互联网的虚拟性所取代，同时互联网高效的信息交换，改变了过去传统营销渠道的诸多环节，将错综复杂的关系简化。可以说，互联网的发展改变了营销渠道的结构。

利用互联网的信息交互特点，网上直销市场得到很大发展。因此，网络营销渠道可以分为两大类。一类是通过互联网实现的从生产者到消费者的网络直接营销渠道（简称网上直销），这时传统营销中间商的职能发生了改变，由过去销售环节的中间力量变为直销渠道提供服务的中介机构，如提供货物运输配送服务的专业物流配送公司、提供货款网上结算服务的网上银行，以及提供产品信息发布和网站建设的因特网服务提供商（ISP）和电子商务服务商。网上直销渠道的建立，使得生产者和最终消费者能够直接连接和沟通。另一类是由融合了互联网技术的中间商提供的网络间接营销渠道。传统营销中间商由于融合了互联网技术，大大提高了其交易效率、专门化程度和规模经济效益。同时，新兴的中间商也对传统营销中间商产生了冲击。例如，美国零售业巨头沃尔玛（Walmart）为抵抗互联网对其零售市场的侵蚀，在互联网上开设了网上商店。基于互联网的新型网络间接营销渠道与传统间接分销渠道有着很大的不同，传统间接分销渠道可能有多个中间环节，如一级批发商、二级批发商、零售商，而网络间接营销渠道只需要一个中间环节。

③ 网络营销渠道建设。由于网络营销对象不同，因此网络营销渠道也有很大区别。一般来说网络营销主要有两种模式。第一种模式是 B–B，即企业对企业的模式。这种模式每次交易量都很大，交易次数较少，而且购买企业比较集中，因此这种模式网络营销渠道建设的关键是建设好订货系统，方便购买企业进行选择。一方面，由于购买企业一般信用较好，可以通过网上结算实现付款；另一方面，由于交易量大，次数少，因此配送时可以进行专门运送，这样既可以保证速度也可以保证质量，减少中间环节造成的损伤。第二种模式是 B–C，即企业对消费者模式，这种模式每次交易量小，交易次数多，而且购买者非常分散，因此这种模式网络营销渠道建设的关键是结算系统和物流配送系统，这两者也是网络购物得以顺利实施的关键。

在选择网络销售渠道时还要注意产品的特性。有些产品易于数字化，可以直接通过互联网传输；而大多数有形产品，还必须依靠传统的物流配送渠道来实现货物的空间移动，对于部分产品依赖的渠道，可以通过对互联网进行改造以最大限度地提高渠道的效率，减少渠道运营中人为失误和时间耽误造成的损失。在具体建设网络营销渠道时，还要考虑到下面几个方面。

首先，从消费者角度设计渠道。只有采用消费者比较放心、容易接受的方式才能克服网络购物的“虚”的感觉，吸引消费者进行网上购物。

其次，设计订货系统时，要简单明了，并且采用现在流行的“购物车”方式模拟超市，让消费者一边浏览商品并比较、选择，一边将满意的商品放入购物车。在购物结束后，一次性进行结算。此外，订货系统还应该提供商品搜索和分类查找功能，以便消费者在最短时间内找到所需要的商品。同时，还应提供商品的详细信息，如性能、外形、参数等重要信息。

第三，在选择结算方式时，应考虑实际的发展状况，尽量提供多种结算方式方便消费者选择。同时，还应考虑网上结算的安全性，将不安全的直接结算方式换成安全的间接结算方式。

最后，建立完善的物流配送系统。消费者只有在真正收到购买的商品后，才能感到踏实，因此建设快速、有效的物流配送服务系统是非常重要的。现阶段我国的物流配送系统还有较大的发展空间，在进行网上销售时要考虑到该产品是否适合目前的物流配送系统，正因如此，目前网上销售的商品大多是价值较低的不易损坏的商品。

目前，我国的电子商务物流配送企业在数量上已经具有一定的规模。但从宏观上看，我国的现代物流配送业还处于起步阶段，总体发展水平仍然比较低，在物流配送基础设施建设、物流配送信息化建设等方面需要进一步加强。

（5）服务策略。随着电子商务营销重心慢慢地从产品转向消费者，服务的概念也越来越重要。面对日益激烈的市场竞争，越来越多的企业在营销中开始关注人的因素，最大限度地满足消费者的需求。消费者服务是指企业通过营销渠道，为满足消费者的需求提供的包括售前、售中、售后等一系列服务。消费者服务的目的是满足消费者的服务需求，消费者是否满意是评价企业消费者服务的唯一指标。只有消费者满意才能引发消费者对企业的忠诚，才能长期保留住消费者。研究表明，消费者所需的服务可以划分为 4 个层次。

① 为满足个性化的需求，消费者需要了解产品和服务信息。企业应在门户网站提供详细的产品和服务资料，利用网络信息量大、查询方便、不受时空限制的优势，满足消费者的需求。

② 消费者在进一步研究产品和服务时可能会遇到问题，需要在线帮助。选购产品时或购买产品后，消费者还可能会遇到许多问题，需要企业帮助解决。这些问题主要包括产品的安装、调试和故障排除等。

③ 对于难度更大或者网络营销网站上没有提供答案的问题，消费者希望能与企业人员直接接触，解决更复杂的问题，寻求更深入的服务。

④ 消费者还可能希望积极参与到产品设计、制造、配送、服务的整个过程中，寻求更符合个性要求的产品和服务。

4 个层次的消费者需求服务之间是相互促进的关系，低层次的需求满足得越好，就越能促进高一层次的服务需求。消费者得到满足的层次越高，满意度就越高，与企业的关系就越密切。消费者需求服务层次的提高过程，正是企业对消费者需求的理解逐步提高的过程，也是消费者对企业关心支持程度逐步提高的过程。

2.2.4 电子商务文化产生的新企业组织

1. 电子商务文化使传统企业发生转型

今天，电子商务对传统企业的作用不言而喻，已成为传统企业的必争之地。要使电子商务成功入驻传统企业，并成为传统企业的一大法宝，必须认识电子商务对传统企业的作用，紧跟电子商务发展的潮流。

（1）电子商务在传统企业的巨大作用。电子商务给各行业（如零售业、金融服务业、企业级采购等）的发展均带来了巨大的影响，掌握这些优势并合理转型，将使传统企业走上发展的快速路。与传统商务活动相比，电子商务有多种竞争优势，包括降低交易成本、减少库存、缩短生产周期、增加商机、减少物资依赖和中间环节等。

（2）紧跟电子商务潮流。作为传统企业，必须依附于电子商务产生的新经济，才能谋求更大的发展。传统企业要想做好电子商务，必须明确方向、调整预期、规范架构、制定策略、快速执行，这样才能使紧跟电子商务潮流不再是纸上谈兵。

在传统企业进军电子商务的过程中，传统零售企业大规模进军网络零售是最突出的。根据中国连锁经营协会发布的有关报告，2018 年中国连锁企业百强的线上销售业务增长 55.5%，增幅超过全国线上商品零售增幅一倍以上。传统企业开展网络零售的方式更加多元化，它们在大力打造自建平台的同时，也通过入驻大型电子商务网站，导入流量，拓展销售渠道。

自 2013 年起，O2O 电子商务得到传统零售企业的认可并不断尝试。例如，苏宁云商集团提出了“传统实体店 + 电子商务平台 + 供应链管理 + 后台服务”的“云商”新模式。苏宁云商集团向供应商、零售从业者、全社会开放自身前台后台、线上线下资源，同时以传统实体店互联网化推动 O2O 电子商务融合零售的落地，并从实体产品向内容产品、服务产品拓展。

除了传统零售企业之外，传统的生产制造企业、贸易服务类企业也纷纷和电子商务结合，大宗商品、批量定制、个性化定制等的交易额在电子商务总交易额中占有很大的比例。

2. 新的平台企业组织模式

随着电子商务的不断发展，有一种新型的企业在电子商务发展过程中扮演着越来越重要的角色，这就是平台型电子商务企业。

（1）什么是平台型电子商务企业。平台型电子商务企业是指以聚集外部品牌产品进行经营、以品牌多样化来吸引消费者，而不提供自身品牌产品的电子商务企业。这种企业可以聚集单一品类或多种品类产品线。在我国这样的企业很多，如天猫、京东、当当网、1 号店、聚美优品等。在众多平台型电子商务企业中，许多是从垂直型平台电子商务企业拓展品类逐步发展而来的。例如，京东就是从最初聚焦于计算机、通信和消费电子产品领域发展到今天具有广泛品类。

与平台型电子商务企业相对应的，即品牌型电子商务企业。品牌型电子商务企业的特点是经营自己的品牌产品，以自己品牌为产品形象进行宣传，吸引消费者成为自身品牌商品的忠实用户，这类企业如凡客诚品等。这两种电子商务企业并不是严格区分的，因为现实中企业会根据市场变化和企业战略目标不断调整商业模式，也可能是这两种模式的混合。

（2）怎样成就一个平台型电子商务企业。从功能上说，平台型电子商务企业要着眼于市场，精耕细作，并注重各个业务板块之间的业务协同。不同市场的供需特点、行业规律会有所不同，但所有市场的核心功能都是促成交易。平台型电子商务企业要在促成交易的基础上配套各种服务，如信息解决方案、金融解决方案、供应链的解决方案，更好地促成订单，保障交易的顺利进行。平台型电子商务企业在提供服务的过程中，应该正确定位并形成交易的核心服务及辅助的外围服务，同时需要正确选择服务的提供商。例如，供应链金融服务是促进订单达成的一个重要配套服务，但提供这个服务的实体应该是主交易商、主制造商、主物流商，因为他们是控制和掌握交易关键信息和环节的实体，能够快速、有效地提供有针对性的服务和进行风险控制。

从品牌上说，传统企业的品牌打造通常分三步：第一步，打造区域市场品牌；第二步，拓展国内市场品牌；第三步，面向国际打造市场品牌。但电子商务具有跨时空的特性，这就要求电子商务企业定位要高，视野要广。对于区域性的平台型电子商务企业而言，它的目标是不仅要成为该区域的知名企业，还要以国际化的视野、国际化的标准来运营企业和平台。同时，除了打造自身品牌之外，各个市场子品牌也应该有各具特色的战略定位。

从服务上说，平台型电子商务企业需要通过引进和借鉴国外先进经验，探索高端服务业的发展之路。尽快国际化是当前我国许多大型电子商务企业快速发展的路径。围绕着这个发展路径，平台型电子商务企业除了要在打造国际品牌方向上努力，还要从促成交易、加强创新及专业化服务等方面重点推进。

从创新上说，电子商务若要成功，就必须创新，这是电子商务区别于传统行业的一大特点。除了商业模式和关键技术的创新外，更需要关注商务要素的集成创新。要将平台型电子商务所涉及的所有商业要素，如商品、信息、质量、信用、金融、安全等结合起来，给消费者提供更好的体验，形成巨大的吸引力。

小结

电子商务是时代发展的产物，电子商务文化是时代孕育的文化。在这个日新月异的时代，商品的概念突破了人们传统的理解，商品文化更注重对消费者的关怀。计算机技术的发展推动着电子商务的发展，使电子商务具有了被广泛认可的技术价值，反过来电子商务又为计算机技术的发展提供了新的动力。电子社区如雨后春笋般蓬勃发展，形成了独有的电子社区文化。

本章首先从电子商务环境下的商品文化、技术文化以及社区文化这三个方面展开，对电子商务文化的现状进行了探讨。电子商务文化是进步的文化，充满着人文关怀；电子商务文化是创新的文化，凸显了技术的价值；电子商务文化是先进的文化，承载着人类文明。

电子商务文化对社会的影响是多层面的，电子商务从无到有，从未经审视的新生事物到社会，尤其是社会经济的重要组成部分，电子商务文化对社会的影响可以说不容小觑。因此，本章从电子商务对社会的影响出发，着重讨论了电子商务环境下所产生的经济新学科——电子商务经济学，以及新消费观、新营销以及新企业组织等的重要影响，这些影响对于社会经济来说不可谓不深远。由于篇幅所限，本章只介绍了几个显著、有明确经济意义的变化，有兴趣的读者可以参考相关文献，对电子商务文化所带来的影响进行更全面的了解。

思考与讨论

1. 试阐述什么是电子商务文化，并从几个不同的角度简单讲述电子商务文化所包含的内容。
2. 电子商务文化下，商品构成产生了哪些新的变化？你是如何看待这些变化的？
3. 应用于电子商务的计算机技术有哪些特点？有哪些发展趋势？试举例说明。
4. 电子商务环境下，人与人的关联有怎样的新模式？试分析为什么这些关联模式会随着电子商务的产生而产生。
5. 经济是一个多面体，试举例分析电子商务文化给经济带来的不同方面的影响。
6. 电子商务文化的诞生改变了商家 – 消费者的关系，产生了新的消费观。你是如何看待“新消费观”的？
7. 电子商务文化使得传统企业或多或少地转型，如果你是一个传统企业的经营者，希望将自己的企业与电子商务紧密相连，如何在借助第三方电子商务平台与借助自建电子商务平台之中选择？要考虑哪些关键的因素？

第2篇

第3章
电子商务支撑技术

本章将介绍主要的电子商务支撑技术。通过本章的学习，可以全面了解电子商务支撑技术，包括电子商务基础技术、计算机通信技术、电子商务信息处理技术和电子商务信息存储技术。

通过对建设电子商务系统所涉及的计算机语言、通信协议、信息处理和存储技术的学习，使读者对电子商务支撑技术有一个全面、系统的了解，为电子商务系统的设计、建设和应用打下坚实的基础。

3.1 电子商务基础技术

3.1.1 Web 技术

目前，广泛使用的是 Web 2.0。Web 2.0 技术的结构如图 3.1 所示。在这个结构中，Web 客户是指安装了浏览器的客户端，Web 服务器是用以存放多媒体数据资源和执行 WWW 服务的主机。中间件用来连接 Web 服务器和数据库服务器，常用的中间件有通用网关接口（common gateway interface，CGI）、Java 数据库连接（Java database connectivity，JDBC）、网络应用程序接口（Web API）等。

图 3.1 Web 2.0 技术的结构

Web 通信的基本原理是：由浏览器向 Web 服务器发出 HTTP（hypertext transfer protocol，超文本传送协议）请求，Web 服务器接到请求后进行相应的处理，将处理结果以 HTML 文件的形式返回给浏览器，Web 客户浏览器对其进行解释并显示给用户。Web 服务器要与数据库服务器进行交互，必须通过中间件来实现。

浏览器是客户端计算机上的应用软件，就像一个字处理程序（如 Word）一样。用户在屏幕上看到的网页是浏览器对 HTML 文档的翻译。由于浏览器使用图形用户界面（graphical user interface，GUI），用户在使用计算机时不必用键盘输入各种操作命令，用鼠标选择相应的图标就可以进行操作，从而方便了用户。

浏览器工作时首先使用 HTTP 向 Web 服务器发送请求以访问指定的文档或服务；相应地，Web 服务器会发回请求的响应文档，浏览器阅读解释其中所有的标记代码并以正确的格式显示。浏览器一般具有 URL 定位、超链接、离线浏览、查找、存储和打印等功能。

3.1.2 HTML 技术

HTML（hypertext markup language，超文本标记语言）是一种用来制作超文本文档的简单标记语言。用 HTML 编写的超文本文档称为 HTML 文档，它独立于各种操作系统平台（如 UNIX、Windows 等）。自 1990 年以来，HTML 就一直被用作因特网上的信息表示语言，用于描述页面的格式设计及其与 WWW 上其他页面的连接信息。

HTML 文档（即页面的 HTML 源文件）是一个放置了标记的 ASCII 码文本文件，通常它的文件扩展名为 .html 或 .htm。生成 HTML 文档的途径有以下三种。

① 手工直接编写（例如，用 ASCII 码文本编辑器或其他 HTML 编辑工具）。

② 通过某些格式转换工具将现有的其他格式文档（如 Word 文档）转换成 HTML 文档。

③ 由 Web 服务器一方实时动态地生成。

HTML 利用各种标记来标识文档结构以及超链接信息。虽然 HTML 描述了文档的结构格式，但并不能精确地定义文档信息的显示和排列方式，而只是建议 Web 浏览器（如 IE、Firefox 等）显示和排列这些信息的方式，最终的显示结果取决于浏览器本身的显示风格及其对标记的解释能力。这就是为什么同一文档在不同的浏览器中显示的效果可能会不一样。

1. HTML5

HTML5 是用于取代 1999 年制定的 HTML4.0 和 XHTML1.0 标准的 HTML 标准版本。

2008 年 1 月 22 日，HTML5 的第一份正式草案公布。经过多年的努力，2014 年 10 月 29 日，万维网联盟（World Wide Web Consortium，W3C）宣布 HTML5 正式定稿，称 HTML5 是开放的 Web 网络平台的奠基石。图 3.2 所示的为 HTML5 标识。

图 3.2 HTML5 标识

HTML5 赋予网页更好的意义和结构，同时 HTML5 引入了应用程序缓存（application cache）和本地存储功能（local storage），使基于 HTML5 开发的网页应用程序有更短的启动时间。HTML5 的 Canvas 标记使用脚本来绘制图形，给浏览器带来绘制矢量图的功能，这意味着用户可以脱离 Flash 和 SilverLight，直接在浏览器中显示图形或动画。HTML5 也可以提供应用程序编程接口（application program interface，API），支持浏览器内网页元素的编辑和拖放，同时支持浏览器和其他应用程序之间的数据互相拖动。

那么与之前的版本相比，HTML5 有哪些优势呢？首先，HTML5 具有跨平台的优势。例如，开发者开放了一款 HTML5 游戏，可以将其很轻松地移植到不同的平台上，甚至可以通过封装技术将其发放到苹果应用商店（APP Store）或谷歌市场（Google Play）上。由于 HTML5 的跨平台性能非常强大，也使得 HTML5 风靡于移动应用开发界。其次，HTML5 是一种自适应网页设计。简单地说，就是让同一个网页自动适应不同大小的屏幕，即自动识别屏幕宽度并做出相应的调整。这就解决了一直困扰开发者的问题——网站为不同的设备提供不同的网页。最后，HTML5 可以给网站带来更多的多媒体元素。许多业内人员表示，HTML5 将会取代 Flash 和 SilverLight。对于需要安装 Flash 的网站，HTML5 无疑是一个福音。搜索引擎（蜘蛛）（Spider）可以抓取嵌入动画的内容，从而使网站获得更多的流量。

现在这个移动互联网时代，移动应用层出不穷，智能手机和平板电脑的不断更新，使得移动应用开放已成为一大趋势。HTML5 在移动应用开发上体现的巨大优势，使其将成为未来一段时间内移动互联网的主宰者。

2. CSS3

层叠样式表（cascading style sheet，CSS）用于控制页面的布局、颜色、背景及其他效果，是由 W3C 的 CSS 工作组（CSS Working Group）组织和维护的。CSS3 是最新的 CSS 标准，虽然目前很多细节还在讨论之中，但它还是蓬勃地发展着。在 HTML5 成为人们关注的焦点的同时，CSS3 也开始逐渐普及开来。图 3.3 所示的为 CSS3 标识。

CSS3 的大部分规范都重复了 CSS2.1 的内容，但也在它的基础上进行了很多增补和修订。CSS3 包含了许多新的特性，可以用来创建圆角、阴影、半透明背景、渐变以及图片边框等效果。同时，CSS3 中还有一类视觉效果，使人们可以在二维或者三维空间中操作，调整容器的位置和形状，如旋转、缩放或者移动。CSS3 在字体模块中引入了一个存放于服务器中的字体文件，使网页可以显示这个文件的字体。CSS3 还新增了 10 多个选择器，大部分是伪类和属性选择器。开发者可以用它们选取 HTML 结构中的特定片段而无须增加特定的 ID 或类，从而精简代码并使之不易出错。

图 3.3　CSS3 标识

CSS3 给用户提供了更好的用户体验，也为开发者带了极大的便捷。HMTL5 和 CSS3 技术的使用，使 Web 前端开发有了新的突破。

3.1.3　XML 技术

1. XML 的概念和特点

可扩展标记语言（extensible markup language，XML）不是 HTML 的简单扩展。XML 结合了标准通用标记语言（standard generalized markup language，SGML）和 HTML 的优点。XML 比 SGML 简单，但能实现 SGML 的大部分功能。1998 年 2 月，W3C 发布了 XML 1.0 的正式版本。最近几年来，由于网络应用的飞速发展，XML 的发展非常迅猛，出现了文档对象模型（document object model，DOM）、扩展样式表转换语言（extensible stylesheet language transformation，XSLT）等新术语，XML 应用软件也有了飞速的发展，Microsoft、IBM、BREEZE 等公司纷纷推出了自己的解析器或开发平台。

XML 是一种元标记语言。所谓“元标记”，就是开发者可以根据自己的需要定义自己的标记。例如，开发者可以自定义标记 <book>、<name>，对于任何满足 XML 命名规则的名称都可以标记，这就为不同的应用程序打开了大门。而 HTML 是一种预定义标记语言，只能定义诸如 <html>、<p> 等已经定义的标记，对于用户自定义的标记是不能识别的。其次，XML 是一种语义 / 结构化语言，它描述了文档的结构和语义。可以看出，XML 文档有明确语义并且是结构化的。XML 是一种通用的数据格式。从低级的角度看，XML 是一种简单的数据格式，是 ASCII 码文本，而 ASCII 码文本的抗破坏能力是很强的。不像压缩数据和 Java 对象，只要破坏一个数据，文件数据就不可阅读。从高级的角度看，XML 是一种自描述语言。XML 可以用于数据交换，这是因为 XML 表示的信息独立于平台，这里的平台既可以理解为不同的应用程序，也可以理解为不同的操作系统；它描述了一种规范，利用 Microsoft 公司的 Word 文档可以和 Adobe 公司的 Acrobat 交换信息，也可以和数据库交换信息。

对于复杂的大型文档，XML 是一种理想语言，它不仅允许指定文档中的词汇，还允许指定元素之间的关系。例如，可以规定一个 author 元素必须有一个 name 子元素。

2. XML 的相关技术

（1）DTD 和 XML Schema。XML 文档由 DTD 和 XML 文本组成。所谓 DTD（document type definition，文档类型定义），简单地说就是一组语法规则，表明 XML 文本是如何组织的。例如，DTD 可以表示一个 <book> 必须有一个子标记 <author>、可以有或者没有子标记 <pages> 等。当然一个简单的 XML 文本也可以没有 DTD。尽管 DTD 给 XML 文本标记的使用加了限制，但是要自动处理 XML 文本却还需要更加严格、更加全面的工具。例如，DTD 不能保证一个标记的某个属性的值一定不为负值，于是出现了可扩展标记语言架构（XML Schema），由于 XML Schema（不同于 DTD）本身也是一个正规的 XML 文档，因此开发者可以使用相同的工具处理它与其他 XML 的信息交换。

（2）XSL 和 CSS。XML 文档只描述数据，与数据相关的显示则由其他处理程序完成，即具有内容和显示分离的特点，这样同一个内容可以有不同显示。而 XML 文档内容的显示是通过 XSL（XML style language）和 CSS 实现的。其中，CSS 用于控制 XML 文档的显示，但不会改变源文档的结构。而 XSL 不仅用来显示 XML 文档，还可以把一个 XML 文档转化为另一个文档。

（3）DOM 和 XSLT。DOM 把 XML 文档的内容实现为一个对象模型，简单地说，就是它规定了应用程序如何访问 XML 文档，是 W3C 推荐的处理 XML 文档的标准编程接口，目前已经推行至第三代。XSLT 是一种用来进行 XML 文档之间相互转化的语言。不同的开发者对于各自的应用会使用不同的 XML 文档，利用 XSLT 可以从一个已经定义的 XML 文档中抽取所需要的数据，组成不同的形式，可以是 XML、HTML 和各种不同的脚本。

（4）XML 框架。所谓框架（framework），是一种高层次的结构控制。利用 XML 框架可以把商业逻辑分离出来，实现数据与计算的分离。目前著名的框架有 Microsoft 公司的 BizTalk 以及联合国贸易促进和电子商务中心（UN/CEFACT）和结构化信息标准发展组织（OASIS）联合倡导、全球参与开发和使用的 ebXML 规范。

3.1.4　客户端脚本语言及交互技术

脚本语言的概念源于 UNIX，应用于 Web 页面设计的脚本语言主要有 JavaScript、VBScript 等。交互技术主要有 AJAX、JSON、jQuery 等。脚本语言及交互技术的使用提高了客户端的交互性能。

1. JavaScript

JavaScript 是一种直译式脚本语言，代码不需要进行预编译。JavaScript 与 Java 的语法类似，因为 JavaScript 是受到 Java 的启发而开始设计的，目的之一就是“看上去像 Java”。它的解释器是 JavaScript 引擎，是浏览器的一部分。JavaScript 是一个广泛应用于客户端的脚本语言，最早在 HTML 网页上使用，用于给网页添加动态效果。JavaScript 由 ECMAScript、文档对象模型（DOM）及浏览器对象模型（browser object model，BOM）组成，其中 EMCAScript 描述了该语言的语法和基本对象，DOM 描述了处理网页内容的方法和接口，BOM 描述了与浏览器进行交互的方法和接口。

JavaScript 这种客户端脚本语言不同于服务器端脚本语言，它主要作为客户端脚本语言在用户浏览器上运行，不需要服务器的支持。由于 JavaScript 存在着一定的安全问题，现在开发者更倾向于使用服务端脚本语言。

2. AJAX

AJAX（asynchronous JavaScript and XML），即异步的 JavaScript 和 XML，是一种用于创建快速动态网页的技术。通过与服务器进行少量的数据交互，可以实现网页的异步更新。AJAX 的核心是 JavaScript 对象 XMLHTTPRequest，这是一种支持异步请求的技术。

AJAX 不是一种新的编程语言，而是多种技术组合在一起使用，以创建更好、更快且交互性更强的 Web 应用程序。AJAX 的工作原理如图 3.4 所示。AJAX 相当于在客户和服务器之间加了一个中间层，使客户操作与服务器响应异步化。使用 JavaScript 创建 XMLHTTPRequest 对象，向服务器提出请求。服务器端返回请求的 XML 文档，最终用 HTML 和 CSS 标准化显示出来。由于 AJAX 可以使网页实现异步更新，即在不重新加载整个网页的情况下，对网页的部分内容进行更新，所以可以使 Web 应用程序更小、更快、更友好。

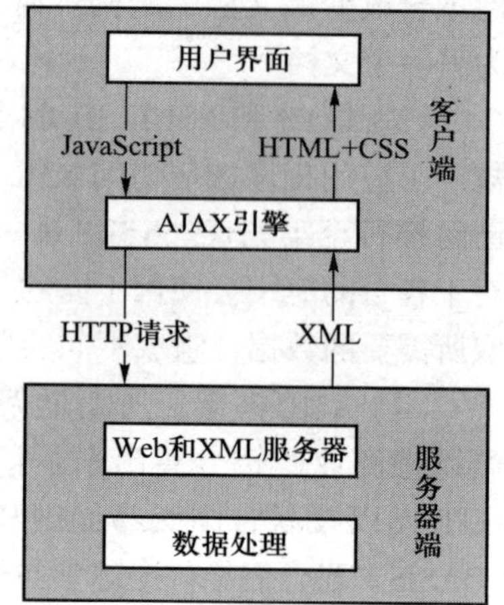

图 3.4　AJAX 的工作原理

3. JSON

JSON（JavaScript object notation）是一种轻量级的数据交换格式。它是基于 JavaScript 的一个子集。JSON 采用完全独立于语言的文本格式。简单地说，JSON 就是 JavaScript 中的对象和数组。JSON 可以将 JavaScript 对象表示的一组数据转换为字符串，然后在函数中传递这个字符串。JSON 易于用户阅读和编写，同时也易于机器解析和生成，而且可以在不同平台之间进行数据传递。

与 XML 相比，JSON 有很多优势。JSON 与 XML 的可读性可谓不相上下，JSON 具有简单的语法，而 XML 则是规范的标签形式。在可扩展性上，XML 拥有很好的可扩展性，JSON 不仅有良好的可扩展性，还可以存储 JavaScript 复合对象。XML 有丰富的编码工具，JSON 也有 json.org 提供的编码工具，由于 JSON 数据格式简单，即使不借助编码工具，也很容易写出 JSON 代码，但要写出 XML 文档就不是一件容易的事情了。

3.1.5　服务器端网页技术

1. Java

Java 语言诞生于 1991 年，起初被称为 Oak 语言，是 Sun 公司为一些消费电子产品而设计的一个通用环境。最初的目的只是为了开发一种独立于平台的软件技术，而且在网络出现之前，Oak 语言可以说是默默无闻，但是网络的出现改变了 Oak 语言的命运。

在 Java 出现以前，互联网上的信息内容都是一些 HTML 文档。用户希望能在互联网上看到一些交互式的内容，开发人员也希望能够在互联网上创建一类无须考虑软硬件平台就可以执行的应用程序，当然这些应用程序还要有足够的安全保障。对于这种要求，传统的编程语言显得无能为力，而 Sun 公司的开发人员敏锐地察觉到了这一点，从 1994 年起，他们开始将 Oak 技术应用于 Web 上，并且开发出了 Java 的第一个版本。

Java 是一种简单的、面向对象的、分布式的、解释的、健壮的、安全的、结构中立的、可移植的、多线程的语言。Java 的开发环境有不同的版本，如 Sun 公司的 Java Developers Kit，简称 JDK。后来微软公司推出了支持 Java 规范的 Microsoft Visual J++ 开发环境，简称 VJ++。Java 具有如下特点。

（1）平台无关性。平台无关性是指 Java 能运行在不同的平台上。Java 引进虚拟机原理，Java 虚拟机（Java virtual machine）是建立在硬件和操作系统之上，实现 Java 二进制代码的解释执行功能，提供不同平台的接口的。

（2）安全性。Java 编程类似 C++，学习过 C++ 的开发者能够很快掌握 Java 的精髓。Java 舍弃了 C++ 的指针对存储器地址的直接操作，程序运行时内存由操作系统分配，这样可以避免病毒通过指针侵入系统。Java 为程序提供了安全管理器，防止程序的非法访问。

（3）面向对象。Java 吸收了 C++ 面向对象的概念，将数据封装于类中，利用类的优点实现了程序的简洁性和便于维护性。类的封装性、继承性等有关特性，使程序代码只需一次编译，就可以反复利用。开发者只需把主要精力放在类与接口的设计和应用上。Java 提供了众多的一般对象类，它们通过继承即可使用父类的方法。在 Java 中，类的继承关系是单一的、非多重的，一个子类只有一个父类，子类的父类又只有一个父类。Java 提供的 Object 类及其子类的继承关系如同一棵倒立的树，根类为 Object 类，Object 类功能强大，经常会用到它及其派生的子类。

（4）分布式。Java 建立在扩展 TCP/IP 网络平台上。库函数提供了用 HTTP 和 FTP 传送和接收信息的方法。这使得开发者使用网络上的文件和使用本机文件一样方便。

（5）健壮性。Java 致力于检查程序在编译和运行时的错误。类型检查有助于检查出许多开发早期出现的错误。Java 自己操纵内存减少了内存出错的可能性。Java 还实现了真数组，避免了覆盖数据的可能。这些功能大大缩短了开发 Java 应用程序的周期。

Java 提供了一个功能强大语言所具有的所有功能。虽然 C++ 安全性不好，但 C 和 C++ 已被人们接受，所以 Java 被设计成 C++ 形式，让人们很容易学习。Java 去掉了 C++ 语言的许多功能，使其语言功能很精练，同时增加了一些很有用的功能，如自动收集碎片。Java 去掉了指针运算、结构、Typedefs、#define、释放内存等 C 和 C++ 功能，减少了 50% 的错误。Java 很小，整个解释器只需 215 KB 的内存。Java 处理数据的方式与用对象接口处理对象数据的方式一样。

电子商务发展迅速，然而传统的编程语言难以胜任电子商务系统的开发。电子商务系统具有基本的要求：安全、可靠，同时能与运行于不同平台的全世界客户开展业务。Java 以其强安全性、平台无关性、硬件结构无关性、语言简洁及面向对象特性，在网络编程语言中占据无可比拟的优势，成为实现电子商务系统开发的首选语言。

2. .NET 技术

（1）什么是 .NET 技术。微软公司首席执行官鲍尔默说："Microsoft.NET 代表了一个集合、一个环境、一个可以作为平台支持下一代因特网的可编程结构。"这句话简明扼要地表述了 .NET 的外在特性。

.NET 首先是一个环境。这是一个理想化的未来互联网环境，微软公司的构想是一个"不再关注单个网站、单个设备与因特网相连的互联网环境，而是要让所有的计算机群、相关设备和服务商协同工作"的网络计算环境。简言之，因特网提供的服务，要能够完成更高程度的自动化处理。未来的因特网应该以一个整体服务的形式展现在最终用户面前，用户只需要知道自己想要什么即可，而不需要通过一步步地在网上搜索、操作来达到自己的目的。虽然目前这还只是一种理想，但的确是因特网的发展趋势。

.NET 谋求的是一种理想的互联网环境，而要搭建这样一种环境，首先需要解决的问题是针对现有因特网的缺陷，来设计和创造一种下一代因特网结构。这种结构不是物理网络层次上的拓扑结构，而是面向软件和应用层次的一种有别于浏览器静态浏览的可编程软件结构。因此，可以将 .NET 作为平台支持下一代因特网的可编程软件结构。

.NET 的最终目的就是让用户在任何地方、任何时间，以及利用任何设备都能访问他们所需要的信息、文件和程序，尽管用户不需要知道这些东西存在什么地方，甚至连如何获得等细节都不用知道。他们只需发出请求即可，而所有后台的复杂性是完全屏蔽起来的。因此对于企业的信息技术人员来说，他们也不需要管理复杂的平台以及知道各种分布应用之间的工作是如何协调的。

Windows.NET 是融入 .NET 技术的 Windows，它紧密地整合了 .NET 的一系列核心构造模块，为数字媒体及应用之间的协同工作提供支持，是微软公司的下一代 Windows 桌面平台。

Visual Studio.NET 是基于 XML 的编程工具和环境，它便于快速开发符合 .NET 体系的软件服务，使其在独立设备、企业数据中心和因特网之间的传送更加容易。

（2）.NET 框架。.NET 框架（.NET framework）的目的是便于开发商更容易地建立网络应用程序和 Web 服务，它的关键特色是提供了一个多语言组件开发和执行的环境。从层次结构来看，.NET 框架又包括三个主要组成部分：公共语言运行库（common language runtime，CLR）、服务框架（services framework）、上层的两类应用模板——面向 Web 的网络应用程序模板（ASP.NET）和 Windows 应用程序模板（Windows forms）。如图 3.5 所示。

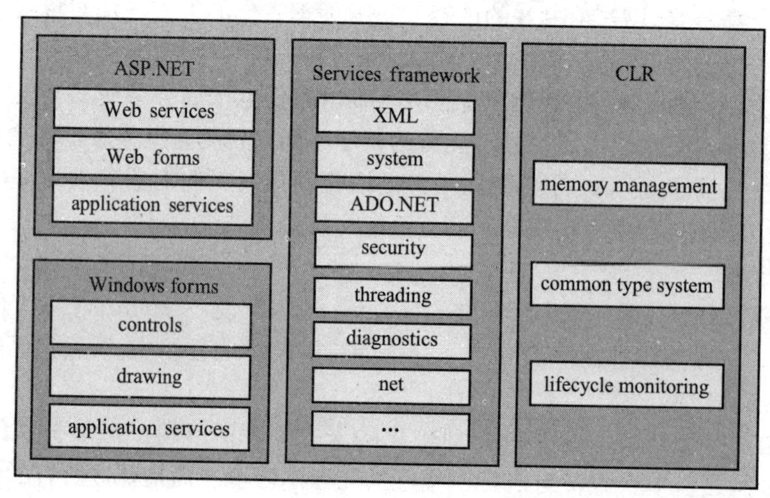

图 3.5　.NET 框架

其中，公共语言运行库在组件运行时，负责管理内存分配、启动和中止线程及进程、强化安全系数，同时还调整任何该组件涉及的其他组件的附件配置。在公共语言运行库上是服务框架，它为开发人员提供了一套能够被任何现代编程语言调用的、统一的面向对象、异步、层次结构的可扩展类库，包括集合、输入输出、字符串、图画、网络、线程、全球化、安全加密、数据库访问、调试相关服务等类库。在服务框架之上是两类应用模板，一类是基于 ASP+ 的 Web 网络应用程序模板，另一类是传统的 Windows 应用程序模板。其中 ASP+ 以一组控件和体系结构的方式提供了一个 Web 应用程序模板，由 .NET 框架提供的类库构建而成，通过它可以简化 Web 应用的实现过程。

.NET 框架可以缩短开发周期（代码重新使用，减少编程难度，支持多种编程语言），也可以更容易地配置（简单的 XCOPY 安装成为可能），而且真正的垃圾收集器的出现使得错误减少。

（3）.NET 企业服务器。在微软公司宣称的“第三代互联网”中，.NET 企业服务器是企业集成和管理所有基于 Web 的各种应用的基础，它为企业提供未来开展电子商务的高可靠性、高性能、高伸缩性以及高可管理性。.NET 企业服务器的构成异常庞大而复杂，主要有以下几种服务器。

- BizTalk Server 用于企业间交换商务信息。
- Commerce Server 用于快速创建在线电子商务。
- Exchange 提供基于 Windows 的通信和协作功能。
- Host Integration Server 为主机系统的组件集成提供方便。
- SQL Server 则提供完全的数据库和数据分析解决方案。

其中，目前被关注最多的是 BizTalk Server，它提供了企业间进行电子商务所需的自动化集成业务处理工具和架构。BizTalk Server 利用 XML 作为企业内部及企业间文档传输的数据格式，可以屏蔽平台、操作系统的差异，使商业系统的集成成为可能。它的主要功能有企业间可靠的文档交换，ERP 应用集成，商业流程自动化定制、管理和监控等。

（4）模块构建服务。模块构建服务（building block services）是 .NET 平台中的核心网络服务集合，它主要有以下几个组成部分：因特网 XML 通信，使 Web 站点变成灵活的服务来交换和处理数据；因特网 XML 数据空间，在 Web 上提供安全的和可编程的 XML 存储空间；因特网动态更新，为快速开发和动态配置应用提供服务；因特网日程安排，集成工作、社会和私人的日历；因特网身份认证，提供从口令、钱包到生理数据等多级身份认证手段，还有因特网目录服务和因特网即时信息传递等服务。

3. PHP

PHP 是一种通用开源脚本语言，其语法吸收了 C、Java 和 Perl 的特点，具有易于学习的优点，主要用于 Web 开发领域。PHP 可以比公共网关接口（CGI）或者 Perl 更快速地执行动态网页。与其他网络编程语言相比，在制作动态网页时，PHP 是将程序嵌入文档去执行，执行效率比完全生成 HTML 标记的 CGI 要高许多。PHP 还可以执行编译后代码，编译可以达到加密的作用并优化代码运行，使代码运行得更快。

1995 年，Rasmus Lerdorf 为了创造“个人主页工具”（personal home page tools，PHP tools），写了一些介绍此程序的文档，并且发布了 PHP 1.0。在这个版本中，PHP 提供了访客留言本、访客计数器等简单的功能。后来越来越多的人注意到这种语言，并对其扩展提出了各种建议。例如，要求增加一些特性，如循环语句和数组变量等。许多人的无私奉献以及这种语言本身的源代码自由性，使 PHP 演变成一种特点丰富的语言，而且还在不断地发展和完善。目前已有 2 000 多万个网站使用 PHP。

3.2　计算机通信技术

3.2.1　TCP/IP

下面简要介绍 TCP/IP 的内部结构，以为讨论与因特网相关的安全问题打下基础。TCP/IP 协议栈之所以流行，部分原因是因为它可以在各种各样的信道和底层协议之上运行。确切地说，TCP/IP 协议栈是一组包括 TCP（transmission control protocol，传输控制协议）、IP（internet protocol，互联网协议）、UDP（user datagram protocol，用户数据报协议）、ICMP（internet control message protocol，互联网控制报文协议）和其他一些协议的协议集合。

与开放系统互联（open system interconnection，OSI）参考模型不同，TCP/IP 模型更侧重于互联设备间的数据传送，而不是严格的功能层次划分。OSI 参考模型对于解释互联网络通信机制比较适合，但 TCP/IP 模型比 OSI 参考模型更灵活，成为事实上的互联网络协议标准。图 3.6 所示的是 OSI 参考模型与 TCP/IP 模型的比较。TCP/IP 模型由四层组成，这与 OSI 参考模型由 7 层组成不相同。TCP/IP 模型的 4 个层次包括：

（1）应用层。应用层包括简单邮件传送协议（SMTP）、文件传送协议（FTP）、网络文件系统（NFS）、网络信息服务（NIS）、远程登录（telnet）。对于大多数互联网用户来说这些都是很熟悉的。

（2）传输层。传输层包括 UDP 和 TCP。UDP 几乎不对数据进行检查，而 TCP 提供传输保证。

（3）网络层。网络层由以下协议组成：互联网控制报文协议（ICMP）、IP、互联网组管理协议（IGMP）、路由信息协议（RIP）、开放最短通路优先协议（OSPF）和用于路由的外部网关协议（EGP）。

（4）网络接口层。网络接口层包括地址解析协议（ARP）和反向地址解析协议（RARP），负责分组传输。

<table>
<tr><th>OSI模型</th><th>OSI
模型层号</th><th>TCP/IP
模型</th></tr>
<tr><td>应用层</td><td>7</td><td rowspan="3">应用层</td></tr>
<tr><td>表示层</td><td>6</td></tr>
<tr><td>会话层</td><td>5</td></tr>
<tr><td>传输层</td><td>4</td><td>传输层</td></tr>
<tr><td>网络层</td><td>3</td><td>网络层</td></tr>
<tr><td>数据链接层</td><td>2</td><td rowspan="2">网络接口层</td></tr>
<tr><td>物理层</td><td>1</td></tr>
</table>

图 3.6　OSI 参考模型和 TCP/IP 模型的比较

TCP/IP 模型使跨平台，即异构的网络互联成为可能。例如，可以将以太网、光纤网、无线网等异构网络互联起来。TCP/IP 模型具有如下的特性。

- 好的破坏恢复机制。
- 能够在不中断现有服务的情况下加入网络。
- 高效的错误校正机制。
- 平台无关性。
- 低数据开销。

因为 TCP/IP 模型最初的设计目的与国防有关，所以以上特性实际上是 TCP/IP 模型的设计要求。它们分别基于如下考虑。“好的破坏恢复机制”：当网络被侵入或被攻击而遭到破坏时，它的剩余部分仍能正常工作；“能够在不中断现有服务的情况下加入网络”的能力也是基于同样的道理；“高效的错误率校正机制”：如果报文信息通过某个路由时丢失，应该有一种机制使其能够通过另一个路由到达目的地；“平台无关性”：网络和客户端可以是 Windows、UNIX、Macintosh 或任何其他平台，或上面所述平台的组合，不依赖于特定的硬件或软件平台。“低数据开销”：IP 分组的间接开销很低，这样在成本上非常有竞争力。

3.2.2　HTTP

HTTP 是一个属于应用层的面向对象的协议，适用于分布式超媒体信息系统。它于 1990 年提出，经过使用与发展，得到不断的完善和扩展。目前在 WWW 中使用的是 HTTP/1.1，XHTML 和 HTML5 也逐渐开始被使用。

HTTP 的主要特点如下。

（1）支持客户 – 服务器模式。

（2）简单、快速。客户向服务器请求服务时，只需传送请求方法和路径。请求方法常用的有 GET、HEAD、POST。每种方法规定了客户与服务器联系的类型。由于 HTTP 简单，使得 HTTP 服务器的程序规模很小，因而通信速度很快。

（3）灵活。HTTP 允许传输任意类型的数据对象。正在传输的数据对象类型由 Content-Type 加以标记。

（4）无连接。无连接的含义是限制每次连接只处理一个请求。服务器处理完客户的请求，并收到客户的应答后，即断开连接。采用这种方式可以节省传输时间。

（5）无状态。HTTP 是无状态协议。无状态是指协议对于事务处理没有记忆能力。缺少状态意味着如果后续处理需要前面的信息，则它必须重传，这样可能导致每次连接传送的数据量增大。但如果服务器不需要先前信息，则它的应答就较快。

关于 HTTP，需要了解以下几个重要概念。

（1）消息。HTTP 通信的基本单位，包括一个结构化的八元组序列并通过连接传输。

（2）请求。一个从客户到服务器的请求信息，包括应用资源的方法、资源的标识符和协议的版本号。

（3）响应。一个从服务器返回的信息，包括 HTTP 的版本号、请求的状态（如"成功"或"没找到"）和文档的 MIME 类型。

（4）资源。由 URL 标识的网络数据对象或服务。

（5）实体。是数据资源或来自服务资源回应的一种特殊表示方法，它可能被包围在一个请求或响应信息中。一个实体包括实体头信息和实体的本身内容。

（6）客户。一个为发送请求目的而建立连接的应用程序。

（7）用户代理。初始化一个请求的客户，它们是浏览器、编辑器或其他用户工具。

（8）服务器。一个接收连接并根据请求返回信息的应用程序。

（9）源服务器。是一个给定资源可以在其上驻留或创建的服务器。

（10）代理。一个中间程序，它可以充当一个服务器，也可以充当一个客户，为其他客户建立请求。

（11）网关。一个作为其他服务器中间媒介的服务器。与代理不同的是，网关接收请求对被请求的资源来说它好像就是源服务器；发出请求的客户并没有意识到它是在同网关打交道。网关经常作为通过防火墙的服务器端的门户，还可以作为一个协议翻译器以便存取那些存储在非 HTTP 系统中的资源。

（12）通道。是作为两个连接中继的中介程序。

（13）缓存。反应信息的局域存储。

HTTP 是基于请求 / 响应范式的。一个客户与服务器建立连接后，发送一个请求给服务器，请求方式的格式为：统一资源标识符（uniform resource identifier，URI），协议版本号，MIME 信息（包括请求修饰符、客户信息和可能的内容）。服务器接到请求后，给予相应的响应信息，其格式为：一个状态行（包括信息的协议版本号、一个成功或错误的代码），MIME 信息（包括服务器信息、实体信息和可能的内容）。许多 HTTP 通信是由一个用户代理初始化的并且包括一个申请源服务器上资源的请求。最简单的情况是在用户代理和源服务器之间通过一个单独的连接来完成。

3.2.3　WAP

WAP（wireless application protocol）的提出和发展是基于在移动中接入互联网的需求。1997 年 6 月，PHONE.COM 与诺基亚（Nokia）公司、爱立信（Ericsson）公司、摩托罗拉（Motorola）公司合作建立了 WAP 论坛，目的就是为在移动通信中使用因特网业务制定统一的应用标准。1997 年 9 月，WAP 论坛发布了第一个 WAP 标准架构。次年 5 月，WAP 1.0 版正式推出。WAP 2.0 版也于 2001 年 8 月正式发行。

WAP 论坛成立后，受到业界的广泛关注，目前已有 200 多个公司加入成为论坛成员，包括全球最主要的电信运营公司、电信设备制造商、软件开发商和内容供应商。WAP 论坛的成员代表了全球 95% 的手机市场及数亿的手机用户。正是由于 WAP 论坛成员广泛的代表性，其制定的 WAP 规范具有不同厂商设备可以互操作的特点，所以 WAP 成为业界广泛接受和使用的无线信息网络连接方式。

WAP 提供了一套开放、统一的技术平台，用户使用移动终端可以很容易访问和获取以统一的内容格式表示的因特网或企业内部网信息和各种服务，其体系结构如图 3.7 所示。

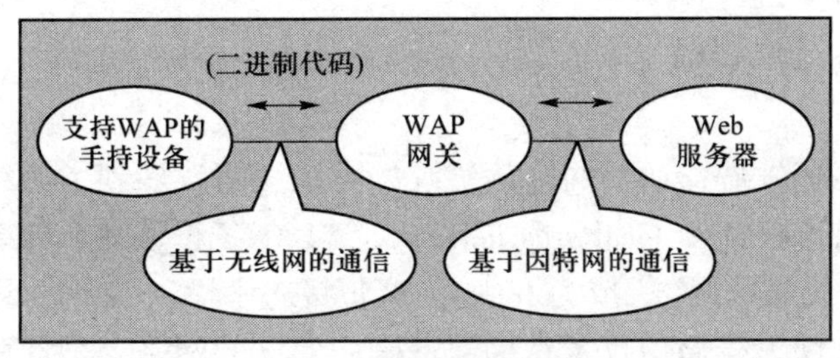

图 3.7　WAP 体系结构

WAP 标准定义了一种应用环境，让开发者能够开发独立于设备的用户界面，然后使用 WMLScript（WML 脚本）的 WAP 编程语言，把可执行的逻辑嵌入移动终端。这样，在移动终端上实际运行了一种微型浏览器，它非常像个人计算机上使用的 IE 浏览器。

WAP 应用环境是一种普遍意义上的应用开发框架，它支持在不同无线网上方便高效地开发和运行 WAP 应用服务。这个框架主要基于现有的互联网技术。

WAP 应用结构类似于因特网结构，一个典型的 WAP 应用系统定义了以下三类实体。

（1）具有 WAP 用户代理功能的移动终端（client）。典型的移动终端如 WAP 手机，它相当于因特网中的个人计算机。

（2）WAP 代理。WAP 代理包括协议网关、实现 WAP 协议栈与因特网协议栈之间的转换。

（3）源数据服务器。例如，支持 WAP 的 Web 网站，其服务器中存储有用 WMLScript

编写的 WAP 应用，这些应用可以根据 WAP 移动终端的需要而被下载，而且在不需要时可以从 WAP 移动终端中卸除。

WAP 协议栈采用层次化设计，这为应用系统的开发提供了一种可伸缩和扩展的环境。每层协议栈均定义有接口，可以被上一层协议使用，亦可被其他服务或应用程序直接应用。在设计中，WAP 充分借鉴了因特网协议栈思想，并加以修改和简化，使之可以有效地应用于无线应用环境。

WAP 创造了一种商业机会，它使得现有的业务或新的业务可以每时每刻被用户访问，而无论用户目前在什么地方，这为达到通信的最高境界，即“在任何地方、任何时间使用任何业务”做出了重要贡献。由于 WAP 是开放统一的技术标准，并且与传输网络技术无关，因此它使得各个移动制造商可以制造出与 WAP 兼容的移动终端，参与市场竞争。电信运营商也可以在广泛的产品中进行挑选。整个通信产业也因为有统一的标准而避免了重复投资。

常见的 WAP 应用是使用具有 WAP 功能的移动终端，直接连接因特网收发电子邮件，浏览交通状况、气象信息、娱乐资讯，或者与智能网结合访问计费、修改个人数据等。

WAP 最有潜力的应用是与电子商务结合，实现移动中的电子商务。例如，随时参与证券交易，使用移动网络银行业务，在移动中实现网上购物。只需携带一部支持 WAP 的移动电话，就可以完成打电话、付款、买车票、管理个人工作等事务。

3.2.4　WLAN 与 WiFi

随着因特网的飞速发展，通信网络从传统的有线网络发展到了无线网络，作为无线网络之一的无线局域网（wireless local area network，WLAN）正逐渐从传统意义上的局域网技术发展成为“公共无线局域网”，成为 Internet 宽带接入手段。

无线局域网是利用无线通信技术在局部范围内建立的网络，是计算机网络与无线通信技术相结合的产物，它以无线多址信道作为传输媒介，提供传统局域网的功能，能够使用户真正实现随时、随地、随意的宽带网络接入。

由于无线局域网基于计算机网络与无线通信技术，在计算机网络结构中，逻辑链路控制（logic link control，LLC）层及其之上的应用层对不同的物理层的要求可以是相同的，也可以是不同的，因此，WLAN 标准主要是针对物理层和介质访问控制（media access control，MAC）层，涉及所使用的无线频率范围、空中接口通信协议等技术规范与技术标准。

1. IEEE 802.11x

1990 年 IEEE 802 标准化委员会成立 IEEE 802.11 无线局域网标准工作组。IEEE 802.11 又称为 WiFi（wireless fidelity），是在 1997 年 6 月由大量的局域网以及计算机专家审定通过的标准，该标准定义物理层和介质访问控制规范。物理层定义了数据传输的信号特征和调制，定义了两个射频传输方法和一个红外线传输方法，射频传输标准是跳频扩频和直接序列扩频，工作在 2.400 0 ~ 2.483 5 GHz 频段。跳频扩频采用 2 ~ 4 电平 GFSK 调制技术，支持 1 Mbps 的数据传输速率；直接序列扩频采用 BPSK 和 DQPSK 调制技术，支持 1 Mbps 和 2 Mbps 的数据传输速率。红外线传输工作在 850 ~ 950 nm 段，峰值功率为 2 W，支持数据传输速率为 1 Mbps 和 2 Mbps。

IEEE 802.11 是电气和电子工程师协会（IEEE）最初制定的一个无线局域网标准，主要用于解决办公室局域网和校园网中用户终端的无线接入，业务主要限于数据访问，数据传输速率最高只能达到 2 Mbps。由于它在传输速率和传输距离上都不能满足人们的需要，所以 IEEE 802.11 标准很快被后来的 IEEE 802.11b、IEEE 802.11a、IEEE 802.11g、IEEE 802.11i、IEEE 802.11e/f/h 等所取代。

2. HiperLAN

欧洲电信标准化协会（ETSI）的宽带无线电接入网络（BRAN）小组着手制定 Hiper（high performance radio）接入泛欧标准，已推出 HiperLAN1 和 HiperLAN2。HiperLAN1 推出时，由于数据传输速率较低，没有受到人们的重视。2000 年，HiperLAN2 标准制定完成，HiperLAN2 标准的最高数据传输速率为 54 Mbps。HiperLAN2 标准详细定义了无线局域网的检测功能和转换信令，用以支持许多无线网络，支持动态频率选择、无线信元转换、链路自适应、多束天线和功率控制等。该标准在无线局域网性能、安全性、服务质量（quality of service，QoS）等方面也给出了一些定义。

HiperLAN1 对应 IEEE 802.11b，HiperLAN2 与 IEEE 802.11a 具有相同的物理层，它们可以采用相同的部件，并且 HiperLAN2 强调与 3G 标准整合。HiperLAN2 也是目前较完善的无线局域网协议。目前支持 HiperLAN2 的厂商主要集中在欧洲地区。

3. HomeRF

HomeRF 工作组是由美国家用射频委员会于 1997 年成立的，其主要工作任务是为家庭用户建立具有互操作性的语音和数据通信网，2001 年 8 月推出 HomeRF 2.0 版，集成了语音和数据传送技术，工作频段为 2.4 GHz，数据传输速率达 100 Mbps，在无线局域网的安全性方面主要考虑访问控制和加密技术。

HomeRF 是对现有无线通信标准的综合和改进：当进行数据通信时，采用 IEEE 802.11 规范中的 TCP/IP；当进行语音通信时，则采用数字增强型无绳通信（digital enhanced cordless telecommunication，DECT）标准。

除了 IEEE 802 标准化委员会、欧洲电信标准化协会和美国家用射频委员会之外，无线局域网联盟（Wireless LAN Association，WLANA）在 WLAN 的技术支持和实施方面也做了大量工作。无线局域网联盟是由无线局域网厂商建立的非营利性组织，由 3Com、Aironet、Cisco、Intersil、Lucent、Nokia 以及 Symbol 等公司组成，其主要工作是验证不同厂商同类产品的兼容性，并对无线局域网产品使用进行培训等。

4. 我国无线局域网标准

我国工业和信息化部制定了无线局域网的行业配套标准，包括《公众无线局域网总体技术要求》和《公众无线局域网设备测试规范》。该标准涉及的技术标准包括 IEEE 802.11x 系列（IEEE 802.11、802.11a、IEEE 802.11b、IEEE 802.11g、IEEE 802.11h、IEEE 802.11i）和 HiperLAN2。工业和信息化部通信计量中心承担了相关标准的制定工作，并联合设备制造商和国内电信运营商进行了大量的试验工作。同时，工业和信息化部通信计量中心和深圳市中兴通讯股份有限公司等联合建成了无线局域网试验平台，对无线局域网系统设备的各项性能、兼容性和安全可靠性等方面进行全方位的测评。

2003 年 5 月，我国首批颁布了由中国宽带无线 IP 标准工作组负责起草的两项无线局域网国家标准：《信息技术系统间远程通信和信息交换局域网和城域网特定要求第 11 部分：无线局域网媒体访问控制和物理层规范》《信息技术系统间远程通信和信息交换局域网和城域网特定要求第 11 部分：无线局域网媒体访问控制和物理层规范：2.4 GHz 频段较高速物理层扩展规范》。这两项国家标准所采用的依据是 ISO/IEC 8802.11 和 ISO/IEC 8802.11b，两项国家标准的发布，规范了无线局域网产品在我国的应用。

无线局域网标准是促进无线局域网发展的根本。目前，无线局域网标准如此之多，变化如此之快，也说明了无线局域网设备制造商、运营商和广大无线局域网用户对无线局域网的关注。无线局域网具有易安装、易扩展、易管理、易维护、高移动性、保密性强、抗干扰等特点，满足了人们实现移动办公的梦想，为人们创造了一个丰富多彩的自由空间，在未来的网络建设中将起到举足轻重的作用。

3.2.5　4G 和 5G

4G 即第 4 代移动电话行动通信标准，包括 TD-LTE 和 FDD-LTE 两种制式。4G 集 3G 与无线局域网于一体，可以快速传输数据，高质量的音频、视频和图像等，能够满足几乎所有用户对无线服务的要求。此外，4G 可以部署在数字用户线（digital subscriber line，DSL）和有线电视调制解调器没有覆盖的地方。目前，国际上很多国家都已经将 4G 作为常规的移动通信手段。在我国，工业和信息化部于 2013 年 12 月 4 日向中国移动、中国电信和中国联通发布 4G 牌照，三大运营商均获得 LTE 牌照，使中国移动通信的发展步入 4G 时代。

5G 即第 5 代移动电话行动通信标准，它具有高数据传输率、低时耗、高可靠性等特点。早在 2009 年，我国的华为公司就展开了对 5G 技术的研究，并在之后的几年中展示了自己设计的 5G 原型机基站；2013 年初，欧盟宣布拨款 5 000 万欧元，旨在于 2020 年推出成熟的 5G 商业化标准；同年 5 月，韩国的三星公司宣布已成功开发出 5G 核心技术。三星公司使用 64 个天线单元的自适应阵列传输技术突破了 4G（4G TLE）的数据传输速率瓶颈。该技术可以在 28 GHz 超高频段以 1 Gbps 以上的数据传输速率传送数据，最长传送距离可达 2 km，也就是说下载一部高清晰度电影只需 10 s；2014 年 5 月，日本电信营运商 NTT DoCoMo 也宣布爱立信、诺基亚、三星等 6 个厂商联合开发 5G 技术；而后在 2015 年，美国移动运营商 Verizon Wireless 公司，以及英国等机构和国家也先后宣布已掌握 5G 技术或开始试用 5G 技术网络。中国的 5G 技术研发试验于 2016 年启动，计划为时三年，分 5G 关键技术试验、5G 技术方案验证和 5G 系统验证三个阶段实施。2019 年 6 月，工业和信息化部正式向中国移动、中国电信、中国联通和中国广电发放 5G 商用牌照，标志着我国正式步入 5G 商用网络的行列。

5G 的关键技术涉及超密集异构网络、自组织网络、内容分发网络、D2D（device to device）通信、M2M 通信、信息中心网络、移动云计算、SDN/NFV（软件定义网络 / 网络功能虚拟化）、软件定义无线网络以及情境感知技术等。5G 技术仍然存在一些需要研究和解决的问题。例如，异构网络涉及将不同系统、硬件及网络设备互联起来的技术，而 5G 技术中密集的异构网络又使其增加了难度。除此之外，如何保证网络终端在地理围栏（geo-fencing）内的移动不会影响网络连接质量也是自组织网络需要研究的问题。

3.3　地理信息技术

地理信息系统（geographic information system，GIS）和全球定位系统（global positioning system，GPS）是空间技术、传感器技术、卫星定位与导航技术同计算机技术、通信技术相结合，多学科高度集成，能够对空间信息进行采集、处理、管理、分析、表达、传播和应用的现代信息技术。

3.3.1　全球定位系统

全球定位系统（GPS）原本是美国国防部为其“星球大战计划”投资 100 多亿美元而建立的，其作用是为美军方在全球的舰船、飞机导航并指挥陆军作战。在海湾战争中，涌现了大量高科技装备，GPS 则是使用最为广泛的一种。

GPS 是一项工程浩大、耗资巨大的工程，被称为继阿波罗飞船登月、航天飞机之后的第三大空间工程。第一次海湾战争期间，全球定位系统尚未完全建成，但初步使用已显神威。随着 1993 年全球定位系统太空卫星网的建成，其应用领域不断扩大。美国 1994 年宣布在 10 年内向全世界免费提供 GPS 全球定位系统的使用权，使世界各国争相利用这一系统。1996 年 2 月，美国政府正式宣布将 GPS 开放为军民两用系统，但仍实行可用性选择（SA）政策，故意劣化定位精度，使民用用户的应用受到限制。直到 2000 年 5 月 1 日，美国总统宣布将可用性选择设置为零，这在很大程度上促进了 GPS 民用的发展和普及。

目前 GPS 的民用领域包括陆地运输、海洋运输、民用航空、通信、测绘、建筑、采矿、农业、电力系统、医疗应用、科研、家电、娱乐等。如今，GPS 的定位精度已从 10 m 级达到毫米级。

GPS 是由美国国防部发射的 24 颗卫星组成的全球定位、导航及授时系统。GPS 之所以能够定位导航，是因为每台 GPS 接收机无论在任何时刻、在地球上任何位置都可以同时接收到至少 4 颗 GPS 卫星发送的空间轨道信息。接收机通过对接收到的每颗卫星的定位信息进行计算，便可以确定该接收机的位置，从而提供高精度的三维（经度、纬度、高度）定位导航及授时信息。

从整体上说，GPS 主要由三大部分组成：空间部分、控制部分和用户部分。空间部分由空间星座构成；控制部分由地面监控中心进行管理；用户部分则包括用户设备，由军用和民用研发厂商开发、销售、服务。空间部分和控制部分目前均由美国国防部掌握。

GPS 的空间星座部分由 24 颗均匀分布在 6 个轨道平面内的卫星组成，其中有 21 颗工作卫星，3 颗备用卫星。GPS 的地面监控部分负责卫星的监控和卫星星历的计算，它包括 1 个主控站、3 个注入站和 5 个监测站。GPS 的用户设备主要由接收机硬件和处理软件组成，其中接收机硬件一般由主机、天线和电源组成。用户通过用户设备接收 GPS 卫星信号，获得必要的导航和定位信息，经信号处理而获得用户位置、速度等信息，最终实现利用 GPS 进行导航和定位的目的。GPS 示意图如图 3.8 所示。

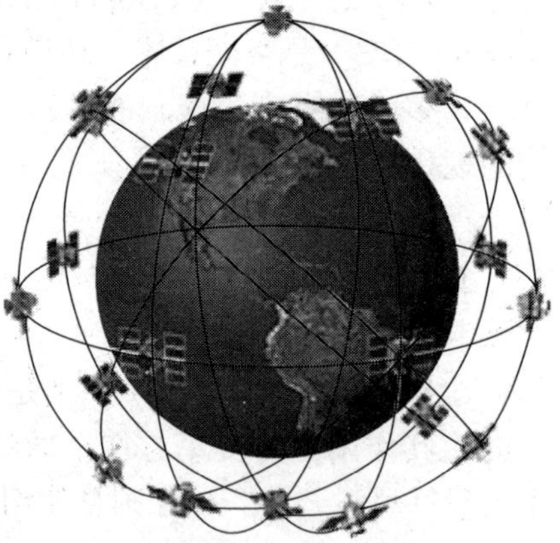

GPS 的应用产品将逐渐成为人们日常生活中不可缺少的一部分，也是各类相关产品研发的基础平台。

GPS 的实施计划共分三个阶段。

第一阶段为方案论证和初步设计阶段。从 1973 年到 1979 年，共发射了 4 颗试验卫星，研制了地面接收机及建立地面跟踪网。

第二阶段为全面研制和试验阶段。从 1979 年到 1984 年，又陆续发射了 7 颗试验卫星，研制了各种用途的接收机。实验表明，GPS 定位精度远远超过设计标准。

图 3.8　GPS 示意图

第三阶段为实用组网阶段。1989 年 2 月 4 日第一颗 GPS 工作卫星发射成功，表明 GPS 系统进入工程建设阶段。1993 年底实用的 GPS 网，即（21+3）GPS 空间星座已经建成，之后将根据计划更换失效的卫星。

GPS 的基本定位原理是：卫星不间断地发送自身的星历参数和时间信息，用户接收到这些信息后，经过计算求出接收机的三维位置、三维方向以及运动速度和时间信息。目前 GPS 提供的定位精度优于 10 m，而为得到更高的定位精度，通常采用差分 GPS 技术：将一台 GPS 接收机安置在基准站上进行观测。根据基准站已知精密坐标，计算出基准站到卫星的距离改正数，并由基准站实时将这一数据发送出去。用户接收机在进行 GPS 观测的同时，也接收到基准站发出的改正数，并对其定位结果进行改正，从而提高定位精度。差分 GPS 分为两大类：伪距差分和载波相位差分。

（1）伪距差分。这是应用得最广的一种差分。在基准站上，观测所有卫星，根据基准站已知坐标和各卫星的坐标，求出每颗卫星每一时刻到基准站的真实距离。再与测得的伪距比较，得出伪距改正数，将其传输至用户接收机，提高定位精度。这种差分 GPS，能得到米级定位精度。例如，沿海地区广泛使用的信标差分。

（2）载波相位差分。载波相位差分技术又称为 RTK（real time kinematic）技术，是实时处理两个测站载波相位观测量的差分方法，即将基准站采集的载波相位发给用户接收机，进行求差计算坐标。载波相位差分可以使定位精度达到厘米级。这种差分 GPS 大量应用于需要动态高精度位置的领域。

除了全球通用的 GPS 之外，中国正在实施一个自主发展、独立运行的全球卫星导航系统，名为北斗卫星导航系统（BeiDou Navigation Satellite System）。北斗卫星导航系统由空间段、地面段和用户段三部分组成，空间段包括 5 颗静止轨道卫星和 30 颗非静止轨道卫星，地面段包括主控站、注入站和监测站等若干个地面站，用户段包括北斗用户终端以及与其他卫星导航系统兼容的终端。该系统建设目标是：建成独立自主、开放兼容、技术先进、稳定可靠的覆盖全球的卫星导航系统，促进卫星导航产业链形成，形成完善的国家卫星导航应用产业支撑、推广和保障体系，推动卫星导航在国民经济社会各行业广泛应用。2014 年 11 月 23 日，北斗卫星导航系统正式成为全球无线导航系统的组成部分，取得了面向海事应用的国际合法地位。在不久的将来，北斗系统将大量运用于中国电子商务系统的建设与服务当中。

3.3.2 地理信息系统

为了说清楚什么是地理信息系统，先从地理信息说起。

地理信息是指与研究对象的空间地理分布有关的信息，它表示地表物体及环境固有的数量、质量、分布特征、联系和规律。从地理实体到地理数据，再到地理信息的发展，反映了人类认识的巨大飞跃。地理信息属于空间信息，其位置的识别是与数据联系在一起的，具有区域性。地理信息又具有多维结构的特征，即在同一位置上具有多个专题和属性的信息结构。例如，在一个地面点位上，可以取得高度、地应力、噪声、污染、交通等多种信息。而且，地理信息有明显的时序特征，即动态变化的特征。这就要求及时采集和更新它们，并根据多时相的数据和信息来寻找不同时间的分布规律，进而对未来做出预测或预见。

地理信息系统是一种特定而又十分重要的空间信息系统，是用于采集、存储、管理、分析和描述整个或部分地球表面（包括大气层在内）与空间和地理分布有关的数据的空间信息系统。由于地球是人们赖以生存的基础，所以地理信息系统与人类生存、发展、进步密切关联，越来越受到人们的重视。

地理信息系统是计算机和空间数据分析方法作用于许多相关学科后发展起来的一门边缘学科。这些领域包括测量学、摄影测量学、地籍和土地管理学、地形制图和专题制图、市政工程、地理、土壤科学、环境科学、城市规划、公用事业网、遥感和图像分析等。地理信息系统与这些学科和系统之间既有联系又有区别，不应将它们混为一谈。下面将地理信息系统与几个人们在理解上容易与其产生混淆的系统进行比较。

（1）地理信息系统与一般事务数据库的区别与联系。地理信息系统与一般事务数据库的主要区别在于地理信息系统处理空间数据，除了一般数据库的文本数据库外，还有图形数据库，而且要共同管理、分析和使用图形数据及属性数据，所以地理信息系统在硬件和软件方面均比一般事务数据库复杂，在功能方面也比后者强大得多。例如，电话查号台可看做一个事务数据库系统，它只能回答用户所查询的电话号码；而地理信息系统除了可以供人们查询电话号码外，还可以向人们提供所有电话用户的地理分布、空间密度、最近邮电局、公共电话等信息。当然，事务数据库也作为相关地理信息系统的一个组成部分。

（2）地理信息系统与数字地图的区别与联系。数字地图是模拟地图在计算机中的表示形式，它主要考虑地形、地物和各种专题要素在地图上的表示，并且以数字形式存储、管理且可以在绘图机上输出。而在地理信息系统中，是由数据库管理系统将图形数据和非图形数据分别存储并相互操作的。数字地图强调的是图，而地理信息系统强调的是信息及其操作。

使用地图数据库来管理数字地图，也可以有空间查询、分析和检索功能，但是它不可能像地理信息系统那样，去综合图形数据和属性数据进行深层次的空间分析，提供对规划、管理和决策有用的信息。当然，数字地图是地理信息系统的数据源，也是地理信息系统可视产品的数字表达，在地理信息系统中占有重要的位置。

我国地理信息系统方面的工作自 20 世纪 80 年代初开始。以 1980 年中国科学院遥感应用研究所成立全国第一个地理信息系统研究室为标志，在几年的起步发展阶段中，我国地理信息系统在理论探索、硬件配置、软件研制、规范制定、区域试验研究、局部系统建立、初步应用试验和技术队伍培养等方面都取得了进步，积累了经验，为在全国范围内展开地理信息系统的研究和应用奠定了基础。

我国地理信息系统进入发展阶段是从 20 世纪 80 年代中后期开始的。地理信息系统研究作为政府行为，被正式列入国家科技攻关计划，开始了有计划、有组织、有目标的科学研究、应用实验和工程建设工作。许多部门同时开展了地理信息系统研究与开发工作。例如，全国性地理信息系统（或数据库）实体建设、区域地理信息系统研究和建设、城市地理信息系统、地理信息系统基础软件或专题应用软件的研制和地理信息系统教育培训。通过近五年的努力，地理信息系统应用开创了新的局面，并在全国性应用、区域管理、规划和决策中取得了实际的效益。

自 20 世纪 90 年代起，我国地理信息系统步入快速发展阶段。执行地理信息系统和遥感联合科技攻关计划，强调地理信息系统的实用化、集成化和工程化；力图使地理信息系统从初步发展时期的研究实验、局部实用走向实用化和产业化，为国民经济重大问题提供分析和决策依据；努力实现基础环境数据库的建设，推进国产软件系统的实用化、遥感和地理信息系统技术一体化。在地理信息系统的区域工作重心上，出现了“东移”和“进城”的趋向，促进了地理信息系统在经济相对发达、技术力量比较雄厚、用户需求更为急迫的地区和城市首先实用化。这期间开展的主要研究及今后尚需进一步发展的领域有：重大自然灾害监测与评估系统的建设和应用；重点产粮区主要农作物估产；城市地理信息系统的建设与应用；建立数字化测绘技术体系；国家基础地理信息系统建设与应用；专业信息系统与数据库的建设和应用；基础通用软件的研制与建立；地理信息系统规范化与标准化；基于地理信息系统的数据产品研制与生产。同时，经营地理信息系统业务的企业逐渐增多。

当今地理信息系统已经进入人们日常生活中的各种联网设备，提供各种基于地理信息的服务。也有相当多的互联网公司都推出了自己的地理信息产品，其中最有名的是 Google 地图。Google 地图不仅提供了地理信息以及 GPS 定位等功能，更为其他产品提供了地理信息支持，为后续许多涉及地图的 Web 应用或者移动 APP 提供服务。我国使用较多的地图服务有高德地图、百度地图、腾讯地图等。

总之，中国地理信息系统事业经过多年的发展取得了重大的进展，地理信息系统产业已初具规模，正从传统测绘和地理信息服务逐步向经济社会的方方面面拓展，成为整个信息产业的有机组成部分。

3.4 大数据与云计算

3.4.1 数据库技术

数据库技术产生于 20 世纪 60 年代末 70 年代初，其主要目的是有效地管理和存取大量的数据资源。数据库技术主要研究如何存储、使用和管理数据。

近年来，数据库技术和计算机网络技术相互渗透，相互促进，已成为当今迅速发展的计算机领域之一。数据库技术不仅应用于事务处理，还进一步应用于情报检索、人工智能、专家系统、计算机辅助设计等领域。

数据库管理系统（database management system，DBMS）是一种操纵和管理数据库的大型软件，用于建立、使用和维护数据库。它对数据库进行统一的管理和控制，以保证数据库的安全性和完整性。用户通过数据库管理系统访问数据库中的数据，数据库管理员也通过数据库管理系统进行数据库的维护工作。它提供多种功能，可以使多个应用程序和用户用不同的方法在同一时刻或不同时刻去建立、修改和查询数据库。它使用户能方便地定义和操纵数据，维护数据的安全性和完整性，以及进行多用户下的并发控制和恢复数据库。按照功能划分，数据库管理系统大致可以分为6个部分。

（1）模式翻译。提供数据定义语言（data definition language，DDL）。用它书写的数据库模式被翻译为内部表示。数据库的逻辑结构、完整性约束和物理存储结构保存在内部的数据字典中。数据库的各种数据操作（如查找、修改、插入和删除等）和数据库的维护管理都是以数据库模式为依据的。

（2）应用程序的编译。把包含着访问数据库语句的应用程序，编译成在数据库管理系统支持下可运行的目标程序。

（3）交互式查询。提供易使用的交互式查询语言，如SQL，负责执行查询命令，并将查询结果显示在屏幕上。

（4）数据的组织与存取。提供数据在外部存储设备上的物理组织与存取方法。

（5）事务运行管理。提供事务运行管理及运行日志、事务运行的安全性监控和数据完整性检查、事务的并发控制及系统恢复等功能。

（6）数据库的维护。为数据库管理员提供软件支持，包括数据安全控制、完整性保障、数据库备份、数据库重组以及性能监控等维护工具。

基于关系模型的数据库管理系统日臻完善，并已作为商品化软件广泛应用于各行各业。它在客户－服务器结构的分布式多用户环境中的应用，使数据库系统的应用领域进一步扩展。随着新型数据模型及数据管理实现技术的出现，数据库管理系统软件的性能将进一步更新和完善，应用领域也将进一步拓宽。数据库管理系统提供的功能如下。

（1）数据定义功能。数据库管理系统提供相应的数据定义语言来定义数据库管理系统数据库结构，它们用于刻画数据库框架，并被保存在数据字典中。

（2）数据存取功能。数据库管理系统提供数据操纵语言（data manipulation language，DML），实现对数据库数据的基本存取操作，如检索、插入、修改和删除等。

（3）数据库运行管理功能。数据库管理系统提供数据控制功能，即保证数据的安全性、完整性和并发控制等，对数据库运行进行有效的控制和管理，以确保数据正确、有效。

（4）数据库的建立和维护功能。数据库管理系统包括数据库初始数据的装入，数据库的转储、恢复、重新组织，系统性能监视、分析等功能。

（5）数据库的传输。数据库管理系统提供数据传输功能，实现用户程序与数据库管理系统之间的通信，通常与操作系统协调完成。

根据处理对象的不同，数据库管理系统的层次结构从高级到低级依次为应用层、语言翻译处理层、数据存取层、数据存储层、操作系统。

（1）应用层。应用层是数据库管理系统与终端用户和应用程序的界面层，处理的对象是各种各样的数据库应用。

（2）语言翻译处理层。语言翻译处理层是对数据库语言的各类语句进行语法分析、视图转换、授权检查、完整性检查等。

（3）数据存取层。数据存取层处理的对象是单个元组，它将上层的集合操作转换为单记录操作。

（4）数据存储层。数据存储层处理的对象是数据和系统缓冲区。

（5）操作系统。操作系统是数据库管理系统的基础。操作系统提供的存取原语和基本的存取方法通常作为和数据库管理系统数据存储层的接口。

在过去几十年的发展中，也出现了许多与数据库相关的新概念。数据库连接池是用于对数据库连接进行分配、管理和释放的关键而有限的昂贵资源。数据库连接池能够将传统的每次重新建立一个连接的方式改进为重复使用一个现有的数据库连接，同时通过把空闲时间超过最大空闲时间的失效数据库连接释放掉，来避免可能引发的数据库连接遗漏。数据库连接池明显提高了数据库操作的性能。共享池是数据库实例的内存中SGA（共享内存结构）保留的区域，它包含库缓存和字典缓存，用于存储SQL、PL/SQL存储过程以及包、数据字典、锁、字符集信息、安全属性等。

目前有许多数据库产品，如Oracle、Sybase、DB2、SQL Server、Access等产品均以自己特有的功能，在数据库市场上占有一席之地。下面简要介绍几种常用的数据库管理系统。

Oracle是一个最早商品化的关系数据库管理系统，也是应用广泛、功能强大的数据库管理系统。Oracle作为一个通用的数据库管理系统，不仅具有完整的数据管理功能，还是一个分布式数据库系统，支持各种分布式功能，特别是支持Internet应用。作为一个应用开发环境，Oracle提供了一套界面友好、功能齐全的数据库开发工具。Oracle使用PL/SQL语言执行各种操作，具有开放性强、移植性强、可伸缩等功能。特别是在Oracle 8i中，支持面向对象的功能，如支持类、方法、属性等，使得Oracle产品成为一种对象/关系数据库管理系统。目前最新版本是Oracle 19c。

SQL Server是一种典型的关系数据库管理系统，可以在许多操作系统上运行，它使用Transact-SQL语言完成数据操作。由于SQL Server是开放式的系统，其他系统可以与其进行良好的交互操作。目前其最新版本为SQL Server 2017。它具有可靠性强、可用性强、可伸缩、可管理等特点，为用户提供完整的数据库解决方案。

作为Microsoft Office组件之一的Access，是Windows环境下非常流行的桌面型数据库管理系统。使用Access无须编写任何代码，只需通过直观的可视化操作就可以完成大部分数据管理任务。Access数据库包括许多组成数据库的基本要素，这些要素是存储信息的表、显示人机交互界面的窗体、有效检索数据的查询、作为信息输出载体的报表、提高应用效率的宏、功能强大的模块工具等。它不仅可以通过开放数据库连接（open database connectivity，ODBC）与其他数据库相连，实现数据交换和共享，还可以与Word、Excel等办公软件进行数据交换和共享，并且通过对象链接与嵌入技术在数据库中嵌入和链接声音、图像等多媒体数据。

3.4.2　NoSQL 技术

前面提到的数据库绝大多数都是关系数据库。在过去几十年来，关系数据库的健壮性和良好的事务操作及并发控制机制已经在很多应用程序中得到验证。但是，两个重要因素使得关系数据库在网络应用，特别是电子商务领域力不从心。一方面，目前的应用程序绝大多数都是用面向对象的语言编写的，这就造成了存储结构是面向对象的而数据库却是关系型的这一矛盾，所以在每次存储或者查询数据时都需要做转换，这一矛盾通常被称为阻抗失配（impedance mismatch）。另一方面，网络应用程序的规模日渐变大，人们需要存储更多的数据，服务更多的用户以及需求更多的计算能力。为了应对这种情况，很多企业选择购买更多的机器组成集群，然而关系数据库不能很好地应用于集群。因此，NoSQL 技术应运而生。

NoSQL 数据库的目的是为最终用户和自动化的大数据应用程序提供大量存储在结构化数据中的离散数据。目前已经有很多 NoSQL 数据库，如 MongoDB、Redis、Riak、HBase、Cassandra 等。通常，NoSQL 数据库具有以下特点：不再使用 SQL 语言，像 MongoDB、Cassandra 等都具有自己的查询语言；通常是开源项目；适合集群运行；弱结构化——不会严格地限制数据结构类型。

NoSQL 根据特性的不同可以分为 4 类：键值数据库、面向文档数据库、列存储数据库以及图形数据库。

（1）键值数据库。键值（key-value）数据库就像在传统程序设计语言中使用的散列表，可以通过键（key）来添加、查询或者删除数据。由于使用主键访问，所以会获得较好的性能及扩展性。通常用于存储用户信息，如会话、配置文件、参数、购物车等。其中著名的分布式版本控制系统 GitHub 使用的就是这种数据库。

（2）面向文档数据库。面向文档（document-oriented）数据库会将数据以文档的形式存储。每个文档都是自包含的数据单元，是一系列数据项的集合，每个数据项都有一个名称与对应的值。数据存储的最小单位是文档，同一个表中存储的文档属性可以是不同的。数据可以使用 XML、JSON 或者 JSONB 等多种形式存储。MongoDB 就是这类数据库。

（3）列存储数据库。列存储（wide column store/column-family）数据库将数据存储在列族（column family）中，一个列族存储经常被一起查询的相关数据。例如，如果对于一个 Student 类，通常会一起查询他们的姓名和学号而不是成绩。在这种情况下，姓名和学号就会被放入一个列族，而成绩则在另一个列族。这类数据库最著名的是 HBase 和 Cassandra，它们大量应用于博客平台。

（4）图形数据库。图形（graph-oriented）数据库允许将数据以图形方式存储。实体会作为顶点，而实体之间的关系则会作为边。这类数据库通常用于推荐引擎，当数据以图形的形式表现时，将非常有益于推荐的制定。

NoSQL 数据库也有一些缺点，诸如当前许多 NoSQL 数据库还缺乏成熟的管理和监控工具。开源的 NoSQL 社区和部分厂商都在努力克服这些缺点。

3.4.3 云存储

云存储是在云计算（cloud computing）概念上延伸和发展出来的一个新概念，是指通过集群应用、网格技术或分布式文件系统等功能，将网络中各种不同类型的存储设备通过应用软件集合起来协同工作，共同对外提供数据存储和业务访问功能的系统。这里将云存储也理解为大数据存储技术，典型的大数据存储技术路线有以下三种。

1. 采用大规模并行处理架构的新型数据库集群

重点面向行业大数据，采用无共享（shared nothing）架构，通过列存储、粗粒度索引等多种大数据处理技术，再结合大规模并行处理（massive parallel processing，MPP）架构高效的分布式计算模式，完成对分析类应用的支撑，运行环境多为低成本的个人计算机服务器，具有高性能和高扩展性的特点，在企业分析类应用领域获得极其广泛的应用。这类大规模并行处理产品可以有效支撑 PB（皮字节）级别的结构化数据分析，这是传统数据库技术无法胜任的。对于企业新一代的数据仓库和结构化数据分析，最佳的选择是大规模并行处理数据库。图 3.9 所示的是国产数据库 DM7 的大规模并行处理架构图。

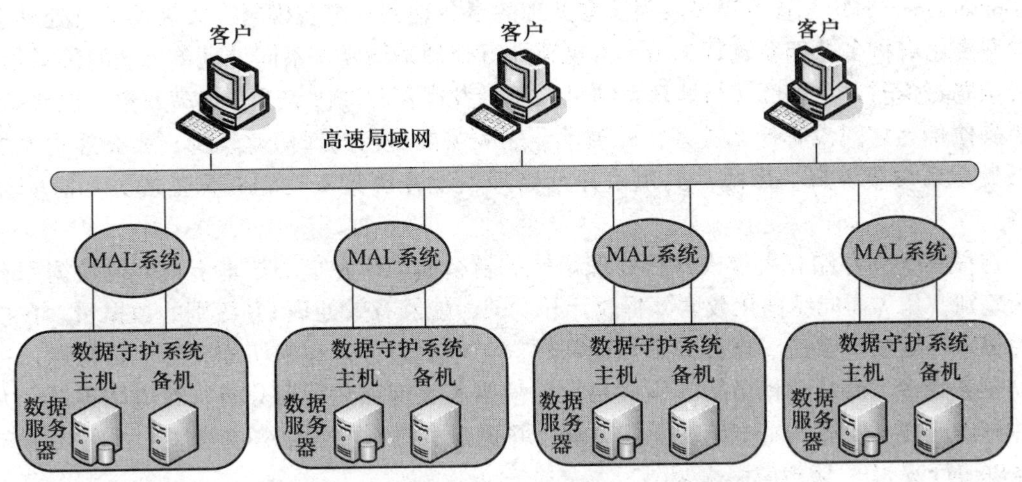

图 3.9 国产数据库 DM7 的大规模并行处理架构图

2. 基于 Hadoop 的技术扩展和封装

围绕 Hadoop 衍生出相关的大数据技术，以应对传统关系数据库难以处理的数据和场景，如针对非结构化数据的存储和计算等，充分利用 Hadoop 开源的优势。随着相关技术的不断进步，Hadoop 的应用场景也在逐步扩大，典型的应用场景就是通过扩展和封装 Hadoop

来实现对互联网大数据存储、分析的支撑，这其中有几十种 NoSQL 技术。Hadoop 更擅长处理非结构、半结构化数据，复杂的数据提取、转换和加载（ETL）流程，复杂的数据挖掘和计算模型。

3. 大数据一体机

大数据一体机是一种专为大数据的分析处理而设计的硬件、软件相结合的产品，由一组集成的服务器、存储设备、操作系统、数据库管理系统以及为数据查询、处理、分析而特别预先安装及优化的软件组成，高性能大数据一体机具有良好的稳定性和纵向扩展性。大数据一体机采用全分布式新型体系结构，突破了大数据处理的扩展瓶颈并保障可用性；采用全分布式大数据处理架构，将硬件、软件整合在一个体系中，采用不同的数据处理架构来提供对不同行业应用的支撑。此外，大数据一体机覆盖软硬一体全环节，满足个性化定制的需求。目前 IBM 公司、Oracle 公司和我国的浪潮公司等都推出了不同型号的大数据一体机。

在以上技术路线及涉及的三种技术，最受关注的就是大规模并行处理技术，其系统是由许多松耦合的处理单元组成的。需要注意的是，这里指的是处理单元而不是处理器。每个单元内的中央处理器（CPU）都有自己的私有资源，如总线、内存、硬盘等。在每个单元内都有操作系统和管理数据库的实例副本。这种结构最大的特点在于不共享资源。

大规模并行处理系统不共享资源，因此对它而言，资源比对称式多处理机（symmetric multiprocessor，SMP）技术要多。当需要处理的事务达到一定规模时，大规模并行处理系统的效率要比对称多处理系统好。由于大规模并行处理系统要在不同处理单元之间传送信息，在通信时间少时，大规模并行处理系统可以充分发挥资源的优势，实现高效率。也就是说，如果操作相互之间没有什么关系，处理单元之间需要进行的通信比较少，那么采用大规模并行处理系统就更好。因此，大规模并行处理系统在决策支持和数据挖掘方面有明显的优势。

这种基于列存储和大规模并行处理架构的新型数据库在核心技术上与传统数据库有很大的差别，是为面向结构化数据分析设计开发的，能够有效处理 PB 级别的数据量。在技术上为很多行业用户解决了数据处理性能问题。与电子商务行业密切相关的电信行业，在高并发业务处理、海量数据分析等领域对大规模事务处理和大数据分析有着迫切需求，大规模并行处理技术能够满足电信行业的需求，并提升电信行业的服务支撑能力。图 3.10 所示的是电信行业 MPP 架构应用框架图。

以上三种大数据存储技术并不是相互独立的。新型数据库将逐步与 Hadoop 生态系统结合混搭使用，用大规模并行处理技术处理 PB 级别的、高质量的结构化数据，同时为应用提供丰富的 SQL 和事务支持能力；用 Hadoop 实现半结构化、非结构化数据处理。这样可以同时满足结构化、半结构化和非结构化数据的处理需求。

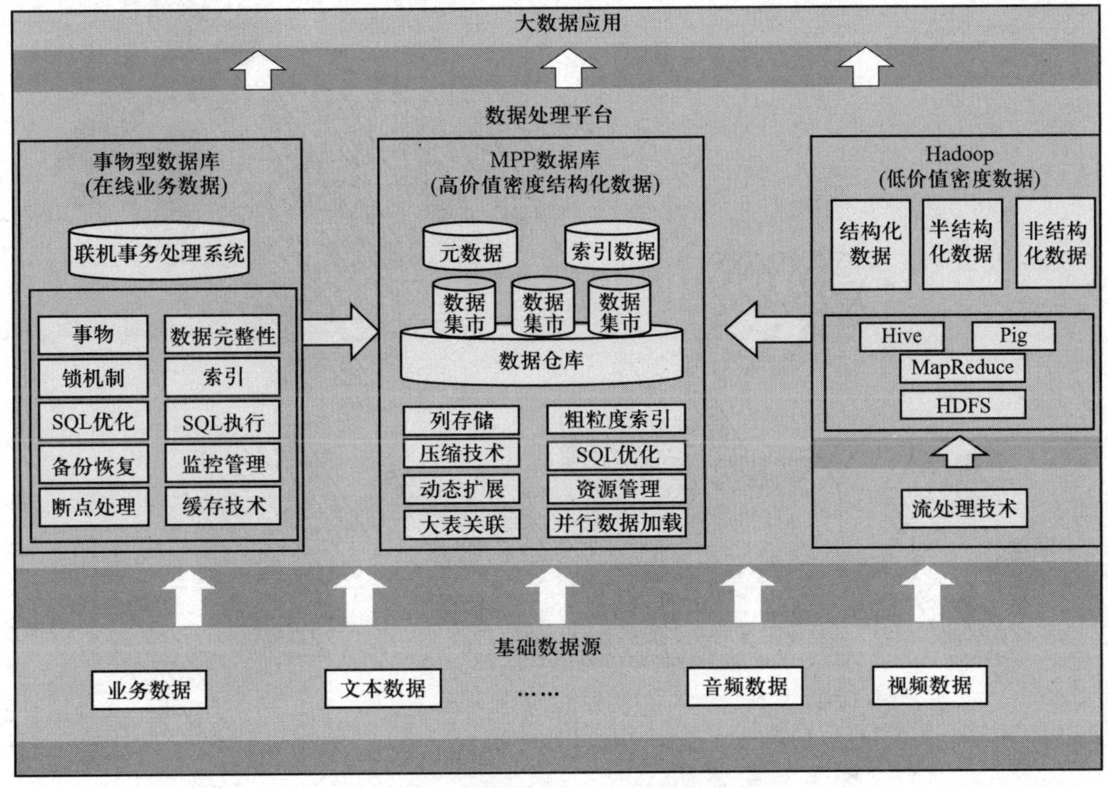

图 3.10　电信行业 MPP 架构应用框架图

3.4.4　云计算

云计算是指通过网络以按需、易扩展的方式获得所需的资源。狭义的云计算是指信息技术基础设施的交付和使用模式，广义的云计算是指服务的交付和使用模式，这种服务可以是与信息技术和软件、互联网相关的，也可以是其他任意服务。云计算具有超大规模、虚拟化、可靠安全等独特功效。

云计算是效用计算、网格计算、并行计算、分布式计算、网络存储、负载均衡、虚拟化等传统计算机技术与网络技术融合发展的产物，旨在将多个成本低廉的计算实体，通过互联网整合为一个庞大的“云”，并借助云计算模式——软件即服务（software as a service，SaaS）、平台即服务（platform as a service，PaaS）、基础设施即服务（infrastructure as a service，IaaS）以及管理服务提供商（managed service provider，MSP）等将其超强的计算能力提供给终端用户。阿里云计算管理系统概念图如图 3.11 所示。

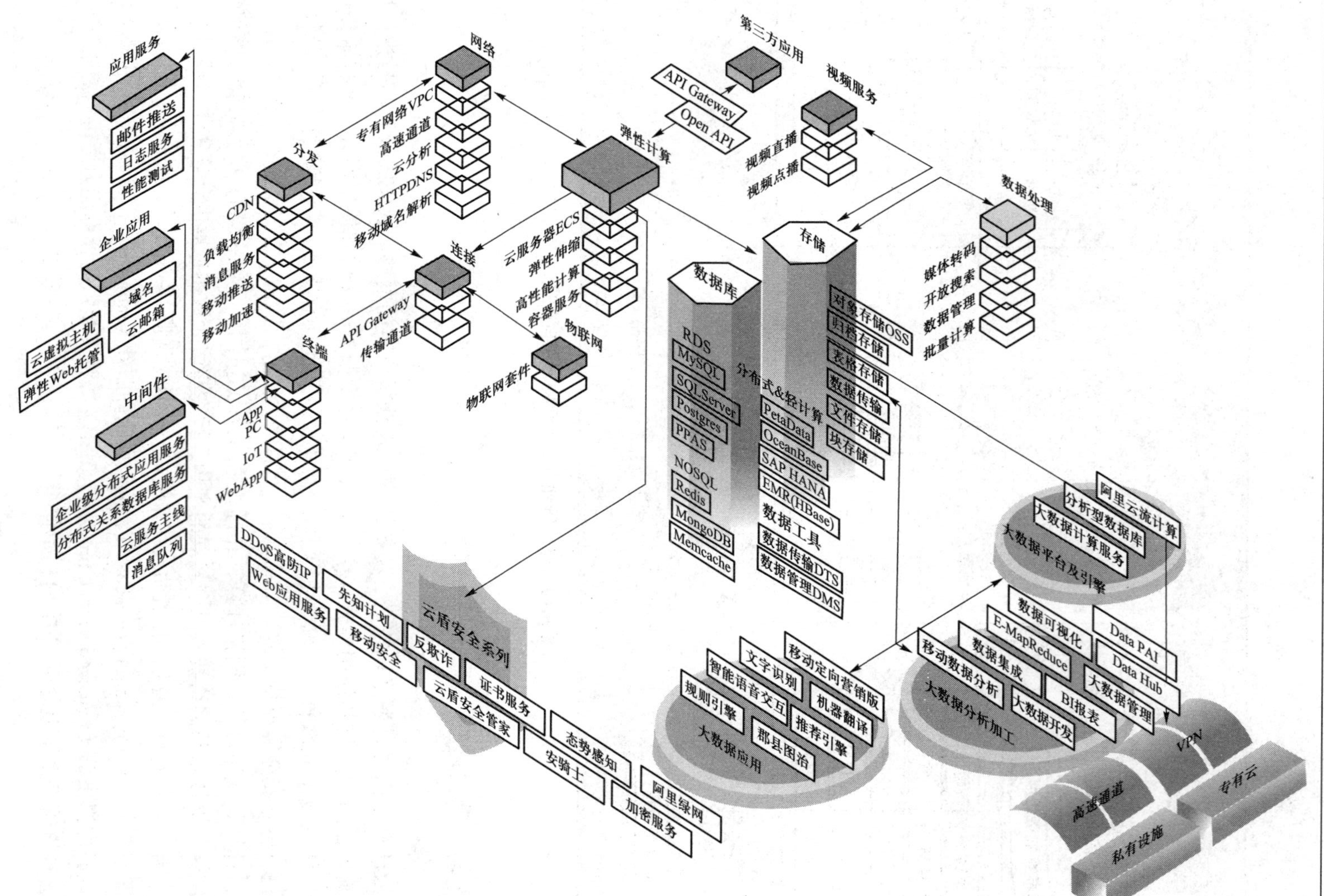

图 3.11　阿里云计算管理系统概念图

云计算的核心理念之一，就在于不断提高"云"处理能力，以降低用户终端的负担，最终使用户终端简化为一个纯输入输出设备，并按需获取"云"的超强计算能力。云计算通过互联网的高传输能力，将海量数据的处理过程从个人计算机或企业服务器迁移至"云"上，个人或企业无须再投入巨资购置硬件设备，而只需购买或租赁某种形式的云服务即可。电子商务每时每刻都在产生大量的数据，云计算能极大地提高企业的核心竞争力。

1. 云计算的特点

（1）超大规模。云计算具有相当的规模。云计算将成千上万台服务器整合起来，为用户提供灵活的资源分配和调整任务。其中，服务器的数量、用户的数量和并发任务的数量极其巨大。云计算能赋予用户前所未有的计算能力。

（2）虚拟化。云计算支持用户在任意位置、使用各种终端获取应用服务。所请求的资源来自"云"，而不是固定的有形实体。应用在"云"中某处运行，但实际上用户无须了解，也不用担心应用运行的具体位置。只需要一台笔记本电脑或者一部手机，就可以通过网络服务来满足人们的很多需求，甚至包括超级计算这样的任务。

（3）高可靠性。云计算使用了数据多副本容错、计算节点同构可互换等措施来保障服务的高可靠性，使用云计算比使用本地计算机可靠。

（4）通用性。云计算不针对特定的应用，在"云"的支撑下可以构造出千变万化的应用，同一个"云"可以同时支撑不同的应用运行。

（5）高可扩展性。云计算的规模可以动态伸缩，满足应用和用户规模增长的需要。

（6）按需服务。云计算是一个庞大的资源池，用户可以按需购买所需的资源。"云"可以像自来水、电、煤气那样计费。

（7）极其廉价。云计算可以采用极其廉价的节点来构成云；云计算的自动化集中式管理使大量企业无须负担高昂的数据中心管理成本；云计算的通用性使资源的利用率与传统系统相比有大幅度的提升。这些都使用户可以充分享受云计算的低成本优势。

2. 云计算的类型

（1）软件即服务（SaaS）。这种类型的云计算通过浏览器把程序传给成千上万的用户。从用户角度看，这样会省去在服务器和软件授权上的开支；从提供商角度看，这样只需要维持一个程序即可，能够有效减少成本。

（2）平台即服务（PaaS）。这种类型的云计算把开发环境作为一种服务来提供。开发者可以使用中间商的设备来开发自己的应用程序，并通过互联网和中间商的服务器传到用户手中。

（3）基础设施即服务（IaaS）。这种类型的云计算提供给用户的服务是对所有计算基础设施的利用。用户在其提供的计算基础设施上可以部署和运行自己的应用程序。

（4）管理服务提供商（MSP）。这是传统的云计算类型。这种云计算更多的是面向信息技术行业而不是终端用户，常用于邮件病毒扫描、程序监控等。

（5）实用计算（utility computing）。这种云计算是为信息技术行业创造虚拟的数据中心，使得其能够把内存、输入输出设备、存储和计算能力集中起来，成为一个虚拟的资源池来为整个网络提供服务。

（6）网络服务。这种类型的云计算与软件即服务关系密切，网络服务提供商能够提供 API 让开发者开发更多基于互联网的应用，而不是提供单机程序。

（7）商业服务平台。这种类型的云计算是软件即服务和管理服务的混合应用。这种云计算为用户和提供商之间的互动提供了一个平台。例如，用户个人开支管理系统，能够根据用户的设置来管理其开支并协调其订购的各种服务。

（8）互联网整合。将互联网上提供类似服务的企业整合起来，以便用户能够更方便地比较和选择自己的服务提供商。

3.4.5　分布式处理框架

在大数据处理技术领域，前面提到的 Hadoop 作为一个重量级的分布式处理开源框架，发挥着越来越重要的作用。下面将介绍 Hadoop 的概念及应用。

提起 Hadoop 就必须要提到 MapReduce。实际上，MapReduce 是一种模式，Hadoop 是一种框架。具体来讲，Hadoop 是一个实现了 MapReduce 模式的开源的分布式并行编程框架。

MapReduce 是一种云计算的核心计算模式、一种分布式运算技术，也是简化的分布式编程模式。它主要用于解决问题的程序开发模型，也是开发人员拆解问题的方法。MapReduce 的工作原理是将要执行的问题（如程序）自动分割成 Map（分解）和 Reduce（合并）的方式，如图 3.12 所示。

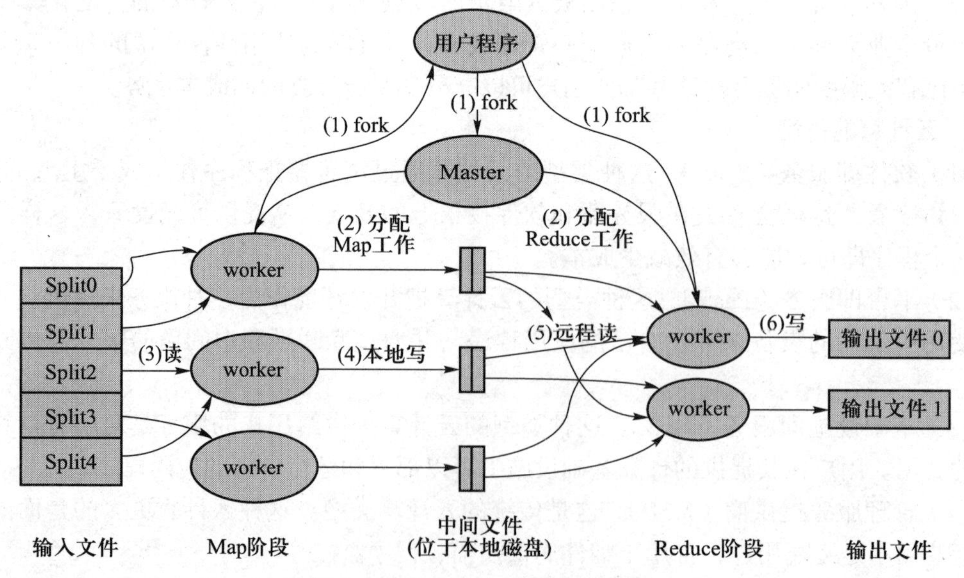

图 3.12　MapReduce 的工作原理

MapReduce 的工作原理其实是先分后合的数据处理方式。Map 即“分解”，把海量数据分割成若干部分，分给多台处理器并行处理；Reduce 即“合并”，把各台处理器处理后的结果进行汇总操作以得到最终结果。如果采用 MapReduce 来统计不同几何形状的数量，它会先把任务分配到两个节点，由两个节点分别并行统计，然后再把它们的结果汇总，得到最终的计算结果。MapReduce 适合进行数据分析、日志分析、商业智能分析、客户营销、大规模索引等业务，并且具有非常明显的效果。

在上述基础上，程序员可以借助 Hadoop 框架来编写程序，将所编写的程序运行于计算机集群上，从而实现对海量数据的处理。此外，Hadoop 还提供一个分布式文件系统（Hadoop distribute file system，HDFS）及分布式数据库（HBase），用于将数据存储或部署到各个计算节点上。图 3.13 所示的是 Hadoop 系统的组成部分。

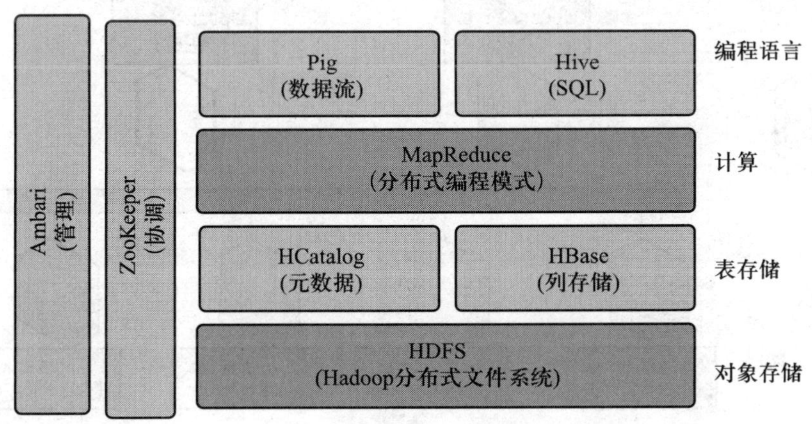

图 3.13 Hadoop 系统的组成部分

从图 3.13 可以看出 Hadoop 包含以下组成部分。

（1）Ambari。Hadoop 管理工具，可以快捷地监控、部署、管理集群。

（2）ZooKeeper。高可靠性分布式协调系统。

（3）MapReduce。针对大数据的灵活的分布式编程模式。

（4）HDFS。Hadoop 分布式文件系统。

（5）HCatalog。基于 Hadoop 的数据表和存储管理服务，利用 HCatalog 管理元数据。

（6）HBase。基于 HDFS，是一个开源的、基于列存储模型的分布式数据库。

（7）Hive。构建在 MapRuduce 之上的数据仓库软件包。

（8）Pig。Pig 是构建在 Hadoop 之上的高级数据处理层，Pig Latin 语言为编程人员提供了更直观的定制数据流的方法。

Hadoop 框架在许多公司，如谷歌公司、阿里巴巴集团等的系统架构中都是计算层的主力军，在电子商务领域的应用就更为广泛，其中在 2018 年 11 月 11 日创下 2 135 亿人民币交易额的阿里巴巴集团就是一个很好的案例。

首先来分析一下阿里巴巴集团旗下的淘宝网的流量。当用户访问淘宝网时，淘宝网提供一次页面展示就要访问后台数据几十次，进行一个报表分析至少需要几太字节的数据。2013 年，淘宝网的离线数据超过 39 PB，有 2 000 多个 Hadoop 集群，每天至少进行 4 万个 MapReduce 作业。由于传统关系数据库扩展性欠缺，非关系数据库（NoSQL）无法保证事务一致性，阿里巴巴集团基于 Hadoop 框架自主研发了一个支持海量数据的高性能分布式数据库系统 OceanBase，实现了数千亿条记录、数百太字节数据的跨行跨表事务。OceanBase 是一个具有自治功能的分布式存储系统，它由中心节点 RootServer、静态数据节点 ChunkServer、动态数据节点 UpdateServer 以及数据合并节点 MergeServer 4 个服务器构成。OceanBase 的框架图如图 3.14 所示。

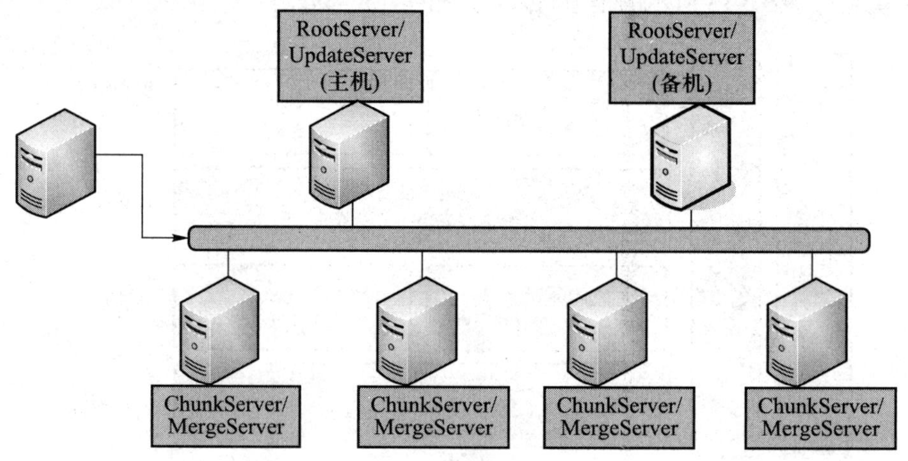

图 3.14　OceanBase 的框架图

RootServer：负责集群机器的管理、Tablet 定位、数据负载均衡等元数据管理等。其中，Tablet 即分片数据，是最基本的存储单元，一个 Table 由多个 Tablet 构成。

UpdateServer：负责存储动态更新数据，存储介质为内存和固态硬盘（SSD），对外提供写服务。

ChunkServer：负责存储静态 Tablet 数据，存储介质为普通磁盘或者固态硬盘。

MergeServer：负责对查询中涉及的多个 Tablet 数据进行合并，对外提供读服务。

在一个集群中，Tablet 的多个副本分别存储在不同的 ChunkServer 上，每个 ChunkServer 负责一部分 Tablet 分片数据，MergeServer 和 ChunkServer 一般会一起部署。

当前 Hadoop 仍然是大数据技术的核心，但是随着谷歌公司提出 Dremel 即时数据分析解决方案以及图形数据计算框架 Pregel 等技术，大数据技术的发展将会日新月异。

3.5 物 联 网

3.5.1 基本概念

信息技术的发展使人类生活产生了巨大变革，互联网已经成为人们生活中一个不可或缺的部分。从最早连接美国 4 所大学主机的 ARPAnet，到由部分高校和机构的专用微机连接成的互通网络，再到 20 世纪末席卷全球的、连接大量个人计算机的互联网，乃至现在通过任何一部智能手机或手持设备，甚至是电视、电冰箱等家用电器，抑或是手表、手环等可穿戴设备，就能够实现与互联网的连接。在这样的发展趋势下，越来越多的事物被连接到互联网中，“物联网”诞生了。

所谓“物联网”，即“万物相联，万物互通”的网络，也称为“物物相联的互联网”。中国物联网校企联盟对物联网的定义是：当下几乎所有技术与计算机互联网技术的结合，实现物品与物品之间环境和状态信息的实时共享，以及智能化的收集、传递、处理、执行。而国际电信联盟（ITU）将物联网定义为：通过二维码识读设备、射频识别装置、红外感应器、全球定位系统和激光扫描器等信息传感设备，按照约定的协议，把任何物品与互联网相联，进行信息交换和通信，以实现智能化识别、定位、跟踪、监控和管理的一种网络。该定义提出了物与物（thing to thing，T2T）、人与物（human to thing，H2T）以及人与人（human to human，H2H）的互联。这正是未来信息技术的发展趋势，因此物联网被称为“下一代网络”。

通常认为，物联网最早实践于施乐公司的网络可乐贩售机——Networked Coke Machine。1995 年，比尔·盖茨在《未来之路》中提及了物物互联。1998 年，美国麻省理工学院（MIT）的 Kevin Ashton 教授首次提出了 EPC（electronic product code，电子产品代码）系统的物联网概念。2005 年，国际电信联盟发布《ITU 互联网报告 2005：物联网》，使得物联网有了明确并被广泛接受的定义。自此之后，世界上许多国家和地区都开始重视物联网的发展。物联网在我国尤其受到关注，并被列入国家五大新兴战略性产业之一。

3.5.2 关键技术

物联网涉及的关键技术有以下三种。

（1）传感器技术。由于物联网是将物品与互联网相联，实时将从物品上捕获的数据或者自身状态传到互联网上，因此传感器在其中发挥着重要的作用。传感器捕获的数据大多是模拟信号，而计算机处理的是数字信号，因此从模拟信号到数字信号的转换是传感器技术需要解决的一个重点问题。

（2）射频识别技术。射频识别（RFID）技术，也称为无线射频识别，是一种通信技术，可以通过无线电信号识别特定目标并读写相关数据。它在自动识别、物品物流管理领域有着广阔的应用前景。

（3）嵌入式系统技术。物品的电子化以及网络化，离不开嵌入式系统技术。嵌入式系统涉及计算机硬件技术、集成电路技术、传感器技术以及电子应用技术等多种技术，是实现物联网互通互联的关键技术。

可以说，在电子商务迅猛发展的环境下，物联网与电子商务恰好能够相辅相成，共同发展。电子商务的发展能够推动物联网的发展，物联网也能够推动电子商务的发展。一方面，物联网不仅在电子商务企业的仓库管理领域（如实时感知、自动化库存）、在线支付领域，以及物流领域（如包裹模块化）等都有着重要的应用，还能够给电子商务企业的用户带来更快、更方便、更优质的体验，使电子商务企业吸引更多的用户，在行业中取得优势，在竞争中获取先机；另一方面，物联网的应用也催生了新的电子商务运行模式，推动了电子商务创新发展。

物联网环境下的电子商务，已不再仅仅是人与人的沟通，未来在线购物者可以通过电子商务企业仓库的无线视频系统获得货物运输车辆的现场状态，通过定位系统获得物流的实时信息，通过商品识别技术获得准确的商品来源等信息，等等。也就是说，用户可以直接与商品进行“交流”，获得自己所需要的信息。

3.5.3　应用领域

物联网的应用是多种多样的，如传感器、智能家居、智慧城市、智能交通、智能网络等，下面分别介绍。

1. 传感器

物联网也称为传感网，这也表现出传感器在物联网中的重要应用。人要感知整个世界，就需要有眼睛的视觉、耳朵的听觉、鼻子的嗅觉以及皮肤的触觉等。而对于一件物品来说，其上的传感器就相当于它的各种感觉器官。

所谓传感器，就是一个微小的电子设备，它包含了 4 个主要部件：感知（sensing）部件、计算（processing）部件、通信（communication）部件和电源（power）部件，如图 3.15 所示。

传感器能够把自然界中的各类物理量、化学量、生物量转化为可量化的模拟信号，而这样的模拟信号经过简单的转化是可以被处理电信号的装置与元件接收并分析处理的，这也就是传感器在物联网中所扮演的角色。例如，人们所熟知的压力传感器、位置传感器、加速度传感器、热敏感传感器。人们所使用的手机中也有各种各样的传感器。例如，图 3.16 所示的是苹果公司在 2016 年 9 月推出的 iPhone 7，以及华为公司内置 8 核的 HUAWEI P9 的内置传感器。

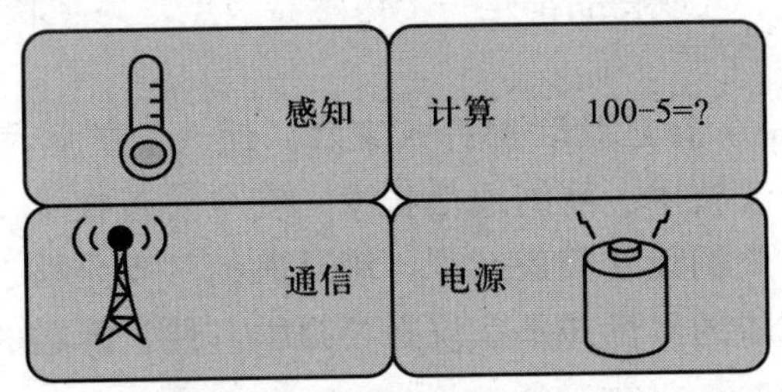

图 3.15 传感器的4个主要部件

iPhone 7	HUAWEI P9
Touch ID指纹识别传感器	指纹传感器
气压计	重力感应器
三轴陀螺仪	光线传感器
加速感应器	接近传感器
距离感应器	霍尔传感器
环境光传感器	陀螺仪
	指南针

图 3.16 iPhone 7与HUAWEI P9的内置传感器

除此之外，在农业生产中，也有大量的传感器被设置在田地、农场与果园中，用以实时监测土地情况，如湿度、温度、光照、土壤状况等。作为监测系统的一部分，传感器与灌溉系统、补给系统或报警系统相连接，就形成了农业自动化管理系统，由此可以减少人力成本，提高农业生产率以及农业产品的质量。

此外，群智感知计算也与传感器紧密结合。群智感知是指通过众包（crowdsourcing）的方式完成感知任务的分发和收集与利用，可以应用于煤矿检测、海洋监控、航空领域的行李管理等。无线传感网——GreenOrbs（绿野千传）就是群智感知的一个应用实例，用于准确检测天目山森林生态环境。由于以前对森林生态的监测工作都是有意识的部署，成本高，难以商业化，因此一个新的思路——利用各种已有的设备、系统完成感知，即群智感知诞生了。

虽然群智感知的概念并不为人所熟知，但实际上它已广泛应用于人们的生活中，如通过收集各个地方司机和志愿者报告的路况，了解城市交通拥堵情况的应用；基于互联网、内容开放的全球多语言百科全书——Wikipedia；利用人们个人计算机在屏幕保护状态时的空闲资源来进行科学计算的“寻找外星人计划”等，都是群智感知思想的具体体现。

当然群智感知也面临着挑战：参与人数众多，数据量巨大；网络差异性大，不稳定；数据质量差别大，水平低；等等。

在群智感知里，每一个人或物品都是一个传感器节点，为互联网信息贡献信息与数据。

2. 智能家居

智能家居（smart home）就是物联网进入家庭，使人们的居家生活变得前所未有的方便。智能家居利用综合布线技术、网络通信技术、安全防范技术、自动控制技术、音视频技术等，将与家居生活有关的设备集成起来，满足人们对安全性、便利性、舒适性、艺术性等的要求。但是智能家居的目标并不仅仅是要提供方便、舒适的居住环境，还要提供环保节能的居住环境。

智能家居是物联网应用的典型代表。它通过物联网技术将家中的各种设备，如电视、家庭影院的音视频设备、照明系统、窗帘、冰箱、微波炉、安防系统等，连接到一个可以通过互联网访问的中控系统，能够提供家电控制、照明控制、远程遥控、防盗报警、环境监测以及可编程定时控制等多种功能和手段，如图 3.17 所示。与传统家居相比，智能家居在满足普通居住要求的基础上，还提供了信息交互及自动化功能，甚至能够节约资金。

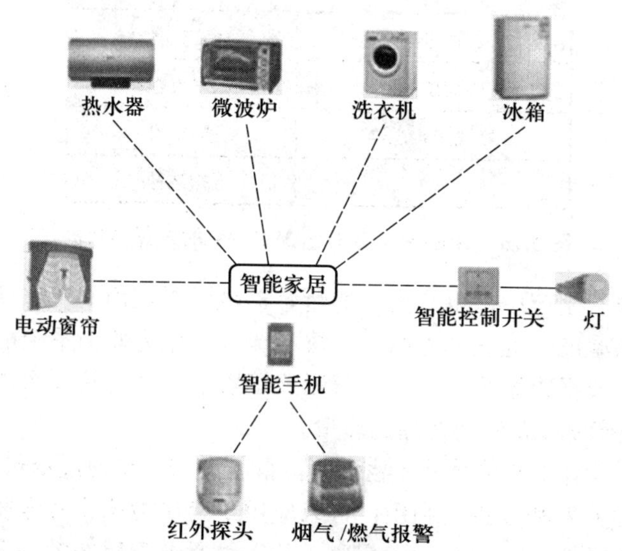

图 3.17　物联网技术下的智能家居

家庭自动化（home automation）是智能家居的重要系统和核心概念。在智能家居的概念刚刚出现时，智能家居指的就是家庭自动化。家庭自动化系统用一个中央微处理器来控制相关设备，各种接入设备将实时采集的光照、温度、湿度等数据发送给中央微处理器，中央微处理器通过采集的数据来决定进行什么样的操作。同样的，人们也可以通过键盘、触摸屏、手机、遥控器等，实现与相关设备的交互。

后来，传统家电融入了智能家居的概念，形成信息家电，即在传统家电中设置了计算机的部分功能，是传统家电与计算机相结合的产品。像机顶盒、DVD、Xbox 等能够联网的家电都可以称为信息家电。信息家电由家电设备、嵌入式处理器及相关硬件（如显示卡、存储介质、IC 卡或信用卡等的读取设备）、嵌入式操作系统以及应用层的软件包组成。信息家电是智能家居不可或缺的组成部分。

随着智能家居的发展，家庭网络（home networking）产生了。家庭网络不是简单的“家庭局域网”，家电、照明系统、安防系统等都将分别通过双绞线、同轴电缆或光纤等有线方式，或 WiFi、红外线、蓝牙等无线方式连接。这样的技术使人们不用在家就能够控制家中的电器。由于家庭网络既是相关设备及家电在家庭范围内互联，又同时与互联网相联，所以就存在家庭网络与外部网络连接的技术问题，以及由此带来的安全问题和技术标准统一问题。这些问题都需要通过各方的努力，不断地去解决。

3. 智慧城市

智慧城市是指运用信息和通信技术手段感测、分析、整合城市运行核心系统的各项关键信息，从而对包括民生、环境保护、公共安全、城市服务、工商业活动在内的各种需求做出智能响应。其实质是利用先进的信息技术，实现城市的智慧式管理和运行，进而为城市中的人创造更美好的生活，促进城市和谐、可持续成长。

IBM 公司在 2008 年正式提出了“智慧地球”这一理念，进而引发“智慧城市”的建设热潮。欧盟于 2006 年发起了 Living Lab 网络，采用新的工具和方法、先进的信息和通信技术等手段来调动集体的智慧和创造力，为解决社会问题提供机会。2009 年美国艾奥瓦州的迪比克市与 IBM 公司合作，建立了美国第一个智慧城市。美国麻省理工学院比特和原子中心发起的 Fab Lab（微观装配实验室）也突出体现了以人为本的思想。如今智慧城市的建设已经在国内外许多地区展开。例如，我国的智慧上海、智慧双流，新加坡的“智慧国家 2025”计划、韩国的“U-City 综合计划”等，都取得了一定的成果。

智慧城市中的“智慧”不仅仅代表智能。智慧城市希望通过以移动技术为代表的物联网基础设施、云计算基础设施等新一代信息技术，加上维基（Wiki）、社交网络、Fab Lab、Living Lab 等社会创新层面的社会工具和方法，对包括民生、环境保护、公共安全、城市服务、工商业活动在内的各种需求做出智能响应，创造出一个节约资源、保护环境、以人为本、可持续发展的更美好的城市生活。

智慧城市不仅需要物联网、云计算等新一代信息技术的支撑，更需要培育面向知识社会的下一代创新（创新 2.0）。信息和通信技术的融合与发展消融了信息与知识分享的壁垒，消融了创新的边界，推动了创新 2.0 形态的形成，并进一步推动各类社会组织及活动边界的“消融”。

维也纳、多伦多、巴黎、纽约、伦敦、东京、柏林、哥本哈根、巴塞罗那等是全球建设得较好的智慧城市。与此同时，我国的“智慧城市”也在稳步发展当中，北京、上海、广州、深圳、无锡、杭州、宁波等都已开展智慧城市的建设。“智慧城市”正在逐渐改变人们的衣食住行，方便人们的生活。

4. 智能交通

智能交通系统（intelligent transportation system，ITS）是未来交通系统的发展方向。它

通常由交通信息服务系统、交通管理系统等组成，将信息技术、通信技术、传感技术、控制技术以及计算机技术等进行有效的整合，对道路交通、公共交通、高速公路等地面交通系统进行全方位监控与管理。作为一个综合交通运输管理系统，它实时、准确、高效地实施最优化方案。

智能交通包含车辆控制系统、交通监控系统、车辆管理系统和旅行信息系统等子系统，具有跨行业，技术领域交叉，政府、企业、科研单位及高等学校共同参与，以及以下一代信息技术，如云计算、传感器、射频识别等技术作为主要支撑技术的特点。

从 2012 年开始，我国的智能交通呈现快速发展趋势，目前从事智能交通的企业达 2 000 多家，遍及 3S（遥感技术、地理信息系统、全球定位系统）、道路监控、系统集成等多个环节。

5. 智能网络

智能网络（intelligent network，IN）就是通过技术手段，对各种不同的硬件设备进行连接，以满足人们的需求。智能网络出自贝尔通信研究所（贝尔中心），其后期版本称为先进智能网络（AIN），它能够通过一个电话号码的给定部分来定制服务，从而增强了业务的灵活性。

智能网络有以下三个特征。

（1）弹性：可以自由扩容，而且具有较高的安全性。

（2）自适应性：包括具有较高的识别能力，服务灵活，响应快速，能够自动防御和优化等。

（3）集成性：通过对模块化设备进行集成，实现系统级管理。

如今，人们又提出了最新的网络构想——“量子网”。量子网络通过利用量子力学规律进行高速数学和逻辑运算，存储和处理量子信息，在运算与数据传输上都达到了前所未有的速度。量子网涉及量子计算机、量子通信、量子卫星等技术。但遗憾的是，在实际环境中量子系统会与外部环境发生相互作用，产生消相干，影响系统运行。但相信未来量子网的研究一定会取得新的进展，更好地服务于人们的生活。

3.6　区　块　链

3.6.1　基本概念

区块链（block chain）是一种由多方共同维护，使用密码学算法保证数据传输和访问安全，能够实现数据一致存储、难以篡改、防止抵赖的记账技术，又称为分布式账本技术（distributed ledger technology）。典型的区块链以块 – 链结构存储数据。作为一种在不可信的竞争环境中低成本建立信任的新型计算范式和协作模式，区块链凭借其独有的信任建立机制，改变着诸多行业的应用场景和运行规则，是未来发展数字经济、构建新型信任体系不可或缺的技术之一。在典型的区块链系统中，各参与方按照事先约定的规则共同存储信息并达成共识。为了防止共识信息被篡改，系统以区块（block）为单位存储数据，区块之间按照时间顺序、结合密码学算法构成链（chain）式数据结构，通过共识机制选出记录节点，由该节点决定最新区块的数据，其他节点共同参与最新区块数据的验证、存储和维护；数据一经确认，就难以删除和更改，只能对其进行授权查询操作。

1. 区块链的特征

区块链具有以下特征。一是采用全网共享的分布式记账方式，信息由多个记录者保存，参与记账的各方之间通过同步协调机制，保证数据防篡改和一致性。二是传统的数据库具有增加、删除、修改和查询 4 个经典操作。对于全网账本而言，区块链技术只留下增加和查询操作，在区块和链表这样的“块链式”结构的基础上，用相应的时间戳进行凭证固化，形成环环相扣、难以篡改的可信数据集合。三是从单方维护变成多方维护。对于各个主体而言，传统的数据库是一种单方维护的信息系统，不论是采用分布式架构，还是采用集中式架构，都对数据记录具有高度的控制权。区块链引入了分布式账本，是一种多方共同维护、不存在单点故障的分布式信息系统，数据的写入和同步不只是局限在一个主体范围之内，需要由多方验证数据，形成共识，再决定哪些数据可以写入。四是从外挂合约发展为内置合约。以前财务的资金流和商务的信息流是两个截然不同的业务流程。在商务合作过程中签订的合约经过人工审核、鉴定成果之后，再由财务部门打款，形成相应的资金流。智能合约的出现，使得可以基于事先约定的规则，通过运行代码来独立执行、协同写入，形成一种将信息流和资金流整合在一起的内置合约。

2. 区块链的分类

根据区块链的性质和开放程度，可以将区块链分为公有链、私有链和联盟链。对所有人都开放的是公有链，只针对单独个人和实体开放的是私有链，介于两者之间的是联盟链。公有链是最早出现的区块链，也是目前应用最广泛的区块链。公有链是一种全新的分布式基础架构与计算范式，它利用有序的链式数据结构存储数据，利用共识算法更新数据，利用密码学算法保障数据安全。公有链在系统中构建的分布式账本不可被篡改和伪造，并按照共识机制集体维护一个可靠的数据库；同时，系统中各个节点都拥有账本，而且动态地保持一致。比特币、以太坊就是很有代表性的公有链。

私有链建立在某个企业的内部，根据企业的要求对系统的运行规则进行设定，修改权限甚至读取权限仅有少数节点拥有，对数据的访问有着十分严格的权限控制。

联盟链的各个节点通常有与之对应的实体组织，经过授权才能加入和退出网络，各个组织组成利益相关的联盟，共同维护区块链的健康运转。这类区块链被认为是“部分去中心化”的，联盟链的典型代表是由 Linux 基金会主导发起的超级账本项目（Hyperledger）和 R3 Corda。

3.6.2　关键技术

1. P2P 网络架构

P2P 网络（peer-to-peer network）在区块链中的作用是将所有的节点连接起来，使得在不依靠第三方的情况下任意一对节点间可以使用广播的形式传递数据信息，互联通信，使系统得以正常运行。P2P 网络中有以下两个关键概念。

（1）广播机制。P2P 网络采用扁平式拓扑结构，理论上不存在任何中心化的特殊节点和层级结构，每个节点均会承担网络路由、验证信息、传播信息、发现新节点等工作。区块链公布信息的方式是广播，交易信息会向所有节点广播。在广播的过程中，节点会先验证消息是否合法，之后再判断是否将消息向相邻节点广播。只要保证交易信息被大于 51% 的节点收到就认为交易通过，可以将其记录在新的区块中。节点若判断交易信息有误则丢弃该信息并终止广播。除了对交易信息进行验证外，P2P 的广播机制还被用来确认节点的记账权。通过计算得出动态随机数且拥有最全记录的节点向全网广播新区块数据，其他节点抛弃自身区块数据，接收该区块数据，在验证了记账权后将新区块数据存入区块链。

（2）共识机制。区块链是一个去中心化管理系统，所有参与记账的节点均参与信息的管理。在多个记账节点之间保证数据的一致性和可用性是在构建区块链系统时要考虑的重要问题。区块链一般采用工作证明（proof of work，PoW）或股权证明（proof of stake，PoS）共识机制来保证数据的一致性。其中，工作证明采用“挖矿”计算的方法，即如果通过数学运算，得出一个满足规则的随机数，则该节点获得本次记账权，发出本轮需要记录的数据，全网其他节点在对区块数据进行验证后将其存储起来。上述计算过程保证了共识的安全性和数据的一致性，但利用计算方法挖矿浪费了大量资源。股权证明是工作证明的一种升级方式，它通过计算节点所持有的币数占总币数的百分比以及持有币数的时间来决定记账权。这种共识机制效率更高，而且不需要大量的运算能力。

2. 数据一致性

（1）区块链的结构。区块链包含三个基本概念：交易（transaction）、区块（block）和链（chain）。其中，交易是在账本上的一次操作，其结果是账本的状态发生了一次改变；区块是记录一段时间内产生的所有交易的状态和结果，是对当前账本状态的共识，后继区块记录着前导区块的散列值；链是按照时间顺序将所有区块串联起来而形成的，是整个账本状态变化的日志，链上的数据不可修改且不可删除。区块链的结构如图 3.18 所示。

（2）加密算法。在密码学中，加密算法是将明文数据变换为难以识别的密文数据，只有拥有正确的解密密钥，对密文进行解密，才能将密文转化为可以识别的明文。根据加密和解密过程中使用的密钥是否相同，可以将加密算法分为对称加密算法（symmetric cryptography）和非对称加密算法（asymmetric cryptography）。

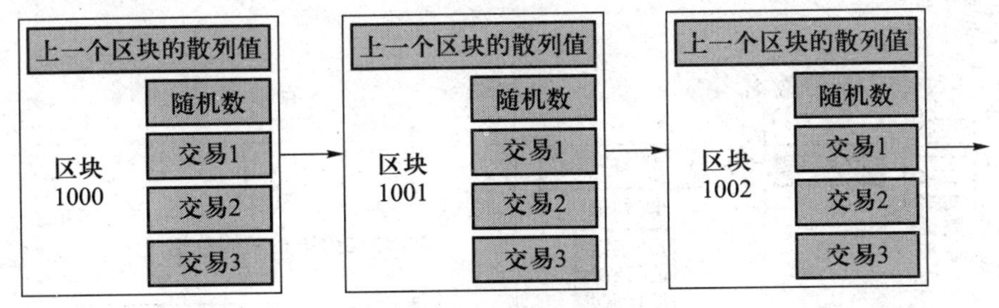

图 3.18　区块链的结构

对称加密算法就是使用一个密钥对数据进行加密，也使用同样的密钥对其进行解密。对称加密算法的优点是加密速度快，其缺点是通信双方都需要提前持有相同的密钥，如果密钥被泄露则毫无安全性可言。

反之，在非对称密钥算法中加密密钥和解密密钥完全不同，它们分别称为公钥（public key）和私钥（private key）。私钥通过特定算法生成，是被保护起来的；公钥根据私钥来生成，是公开的。一般来说，私钥的长度比公钥长。非对称加密算法的优点是可以用于不安全的通信链路中，缺点是处理速度比较慢。

目前常见的非对称加密算法有 RSA 加密算法，椭圆曲线密码算法（ECC）等。

（3）数字签名。数字签名技术是将非对称加密算法和散列（hash）函数结合起来的技术。在数字签名技术中，私钥用于对文本摘要进行签名，公钥用于对签名内容进行验证，以确认该文本来自私钥的拥有者，而没有被篡改。公钥证书的有效性需要预先通过认证中心（CA）证书来确认，而 CA 证书的有效性则需要通过上一级 CA 证书来确认，于是形成了一个 CA 证书树，CA 证书树的根是根 CA 证书，需要被无条件信任。在安装操作系统时默认会安装一些根 CA 证书。数字签名的工作原理如图 3.19 所示。

（4）默克尔树。默克尔（Merkle）树又称为散列树，是一种典型的二叉树，它由一个散列根节点、若干个枝节点和若干个叶子节点组成。其中，叶子节点的值是数据块或数据块的散列值，非叶子节点的值为其叶子节点内容的散列值。

默克尔树的这种迭代计算散列值的方式，使得低层数据只要有改动，就会向其上层传播，并一直迭代到根节点，从而导致根节点的散列值发生变化。在区块链中，默克尔树用于存储区块交易数据，如图 3.20 所示，其中 D_0 ~ D_3 为区块链上的交易记录，并将根节点的散列值（root hash）作为当前区块交易的根摘要。

3. 智能合约

智能合约（smart contract），负责将区块链系统的业务逻辑以代码的形式实现、编译并部署，以实现既定规则的条件触发和自动执行，最大限度地减少人工干预。智能合约的操作对象多为数字资产，数据上链后难以修改、触发条件强等特性决定了智能合约的使用具有高价值和高风险的特点，如何规避风险并发挥价值是当前智能合约广泛应用的难点。

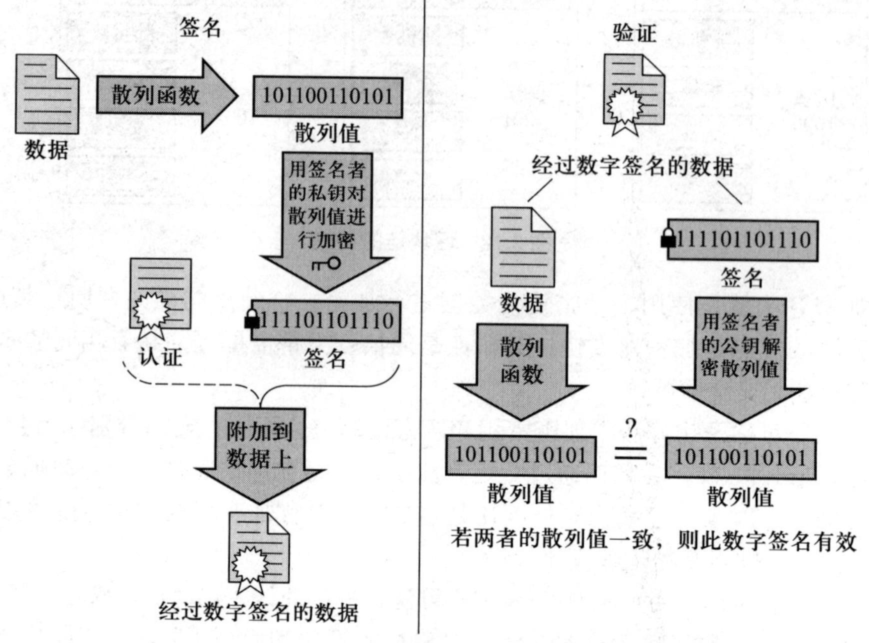

图 3.19 数字签名的工作原理

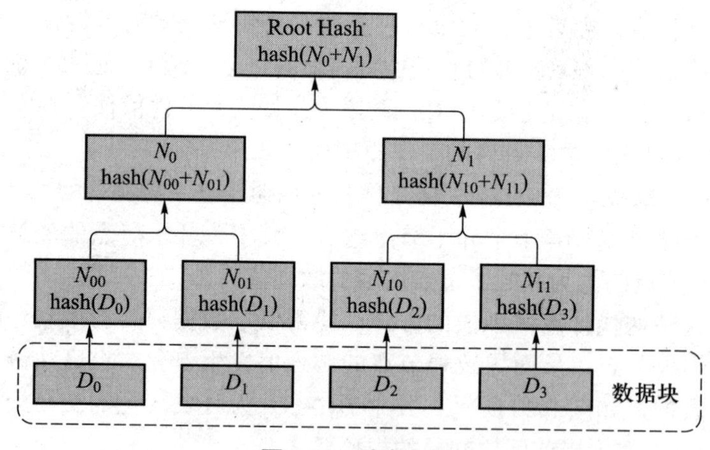

图 3.20 默克尔树

根据图灵完备与否可以将智能合约分为两类，即图灵完备智能合约和非图灵完备智能合约。影响图灵完备性的因素主要包括循环或递归受限、无法实现数组或更复杂的数据结构等。图灵完备智能合约有较强的适应性，可以对逻辑较复杂的业务操作进行编程，但有陷入死循环的可能。相比而言，图灵不完备智能合约虽然不能进行复杂的逻辑操作，但更加简单、高效和安全。

3.6.3　应用领域

1. 银行业

区块链是数字化的、不可变的、抗干扰的、去中心化的分发账本，可以实现银行业的核心功能，即价值的安全存储和转移中心。可以预见，在不久的将来，一批基于区块链技术的企业或将对银行业产生影响。瑞士的瑞银集团（UBS）和英国的巴克莱（Baeclays）银行都在尝试运用区块链技术来完善支付条件。区块链技术可以为银行省去数百亿美元的中间费用。

2. 智能制造

区块链技术，可以颠覆制造企业传统中心化的生产管理方式，使得它们能够有效地采集和分析原本孤立的系统中存在的由传感器和其他部件产生的信息，并借助大数据分析技术，评估其实际价值，以建立更加安全的运营机制、制定更加高效的工作流程和提供更加优秀的服务。区块链的透明化一方面使制造企业的研发、审计、生产制造和流通等过程更加有效，另一方面降低了制造企业的运营成本和制造成本，提升了良品率，使其具有更大的竞争优势。智能制造的价值之一就是重塑价值链，而区块链有助于提高其价值链的透明度、灵活性，使其能够更加敏捷地应对生产、物流、仓储、营销、销售、售后等环节中存在的问题。

3. 支付和转账

世界经济论坛曾在《福布斯》杂志上撰文，认为去中心化支付技术，如比特币，或将改变转账业 100 多年未变的“商务结构”。区块链技术能够避开繁杂的系统，在付款人和收款人之间创建更加直接的付款流程；不管是境内转账还是跨境转账，这种方式都有着低价、迅速的特点，而且无须中间手续费。Abra 就是一家利用区块链技术进行转账的创业企业。

4. 网络通信和物联网

IBM 公司和三星公司正携手实现一个称为 ADEPT 的构想。ADEPT 利用区块链技术打造去中心化物联网的支柱。有了 ADEPT，即去中心化的 P2P 自动遥测系统，区块链就能够成为众多设备的公共系统，各台设备也因此能够自动互相交流、更新软件等，而无须中心枢纽来进行协调。

5. 智能合同

智能合同实际上是能够对另一个物体的行动发挥功能的计算机程序。与普通的计算机程序一样，智能合同也具有“如果—然后”功能，然而区块链技术使“合同”的自动填写得以实现，而无须人工介入。智能合同最终会取代法律行业的核心业务，即在商业和民事领域起草和管理合同的业务。例如，按揭贷款可以通过区块链技术来完成，每年依据合同条款来自动执行。

6. 行业研究及预测

区块链技术将会对研究、分析、咨询和预测行业产生重大影响。在线众筹平台 Augur

希望能通过去中心化的预测平台获利。它将提供一种类似博彩互换的服务，该服务过程将被去中心化，Augur 不仅能提供体育和股票博彩服务，还能提供自然灾害博彩服务。这种做法实际上创造了一个“预测市场”。

3.7 人工智能

3.7.1 基本概念

1. 人工智能

人工智能（artificial intelligence，AI）是研究、开发用于模拟、延伸和扩展人的智能的理论、方法、技术及应用系统的一种新兴的科学技术。它是计算机科学的一个分支，作为前沿的交叉学科，其研究内容还包括机器人、语音识别、图像识别、自然语言处理和专家系统等。人工智能是围绕智能活动构造的人工系统，是知识的工程，是机器模仿人类利用知识完成一定行为的过程。

2. 基本特征

（1）由人类设计，为人类服务，本质为计算，基础为数据。人工智能系统是人类设计的机器，它以芯片等硬件为载体，按人类设计的程序逻辑或软件算法来进行工作。其本质为计算，通过对数据进行采集、加工、处理、分析和挖掘，形成有价值的信息流和知识模型，为人类提供服务。

（2）能感知环境，能产生反应，能与人交互，能与人互补。人工智能系统借助传感器对外界环境进行感知，接收来自外界环境的信息，并对这些外界的输入信息产生必要的反应。通过输入输出设备，人与机器之间能够进行交互，能够做人类不擅长、不喜欢但机器能够完成的工作。

（3）有自适应特性，有学习能力，有演化迭代，有连接扩展。在理想情况下，人工智能系统应具有一定的自适应特性和学习能力，即具有一定的随环境、数据或任务变化而自适应调节参数或更新优化模型的能力。

3.7.2 涉及的技术领域

1. 机器学习

机器学习（machine learning）是一门涉及统计学、系统辨识、逼近理论、神经网络、优化理论、计算机科学、脑科学等诸多领域的交叉学科，主要研究计算机如何模拟或实现人类的学习行为，以获取新的知识或技能，重新组织已有的知识结构，使之不断改善自身的性能。可以说，机器学习是人工智能技术的核心。

根据学习模式、学习方法以及算法的不同，机器学习有着不同的分类方法。

（1）根据学习模式可以将机器学习分为监督学习、无监督学习和强化学习等。监督学习是利用一组已知类别的样本调整分类器的参数，达到所要求性能的过程，也称为监督训练或有教师学习。监督学习要求训练样本的分类标签是已知的，分类标签精确度越高，样本越具有代表性，学习模型的准确度也越高。监督学习在自然语言处理、信息检索、文本挖掘、手写体辨识、垃圾邮件检测等领域有着广泛应用。

无监督学习是指用无标记的有限数据来描述隐藏在未标记的数据中的结构 / 规律，典型的无监督学习算法包括单类密度估计、单类数据降维、聚类等。无监督学习不需要对样本进行训练和人工标注数据，既可以减少计算量，提升算法速度，还可以避免正、负样本偏移引起的分类错误问题。无监督学习主要用于经济预测、异常检测、数据挖掘、图像处理、模式识别等领域。

强化学习是智能体（agent）通过"试错"的方式进行学习，用与环境进行交互所获得的奖赏来指导行为，其目标是使智能体获得最大的奖赏。强化学习不同于监督学习，这主要表现在强化信号上。强化学习系统中由环境提供的强化信号是对产生的动作的好坏做出的一种评价（通常为标量信号），而不是告诉强化学习系统如何去产生好的动作。由于外部环境提供的信息很少，强化学习系统必须依靠自身的经历进行学习。强化学习在机器人控制、无人驾驶、工业控制等领域应用广泛。

（2）根据学习方法可以将机器学习分为传统机器学习和深度学习。传统机器学习试图从一些观测（训练）样本出发，发现不能通过原理分析获得的规律，实现对未来数据行为或趋势的准确预测。其相关算法包括逻辑回归、隐马尔可夫、支持向量机、贝叶斯以及决策树等方法，这些方法的共同理论基础之一是统计学，在自然语言处理、语音识别、图像识别、信息检索和生物信息等领域得到了广泛的应用。

深度学习的概念源于对人工神经网络的研究，由 Hinton 等人于 2006 年提出。含多隐层的多层感知器就是一种深度学习结构。深度学习通过组合低层特征形成更加抽象的高层来表示属性类别或特征，以发现数据的分布式特征表示。随后，为解决深层结构相关的优化难题，基于深度置信网络（deep belief net，DBN）的非监督贪心逐层训练算法、多层自动编码器深层结构被提出。此外，LeCun 等人提出的卷积神经网络是第一个真正的多层结构学习算法，它利用空间相对关系减少参数数量，提高训练性能。深度学习是机器学习研究中的一个新领域，其动机在于建立模拟人脑进行分析和学习的神经网络，它模仿人脑的机制来解释数据，如图像、声音和文本。

2. 知识图谱

知识图谱本质上是结构化的语义知识库，是一种由节点和边组成的图数据结构，用符号来描述物理世界中的概念及其相互关系，其基本组成单位是"实体—关系—实体"三元组和实体及其相关的"属性—值"对。不同的实体通过关系相互联结，构成网状的知识结构。在知识图谱中，节点表示现实世界中的“实体”，边表示实体与实体之间的“关系”。通俗地讲，知识图谱就是把所有不同种类的信息连接在一起而得到的一个关系网络，提供了从“关系”的角度去分析问题的能力。

知识图谱可以用于反欺诈、不一致性验证、组团欺诈等公共安全保障领域，其涉及异常分析、静态分析、动态分析等数据挖掘方法。特别地，知识图谱在搜索引擎、可视化展示和精准营销等方面有很大的优势，已成为业界常用的工具。但是，知识图谱的发展还面临着很大的挑战，如数据的噪声问题，即数据本身有错误或者存在冗余。随着知识图谱应用的不断深入，还有一系列关键技术需要突破。

3. 自然语言处理

自然语言处理是计算机科学与人工智能的一个重要方向，主要研究实现人与计算机之间通过自然语言进行有效通信的各种理论和方法，其涉及的领域较多，主要包括机器翻译、语义理解和问答系统等。

（1）机器翻译。机器翻译是利用计算机技术实现将一种自然语言翻译成另外一种自然语言的过程。基于深度神经网络的机器翻译在日常交际等场景中已获得了成功的应用。

（2）语义理解。语义理解是利用计算机技术实现对文本篇章的理解，并且回答与篇章相关的问题的过程。语义理解可以进一步提高问答与对话系统的精度，在智能客服、产品自动问答等领域发挥着重要的作用。

（3）问答系统。问答系统是使计算机能够像人类一样用自然语言与人交流的技术。人们可以向问答系统提交用自然语言表达的问题，系统会返回关联性较高的答案。

4. 人机交互

人机交互主要研究人和计算机之间的信息交换，主要包括人到计算机的信息交换和计算机到人的信息交换，是人工智能领域重要的外围技术。人机交互是与认知心理学、人机工程学、多媒体技术、虚拟现实技术等密切相关的综合学科。

5. 计算机视觉

计算机视觉是使用计算机模仿人类视觉系统的科学，可以让计算机拥有类似人类提取、处理、理解和分析图像以及图像序列的能力。在自动驾驶、机器人、智能医疗等领域，人们均需要利用计算机视觉技术从视觉信号中提取并处理信息。计算机视觉可以分为计算成像学、图像理解、三维视觉、动态视觉和视频编解码五类。

（1）计算成像学。计算成像学是探索人眼结构、相机成像原理及其延伸应用的科学。在相机成像原理方面，计算成像学可以提升相机的能力，并通过后续的算法处理使得其在受限条件下拍摄的图像更加完善，如图像去噪、去模糊、暗光增强、去雾霾等，以及实现新的功能，如全景图、超分辨率等。可以说，计算成像学使得现有可见光相机的功能不断完善，更加轻便，应用场景更加丰富。同时，计算成像学也推动着新型相机的产生，使相机能够超出可见光的限制。

（2）图像理解。图像理解是研究如何通过计算机系统解释图像，实现类似人类视觉系统理解外部世界的功能的科学。通常根据所理解的信息的抽象程度，可以将图像理解分为三个层次：浅层理解，包括图像边缘、图像特征点、纹理元素等；中层理解，包括物体边界、区域与平面等；高层理解，根据需要抽取高层语义信息，大致可以分为识别、检测、分割、姿态估计、图像文字说明等。目前高层图像理解算法已广泛应用于人工智能系统，如刷脸支付、智慧安防、图像搜索等。

（3）三维视觉。三维视觉即研究如何通过视觉获取三维信息（三维重建）以及如何理解所获取的三维信息的科学。根据信息来源，可以将三维重建分为单目图像重建、多目图像重建和深度图像重建等。三维信息理解，即使用三维信息辅助图像理解或者直接理解三维信息。三维信息理解可以分为以下三个层次：浅层，包括角点、边缘、法向量等；中层，包括平面、立方体等；高层，包括物体检测、识别、分割等。三维视觉技术已广泛应用于机器人、无人驾驶、智慧工厂、虚拟 / 增强现实等领域。

（4）动态视觉。动态视觉即分析视频或图像序列，模拟人处理时序图像的科学。通常可以将动态视觉问题定义为寻找图像元素，如像素、区域、物体在时序上的对应关系，以及提取其语义信息的问题。动态视觉研究被广泛应用于视频分析以及人机交互等领域。

（5）视频编解码。视频编解码是指通过特定的压缩技术，对视频流进行压缩。视频流传输中最为重要的编解码标准有国际电信联盟的 H.261、H.263、H.264、H.265、M-JPEG 和 MPEG 系列标准。

6. 生物特征识别

生物特征识别技术是通过个体生理特征或行为特征对个体身份进行识别认证的技术。生物特征识别技术涉及的内容十分广泛，包括指纹、掌纹、人脸、虹膜、指静脉、声纹、步态等多种生物特征，其识别过程涉及图像处理、计算机视觉、语音识别、机器学习等多种技术。目前，生物特征识别作为重要的智能化身份认证技术，在金融、公共安全、教育、交通等领域有着广泛的应用。

7. 虚拟现实 / 增强现实

虚拟现实（virtual reality，VR）/ 增强现实（augment reality，AR）是以计算机为核心的新型视听技术，其结合相关科学技术，在一定范围内生成与真实环境在视觉、听觉、触感等方面高度近似的数字化环境。用户借助必要的装备，如显示设备、跟踪定位设备、触力觉交互设备、数据获取设备、专用芯片等，与数字化环境中的对象进行交互，相互影响，获得近似真实环境的感受和体验。

3.7.3 应用领域

1. 智能制造

智能制造是指新一代信息通信技术与先进制造技术深度融合，并贯穿于设计、生产、管理、服务等制造活动中，形成具有自感知、自学习、自决策、自执行、自适应等功能的新型生产方式。智能制造对人工智能的需求主要集中在以下三个方面：一是智能装备，包括自动识别设备、人机交互系统、工业机器人以及数控机床等设备，涉及跨媒体分析与推理、自然语言处理、虚拟现实与智能建模及自主无人系统等关键技术；二是智能工厂，包括智能设计、智能生产、智能管理以及集成优化等内容，涉及跨媒体分析与推理、大数据智能、机器学习等关键技术；三是智能服务，包括大规模个性化定制、远程运维以及预测性维护等服务模式，涉及跨媒体分析与推理、自然语言处理、大数据智能、高级机器学习等关键技术。例如，现有的涉及智能装备故障问题的纸质文件，可以通过自然语言处理形成数字化资料，再将这种非结构化数据转换为结构化数据，形成深度学习所需的训练数据，从而构建设备故障分析的神经网络，为下一步故障诊断、优化参数设置提供决策依据。

2. 智能金融

智能金融是指人工智能技术在金融业中用于服务客户，支持授信、金融交易和金融分析中的决策，以及用于风险防控和监督。智能金融将大幅改变金融的现有格局，使金融服务更加个性化和智能化。

3. 智能安防

智能安防是利用人工智能技术对视频、图像等进行存储和分析，从中识别安全隐患并对其进行处理的技术。智能安防与传统安防的最大区别在于智能化，传统安防对人的依赖性比较强，非常耗费人力，而智能安防能够实现智能判断，从而对安全隐患进行实时防范和处理。

4. 智能医疗

人工智能的快速发展，为医疗健康向更加智能化的方向发展提供了技术支持。近几年，智能医疗在辅助诊疗、疾病预测、医疗影像辅助诊断、药物开发等方面发挥着越来越重要的作用。

5. 智能物流

目前，物流企业一方面利用条形码、射频识别、传感器、全球定位系统等技术优化和改善运输、仓储、配送装卸等物流业基本活动；另一方面也在尝试利用智能搜索、推理规划、计算机视觉以及智能机器人等技术，实现货物运输的自动化运作和优化管理，提高物流效率。

小结

电子商务是在互联网与丰富的传统资源相结合的背景下产生的一种动态商务活动。电子商务系统的应用和发展离不开底层技术的支撑，电子商务技术是对新的、与时俱进的商务模式的全方位的支持和服务。

本章主要从电子商务基础技术、计算机通信技术、地理信息技术等方面讲述了电子商务支撑技术。电子商务基础技术主要包括电子商务系统涉及的一些基础技术，如 Web 技术、HTML 技术、XML 技术、客户端脚本语言及交互技术、服务器端网页技术等。计算机通信技术主要包括目前电子商务应用系统中所涉及的网络技术，如 TCP/IP、HTTP、WAP、WLAN、WiFi 以及 4G 和 5G 等。地理信息技术是指电子商务系统中所涉及的一些特殊信息系统，包括全球定位系统、地理信息系统等。此外，还有大数据与云计算、物联网、区块链、人工智能等一系列飞速发展的技术。在这些技术的支持下，智能家居、智慧城市、智能交通等正在逐渐改变着人们的生活。

思考与讨论

1. Web 技术、HTTP 与 HTML 技术之间的区别与联系是什么？
2. 用户通过浏览器进行浏览时，Web 技术、HTTP 与 HTML 技术的工作流程是什么？
3. 什么是 XML？ XML 有什么特点？其结构是什么？
4. 举例说明 XML 的使用方法。XML 与 HTML 在语法上有什么不同？
5. Java 的特点是什么？在众多的语言中，为什么 Java 受到电子商务系统开发者的欢迎？请结合实际问题进行分析。
6. 假定你是一名项目负责人，现在要承接一个电子商务系统的研制任务。请思考：

   （1）在进行系统设计时，是否已经选定了开发语言？如果是，则开发语言本身所具有的局限性是否会导致系统设计有所折中？这些折中能否控制在用户能接受的范围内？如果不是，你是怎么做的？为什么？开发的效率和时间如何进行控制？

   （2）选择开发语言的主要依据是什么？

   （3）如果市场上已经有类似的系统出现，在进行设计规划时如何考虑上述问题？

   说明：每种开发语言（工具）都有自己的优点和缺点，而开发不同系统对语言的要求一般是不同的，在进行设计规划时，是以自己项目组熟悉的语言为基础进行设计开发，还是先考虑系统要求，设计出框架后再选择最适合的开发语言，是一名项目负责人要考虑的问题。
7. 假设你是一位企业的决策者，要对企业现有系统进行改造以适应电子商务，面对如此多的技术，你将如何抉择？从技术上考虑，你怎么做自己的电子商务？
8. TCP/IP 模型共有几个层次？每一层的具体功能是什么？
9. 简述 HTTP 的主要特点。
10. WAP 是什么？简述 WAP 的体系结构。
11. 什么是无线局域网协议？说明其特点。

12. 说明 IEEE 802.11 协议的结构。
13. 说明 IEEE 802.11i 协议中的安全机制。
14. 中国无线局域网规范的内容是什么？
15. 简述 4G 和 5G 技术各自的特点和关键技术。
16. 假设 5G 移动网络的数据传输速率是 1 Gbps，那么下载一部 25 GB 的 Blu-ray 电影，需要花费多长时间？
17. 全球定位系统给人们带来了什么？对于电子商务，你认为 GPS 能带来什么？
18. 地理信息系统的技术基础是什么？它有什么功能？
19. 举例说明全球定位系统与地理信息系统是如何协同工作的。说明全球定位系统与一般事务数据库的区别与联系。
20. 什么是云计算？云计算的特点是什么？云计算有哪些类型？
21. 简述 Hadoop 框架。
22. 简述 MapReduce 的工作原理。
23. 举例说明在现实生活中你所接触到的物联网应用实例。
24. 传感器的 4 个主要部件分别是什么？它们在实际应用中分别起着什么作用？
25. 请根据书中所列举的智慧城市来查阅资料，阐述智慧城市与传统城市对人们生活有何种改变。

第4章
电子商务支付技术

支付是电子商务中资金流的重要过程，它的发展决定着电子商务实施的成败。电子支付技术是实现网络购物与实时支付的关键所在。

电子支付，指的是以金融专用网络为基础，以商用电子化机具和各类交易卡为媒介，以计算机技术和通信技术为手段，以电子数据形式存储在银行的计算机系统中，并通过计算机网络以电子信息传递形式实现资金流通和支付。随着电子货币的快速普及，电子支付必然会走进千家万户。

4.1 电子商务支付系统概述

电子支付系统是采用数字化形式进行电子货币数据交换和结算的网络银行业务系统，它是实现网上支付的基础。电子支付系统的发展方向是兼容多种支付工具，但目前各种支付工具之间存在较大差异，各有自己的特点和运作模式，适用于不同的交易过程。因此，一种电子支付系统通常只是针对某一种支付工具而设计的。Mondex系统、First Virtual系统和FSTC系统是目前几种主要的电子支付系统。支付系统是指由提供支付服务的中介机构、管理货币转移的法规以及实现支付的技术手段共同组成的，用来清偿经济活动参加者在获取实物资产或金融资产时所承担债务的一种特定方式与安排。支付系统是重要的社会基础设施之一，是社会经济良好运行的基础和催化剂，因此支付系统现代化建设受到市场参与者、货币当局，特别是中央银行的高度重视。

4.1.1 电子支付系统的构成

电子支付系统把新型支付手段，如电子现金（e-cash）、信用卡（credit card）、借记卡（debit card）、智能卡等的支付信息通过网络安全地传送到银行或相应的处理机构，以实现电子支付。因此，电子支付系统是电子交易顺利进行的基础。

基于因特网的电子支付系统由客户、商家、认证中心、支付网关、客户银行、商家银行和金融专用网络 7 个部分组成。

1. 客户

客户一般是指利用电子交易手段与企业或商家进行电子交易活动的单位或个人。它们通过电子交易平台与商家交流信息，签订交易合同，用自己拥有的网络支付工具进行支付。

2. 商家

商家是指向客户提供商品或服务的单位或个人。在电子支付系统中，它必须能够根据客户发出的支付指令向金融机构请求结算，这一过程一般是由商家设置的一台专门的服务器来处理的。

3. 认证中心

认证中心是交易各方都信任的公正的第三方中介机构，它主要负责为参与电子交易活动的各方发放和维护数字证书，以确认各方的真实身份，保证整个电子交易安全稳定地进行。

4. 支付网关

支付网关是进行银行网络和因特网之间的通信协议转换和进行数据加、解密，保护银行内部网络安全的一组服务器。它是公用网络平台和银行内部的金融专用网络平台之间的安全接口，电子支付的信息必须经过支付网关的处理才能进入银行内部的支付结算系统。

5. 客户银行

客户银行是指为客户提供资金账户和网络支付工具的银行，在利用银行卡作为支付工具的网络支付体系中，客户银行又称为发卡银行。客户银行根据不同的政策和规定，保证支付工具的真实性，并保证对每一笔认证交易的付款。

6. 商家银行

商家银行是为商家提供资金账户的银行，因为商家银行是依据商家提供的合法账单来工作的，所以又称为收单银行。客户向商家发送订单和支付指令，商家将收到的订单留下，将客户的支付指令提交给商家银行，然后商家银行向客户银行发出支付授权请求，并进行清算工作。

7. 金融专用网络

金融专用网络是银行内部及各银行之间交流信息的封闭的专用网络，通常具有较高的稳定性和安全性。

4.1.2　电子支付系统的分类

目前的电子支付系统可以分为 4 类：大额支付系统、联机小额支付系统、脱机小额支付系统和电子货币。

1. 大额支付系统

大额支付系统是一个国家支付体系的核心应用系统，它通常由中央银行运行，采用实时全额支付系统（realtime gross settlement，RTGS）模式。该系统主要处理银行间大额资金转账，通常支付的发起者和接收者都是商业银行或在中央银行开设账户的金融机构。当然，也有由私营部门运行的大额支付系统，这类系统对支付交易虽然可以做到实时处理，但要在日终进行净额资金清算。大额系统处理的支付业务量很少，但资金额却很大。

2. 联机小额支付系统

联机小额支付系统指 PoS 机系统和 ATM（automatic teller machine，自动柜员机）系统，其支付工具为银行卡（信用卡、借记卡或 ATM 卡等）。它的主要特点是金额小，业务量大，交易资金采用净额结算。

3. 脱机小额支付系统

脱机小额支付系统也称为批量电子支付系统，它主要指自动清算所（automatic clearing house，ACH），用于处理预先授权的定期借记（如公共设施缴费）或定期贷记（如发放工资）。支付数据以磁介质或数据通信方式提交清算所。

4. 电子货币

随着计算机网络技术在银行业中应用的不断深入，银行已经能够利用计算机网络将“现金流动”“票据流动”进一步转变成计算机中的“数据流动”。资金在银行计算机网络系统中以人类肉眼看不见的方式进行转账和划拨，是银行业推出的一种现代化支付方式。这种以数据形式存储在计算机（或各种卡）中并通过计算机网络来使用的资金越来越广泛地应用于电子交易中，这就是电子货币。目前，常用的电子货币有以下几种类型。

（1）储值和信用卡型。例如，储蓄卡（deposit card）和信用卡（credit card）。

（2）智能卡型。例如，IC 卡（IC card）。

（3）电子支票型。电子支票（electronic check）是指启动支付过程后，计算机屏幕上出现的支票图像，出票人用电子方式做成支票并在进行电子签名后出票。

（4）数字现金型。支持在网络上发行、购买、支付的数字现金（digital cash）。

（5）比特币。说到电子货币，就不得不提基于区块链技术的比特币。不同于上述以真实货币为基础的电子货币，比特币是一种完全虚拟的、不受第三方发行和控制的货币。比特币的出现完全颠覆了传统意义上的货币概念，同时也带来了很多问题，目前对于比特币的合理性、合法性，尚存在较大争议。

4.1.3　电子支付交易模式

在我国，电子支付已不是新概念，从 1998 年中国招商银行率先完成了第一笔网上支付业务之后，人们便开始接触到网上缴费、网上交易和手机银行业务。在最初阶段，银行的电子支付系统是主导力量，后来由于银行自身没有足够的动力和精力去扩展不同行业的中小型商家参与电子支付，于是非银行类的企业开始进入支付领域，它们通常被称为第三方电子支付公司。总体来看，我国主要存在 4 种电子支付交易模式：支付网关型模式、自建支付平台模式、第三方垫付模式、多种支付手段结合模式。

1. 支付网关型模式

支付网关型模式是指一些具有较强银行接口技术的第三方电子支付公司以中介的形式分别连接商家和银行，从而完成商家的电子支付的模式。这样的第三方电子支付公司如网银在线等，它们只是商家到银行的通道而不是真正的支付平台，其收入主要是与银行进行二次结算所获得的分成，一旦商家和银行直接相连，这种模式就会因为附加值低而最容易被弃用。

2. 自建支付平台模式

自建支付平台模式是指由拥有庞大用户群体的大型电子商务公司为主创建或它们自己创建支付平台的模式。这种模式的实质是以所创建的支付平台作为信用中介，在买家确认收到商品前，代替买卖双方暂时保管货款。这种担保使得买卖双方的交易风险能够得到控制，从而解决了交易中的安全问题，容易保持消费者的忠诚度。采用自建支付平台模式的企业有淘宝网、慧聪网等。这种支付平台主要服务于母公司的主营业务，其发展也取决于母公司平台的大小。

3. 第三方垫付模式

第三方垫付模式是指由第三方支付公司为买家垫付资金或设立虚拟账户的模式。它通过买卖双方在交易平台内部开立的账号，以虚拟资金为介质完成网上交易款项支付，这样的公司如 99bill 快钱、易宝支付（YeePay）等。

4. 多种支付手段结合模式

多种支付手段结合模式是指第三方电子支付公司利用电话支付、移动支付和网上支付等多种方式提供支付平台的模式。在这种模式中，客户可以通过拨打电话、手机短信或者银行卡等形式进行电子支付。

4.2　电子支付工具

网上金融服务是电子商务的一部分，已经在世界范围内开展。网上金融服务包括了网上消费、家庭银行、个人理财、网上投资交易、网上保险等。这些金融服务的特点是通过电子支付工具及时进行电子支付与结算。从广义定义来说，电子支付是买卖双方使用安全电子支付手段，通过网络进行的货币支付或资金流转。现在用户已经可以通过互联网看到无限数量的产品 / 服务，电子支付的目标就是发展有限数量的支付方式，如信用卡、电子支票、数字现金、智能卡等。这些方式广泛地为客户、商家及银行所接受。由于支付是在公开的网络上进行的，支付信息很容易遭到黑客的袭击，因此要达到这样的目标还必须保证电子支付工具的安全性。

电子支付是电子商务的关键组成部分，它体现电子商务较之传统商务的优越性，并成为吸引越来越多的商家和个人进行网上交易的原动力。然而，如何通过电子支付安全地完成整个交易过程，又是人们在选择网上交易时所必须面对的问题，也是首先要考虑的问题。下面对微支付、智能卡、电子钱包这三种电子支付进行介绍。

4.2.1 微支付

微支付是指在互联网上进行的一些小额资金支付。例如，网站为用户提供的有偿搜索服务、音乐下载、视频片段下载、试用版软件下载等，所涉及的支付费用很小。微支付（micro payment）就是为解决这些“小额的资金支付”而提出的。它的特点在于交易额度小，让消费者可以随手支付；同时交易量大，颇有薄利多销的意味。这种电子支付形式有着特殊的要求，即在满足一定安全性的前提下，要求有尽量少的信息传输、较低的管理和存储需求以及较高的速度和效率。

在我国现代服务领域（主要指电子商务及网络消费服务领域），支付宝和微信是主要的微支付工具。支付宝成立于 2004 年 12 月，是独立的第三方支付平台。它包括“支付宝”与“支付宝钱包”，是目前全球最大的移动支付平台。支付宝主要提供支付及理财服务，包括网络购物担保交易、网络支付、转账、信用卡还款、手机充值、水电燃气缴费、个人理财等领域。支付宝在进入移动支付领域之后，为零售百货、电影院线、连锁商店和出租车等多个行业提供服务，还推出了余额宝等理财服务。支付宝已与国内外多家银行以及 VISA、MasterCard 等国际组织建立了战略合作关系，成为金融机构在电子支付领域中信任的合作伙伴。腾讯公司也进军微支付领域。2013 年 8 月微信支付上线。微信支付是集成在微信客户端的支付功能，用户可以通过手机快速完成支付流程。微信支付以绑定银行卡的快捷支付为基础，向用户提供安全、快捷、高效的支付服务。微信支付凭借着巨大的微信用户基础和微信客户端装机量，得到了迅速的发展。

目前，国际上关于微支付的研究比较活跃，在传统微支付系统的基础上，多种新的微支付系统被提出，并扩展到一些新的领域，以满足对不同安全性和效率的需求。与其他电子支付系统相比，微支付具有以下特点。

（1）交易额小。微支付的交易额非常小，每一笔交易甚至为几分或者几元。

（2）安全性。微支付每一笔的交易额小，即使被截获或窃取，对交易方的损失也不大。所以，微支付很少采用或不采用公钥加密，而采用对称加密和散列运算，其安全性在很大程度上是通过审计或管理策略来保证的。

（3）效率。由于微支付交易频繁，所以要求较高的处理效率。例如，存储信息尽量少、处理速度尽量快和通信量尽可能少等。在实际应用中，可以在安全性和效率之间寻求平衡。

（4）应用。微支付的特点决定了其应用具有特殊性，如信息产品支付（新闻、信息查询和检索、广告点击付费等），移动计费和认证，以及分布式环境下的认证等。微支付一般不适合于实物交易中的电子支付。表 4.1 给出了常见微支付系统及特性比较。

表 4.1 常见微支付系统及特性比较

微支付系统	交易凭据	凭据产生主体	信用/借记	认证或兑换方式	采用的密码技术	特性
Millicent	商家签名的票据	商家/经纪人	借记	离线	对称加密技术、散列加密技术	根据安全性和效率有三种实现形式
MicroMint	满足散列冲突的货币	经纪人	借记	离线	散列加密技术	货币只能由经纪人产生
SubScrip	票据	商家	借记	在线	无	简单但不安全，可以进行公钥扩展
PayWord	PayWord 支付单元	消费者	信用	离线	公钥加密技术、散列加密技术	同一支付链适合于单个商家
NetCard	货币及散列值	经纪人消费者	信用/借记	离线	公钥加密技术、对称加密技术、散列加密技术	基于散列链的微电子现金，有多种实现形式
Paytree	树结构的叶子节点	消费者	信用	离线	公钥加密技术、散列加密技术	同一支付树可应用于多个商家
μ-*i*KP	基于散列链的息票	消费者	信用	离线	公钥加密技术、对称加密技术、散列加密技术	具有重复和非重复两种支付形式
LITESET	基于信用卡	消费者	信用	在线	公钥加密技术、对称加密技术、散列加密技术	使用签名加密（signcryption）技术
SVP	支付额及其散列值	消费者	信用	离线	对称加密技术、散列加密技术	采用抗篡改硬件

典型的微支付模型如图 4.1 所示，其中虚线表示离线方式。微支付模型一般涉及消费者（consumer）、经纪人（broker）和商家（merchant）三方。消费者是使用微电子货币购买商品的主体；商家为消费者提供商品并接收支付；经纪人是作为可信第三方存在的，用于为消费者和商家维护账号，通过证书或其他方式认证消费者和商家的身份，进行货币销售和清算，并解决可能引起的争端，它可以是一些中介机构，也可以是银行等。

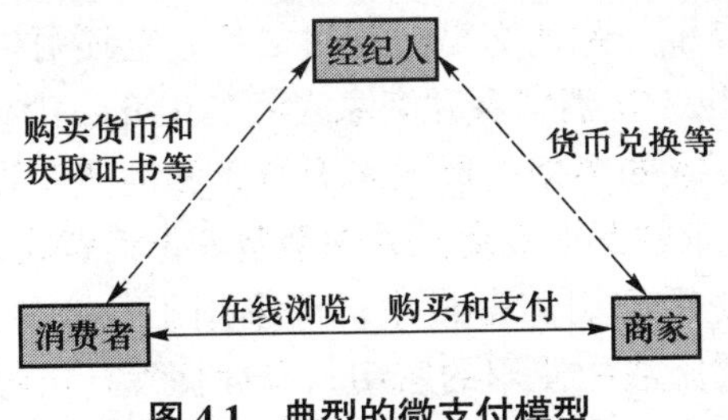

图 4.1 典型的微支付模型

根据不同的微支付系统，微支付中的货币可以由票据（scrip）或散列链等组成，可以由商家产生，也可以由经纪人（一般代理商家）和消费者产生。由商家或经纪人代理产生的微电子货币一般与特定的商家有关，如 Millicent 和 SubScrip 等；经纪人作为可信机构，也可以独立产生电子货币，它一般与特定的商家类型无关，如 MicroMint 等；另外，消费者也可以根据经纪人的授权（如颁发证书）来独立制造货币，它一般是基于散列链形式的，可以与特定的商家有关，也可以与特定的商家无关，并具有灵活的扩展形式，如 PayWord 和 Paytree 等。

在进行支付之前，消费者一般通过离线方式获取微电子货币或交易中使用的数字证书。一般情况下，消费者可以通过宏支付或其他方式与经纪人建立联系，以在经纪人处建立账号。消费者通过在线方式与商家进行联系，浏览、选择商品并进行支付。商家一般可以在本地验证电子货币的真伪，但不能判断是否消费者在重复消费（除非是特定商家的货币）。每隔一定的时间，如一天或一周等，商家会把消费者支付的微电子货币提交给经纪人进行兑现，经纪人可以对电子货币进行验证，以防止商家的欺骗和消费者的重复消费，这个步骤一般通过离线方式完成。

另外，还有其他的微支付模型。例如，建立在宏支付基础之上，利用宏支付协议和消息来完成微支付过程，如 μ-*i*KP 和 LITESET。有些微支付系统更简单，甚至不需要经纪人的参与，交易中只涉及消费者和商家，如 SubScrip。

票据（scrip）是微支付中常见的支付形式之一，它是一种面值很小的电子货币，一般由商家或经纪人代理产生（也可以由经纪人独立产生），在不需要第三方参与的情况下，可以由商家在线验证货币的真伪。在票据形式的微支付中一般不采用公钥加密技术，而使用对称加密技术和散列加密技术。常见的票据形式的微支付系统有 Millicent、SubScrip、MicroMint、PayWord、Paytree、μ-*i*KP 和 LITESET 等。

下面介绍常见的微支付系统。

（1）Millicent。Millicent 是 1995 年由 Compaq 公司与 Digital 公司联合开发的微支付系统，其基本思想是利用一个密钥控制的单向散列函数来认证和验证支付票据。一个票据代表了商家给消费者建立的一个账号，在任何给定的有效期内，消费者都可以利用该票据购买商家的服务。账号的平衡由票据的值来指定。在消费者利用票据在网上购买了商家的服务或商品之后，购买值将自动从票据中扣除，并返回一个具有新面值的票据，以维持后续交易的平衡。在消费者完成了一系列交易或支付之后，它还可以把票据中剩余的值兑换成现金（同时账号关闭）。经纪人是消费者和商家之间的中介，消费者一般与其保持长期的联系。经纪人以购买和销售商家的票据的形式来为商家和消费者提供服务。经纪人也拥有票据，它是作为消费者购买商家的票据或商家兑现消费者未消费完票据的公共货币而存在的。

在 Millicent 中，没有使用公钥加密技术，而采用了效率更高的散列函数，部分采用了对称加密技术。单向散列函数中使用的密钥只有凭据发行者经纪人和要验证并最终接收此凭据的商家知道，这可以有效防止票据的伪造；票据中包含了唯一的序列号，对特定的商家，可以杜绝同一凭据的多次消费；采用分散式验证，不需要在线或离线可信第三方（trusted third part）去验证票据的合法性，这些都由商家独立完成；Millicent 有三种不同的实现形式，以在效率和安全性之间达成平衡，以及选择保证交易的认证性和机密性。Millicent 也进行了实际系统测试，其本身效率较高，网络数据传输速率是影响其性能的主要原因，这也是许多微支付系统普遍遇到的问题。

Millicent 也有缺点。例如，由于部分采用了对称加密技术，系统的存储和计算负担增加了；由于凭据是针对特定商家的，而且最终由商家产生（也可由经纪人代为产生）和验证，消费者不能验证凭据的真伪；针对每一个新的商家，消费者都要请求一个新的票据，而 Millicent 对频繁更换商家的消费者效率不高。此外，虽然在票据中以标识的方式代表消费者的身份，具有一定的匿名性，但证书的使用，对消费者的匿名性有一定的损害。

由于采用了可验证的凭据及支付的分布式特点，Millicent 可用于类似 Kerberos 的分布式环境认证服务。

（2）SubScrip。SubScrip 是澳大利亚纽卡索（Newcastle）大学开发的一种简单的微支付系统，最初是为 Internet 的按次计费而设计的。它基于预支付机制，不需要对消费者进行身份验证。SubScrip 与 Millicent 的实现技术类似，都是只需要商家在本地验证，而不需要可信第三方的参与在线清算；对一个新的商家进行支付时，也需要一个初始化过程。这两个微支付系统对于防止短时间内对同一商家的重复消费是有效的。但与 Millicent 不同的是，SubScrip 不需要介于消费者和商家之间的经纪人，而是使用一个消费者和商家都认可的宏支付系统来担当这个角色，该宏支付系统用于在商家处建立一个临时账号，以进行后续的购买。因此，SubScrip 中消费者的匿名性依赖于该宏支付系统。SubScrip 中的账号标识以明文形式编码在 SubScrip 票据中，以与商家数据库中的相应账号对应。

在进行购买时，消费者把 SubScrip 票据提交给商家，商家通过检查数据库来验证票据的有效性。小额支付后的数额从数据库账户中扣除，然后产生一个新的账号标识和新的余额票据，并连同购买的信息或服务结果返回给消费者。消费者把该新的 SubScrip 票据保存在本地，以备后用。

与 Millicent 中的凭据不同，SubScrip 票据本身不具有任何价值，只是通过票据中的消费者标识来在商家数据库中查找相应账号，真正的价值存在于商家数据库中。

在 SubScrip 的基本形式中没有采用加密技术和散列算法，票据和相应信息以明文的形式传输，所以很容易被篡改或截获，并被非法使用。篡改后的 SubScrip 票据将是无效的，因为它无法与商家数据库中的真正用户账户相对应。一个 SubScrip 票据只在一个商家处有效，且本身的交易额小，所以可以在一定程度上防止 SubScrip 票据被非法截获和使用。

为了提高安全性，SubScrip 可进行公钥扩展，在建立账户的宏支付系统中，消费者把自己的公钥发送给商家，商家在发送信息或新的票据时可以使用该公钥进行加密。

（3）MicroMint。MicroMint 是由 Ronald L.Rivest 和 Adi Shmir 开发的一种微支付系统，它基于唯一标识的离线电子现金，涉及交易的三方：消费者、商家和经纪人。MicroMint 建立在散列函数冲突原理基础之上。

单向散列函数 h 把 x 映射到另一个具有固定长度的 $y=h(x)$ 值。若两个不同的值（如 x_1 和 x_2）都被 h 映射到同一个值 y，即 $h(x_1)=h(x_2)=y$，则出现了散列函数 h 的一个（双向）冲突。在一般情况下，若 k 个不同的输入值 x_1，x_2，…，x_k 都被 h 映射到同一个值 y，即 $h(x_1)=h(x_2)=\cdots=h(x_k)=y$，则会出现一个 k 向散列函数。

在 MicroMint 中，一个货币由 k 向散列函数冲突来代表，k 一般取 4。所以，一个 MicroMint 货币由一个四向散列函数冲突来代表，即由 4 个具有相同散列值 y 的输入值 x_1，x_2，x_3，x_4 组成：$C=\{x_1, x_2, x_3, x_4\}$，它代表一定数量的小额钱，如一分等。

在 MicroMint 中，货币由经纪人铸造并销售给消费者。为了铸造 MicroMint 货币，需要找到多个具有相同散列值 y 的 x 值，其计算成本取决于 x 和 y 的比特长度。铸造前几个货币的成本会很高，但随着货币量的增加，成本会越来越低。制造货币的经纪人也可以使用特殊的软硬件系统。与其他微支付系统类似，经纪人建立并维护消费者和商家的账号，并通过宏支付系统进行结账。消费者从经纪人处购买 MicroMint 货币，并在商家处消费，商家通过离线方式在经纪人处结算。MicroMint 是与现实生活中的货币最接近的微支付系统。

商家验证货币时，要首先保证每个 x_i 互不相同，并验证这 4 个散列值都映射到同一个值 y，这样可以保证货币的真实性，但不能发现重复花费，因此经纪人必须保存每一个已花费过的硬币的副本，以便进行核查。

MicroMint 没有采用公钥加密技术和对称加密技术，整体的安全性不如 PayWord，但由于采用了四向散列函数冲突，大规模的欺骗在计算上是不可行的。与 PayWord 不同，MicroMint 货币不是针对某一特定商家的，而是可以允许消费者高效地和多个商家交易，这也是 MicroMint 区别于其他微支付系统的显著特点。另外，与 Millicent 不同，消费者可以在本地验证货币的真伪。

为了保证支付的有效性和不可否认性，很多微支付系统中采用了公钥加密技术。但是，过多地采用公钥技术会严重影响微支付系统的效率，所以更多地采用了效率更高的散列函数来代替签名，或者是两者的结合。

散列链就是这样一种方式，它最初用于口令认证，后来被应用到微支付系统中。其具体方法就是由用户选择一个随机数，并对其进行多次散列计算，把每次散列计算的结果组成一个序列，序列中的每一个值代表一个支付单元。

对基于散列链的微支付系统而言，当消费者初次在经纪人处注册时，由经纪人颁发一个支付证书，其格式为

$$\mathrm{PayCert_B=sign_{SK_B}（B，ID_C，PK_C，ExpireDate，Add）}$$

其中，B 为经纪人标识；SK_B 为经纪人的签名私钥；ID_C 为消费者标识；PK_C 为消费者公钥；ExpireDate 为证书有效期；Add 为附加信息，如消费者地址等。在支付之前，消费者把散列链的最后结果（散列链的根）签名后发送给商家，该签名结果为

$$\mathrm{PayCommit=sign_{SK_C}（ID_M，PayCert_C，}w_o\mathrm{，ExpireDate，Add）}$$

称为支付承诺。其中，SK_C 为消费者的签名私钥；ID_M 为商家标识，$PayCert_C$ 为消费者支付证书，w_o 为散列链的根，ExpireDate 为支付承诺有效期，Add 为附加信息。消费者在进行每次支付时都以与计算散列链相反的顺序向商家提交散列序列中的值。

基于散列链的微支付协议比较普遍，并发展了多种改进和变形形式。散列链一般由消费者产生，而签署支付承诺的证书由经纪人颁发。在进行支付时，消费者把自己的证书、支付承诺和散列链（以生成散列链相反的顺序）提交给商家，在一定时间以后，商家会集中把散列链和支付承诺提交给经纪人进行兑现。由于采用了支付承诺的方式，一个散列链一般都针对特定的商家。

基于散列链的典型微支付协议比较多，如 PayWord、NetCard 和 Paytree 等。

（4）PayWord。与 MicroMint 一样，PayWord 也是由 Ronald L.Rivest 和 Adi Shmir 开发的一种微支付系统，也涉及交易的三方：消费者、商家和经纪人。但与 MicroMint 不同，它不基于散列链，而是一种典型的基于信用的离线微支付机制。

与典型的散列链支付系统相同，消费者在经纪人处建立好账户后，由经纪人给消费者发一个 PayWord 证书。利用 PayWord 证书，经纪人授权消费者制造 PayWord 链，以作为支付凭证提交给商家，商家可在以后通过经纪人进行兑换。在第一次支付请求时，消费者计算并签署对某一特定 PayWord 链 $w_1 \cdots w_n$ 的承诺，即对包含 PayWord 根和其他附加信息的签名。消费者随机提取某一个 PayWord w_n，并在此基础上以相反的顺序创建 PayWord 散列链：$w_i=h（w_i+1）$，$i=n-1$，$n-2$，…，0，w_n 不是用于支付的 PayWord 本身，而是该链的根。消费者把承诺、w_n 和第 i 个支付对（w_i，i）一同发送给经纪人，经纪人对承诺中的签名进行验证，然后利用 w_n 和承诺来验证支付对。

在某一周期的最后（如某一天），商家把最后的支付对（w_i，i）和承诺（所有消费者的）提交给经纪人，经纪人验证通过以后，就将从消费者的账户中扣除的货币转移到商家的账户中。至此完成了整个微支付过程。

与 Millicent 和 SubScrip 明显不同的是，PayWord 在向一个新的商家支付时，不需要联系第三方。PayWord 支付交易中不需要保留过多的记录，系统中的很多耗时操作，如证书签署和货币兑换，是以离线方式完成的。这样可以提高效率，适合于消费者对某一商家的经常性访问。PayWord 支持可变大小的支付。例如，消费者在一次交易中需要支付 5 个单元的 PayWord 时，首先向商家发送（w_1，1），然后再发送（w_5，1）即可。由于采用了强散列函

数，所以要通过已消费的 PayWord 导出未消费的 PayWord 在计算上是很困难的，这样可以有效防止 PayWord 的伪造。在每一次支付中都包含支付承诺和相应的 PayWord 链，所以如果要重复消费，都要提交相同的支付承诺（至少 w_a 和商家相同）和支付链。而最后一次消费的 PayWord 和根都会让商家或经纪人保留和跟踪。因此，通过数据库的形式存储某一支付承诺及其对应的已消费的 PayWord，可以有效防止消费者多重消费和商家的多次兑换。

但 PayWord 也有其本身的缺陷。如果其他人（消费者、经纪人和商家除外）获取了经纪人公钥，则可以解密证书，并了解消费者的详细信息。特别是证书中地址信息的加入，将严重破坏消费者的匿名性（anonymity）。消费者必须向他需要支付的商家签署一个承诺，如果频繁互换商家，就会带来很大的计算消耗。采用了公钥加密技术，在一定程度上降低了协议的效率。

与 Millicent 不同，PayWord 在每一次进行新的支付时不需要联系经纪人，也没有必要改变消费者证书或把没有使用的 PayWord 链返回给经纪人。不过，PayWord 在某种程度上比 Millicent 更不安全，特别是在消费者的私钥泄漏以后。

由于在支付承诺中包含了商家的标识，所以基于散列链的 PayWord 一般适合于对特定商家的重复支付，而对于频繁更换商家的支付场合则效率不高。

（5）Paytree。在 PayWord 基础上，Paytree 通过树结构扩展了散列链，使微支付可以灵活地应用于多个商家参与的场合。在 Paytree 采用的树结构中，叶子节点都标以秘密随机值，内部节点（非叶子节点）被标以其后继节点（树结构中的孩子）的散列值，整个树的根节点被最后签名。叶子节点除秘密随机值外，还被标以该秘密随机值的单次散列值，从而使叶子节点有两个标签值。这样就形成了一个完整的、以散列链为结构的支付树。在 Paytree 树中，除叶子节点的秘密随机值外，其他的节点标签值都可以公开。支付时，消费者维护商家列表和消费过的叶子节点秘密随机值，向新的商家出示根节点签名、新的叶子值和叶子到根的路径节点值，以便于商家的验证。

由于采用了树结构，Paytree 可以进行灵活的扩展，实现多币值树和可分货币等。但是，Paytree 在具有灵活性的同时，也增加了系统的带宽和存储消耗。

（6）μ-*i*KP 和 LITESET。宏支付（也称为常规支付）是与微支付相对应的一种支付体制，它的交易额一般比较大，安全电子交易（secure electronic transaction，SET）协议就是最典型的实例。为了保证安全性，其交易的协议格式和步骤比较复杂，且大量采用了公钥加密技术，所以宏支付的交易成本比较高，不适合于微支付环境。但在宏支付基础上，通过对消息格式和交易步骤的改进，在保证一定安全性的前提下，可以大大提高宏支付的效率，从而应用于小额支付或微支付领域，这样可以在现有宏支付设施基础上开展微支付业务，其中最典型的有 μ-*i*KP 和 LITESET。

μ-*i*KP 是在 *i*KP（主要基于 3KP）基础上提出的基于信用卡机制的微支付系统，并可以和 iKP 协同工作。它是 MiniPay 体制的原型，与 PayWord 类似，也是利用强散列函数产生一个称为息票（coupons）的散列链 A^{n-1}，A^{n-2}，…，A^0，其中 $A^0(x)=x$，$A^{i+1}(x)=A(A^i(x))$。

因为交易中涉及信用卡，与其他微支付系统相比，μ-*i*KP 增加了用于验证信用卡的机构，如信用卡公司或银行等，所以其交易信息格式相对较复杂。

μ-*i*KP 提供了两种不同的微支付方案。一种是针对同一商家重复消费的，可以充分利用 3KP 协议格式和流程来传递和兑现息票。另外一种是针对商家的非重复性微支付，它引入了可信第三方作为经纪人，用于把消费者息票转化为商家息票，而且消费者和经纪人、商家和经纪人之间拥有共享密钥。

μ-*i*KP 除提供所有的微支付功能外，通过数字签名，还提供支付的不可否认性。但由于涉及公钥操作，而且需要同认证中心打交道，所以在很大程度上降低了系统性能。另外，μ-*i*KP 也存在了公平性和密钥管理等问题，这在微支付中是应该尽量避免的。

SET 协议是由 VISA 和 MasterCard 等联合提出的基于信用卡的电子商务交易规范，它的开放性和完整性，使其成为目前电子商务交易事实上的标准。但 SET 协议流程和消息格式复杂且使用了大量耗时的公钥密码技术，所以 SET 协议作为一种典型的宏支付协议，不适合应用于小额支付和微支付场合。

通过把签名加密（signcryption，可以在一个逻辑的步骤中同时完成数字签名和公钥加密的技术）引入 SET 规范协议，对 SET 协议消息进行了改造，产生了 LITESET（light-weight secure electronic transaction）协议。为了实现协议的高效性，LITESET 协议中引入了消息与消息之间关联的两个消息结构——LinkedData 和 CoupledData，替代 SET 协议中基于散列和双签名的消息关联。通过分析 SET 协议中使用频率最高的 6 个消息，LITESET 协议把 LinkedData 和 CoupledData 与 6 个主要消息进行了结合，从而在 SET 协议基础上完成了整个高效的 LITESET 协议。

LITESET 协议与 SET 协议相比，在保证同样的安全性的前提下，消息产生中的计算时间可减少 53.1%，消息验证中的计算时间可减少 53.7%，通信消耗可减少 79.9%。

（7）基于概率方法的微支付系统。由于效率在微支付系统中的重要性，在有些微支付系统采用了概率的方法，只处理某些符合概率条件的微支付票据，或按照消费者金额和信用度等指标来计算消费者的某种概率常数，从而判断是否通过对消费者进行在线验证等方式来提高微支付效率，其中典型的有微电子彩票和概率投票。

① 微电子彩票。微电子彩票是一种基于概率的微支付系统，它同传统的微支付系统有明显的区别。微电子彩票的面值小，它不需要银行处理每一次的微支付货币，只需处理中奖的彩票即可。所以，这种支付方法可以提供更高的匿名性和私有性，使银行端的处理效率得到极大提高。例如，一个微电子彩票的面值是 10 元，如果中奖的概率为 1/1 000，则该彩票可以作为一分来支付。所以，这种电子彩票适合于微支付或小额支付。

在微支付过程（以信息浏览为例）中，微电子彩票购买者（消费者）首先从微电子彩票发行者处（一般为经纪人）购买微电子彩票（也可以经授权自己产生微电子彩票），然后浏览收费网页，此时将用微电子彩票向微电子彩票接收者（商家）支付，微电子彩票接收者根据中奖号指示器和票号来判断所接收的微电子彩票是否中奖。如果判断中奖，微电子彩票接收者则在线（或一定时期离线）把中奖的微电子彩票提交给银行（即支付者，可以为其他第三方）进行兑现。由于只把中奖的微电子彩票提交给银行进行兑现，所以对银行而言，微电子彩票支付具有很高的效率。

由于概率的原因，微电子彩票支付方法可以为微电子彩票购买者提供更高的匿名性和私有性，适合微电子彩票购买者对某些特定微电子彩票接收者的固定或重复性消费，对频繁更换微电子彩票接收者的支付中，要求微电子彩票接收者承担一定的风险。

② 概率投票。概率投票（probabilistic polling）是一种对散列链微支付的改进，介于在线支付和离线支付之间，使用一个证书可以实现与多个商家的交互，而且大大减少了与可信第三方的在线验证次数。其基本思想是需要再与经纪人在线交互。

消费者在与商家进行第一次交易时，必须在经纪人处进行注册验证，而在后续的交易中，商家会根据一个概率值来判断是否要与经纪人进行交互，以验证消费者是否有足够的能力来进行支付。是否要与经纪人进行交互（向经纪人报告，即投消费者的不信任票）的概率值为

$$P=uc/M_u$$

其中，u 为消费者的支付额；c 为比例常数；M_u 为第三方允许消费者使用的电子货币总额。比例常数 c 与多种因素有关，如消费者的信任度、存款额以及银行愿意承担的风险大小等有关，并且可以根据实际的交易结果进行动态调整。

每当商家与经纪人交互（投票）一次，经纪人就会累计投票数。若超过一定的票数，经纪人则怀疑消费者涉嫌过度消费，会通知所有与该消费者交易的商家停止交易。然后，根据最终判断，调整比例常数，或者冻结消费者账号，并在商家和消费者之间分担风险。由于概率的特殊性和有效性，它与一些微支付系统的组合将会产生一些高效的微支付机制。

另外，还有一些其他类型的微支付系统，如基于抗篡改硬件和智能卡的微支付系统，特别是随着移动通信的发展和手机智能卡性能的提高，微支付将具有广泛的应用前景。

目前，微支付出现了很多新的方向，如移动微支付、微支付的公平性研究、具有认证功能的分布式微支付研究和采用新的安全技术的微支付系统等。

（1）移动微支付。结合移动通信和移动电子商务中支付的特点，微支付在移动计费中的应用也显得越来越重要，这也是微支付的一个重要发展方向和研究热点。利用微支付散列链可以实现移动通信中实时计费的协议机制，并给出了两种实用的方案，以实现漫游和多方移动通信中的计费和支付。对小额支付（SVP）微支付协议进行了改进，使其可以有效应用在无线通信环境中。所以，根据微支付和移动通信的特点，研究基于微支付的移动通信支付和认证模型是目前微支付研究中最有潜力的方向，也是微支付应用的热点。日本的 NTT DoMoCo 公司提出的 i-mode 是目前把微支付应用于无线通信的最成功的典范。

（2）微支付的公平性研究。由于微支付面额小而要求的效率高等特点，要实现完全的公平性是不可行的，当交易量小时，微支付的公平性研究也没有多大的必要性。但当微支付的交易量特别大时，如何采用有效的措施来实现微支付的公平性就显得尤为重要了。例

如，在 PayWord 基础上，把每一个 PayWord 链分成了两部分，开始时提供给商家一部分，接收到服务后再支付另外一部分。这种支付的公平性适用于单元支付（即对每一个付费单元提供一次服务）情况，而对多个支付单元的单次服务却没有多大的制约。

（3）具有认证功能的分布式微支付研究。通过对一些分布式环境下的认证协议，如 Kerberos，进行扩展和改进，可以很容易派生出分布式微支付系统，而且可以充分利用现有的认证基础设施。同样，对某些微支付系统，特别是基于散列链的微支付系统，可以实现支付和认证的有效结合，这在一些分布式环境（如移动通信）下比较有效，也是微支付需要研究的问题之一。

（4）采用新的安全技术的微支付系统。采用一些新的公钥加密技术，如椭圆曲线，来替代现有的 RSA 算法，可以在充分利用公钥加密技术特性的基础上有效提高系统效率，这也是微支付发展中一个引人关注的话题。

4.2.2　智能卡

智能卡是在法国问世的。20 世纪 70 年代中期，法国 Roland Moreno 采用在一张信用卡大小的塑料卡片上安装嵌入式存储器芯片的方法，率先开发成功集成电路（IC）存储卡。而真正意义上的智能卡，即在塑料卡上安装嵌入式微型控制器芯片的 IC 卡，则是由摩托罗拉公司和 Bull HN 公司于 1997 年共同研制成功的。

智能卡的结构主要包括以下三个部分。

（1）建立智能卡的程序编制器。程序编制器在智能卡开发过程中使用，用于卡的初始化和创建个人所需要的数据。

（2）处理智能卡操作系统的代理。包括智能卡操作系统和智能卡应用程序接口的附属部分。该代理具有极高的可移植性，它可以集成到芯片卡阅读器设备或个人计算机及客户 - 服务器系统上。

（3）作为智能卡应用程序接口的代理。该代理是应用程序到智能卡的接口。利用它便于对不同智能卡代理进行管理，而且还向应用程序提供了一个智能卡类型的独立接口。

由于智能卡内安装了嵌入式微型控制器芯片，因而可以存储并处理数据。智能卡受用户的个人识别码（personal identification number，PIN）保护，因此只有用户能访问它。多功能的智能卡内嵌入有高性能的 CPU，并配备有独自的基本软件（操作系统），能够像个人计算机那样自由地增加和改变功能。这种智能卡还有“自爆”装置，如果犯罪分子想打开智能卡非法获取信息，卡内软件上的内容将立即自动消失。

智能卡系统的工作过程是：首先，在适当的机器上启动用户的互联网浏览器，这里所说的机器可以是个人计算机，也可以是一部终端电话，甚至是付费电话；然后，通过安装在个人计算机上的读卡机，用户的智能卡登录到为用户服务的银行 Web 站点上，智能卡会自动告知银行用户的账号、密码和其他一切加密信息；完成这两步操作后，用户就能够从智能卡中下载现金到商家的账户上，或从银行账号下载现金存入智能卡。例如，用户想购买一束 20 元的鲜花，当用户在花店选中了满意的花束时，将用户智能卡插入花店的计算机，登录用户的发卡银行，输入密码和花店的账号，片刻之后，花店的银行账号上增加了 20 元，而用户的现金账面上正好减少了 20 元。用户即可买到一束鲜花。在电子商务交易中，智能卡的应用类似于实际交易过程。用户在自己的计算机上选好商品后，输入智能卡的号码登录发卡银行，并输入密码和在线花店的账号，完成整个的支付过程。

智能卡上一般存储以下几种信息：① 用户的身份信息；② 用户的绝对位置；③ 用户的相对位置以及相对于其他装置的地理方位；④ 特定的环境参数，如光、噪声、热量和湿度；⑤ 用户的生理状况和其他生物统计信息；⑥ 特定的计时参数，如某一事件发生的频率或用户采取某种行动需要多长时间才能完成；⑦ 特定的运动参数，如速度、加速度、物理形态和跟踪信息；⑧ 用户持有的货币信息。

智能卡主要在以下场合使用：① 电子支付，如将智能卡用于电话付费，用智能卡代替信用卡等；② 电子识别，如能够控制对大楼房间或系统的访问，如计算机或收银机等；③ 数字存储，即一种必须适时存储和查询数据的应用，如存储和查询病历、目标跟踪信息或处理验证信息等。

例如，Olivetti 有源标记系统（active badge system）应用定位数据查找某座大楼中的工作人员，以执行诸如通知或确定谁在使用某个特殊房间等功能。再如，自动出纳机可以重新配置其适合个人应用的用户接口，用这种接口代替密码输入，用户可以在走动过程中给出他需要出示的内容。又如，客运系统可以感知用户是谁，要去什么地方，用户要做的事情就是乘车，这是一种“电子车票”，因为它知道用户上车和出发地点，并相应地为用户记账。

对于用户来说，智能卡提供了一种便利的方法，消除了某种应用系统可能对用户造成不利影响的各种情况，它能为用户“记忆”某些信息，并以用户的名义提供这种信息。某种应用本身能够配置得适合某个用户的需要，而不是用户去学习和适应这种应用。使用智能卡就不用再记个人识别码（密码）。智能卡降低了现金处理的支出及被欺诈的可能性，提供了优良的保密性能。使用智能卡，用户不携带现金，就可以实现像与信用卡一样的功能，而保密性却能高于信用卡，因此智能卡在网上支付系统中作用最大。

4.2.3　电子钱包

电子钱包是电子商务活动中购物用户常用的一种支付工具，是在小额购物或购买小商品时常用的新式钱包。

英国国民威斯敏斯特银行（National Westminster Bank）开发的电子钱包 Mondex 是世界上最早的电子钱包系统，于 1995 年 7 月问世。Mondex 使用起来十分简单，只要把 Mondex 卡插入读卡器，几秒钟后一笔交易即告结束，读卡器将从 Mondex 卡中扣除本次交易的费用。

此外，Mondex 卡具有现金货币所具有的诸多属性，如作为商品尺度的属性、储蓄的属性和支付交换的属性。通过专用终端还可以将一张 Mondex 卡上的资金转移到另一张 Mondex 卡上，而且 Mondex 卡内存储的资金一旦用光、遗失或被窃，这些资金就能重新发行，也就是说持卡人必须负起管理上的责任。当 Mondex 卡损坏时，持卡人就需要向发行机关申报卡内所余资金金额，由发行机关确认后重新制作新卡发还。

Mondex 卡通过终端支付只是电子钱包的早期应用形式，这与智能卡非常相似。而今天，电子商务中的电子钱包则已完全摆脱了实物形态，成为真正的虚拟钱包了。

网络购物使用电子钱包，需要在电子钱包服务系统中进行。电子商务活动中电子钱包软件通常都是免费提供的。用户既可以直接使用与自己银行账号相连接的电子商务系统服务器上的电子钱包软件，也可以通过各种保密方式利用互联网上的电子钱包软件。

使用电子钱包的用户通常要在有关银行开设账户。在使用电子钱包时，将电子钱包应用软件安装到电子商务服务器上，利用电子钱包服务系统就可以输入自己的各种电子货币或电子金融卡上的数据。在需要收款 / 付款时，用户只要单击相应的项目（或相应的图标）即可完成。这种电子支付方式称为单击式支付方式。

在电子钱包内只能存储电子货币，即存入电子现金、电子零钱、安全零钱、电子信用卡、在线货币、数字化币等。这些电子货币都支持单击式支付方式。

电子商务服务系统中设有电子货币和电子钱包的功能管理模块，称为电子钱包管理器（wallet administration），用户可以通过它来改变保密口令或保密方式，以及查看自己银行账号上往来收付的电子货币账目、清单和数据。电子商务服务系统中还有电子交易记录器，用户通过电子交易记录器，可以了解自己所购商品的种类和数量，并打印查询结果。利用电子钱包进行网络购物，通常包括以下步骤。

（1）用户使用浏览器在商家的 Web 主页上查看商品目录，浏览商品，选择要购买的商品。

（2）用户填写电子订单中的相关信息，如商品名称、种类、型号、数量、收货地点、收货人等，并提交电子订单。

（3）电子订单也可以由用户的电子购物软件建立。电子订单通过电子商务服务器传递给商家，商家给予应答。

（4）用户对商家的应答进行确认。用户确认后，选定用电子钱包付钱。用户将电子钱包装入系统，单击电子钱包的相应项目或相应图标，打开电子钱包，然后输入自己的保密口令，在确认是自己的电子钱包后，从中取出一张电子信用卡来付款。

（5）电子商务服务器采用某种保密算法对此信用卡号码（账号和密码）进行加密，然后将经过加密的信用卡号码发送到相应的银行。需要说明的是，在这一过程中，商家既看不到用户电子信用卡号码，也无法处理用户电子信用卡中的资金。与此同时，商家也收到了经过加密的电子购货账单，商家将自己对用户的编码加入电子购货账单，再将其转送到电子商务服务器。电子商务服务器在确认用户合法后，将其同时送到信用卡公司和银行请求支付授权。信用卡公司和银行之间进行应收款项和账务往来的电子数据交换和结算处理。信用卡公司将处理请求再送到银行请求确认并授权，银行确认并授权后将其送回信用卡公司。

（6）如果银行确认后拒绝并且不予授权，则说明用户的这张电子信用卡上的资金数目不够或者没有资金了，或者已经透支。遭银行拒绝后，用户可以通过电子钱包再取出另一张电子信用卡，重复上述操作。

（7）如果经银行证明这张信用卡有效并授权，商家就可以向用户发货。与此同时，商家保留下整个交易过程中发生的财务数据，并且将一份电子收据发送给用户。

（8）上述交易成交后，商家就按照用户提交的电子订单将商品在用户指定的收货地点交到用户或其指定的收货人手中。

至此，电子钱包购物的全过程就进行完了。购物过程中虽然经过信用卡公司和银行等多次身份确认、银行授权、各种财务数据交换和账务往来等多个环节，但这些都是在极短的时间内完成的。实际上，从用户输入订单到拿到商家出具的电子收据的全过程仅用 5 ~ 20 s 的时间。使用电子钱包购物十分省事、省力、省时，而且对于用户来说，整个购物过程自始至终都是安全可靠的。在购物过程中，用户可以用任何一种浏览器浏览和查看商品。由于用户电子信用卡上的信息商家是看不见的，因此保密性很好，用起来安全可靠。另外，有了电子商务服务器的安全保密措施，就可以保证用户去购物的商家必定是真的，不是假冒的，从而保证用户安全可靠地购买商品。

总之，这种购物过程彻底改变了传统的面对面交易和一手交钱一手交货的购物方式，是一种有效且安全可靠的、与传统购物方式不同的购物方式。

传统的支付模式如图 4.2 所示。在传统的支付模式中，参与者包括：

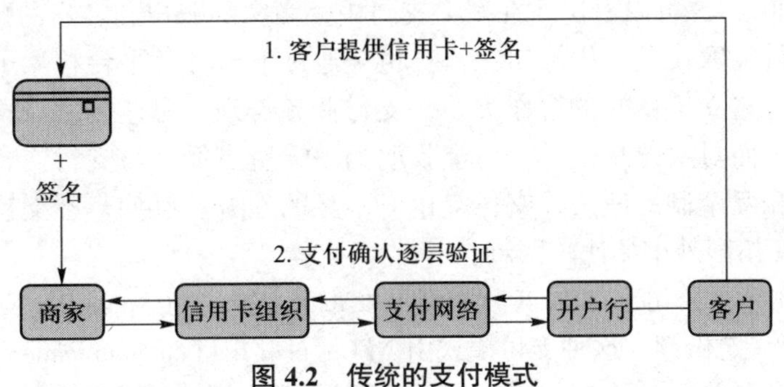

图 4.2　传统的支付模式

- 商家（merchant）。
- 信用卡组织（card association）。负责制定规则，人们熟知的信用卡组织有 VISA、MasterCard、American Express 和中国银联等。
- 开户银行（issuing bank）。开户银行也称为发卡方，是给客户发信用卡的金融机构。

- 客户（consumer）。

客户在商家处进行消费时不需要使用现金支付，只要在 PoS 机等终端上刷卡，输入密码并签名，就可以进行信用支付。商家通过信用卡组织向银行要钱，银行将钱打到商家的账户里。在这个支付模式中，各方都在支付过程中获得利益。客户可以赊账消费；信用卡组织收取手续费；银行吸收资金，收取手续费；对商家来说，信用卡既为支付提供了方便，免去了收银找零的过程，又刺激了客户消费的欲望。但是随着电子商务的发展，新的支付模式逐渐形成，传统支付模式被颠覆，参与支付的各方的利益也受到了冲击。

新的支付模式是指以支付宝和微信支付为代表的线上支付，如图 4.3 所示。以支付宝为例，客户先是在支付宝平台上绑定自己的银行卡，这一过程需要客户提供银行卡号、密码等信息，还需要用户提供手机验证码以验证身份。进行消费时，商户通过支付宝与客户建立连接，客户输入密码后，钱就通过支付宝平台从客户的账户转到了商家的账户。

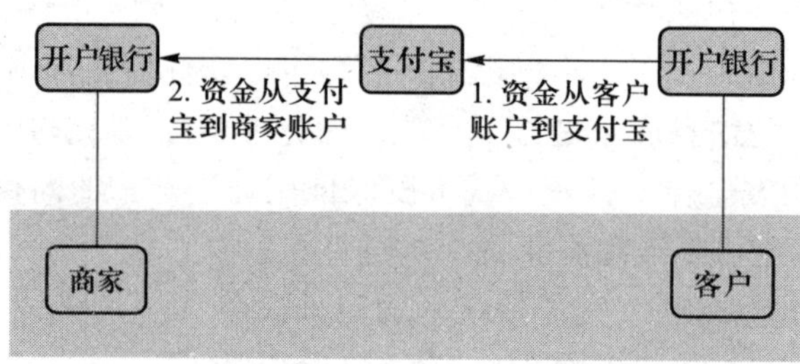

图 4.3 线上支付模式

比较图 4.2 和图 4.3 可以看出，在线上支付中，商家的账户和客户的账户通过支付宝平台直接相连，支付宝取代了信用卡组织。支付宝通过电子商务平台积累了巨大的用户量和绑卡量，并与银行建立了良好的合作关系，支付业务得到了迅速的发展，极大地撼动了信用卡组织的利益。而对银行来说，支付宝收取的手续费更低，与支付宝合作还可以让支付宝和信用卡组织相互牵制。但是，支付宝也有不足的地方。例如，不支持信用消费；用户主要在中国，想开拓国外市场比较困难。

而国际上，由苹果公司于 2014 年秋季新品发布会上推出的 Apple Pay 支付模式（如图 4.4 所示），则占据了一定份额。这种支付模式由 NFC（near field communication，近场通信）、SE（secure element，安全单元）及 Passbook（服务票据整合应用）等部分支持。这些都是已有的技术，并没有太多技术革新。实际上，Apple Pay（苹果支付）的主要创新点在于它的商业模式及运营策略。

在 Apple Pay 的支付模式中，商家通过终端向客户发出收款请求，客户将手机靠近终端接受请求并按指纹完成支付。在这个过程中，NFC 技术代替了信用卡的磁条，Touch ID 指纹识别技术提供身份认证，代替了密码和签名环节。

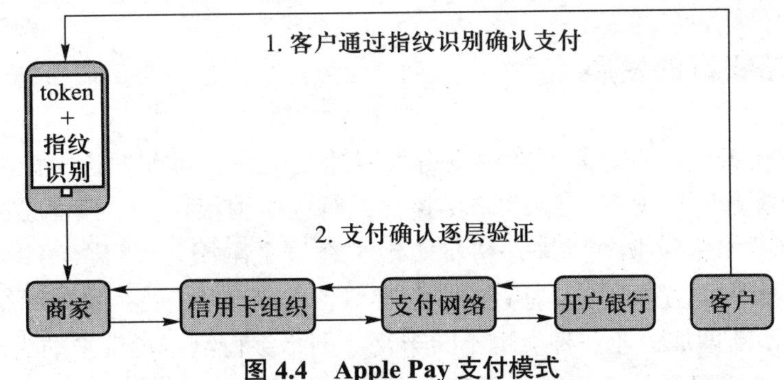

图 4.4　Apple Pay 支付模式

通过图 4.4 可以看出，在 Apple Pay 支付模式中，苹果公司并没有排除传统支付模式中的任意一方，而是将自己作为一环加入支付模式。它没有激进地颠覆原有的利益分配模式，而是顺应了支付的生态系统。苹果公司清楚自己的优势和劣势：没有足够的绑卡量，也没有与银行的合作基础，但是它拥有大量的移动终端产品和先进的技术。在这个过程中，苹果公司通过收取手续费获得利益，客户获得了便捷的支付体验，其余各方依然可以维持各自的利益。

同样是基于 NFC 的手机支付系统，谷歌公司推出的谷歌钱包（Google Wallet）却没有获得如 Apple Pay 般的成功。Apple Pay 并没有什么技术革新，却取得了巨大的成功，可见技术并不是获得成功的唯一因素，商业模式及运营策略的创新，制定合适的战略，以及利用好自身的优势同等重要。

4.3　网 络 银 行

网络银行实际上是银行业务在网络上的延伸。网络银行依托迅猛发展的计算机和网络技术，利用渗透到全球每个角落的因特网，突破了银行传统的业务操作模式，摈弃了银行由柜台开始的传统服务流程，使银行的业务能够直接在因特网上开展。这种新式的网络银行包括虚拟家庭银行、虚拟联机银行、虚拟银行金融业以及以银行金融业为主的虚拟金融世界等，几乎囊括了现有银行金融业的全部业务，代表了整个银行金融业未来的发展方向。

网络银行目前有两种形式：一种是完全依赖于因特网发展起来的全新电子银行，这类银行的所有业务交易都依靠因特网进行，如世界第一家全交易型网络银行——美国安全第一网络银行（SFNB）；另一种则是在现有银行的基础上发展起来的，把银行服务业务运用于因特网之上，开设新的电子服务窗口，即所谓传统业务的外挂电子银行系统。目前我国开办的网络银行业务属于后一种。

4.3.1　网络银行的发展

自网络银行在美国诞生以来，网络银行发展速度极快，目前发达国家的金融机构普遍开设了网络银行业务。在我国，自 1997 年招商银行、中国银行、中国建设银行、中国工商银行等陆续推出网络银行业务以来，初步实现了在线金融服务，已经可以实现网上汇兑、网上信用证等，极大地方便了个人和企业用户。经过多年的发展，我国网络银行的数量持续增长，业务量不断增加，业务种类也不断丰富。网络银行给银行带来的机遇和挑战并存。

电子商务与网络银行是两个联系密切的系统，两者之间存在着互动关系。同时，它们又不是独立于现实运行的“空中楼阁”，它们的发展都需要建立在较高的社会认同感、发达的网络基础、健全的法律框架、强力的政府支持基础之上。我国电子商务和网上银行的发展首先必须从外部营造一个健全完善的制度环境。其一，加强网络基础设施和现代化系统的建设；其二，加强系统的风险防范机制，加快电子商务的标准、法律等的制定；其三，大力推进信息化普及率；其四，加快电子商务人才的培养；其五，加大与政府的沟通，得到政府的政策支持。当然，这些措施是银行自身不可控制的。为促进我国电子商务的发展，本着“有所为，有所不为”的原则，银行应该在以下几个方面积极努力。

第一，在业务体系上，银行业必须积极创新，完善服务方式，丰富服务内容，提供“金融超市”式的服务。面对资本性和技术性“脱媒”的压力，传统银行必须重新构造业务体系，在把网络作为新的产品营销渠道的同时，更应该把网络作为银行与证券、保险、基金等金融企业合作的平台，为银行的综合化全能经营和金融控股公司的构建奠定基础。在为“e－客户”提供“一站式”的全方位服务基础上，推进我国电子商务的发展。

第二，在经营方式上，银行业应该把传统营销渠道和网络营销渠道紧密结合起来，走“多渠道并存”的道路。一方面，金融产品日趋多样化和个性化，银行销售人员与客户之间面对面式的互动交流必不可少，而善于高效率、大批量地处理标准化业务的网络银行也将占据越来越重要的地位。另一方面，发展“多渠道”营销方式，不仅可以使银行利用网络化新服务手段维护原有客户资源，还有助于提高网络银行的发展起点。实践证明，不建设网络银行的传统银行必将面临困境，而单纯的网络银行也非最佳选择。

第三，在经营理念上，银行业必须实现由“产品中心主义”向“客户中心主义”的转变。传统银行经营理念的核心是“以量胜出”和“产品驱动”，其标志是通过机构网点的扩张和批量化生产为客户提供标准化的金融服务，以降低成本。然而，在网络经济条件下，随着客户对银行产品和服务的个性化需求和期望越来越高，迫使银行必须从客户需求出发，充分体现“以质胜出”和“客户驱动”，为客户提供“量身定做”的个性化金融产品和金融服务。为了实现这一转变，银行必须将客户关系管理放在重要位置，依靠发达的网络系统，了解、分析、预测、引导甚至创造客户需求，为客户量身定做最合适的金融产品，从而获取金融服务附加价值。

第四，在战略导向上，银行业必须调整与其他金融机构的关系，争取成为网络经济的金融门户。网络经济对金融服务业提出了整合和协同的要求，各类金融机构将以建立金融门户的形式共享资源，提升效率。网上金融门户是多家金融机构网上服务的结合，与各类金融机构交易系统直接连接。它一方面对众多金融服务进行打包加工，另一方面收集客户信息供成员机构共享。它的建立和经营是各类金融服务机构间的关系从冲突到协同的过程，对于我国金融业向综合化、全能化转型具有特别的意义。

4.3.2　网络银行的功能

从目前网络银行的运作情况看，网络银行提供的服务可以分为三大类：一是提供即时信息，如查询结存的余额、外币报价、黄金及金币买卖报价、定期存款利率等；二是办理银行一般交易，如客户往来、储蓄、定期账户间的转账、新做定期存款及更改存款的到期指示、申领支票簿等；三是为在线交易的买卖双方办理交割手续。具体的服务项目有以下几种：① 基本支票业务；② 利息支票账户；③ 信用卡服务；④ 基本储蓄账户；⑤ 货币市场账户；⑥ 存单业务；⑦ 宏观市场金融信息服务。

网络银行既可以进行部分传统的银行业务，也担负着电子商务过程中极其重要的在线支付功能，还可以开辟新的系列服务领域。

1. 银行业务

网络银行可以在网上为客户提供 24 小时的实时服务。首先，可以将银行传统服务在线化，如转账结算，汇兑，代理公共收费（水费、电费、燃气费、电话费等），发放工资，查询个人账户等。当电子商务高度发达，货币基本甚至完全电子化时，客户连存款、取款都可以足不出户，既轻松又快捷。其次，借助于网络，银行可以新增很多业务，如证券清算（即完成证券公司与交易所之间、证券公司各营业部之间，以及保证金融账户与储蓄账户之间的资金清算业务），外币业务，信息咨询，消费信贷（如住房按揭）等。

2. 在线支付

在线支付将成为网络银行网上金融服务最重要的部分。在网上进行的交易将全部通过网络银行支付，既包括 B2C 电子商务模式下的购物、订票、证券买卖等零售交易，也包括 B2B 电子商务模式下的网上采购等批发交易，以及金融机构间的资金融通和清算。

3. 新的业务领域

鉴于网上信息传递的全面性、迅速性和方便性，网络银行还可以开展多种新业务。例如，集团客户通过网络银行查询各子公司的账户余额和交易信息；在签订多边协议的基础上实现集团公司内部的资金调度与划拨（由于这种调动几乎是实时的，因而可以大大提高各分公司及整个集团公司的资金利用率）；提供财务信息咨询、账户管理等理财服务；还可以进行网上国际收支申报，发放电子信用证，开展数据统计工作等。

显然，网络银行倾向于提供便捷的服务以吸引更多的客户，使利润更多地依赖中间业务。而且，网络银行的费用较低，只需要支付网络的建设费以及有限的开发和维护费用，就可以把服务网点开设到每个客户的所在之处。除此之外，随着因特网和电子商务的普及与发展，网络银行可以提供的服务也越来越多，越来越完善，使得包括消费者、商家、行政机构在内的多种交易主体都可以做到足不出户即可完成交易的支付。

4.3.3 网络银行技术

支付网关是银行金融系统和因特网之间的接口，是由银行操作的将因特网上传输的数据转换为金融机构内部数据的设备。支付网关可以确保交易在因特网用户与交易处理商之间安全、无缝隙地传递，并且无须对原有主机系统进行修改。它可以处理所有的因特网支付协议、因特网特定的安全协议、交易交换、消息及协议的转换以及本地授权和结算处理。另外，它还可以通过配置设定来满足特定交易处理系统的要求。离开了支付网关，网络银行的电子支付功能就无从实现。银行使用支付网关可以实现以下功能：① 配置和安装因特网支付能力；② 避免对现有主机系统的修改；③ 采用直观的用户图形界面进行系统管理；④ 适应诸如扣账卡、电子支票、电子现金以及微支付等电子支付手段；⑤ 通过采用RSA公钥加密和SET协议，可以确保网络交易的安全性；⑥ 提供完整的商家支付处理功能，包括授权、数据捕获和结算、对账等；⑦ 通过对因特网上交易的报告和跟踪，对网上活动进行监视；⑧ 使基于因特网的支付处理过程与传统支付处理过程相符，确保商家信息管理的一致性，并为支付处理商进入因特网交易处理这一不断增长的新市场提供了机会。

随着网络应用市场的不断增长，因特网交易的处理将成为每一个支付系统的必备功能。今天的商家在数据传输方面，或者使用传真，或者将数据输入因特网以外的系统，效率往往很低。有了支付网关，这个问题便可以得到有效的解决，它使银行或交易处理商在网络应用市场高速增长和网络交易量不断膨胀的情况下，仍可以保持较高的效率。

目前，开展网络银行业务的金融机构使用不同的技术体系（如J2EE、SSH、Web 2.0以及各移动平台的应用开发技术等）构筑了可以实现多样化网络银行功能的网络银行业务。然而，在整个网络银行技术体系之中，除了实现基本功能的技术之外，解决安全保障问题的技术也是非常重要的一个部分。

目前用于应对网络银行安全隐患的技术主要有以下几种。

（1）Active X安全控件。在我国，一些网络银行的个人版采用Active X安全控件登录。这种安全技术能够防止键盘/消息钩子，在Active X安全控件安装完成后，浏览器上才能显示网络银行的登录界面。不过，这种安全技术并不是最安全的。由于一些网络银行将安全技术通过Active X安全控件捆绑在了Internet Explorer浏览器上，这给其他浏览器用户带来了不便。

（2）数字证书和USB Key。与Active X安全控件相比，数字证书和USB Key是更为安全的网络银行安全技术。网络银行以用户的有效证件号码，如银行卡号、身份证号码等为依据，生成一个数字证书文件，通过与用户自定义的用户名和密码配合使用来提高安全性。因其成本低，使用方便，因此被众多网络银行使用。

USB Key 是一种 USB 接口形式的硬件设备，其内置有微型智能卡处理器，采用 1 024 位不对称密钥算法对网上数据进行加密、解密和数字签名，确保网上交易的保密性、真实性、完整性和不可否认性。因成本和设置上的原因被部分网络银行采用，有的网络银行要求与数字证书共同使用。

（3）动态软键盘。动态软键盘就是动态密码，是指用户的网络银行登录密码按照时间或使用次数的不同而动态变化，每个密码只使用一次。动态密码由动态令牌产生。动态键盘可以有效地解决用户登录网络银行的安全问题，因为入侵者无论使用什么方法都无法窃取用户的密码，即使窃取了一次用户的密码，也无法登录使用。

（4）手机验证码。用手机绑定电子账户，当客户发出支付请求时，服务器向客户手机发送一次性密码，通过这个过程对用户进行身份验证。由于密码是动态分发、一次性使用的，大大降低了密码泄露的风险。手机验证码的安全性虽然不及 USB key，但由于不需要额外的硬件或驱动，使用方便，成本低廉，得到了广泛的应用，尤其是在小额度、对安全性要求较低的支付中。而在大额度支付中，手机验证码常作为一种辅助身份验证手段使用。

手机验证码可能会遭受“短信炸弹”等方式的攻击，短信炸弹的形成原因是非授权的动态短信获取。对于这类攻击，可以通过增加图片验证码、单 IP 请求次数限制以及限制发送时间等措施防护。

从宏观来说，真正解决好网络银行的安全问题，需要注意以下几个方面技术的发展。

（1）完善网络银行的网络安全技术和相关硬件设施，强化安全网络防范意识。加强银行、客户、公安机关的多部门协调发展。对网络进行多重密码防护措施是很有必要的，防火墙技术也可以建立可信赖的网络操作系统。

（2）建立网络安全防护体系。其主要目的是在充分分析网络脆弱性的基础上，对网络系统进行事前防护。可以通过采取物理安全策略、访问控制策略、构筑防火墙以及安全接口、数字签名等网络技术来实现。

（3）加快发展网络加密技术。可以在学习和借鉴先进网络加密技术的基础上，加快网络加密技术的创新、开发和应用，包括乱码加密处理、系统自动签退技术、网络使用记录检查评定技术、人体特征识别技术等。

（4）发展数据库技术，建立大型网络银行数据库。通过数据库技术存储和处理信息来支持银行决策，防范网络银行的资产风险。通过解决信息不对称问题，保证信息充分、透明和正确，依靠数据库技术存储、管理和分析处理银行的各种数据，来保证网络银行正确决策，防范网络银行可能遇到的各种风险。

（5）增加验证因子，提高攻击难度。例如，增加身份证验证、手机验证码验证、邮箱验证等。随着相关技术手段逐渐成熟，一些新型的生物信息验证方式，如指纹验证、声纹验证、虹膜识别验证、人脸识别验证等方式逐渐投入使用。随着技术的不断进步，新的验证方式或许会彻底改变未来的支付方式。

对于网络银行的安全问题，应当始终有清醒的认识。在建设网络银行时，必须在一开始就对安全进行总体设计，而不是在建成后再补充。要树立网络银行的建设与因特网及内部网络安全并重、管理与技术并重的理念，充分利用当今世界先进且成熟的技术增强网络银行系统的安全。要建立安全的网络银行协议、备份恢复机制，制定相应的安全标准和规章制度。要善于在不同的场合采取不同形式的加密措施，以应对来自世界各地的网络入侵者。

而现在，随着网络银行的不断发展，网络金融的相关技术越来越成熟，一种新的数字金融模式——互联网银行也在兴起。互联网银行是对网络银行的进一步深化、对传统银行体系的进一步冲击。

4.4 手机银行

4.4.1 手机银行的发展

作为一种结合了货币电子化与移动通信的崭新服务，手机银行业务不仅可以使人们在任何时间、任何地点处理多种金融业务，还极大地丰富了银行服务的内涵，使银行能够以便利、高效而又安全的方式为客户提供传统和创新的服务，而移动终端所独具的贴身特性，使之成为继自动柜员机（ATM）、PoS 机之后银行开展业务的强有力工具，越来越受到银行业的关注。目前，我国手机银行业务在经过先期预热后，逐渐进入了成长期，如何突破业务现有的发展瓶颈，增强客户的认知度和使用率成为手机银行业务产业链各方关注的焦点。

1. 手机银行在世界的发展

（1）作为一种新型银行业务，手机支付具有非常广阔的前景。2016 年，全球通过近场通信（NFC）方式进行交易的人数超过 1 亿；2018 年，通过 NFC 方式实现的移动支付交易额增长至 700 亿美元，增长迅速。广义的移动支付市场规模更大，2016 年全球移动支付交易额达 6 200 亿美元。意大利、挪威、瑞典、英国等国家移动业务的市场覆盖率已经达到 100%。

（2）手机银行业务逐渐成为银行零售业务的支柱之一。例如，在日本，70% 的人拥有手机银行账户，手机支付渗透到了居民生活的方方面面。日本移动支付产业的特殊环境（金融监管政策宽松、银行信用卡发展缓慢）使得以 NTT DoCoMo 公司为代表的移动运营商成为产业链的主导。

（3）处理业务的低费率成为手机银行飞速发展的关键。手机处理业务所需的花费仅为面对面处理业务费用的 1/5。例如，自韩国的银行和手机运营商推出手机银行服务后，仅仅一年的时间手机银行服务订户就超过了 100 万。

（4）移动银行的小额贷款和支付系统撬动了经济落后地区金融的发展。例如，印度的移动软件运营商 A Little World 公司联手农村市场中最大的银行——印度国家银行，将服务范围扩大到了印度的 14 个邦。居民可以把现金以电子货币的形式存储在手机智能卡中，并代替现金在店铺中消费。这种全国性的服务有助于减少公共分配系统中的欺诈行为。

2. 手机银行在我国的发展

（1）我国主要银行实现手机支付的方式。目前，我国主要银行手机银行的实现方式和交易种类如表 4.2 所示。

表 4.2　我国主要银行手机银行的实现方式和交易种类

银行	实现方式	交易种类
工商银行	WAP、短信	转账、汇款、缴费 转账、汇款、缴费、证券交易、外汇交易、贵金属交易、信用卡、小额购汇
建设银行	WAP	转账、汇款、支付、缴费、证券交易、外汇交易、贵金属交易
交通银行	WAP、客户端	转账，支付（手机充值、机票），基金交易，外汇交易，贵金属交易，信用卡（还款）
招商银行	WAP、网页	转账、缴费、支付、信用卡（还款） 转账、缴费、支付、信用卡（还款）、证券交易
浦发银行	WAP	转账、缴费、基金交易、信用卡（还款）
民生银行	WAP、短信	缴费
兴业银行	WAP、客户端	缴费、信用卡（还款）
华夏银行	网页	转账、缴费
宁波银行	WAP	转账、缴费、基金交易、贷款

（2）我国不同种类银行开展手机银行的差异化分析。在我国，不同种类的银行根据其自身优势开展了不同的手机银行业务。下面对典型银行进行分析。

手机银行的常见业务结构如图 4.5 所示。

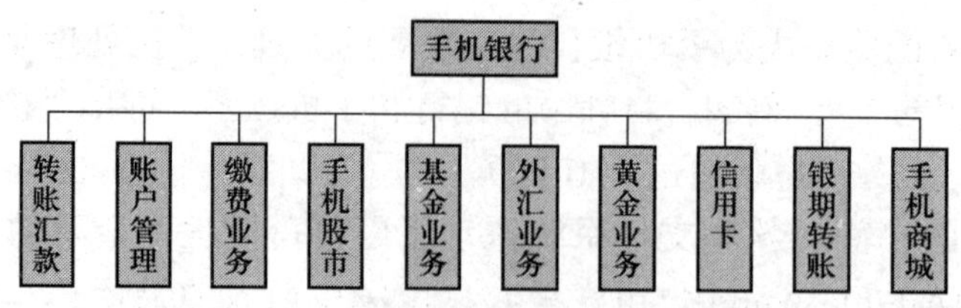

图 4.5 手机银行的常见业务结构

① 招商银行手机银行业务。招商银行手机银行服务具有以下特色。

• 一网通用户登录、多账户统一管理：用一个登录名就可以浏览招商银行手机银行中的各种网络资源，实现一卡通以及信用卡多账户统一管理。

• 一卡通功能：账户管理（账户查询、交易查询、密码管理、挂失）；自助转账（转一卡通、转信用卡、转存折、转他行账户、定活互转、银证转账）；自助缴费（缴手机费、缴电话费、神州行充值）；网上支付（网上支付交易查询、网上支付额度管理）。

• 信用卡功能：账户管理（账户查询、已出账单、未出账单、密码管理）；还款管理（自动还款设置、还款明细查询）；网上支付（网上支付功能申请、网上支付交易查询、网上支付额度设置）；卡片管理（卡片额度调整）；积分管理（积分查询）。

• 资费方面：使用招商银行手机银行，用户需要向移动运营商支付访问手机银行所产生的网络流量费用。除此之外，汇款业务根据业务种类不同还需要收取相应的手续费。

② 宁波银行手机银行业务。宁波银行手机银行具有“个人专业版”“快速通道版”以及“信用卡版”三个版本，可以为不同需求的客户提供相应的金融服务。其中，个人专业版囊括了包括账户管理、转账汇款、支付缴费、信用卡、储蓄业务、理财产品、汇率利率、基金投资、自助贷款、客户服务等的全方位功能。不同的版本设置了不同的交易安全措施。快速通道版包括电子支付密码，个人专业版设置了刮刮卡密码。

③ 深圳农村商业银行手机银行业务。开展手机银行业务的农村金融机构数量较少，目前业务比较单一。通过深圳农村商业银行手机银行可以办理账务查询、移动支付等业务。

总的来说，手机银行作为网上银行的延伸，给用户带来了极大的方便。随着手机使用越来越普遍、技术越来越完善，有充分理由相信，手机银行具有广阔的发展前景。

4.4.2 手机银行相关技术

手机银行是网络银行的派生产品之一，它的优越性集中体现在便利性上，客户利用手机银行无论何时何地均能及时交易，节省了去 ATM 机或在银行柜台排队等候的时间。手机银行采用的实现方式主要有 SMS、STK、USSD、WAP、KJava、BREW 等。

1. SMS 方式

SMS（short message service，短信服务）方式即利用手机短信办理银行业务。其优点是用户易于使用，缺点是复杂的业务不易输入、交互性差。银行通常利用 SMS 方式发送费用代收代扣通知、结息通知、透支还款通知等。

2. STK 方式

作为最先应用于手机银行的技术，这种方式是将银行服务的菜单写入特制的 STK（satellite tool kit）卡，从而便于用户利用菜单进行操作。同时，STK 卡本身有比较完善的身份认证机制，能够有效保障交易安全。其缺点主要有以下几个方面。第一，STK 卡的容量有限，通常只能在卡里写入一家银行的应用程序，而且难以更改。第二，短信的存储转发机制会使交易在网络运营商的服务器那里留下痕迹。第三，业务和商业模式存在一定的缺陷，还需要银行与网络运营商更深层次地进行合作。

3. USSD 方式

USSD（unstructured supplementary service）是一种基于 GSM 网络的交互式移动数据业务的非结构化补充数据业务，可以用于开发各种业务。USSD 消息通过 7 号信令（SS7）通道传输，可以与各种应用业务保持对话。它将现有的 GSM 网络作为一个透明的承载实体，运营商可以通过 USSD 自行制定符合本地用户需要的相应业务。这样，USSD 业务便可方便地为移动用户提供数据业务，而增加新的业务对原有的系统不会造成影响，保持了原有系统的稳定性。USSD 方式的优点在于：第一，用户群体不需要换卡，适用大多数型号的 GSM 手机；第二，实时在线，交互式对话，一笔交易仅需一次接入；第三，费用较低。其缺点是：第一，对不同类型的手机，其界面显示有较大的差异；第二，从银行端到手机端的下行信息，无法实现端到端的加密。

4. WAP 方式

WAP 是开发移动网络上类似因特网应用的一系列规范的组合。它将使新一代的无线通信设备可靠地接入因特网和其他先进的电话业务。由于无线网络系统和固定网络系统不一样，加上移动终端的屏幕和键盘都很小，所以 WAP 不适于采用 HTML，而应采用专门的无线标记语言（wireless markup language）。WAP 方式的优点在于：第一，银行的开发量很小，仅需在网络银行的基础上开发无线标记语言的版本即可；第二，字符内容浏览，实时交易；第三，4G 及 5G 的出现，改善了浏览速度。其局限在于：第一，用户需要有支持 WAP 的手机；第二，只能处理文字，可交互性差，界面简单。

5. KJava 方式

KJava 方式是专门用于嵌入式设备的 Java 应用，是 Java 技术在无线小终端设备上的延伸。J2ME 平台技术扩大了 Java 技术的使用范围。这种多功能的 KJava 应用程序开发平台，可以开发许多新的功能强大的信息产品。KJava 方式可以使用户、服务提供商、设备制造商通过有线连接或无线连接，按照需要随时使用丰富的应用程序。J2ME 平台的配置和框架使得信息设备的灵活性得到了很大提高。其优点在于：第一，实时在线，交互式对话；第二，图形化界面，操作非常友好；第三，采用一些 1 024 位的 RSA 公钥加密技术和三重 DES 加解密技术，安全性相对较高。其缺点在于：第一，支持 KJava 的手机价格与同时代的其他手机相比更高，用户较少；第二，对不同型号的手机无法做到统一的显示界面，需要对不同型号的手机做部分针对性的开发。

6. BREW 方式

BREW（binary runtime environment for wireless，无线二进制运行环境）是一种基于 CDMA 网络的技术。用户可以通过下载应用软件到手机上运行，实现各种功能。BREW 位于芯片软件系统层和应用软件层之间，提供了通用的中间件，直接集成在芯片上，不必通过中间代码就可以直接执行，在整个系统中仅需约 150 KB 的存储容量。像在 Windows 中添加、删除程序一样，用户可以通过手机下载各种软件实现手机的个性化设置，运营商也可以通过无线方式为用户下载、升级或回收软件。BREW 方式支持各种加密算法，开发商只需通过 API 接口调用对称加密算法、不对称算法、SSL 算法，以及散列函数等基本函数，不用再次开发。BREW 方式的优缺点与 KJava 类似，但目前在安全性和终端表现的一致性上要优于 KJava 方式，不过，BREW 是高通公司的专利技术，开放性不如 KJava。

4.4.3　手机银行业务模式

手机银行未来的演变趋势是“掌中的网络银行”。一方面，KJava、BREW 等无线新技术的出现，使手机银行的操作方式、界面表现形式越来越接近网络银行，将软件包写入手机终端的方式使得手机银行服务的升级更为方便；另一方面，网络运营商从 4G 向 5G 的升级，大大提高了网络速度。尽管手机在运行能力、终端表现能力方面不如计算机，但其随时随地接入的方便性则超过了计算机。因此，手机银行的业务，在未来将趋同于网络银行的业务，尤其是在个人金融服务方面，手机银行将逐渐成为客户有力的理财助手。

传统的银行账务信息，大多是通过对账单等形式通知给客户的，存在着成本高、信息传递不通畅、不实时等缺点。随着金融业竞争的加剧，客户对商业银行提出了更高的要求，希望能得到更为详细、更为及时的金融信息服务，而短信通知是银行提供信息通知的最简便和实时的实现方式。相对于新闻、天气预报等方面的信息，金融信息，如个体客户的各种到账信息、代扣款项扣款信息、信用卡还款信息、贷款还款信息、定期存款到期信息，企业客户的账户余额不足信息、贷款逾期催收信息、汇票未解付信息、承兑到期信息、大额交易信息、利率变动信息等，对于客户而言更具价值，客户也更愿意为此类信息付费。信息通知服务是手机银行业务的一个很好的突破口。

随着电子商务模式日趋成熟，越来越多的产品和服务都可以通过电子商务实现，如何解决支付问题仍然是制约电子商务发展的一大瓶颈。通过手机银行解决支付问题，不仅为银行带来了可观的收益，还有力地促进了电子商务的发展。这类小额支付业务，以及手机费、电话费、水电燃气费等的缴费业务，非常契合手机银行客户群体广、随时随地提供服务的特点，可以作为手机银行业务的另一个突破口。

在服务方面，引入手机银行和移动 PoS 机进行结算，大大提高了结算效率，降低了结算成本，市场前景广阔。

手机银行相对于网络银行等其他电子渠道而言，有其自身的特色。网络银行和其他电子渠道无论是系统的建设还是业务的推广，基本都由银行来承担。而手机银行业务，在系统的开发、运行和市场营销等方面都要涉及与中国移动、中国联通等网络运营商的合作。与此同时，很多互联网企业作为第三方运营商，也积极与银行、网络运营商合作，具体的商业合作模式是：银行向第三方运营商提供金融服务的接口；网络运营商向第三方运营商提供通信接入；第三方运营商提供服务平台，并协调与银行、网络运营商的关系；三方共同进行市场营销，并共享手机银行带来的增值利润。这种商业模式对银行而言，优点是开发成本、营运成本和推广成本低，建设速度快，也不需要投入太多精力协调与网络运营商的关系；缺点则是在安全方面可能会存在隐患，银行推广新业务的主动性和效率也可能会受到影响。如果能解决安全问题，制定一套有效的业务管理机制，银行可以对这一业务模式进行有益的尝试。

小结

本章主要介绍了电子支付系统、电子支付工具、网络银行，以及手机银行的相关内容。与传统的支付方式相比较，电子支付具有以下特征：① 电子支付是采用先进的技术通过数字流转来完成信息传输的，其各种支付方式都是采用电子化的方式进行款项支付的。② 电子支付的工作环境是基于一个开放的系统平台，而传统支付则是在较为封闭的系统中运作。③ 电子支付使用的是先进的通信手段，如因特网、NFC 等，而传统支付使用的则是传统的通信媒介。电子支付对软件、硬件设施的要求很高，一般要求有联网的计算机、相关的软件以及其他一些配套设施；而传统支付则没有这么高的要求。④ 电子支付具有方便、快捷、高效、经济的优势。用户只要拥有一台联网的个人计算机或移动终端，便可足不出户，在很短的时间内完成整个支付过程。支付产生的费用相对于传统支付来说也非常低。

思考与讨论

1. 什么是电子支付？在电子商务的小额支付过程中，消费者和商家分别会遇到什么难题？
2. 电子支付的关键问题是什么？为了应对这些问题，产生了哪些电子商务支付工具？
3. 网络银行与传统银行相比有什么优点？

4. 传统银行应该如何调整自己，以顺应互联网时代的金融模式？
5. 手机银行与网络银行相比有什么不同？
6. 利用手机银行与网络银行还可以开发出哪些新的应用？
7. 网络银行和手机银行应该如何保证安全性，以应对各种各样的恶意攻击？
8. 电子商务支付系统中的数据流程和过程控制是什么样的？它与电子商务系统的数据接口是怎样的？
9. 什么是 Apple Pay？ Apple Pay 使用了哪些技术？
10. NFC 以前不受重视，但在 Apple Pay 中得到应用并广受瞩目，从中你得到什么启发？
11. 电子支付应该如何进一步发展，以顺应互联网时代人们对支付日益增长的需求？

第 5 章 电子商务安全技术

5.1 电子商务安全概述

随着电子商务的迅速发展和广泛应用，电子商务技术已经影响到人类生活和工作的各个方面，成为一个国家竞争力的关键组成部分。电子商务是在因特网上开展的商业活动。基于因特网，电子商务突破了地域、空间、时间的限制，使人们可以在任何时间、任何地点与任何人进行谈判、签订合同。在这样的过程中，交易双方互不见面，签订的合同是电子形式的，支付也是通过电子化的方式进行支付。这样，电子商务的安全问题就显得非常重要了，电子商务中的主要安全问题如下。

（1）交易双方身份的真实性。这类问题如：在电子商务商谈中的某一方是否真的具有他所声称的身份；人们如何确认对方的身份，以保证交易安全。

（2）信息来源的真实性与完整性。这类问题如：交易中声称来自某一方的信息是否确实来自那一方；如果信息确实来自某个真实的来源地，那么其在传输过程中是否被完整无误地传送，是否被修改、篡改；信息在传输过程中会不会被攻击者用另一个虚假的信息来替代。

（3）交易信息的保密性。在交易的谈判过程中，需要进行大量的信息交换，这些信息，如商品名称、价格、质量指标、交货时间、交货地点、技术细节等，都具有重要的价值，需要保密。如何保证这些信息的保密性，是电子商务遇到的重大安全问题。

（4）抗抵赖性。如果交易的一方在达成交易后，环境出现了对自己不利的情况，那么这一方就可能对于达成的交易进行抵赖，不承认双方达成过交易。

（5）电子商务系统的抗攻击性。电子商务系统可能受到非法或非受权用户（如黑客）的攻击，对于这样的攻击电子商务系统能否承受得住，这是电子商务系统面临的又一个安全问题。

（6）消费者的隐私保护问题。在利用电子商务购物的过程中，消费者需要提供自己的个人信息（如性别、年龄、职业、收入、身份证号码、信用卡号码等）。电子商务系统应该能够保证这些个人信息能够不被不合理地利用，不被第三方非法获取。

产生上述安全问题的原因在于因特网本身的特点。首先，是因特网的开放性。因特网是一个自由、开放的世界，它将全球连成一个整体，一方面使得全球范围内的信息传递、信息共享成为可能，另一方面也为收集网上通信数据、收集个人隐私数据、非法散布隐私提供了一个大平台。其次，是由于因特网用户的多样性和位置分散性，使得其安全问题更加突出。因为因特网上的信息是通过路由器来传送的，而用户并不知道信息是通过哪些路由器传送来的，这样有些人或组织就可以通过对某个关键路由器的扫描跟踪来窃取用户信息。也就是说，从技术层面上截取用户信息的可能性是存在的，即网络用户的隐私数据，都有被窥探的可能。

开展电子商务的企业，必须清楚自己的安全需求以及可能的安全隐患，并借助现有的安全技术与手段来解决自己的安全问题。这些安全问题有的可以通过技术的手段来解决，有的可以通过经济的、法律的手段来解决。可喜的是，许多问题通过技术手段可以获得比较满意的解决，而通过法律手段解决有关问题也已经提上议事日程，有的已经得到解决。本章将对这些问题及解决技术进行简单的介绍。

一个全方位的电子商务系统的安全体系包含网络的物理安全、访问控制安全、系统安全、用户安全、信息加密、安全传输和管理安全等。充分利用各种先进的主机安全技术、身份认证技术、访问控制技术、密码技术、防火墙技术、安全审计技术、安全管理技术、系统漏洞检测技术、黑客跟踪技术，在攻击者和受保护的资源之间建立多道严密的安全防线，加大恶意攻击的难度，并增加审核信息的数量，利用这些审核信息来跟踪入侵者。

5.2　电子商务系统的门卫：防火墙

5.2.1　防火墙综述

防火墙是计算机系统或者计算机网络的一部分，它在允许授权通信的同时阻止非授权的访问。防火墙是在企业内部网和因特网之间设置的安全系统，用以保护企业内部网中的信息、资源等不受外部网络中非法用户的侵犯，它控制企业内部网和外部网络之间的所有数据流量，控制和防止企业内部网中有价值的数据流出，也控制和防止来自外部网络的无用垃圾（如垃圾邮件、广告）和有害数据（如病毒、木马等）流入。在与因特网连接时，防火墙是保护企业内部网中信息系统安全的第一道屏障。但防火墙这一道屏障对电子商务系统安全所起的作用，相当于一座大楼的门卫对于这座大楼的安全所能起到作用，即仅能对进出电子商务系统的信息进行初步的过滤，只有经过授权才可以访问企业内部网。

防火墙可以决定一个数据组或一种连接能否通过它。它不但可以实现企业内部网与因特网之间的逻辑隔离，而且可以实现企业内部网各部分之间的逻辑隔离。例如，医院的管理网和病人病历记录网要分开，以保护病人的隐私，这就需要由防火墙来解决。防火墙可以用硬件也可以用软件实现，或者用软件与硬件的组合实现。它由一个设备或者一系列设备组成，并基于一系列的规则或者标准允许或拒绝进入或者流出不同安全域的流量通过。

防火墙有以下几个方面的作用。① 保护数据的完整性。可以依靠设定用户的权限和文件保护来控制用户访问敏感性信息，可以限制一个特定用户能够访问信息的数量和种类。② 保护网络的有效性。有效性是指一个合法用户如何快速、简便地访问网络的资源。③ 保护数据的机密性。通过对敏感数据进行加密来保护敏感数据。

利用防火墙可以提供安全决策的集中控制点，使所有进出企业内部网的信息都通过这个唯一的控制点，形成信息进出企业内部网的一道关口；可以针对不同用户对网络的不同需求，强制实施复杂的安全策略，起到“交通警察”的作用；可以对用户的操作和信息进行记录和审计，分析网络侵袭和攻击，并及时发出报警信息；可以防止机密信息的扩散以及信息间谍的潜入，可以保护企业内部网中的敏感资源和重要的个人信息；可以减少网络的脆弱性。但是防火墙也有一些缺点。它不能防止来自内部变节者（恶意的知情者）和漫不经心的用户带来的威胁；无法防范通过防火墙之外的其他途径的攻击；不能防止传送已感染病毒的软件或文件所带来的病毒；无法防止数据驱动型的攻击，数据驱动型的数据从表面上看是无害的数据被邮寄或复制到因特网主机上，但一旦执行就开始攻击。

5.2.2 防火墙的功能

防火墙的主要功能如下。

1. 防御功能

防火墙的防御功能主要体现在以下几个方面。

（1）病毒扫描。有的防火墙具有防病毒功能，可以扫描电子邮件附件中的DOC和ZIP文件，以及FTP服务器下载或上传的文件内容，以发现其中包含的危险的病毒信息。

（2）信息过滤。防火墙可以对通过它的内容进行过滤。信息过滤是指防火墙在HTTP、FTP、SMTP等协议层，根据过滤条件对信息流进行控制，防火墙可以允许某些信息通过；允许某些信息经过修改后通过；禁止某些信息通过；对于某些信息虽然允许通过，但对这些信息进行记录，遇到某些高度危险的信息则直接报警。过滤内容主要指URL、HTTP等携带的信息：ActiveX、Java Applet、JavaScript和电子邮件中的Subject、To、From域等。

（3）部分防御DoS攻击。拒绝服务（denial of service，DoS）攻击就是攻击者过多地占用共享资源，导致服务器超载或系统资源耗尽，从而使其他用户无法享有服务或没有资源可用。防火墙通过控制、检测与报警等机制，可以在一定程度上防止或减轻 DoS 攻击。主要方法是对来自某些主机的异常流量进行限制。

（4）阻止 ActiveX、Java Applet、JavaScript 侵入。这属于 HTTP 内容过滤，防火墙应该能够从 HTTP 页面中剥离 Java Applet、ActiveX 等小程序及从客户端脚本、PHP 和 ASP 等代码中检测出危险代码或病毒，并向用户报警。同时，能够过滤用户上载的 CGI、ASP 等程序，当发现危险代码时向服务器报警。

2. 安全功能

防火墙具有一定的安全功能，主要包括：

（1）防火墙可以而且应当支持转发和跟踪互联网控制报文协议（ICMP）。

（2）防火墙可以提供入侵实时警告。当发生危险事件时能够及时报警，报警的方式可以通过邮件、手机等。

（3）防火墙可以提供实时入侵防范。当发生入侵事件时防火墙能够动态响应，调整安全策略，阻挡恶意报文。

（4）防火墙可以识别 / 记录 / 防止 IP 地址欺骗。IP 地址欺骗是指使用伪装的 IP 地址作为 IP 分组的源地址对受保护网络进行攻击，防火墙能够禁止来自外部网络而源地址是内部 IP 地址的数据分组通过。

3. 管理功能

防火墙还具有一些基本的管理功能，这包括：

（1）通过集成策略集中管理多个防火墙。防火墙管理是指对防火墙具有管理权限的管理员对防火墙运行状态的管理。管理员的行为主要包括：通过防火墙进行身份鉴别，编写防火墙的安全规则，配置防火墙的安全参数，查看防火墙的日志等。防火墙的管理一般分为本地管理、远程管理和集中管理等。

（2）防火墙可以提供基于时间的访问控制。

（3）防火墙可以支持对简单网络管理协议（SNMP）的监视和配置。

（4）防火墙可以进行本地管理。本地管理是指管理员通过防火墙的控制端口或防火墙提供的键盘和显示器对防火墙进行配置管理。

（5）必要的时候可以进行远程管理。管理员通过以太网或防火墙提供的广域网端口对防火墙进行管理，管理的通信协议可以基于 FTP、Telnet、HTTP 等。

（6）可以根据占用的带宽进行管理。防火墙能够根据当前的流量动态调整某些客户端占用的带宽。

（7）负载均衡特性。负载均衡可以看成动态的端口映射，它将一个外部地址的某个 TCP 或 UDP 端口映射到一组内部地址的某一端口。负载均衡主要用于将某项服务（如 HTTP）分摊到一组内部服务器上以平衡负载。

（8）失败恢复特性（failover）。支持容错技术，如双机热备份、故障恢复、双电源备份等。

4. 记录和报表功能

防火墙还具有重要的记录功能和报表功能，具体如下。

（1）提供处理完整日志的方法。防火墙规定对于符合条件的报文做日志，并提供日志信息管理和存储方法。

（2）提供自动日志扫描功能。防火墙具有日志的自动分析和扫描功能，这样可以获得更详细的统计结果，达到事后分析、亡羊补牢的目的。

（3）提供自动报表、日志报告书写器。防火墙具备自动报表和日志报告书写功能。

（4）报警通知机制。防火墙提供报警机制，在检测到入侵以及设备运转异常情况时，通过报警来通知管理员采取必要的措施。

（5）提供简要报表（按照用户 ID 或 IP 地址）。防火墙能够按照要求提供报表分类打印。

（6）提供实时统计。防火墙能够进行日志分析，提供智能统计结果并以图表的形式显示。

5.2.3　防火墙的种类

防火墙技术可以根据防范的方式和侧重点的不同而分为多种类型。通常按照防火墙位于 TCP/IP 模型的层次来对防火墙进行分类，据此可以将防火墙分为分组过滤防火墙、应用代理防火墙和复合防火墙。

1. 分组过滤防火墙

分组过滤防火墙作用在 TCP/IP 模型的网络层和传输层，它根据分组源地址、目的地址和端口号、协议类型等标志确定是否允许数据分组通过。只有满足过滤逻辑的数据分组才被转发到相应的目的地出口端，其余数据分组则被从数据流中丢弃。有的分组过滤防火墙还具有网络地址转换功能，这样的防火墙将受到保护的企业内部网的所有主机的网络地址对外隐蔽起来，使外部用户不能通过网络地址直接访问内部的主机。

大多数路由器都提供分组过滤功能。分组过滤是一种通用、廉价、有效的安全手段。它不针对每个具体的网络服务采取特殊的处理方式，能够在很大程度上满足企业的安全要求。

分组过滤的优点是不需要改动主机上的应用程序，就可以直接部署，这是因为它工作在网络层和传输层，与应用层无关。但是，其弱点也是明显的：用以判别过滤的只有网络层和传输层的有限信息，因而各种安全要求不可能充分满足；在许多分组过滤防火墙中，过滤规则的数目是有限的，而且随着规则数目的增加，性能会受到很大的影响；由于缺少上下文关联信息，不能有效地过滤如用户数据报、RPC 报文等信息；大多数分组过滤防火墙缺少审计和报警机制，而且管理方式和用户界面也不友好；对安全管理人员素质要求高，建立安全规则时必须对协议本身及其在不同应用程序中的作用有较深入的理解。因此，分组过滤防火墙通常和应用代理防火墙配合使用，共同组成防火墙系统。

2. 应用代理防火墙

应用代理防火墙也称为应用网关，它作用在 TCP/IP 模型的应用层，其特点是完全“阻隔”网络通信流，通过对每种应用服务编制专门的代理程序，起到监视和控制应用层通信流的作用。实际中的应用网关通常由专用工作站实现。

应用代理防火墙是企业内部网与因特网的隔离点，起着监视和隔绝应用层通信流的作用（如图 5.1 所示），一般也具有分组过滤的功能。它工作在应用层，掌握着应用系统中可以用作安全决策的全部信息。

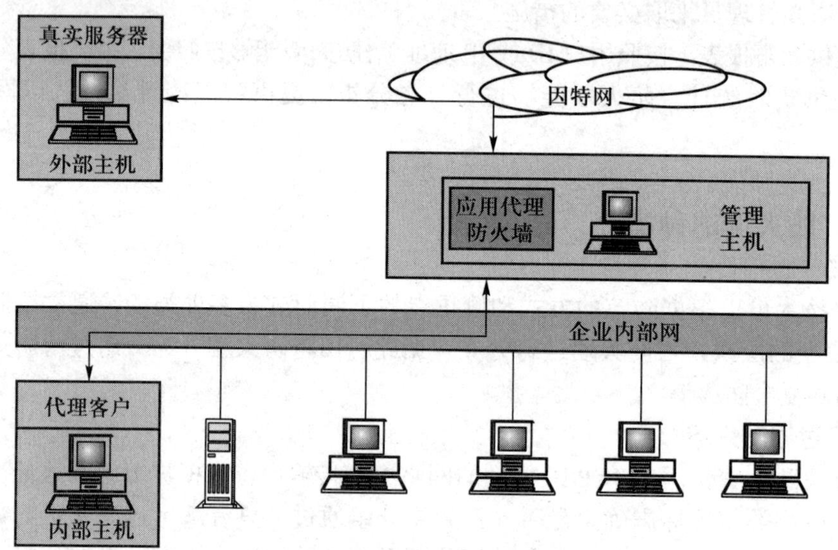

图 5.1　应用代理防火墙

3. 复合防火墙

对安全性要求更高的网络，常把基于分组过滤的方法与基于应用代理的方法结合起来，形成复合防火墙产品。这种结合通常有两种复合方案。

（1）屏蔽主机防火墙体系结构。在这种结构中，分组过滤防火墙与因特网相连，同时将一个应用代理防火墙安装在企业内部网，通过在分组过滤防火墙上设置过滤规则，使应用代理防火墙成为因特网上其他节点唯一能到达的节点，确保企业内部网不受未授权外部用户的攻击。

（2）屏蔽子网防火墙体系结构。应用代理防火墙放在一个子网内，形成非军事化区，两个分组过滤防火墙放在这一子网的两端，使这一子网与因特网及企业内部网分离。在屏蔽子网防火墙体系结构中，应用代理防火墙和分组过滤防火墙共同构成了整个防火墙的安全基础。

5.3　入侵检测技术

5.3.1　入侵检测技术综述

除了外部的用户可能出于经济目的或竞争需要对企业的电子商务系统进行攻击、破坏之外，电子商务系统的合法用户也可能出于好奇而入侵电子商务系统，对电子商务系统造成危害。阻止外部用户的攻击破坏是防火墙的职责，而阻止内部可能发生的攻击、破坏则是入侵检测系统的任务。从电子商务安全的角度看，电子商务系统被内部合法用户入侵、破坏而导致信息泄露或系统故障是一个严重的问题，由此引出的更多的有关电子商务系统安全问题应该引起人们的重视。据统计，全球80%以上的系统入侵来自于内部。

随着网络应用范围的不断扩大，对网络的各类攻击与破坏也与日俱增。网络安全已成为国防安全的重要组成部分，同时也是国家网络经济发展的关键。对于一个企业来说，电子商务系统的安全是企业发展的关键问题。

系统遭到入侵有两种情况。一是非法用户访问他不应该访问的系统；二是合法用户访问它不应访问的信息或者进行未授权的操作。

入侵检测（intrusion detection）是对入侵行为的检测。它通过收集和分析网络行为、安全日志、审计数据、其他网络上可以获得的信息以及计算机系统中若干关键点的信息，检查网络或系统中是否存在违反安全策略的行为和被攻击的迹象。入侵检测作为一种积极主动的安全防护技术，提供了对内部攻击、外部攻击和误操作的实时保护，在网络系统受到危害之前拦截和响应入侵。因此，被认为是防火墙之后的第二道安全屏障，在不影响网络性能的情况下能对网络进行监测。

对入侵攻击进行检测与防范，确保电子商务系统、网络系统及整个信息基础设施的安全已经成为刻不容缓的工作。入侵检测技术是安全审计的核心技术之一，是电子商务系统安全防护的重要组成部分。

对于电子商务系统而言，入侵检测技术是为保证电子商务系统的安全而设计与配置的一种能够及时发现并报告系统中未授权使用或其他异常现象的技术，是检测电子商务系统中违反安全策略行为的技术。其中，违反安全策略的行为包括非法用户的违规行为和合法用户的违规滥用行为。

利用审计记录，入侵检测系统能够识别出任何系统不希望出现的活动，并限制这些活动，以保护系统的安全。应用入侵检测系统，能在入侵攻击对系统产生危害前检测到入侵攻击，并利用报警与防护系统驱逐入侵攻击；能在入侵攻击过程中减少入侵攻击所造成的损失；能在被入侵攻击后收集入侵攻击的相关信息，并将其作为防范系统的知识，添入知识库，以增强系统的防范能力。

经过多年的发展，入侵检测产品开始步入快速的成长期。一个入侵检测产品通常由两部分组成：传感器（sensor）与控制台（console）。传感器负责采集数据如（数据分组、系统日志等），分析数据并生成安全事件。控制台主要起到中央管理的作用，商品化的产品通常提供图形界面的控制台。

从技术上看，入侵检测产品主要可以分为基于网络的入侵检测产品、基于主机的入侵检测产品，以及混合型入侵检测产品。其中，混合型入侵检测产品可以弥补基于网络的入侵检测产品与基于主机的入侵检测产品的片面性缺陷。此外，文件的完整性检查工具也可以看做是一类入侵检测产品。

基于网络的入侵检测产品被放置在重要的网段内，不停地监视网段中的各种数据分组，对每一个数据分组或可疑的数据分组进行特征分析。如果数据分组与入侵检测产品内置的某些规则吻合，入侵检测系统就会发出警报甚至直接切断网络连接。目前，大部分入侵检测产品是基于网络的。需要说明的是，在网络入侵检测系统中，有多个久负盛名的开放源码软件，它们是 Snort、NFR、Shadow 等，其中 Snort 的社区非常活跃，其入侵特征的更新速度与研发进展已超过了大部分商品化产品。

5.3.2　入侵检测系统的分类

按照入侵检测系统所检测的范围，可以将入侵检测系统分为网络入侵检测系统和主机入侵检测系统。

（1）网络入侵检测系统。网络入侵检测系统被部署在某个网段，检测它所连接的网段，发现网络上其他用户对本网段主机可能发起的攻击与入侵。同时，也检测本网段主机对本网段外的主机或服务器发动的入侵或攻击。网络入侵检测系统具有以下优点。

① 网络入侵检测系统能够检测那些来自网络的攻击，以及超过授权的非法访问。

② 一个网络入侵检测系统不需要改变服务器等主机的配置。由于它不会在业务系统的主机中安装额外的软件，因而不会影响这些机器的 CPU、输入输出设备等资源的使用，不会影响业务系统的性能。

③ 由于网络入侵检测系统不像路由器、防火墙等关键设备那样工作，因此它不会成为系统中的关键路径。网络入侵检测系统发生故障不会影响正常业务的运行。部署一个网络入侵检测系统的风险比主机入侵检测系统的风险少得多。

④ 网络入侵检测系统有向专门设备发展的趋势，安装一个这样的网络入侵检测系统非常方便，只需将定制的设备接上电源，做很少一些配置，将其连到网络上即可。

任何事物都是一分为二的，网络入侵检测系统具有上述优点，但也有以下缺点。

① 网络入侵检测系统只能检查它直接连接网段的通信，不能检测在不同网段的数据分

组。在使用交换以太网的环境中就会出现监测范围的局限。而安装多个网络入侵检测系统的传感器会使部署整个系统的成本大大增加。

② 网络入侵检测系统为了性能目标通常采用特征检测的方法，它可以检测出一些普通的攻击，而很难实现一些复杂的需要大量计算与分析的攻击检测。

③ 网络入侵检测系统可能会将大量的数据传回分析系统。在一些系统中监听特定的数据分组会产生大量的分析数据流量。一些网络入侵检测系统在实现时采用一定方法来减少回传的数据量，对入侵判断的决策由传感器实现，而中央控制台成为状态显示与通信中心，不再作为入侵行为分析器。这样的系统中的传感器协同工作能力较弱。

④ 网络入侵检测系统处理加密的会话过程比较困难，目前通过加密通道的攻击尚不多，但随着 IPv6 的普及，这个问题会越来越突出。

（2）主机入侵检测系统。主机入侵检测系统通常安装在被重点检测的主机之上，主要是对该主机的网络实时连接以及系统审计日志进行智能分析和判断。如果其中主体活动十分可疑（特征或违反统计规律），入侵检测系统就会采取相应的措施。主机入侵检测系统主要是保护本主机，使其免受攻击或者入侵。主机入侵检测系统具有以下优点。

① 主机入侵检测系统对分析“可能的攻击行为”非常有用。例如，它除了指出入侵者试图执行一些“危险的命令”之外，还能分辨出入侵者干了什么事，运行了什么程序，打开了哪些文件，执行了哪些系统调用。与网络入侵检测系统相比，主机入侵检测系统通常能够提供更详尽的相关信息。

② 主机入侵检测系统通常情况下比网络入侵检测系统误报率要低，因为检测在主机上运行的命令序列比检测网络数据流更简单，系统的复杂性也少得多。

③ 主机入侵检测系统可以部署在那些入侵检测、传感器与控制台之间的通信带宽不足的环境中。主机入侵检测系统在不使用诸如“停止服务”“注销用户”等响应方法时风险较少。

主机入侵检测系统也有以下缺点。

① 主机入侵检测系统安装在需要保护的设备上。例如，当一个数据库服务器需要保护时，就要在服务器本身安装入侵检测系统。这会降低应用系统的效率。此外，它也会带来额外的安全问题。例如，服务器安装了主机入侵检测系统后，会使非授权管理员能够对其进行访问。

② 主机入侵检测系统的另一个问题是它依赖于服务器固有的日志与监视能力。如果服务器没有配置日志功能，则必须重新配置，这将会给运行中的系统带来不可预见的性能影响。

③ 全面部署主机入侵检测系统的代价较大，企业很难利用主机入侵检测系统对所有的主机进行保护，只能对部分主机进行保护。那些未安装主机入侵检测系统的机器将成为保护的盲点，入侵者可以利用这些机器达到攻击目标。

④ 主机入侵检测系统除了监测自身的主机以外，不监测网络的情况。分析入侵行为的

工作量将随着主机数目的增加而增加。

入侵检测系统根据所采用的技术，可以分为基于特征的入侵检测系统与基于异常的入侵检测系统两种。

（1）基于特征的入侵检测系统。基于特征（signature-based detection），假设入侵者活动可以用一种模式来表示，系统的目标是检测主体活动是否符合这些模式。它可以将已有的入侵方法检查出来，但对新的入侵方法却无能为力。其难点在于如何设计模式既能够表达“入侵”现象又不会将正常的活动包含进来。

（2）基于异常的入侵检测系统。基于异常（anomaly）的入侵检测系统假设入侵者活动异常于正常主体的活动。根据这一理念建立主体正常活动的“活动简档”，将当前主体的活动状况与“活动简档”相比较，若违反其统计规律，则认为该活动可能是“入侵”行为。基于异常的入侵检测系统的难题在于如何建立“活动简档”以及如何设计统计算法，而不把正常的操作作为“入侵”或忽略真正的“入侵”行为。

入侵检测系统分为 4 个组件：事件产生器（event generator）、事件分析器（event analyzer）、响应单元（response unit）和事件数据库（event database）。

事件产生器的作用是从整个计算环境中获得事件，并向系统的其他部分提供此事件，特别是向事件分析器提供分析的材料。事件分析器分析所得到的数据，根据事件数据库中所保存的事件特征对事件进行分析，并给出正常事件与异常事件的结论。响应单元则是对分析结果做出反应的功能单元，它既可以做出切断连接、改变文件属性等强烈反应，也可以只是简单的报警。事件数据库是对存放各种中间数据和最终数据的地方的统称，它可以是复杂的数据库，也可以是简单的文本文件，它为事件分析器提供进行分析、做出正常与异常行为判断的依据。

5.3.3　入侵检测方法

入侵检测系统常用的入侵检测方法有特征检测、统计检测和专家系统三种。

1. 特征检测

特征检测对已知的攻击或入侵的方式做出确定性的描述，形成相应的事件模式。一旦被审计的事件与已知的入侵事件模式相匹配就报警。特征检测的原理与专家系统的原理相似，其检测方法与计算机病毒的检测方式相似。目前基于分组特征描述的模式匹配应用得较为广泛。该方法预报检测的准确率较高，但对于无经验知识的入侵与攻击行为无能为力。

2. 统计检测

统计检测常用于异常检测，在统计检测中常用的测量参数包括审计事件的数量、间隔时间、资源消耗情况等。统计检测的最大优点是它可以“学习”用户的使用习惯，从而具有较高的检出率和可用性。但是，它的“学习”能力也会使入侵者有机会通过逐步“训练”，使入侵事件符合正常操作的统计规律，从而通过入侵检测系统。常用的 5 种统计模型如下。

（1）操作模型。该模型假设异常可以通过测量结果与一些固定指标相比较得到，固定指标可以根据经验值或一段时间内的统计平均得到。例如，在短时间内多次失败的登录很有可能是口令尝试攻击。

（2）方差模型。计算参数的方差，设定其置信区间。若测量值超过置信区间的范围，则表明有可能是异常。

（3）多元模型。该模型是操作模型的扩展，通过同时分析多个参数实现检测。

（4）马尔柯夫过程模型。将每种类型的事件定义为系统状态，用状态转移矩阵来表示状态的变化。若一个事件发生，或状态转移矩阵中该转移的概率较小，则可能是异常事件。

（5）时间序列分析模型。将事件计数与资源耗用根据时间排成序列。若一个新事件在该时间发生的概率较低，则该事件可能是入侵。

3. 专家系统

利用入侵检测专家系统对入侵进行检测，通常针对有特征的入侵行为。不同的入侵检测专家系统的设置具有不同的规则，且规则之间往往无通用性。所谓的规则，即知识。入侵检测专家系统的建立依赖于知识库的完备性，知识库的完备性又取决于审计记录的完备性与实时性。入侵的特征抽取与表达，是入侵检测专家系统的关键。在系统实现中，将有关入侵的知识转化为 if–then 结构（也可以是复合结构），if 部分为入侵特征，then 部分是系统防范措施。运用入侵检测专家系统防范有特征入侵行为的有效性完全取决于专家系统知识库的完备性。

随着入侵技术的发展与演化，需要研究更高级更复杂的入侵检测方法，因此需要了解入侵技术的变化，这些变化主要反映在以下几个方面。

（1）入侵或攻击的综合化与复杂化。入侵的手段有多种，入侵者往往采取多种攻击手段。由于网络防范技术的多重化，攻击的难度增加，使得入侵者在实施入侵或攻击时往往同时采取多种入侵的手段，以保证入侵的成功概率，并且可以在攻击实施的初期掩盖攻击或入侵的真实目的。

（2）入侵主体对象的间接化，即实施入侵与攻击的主体的隐蔽化。通过一定的技术，可以掩盖攻击主体的源地址及主机位置，即使用隐蔽技术后，对于被攻击对象进行攻击的主体是无法直接确定的。

（3）入侵或攻击的规模扩大。对于网络的入侵与攻击，初期往往是针对某个企业或网站，其攻击的目的可能为某些网络技术爱好者的猎奇行为，也不排除商业的盗窃与破坏行为。而对于信息战，无论是规模还是技术都与一般意义上的计算机网络的入侵与攻击不可相提并论。

（4）入侵或攻击技术的分布化。以往常用的入侵与攻击行为往往是由单机执行的。由于防范技术的发展使得此类行为不能奏效。分布式拒绝服务（distributeel denial of service,

DDoS）在很短时间内可以造成被攻击主机的瘫痪。由于此类攻击的单机信息模式与正常通信无差异，所以在攻击发动的初期往往不易被确认。分布式拒绝服务是常用的攻击手段。

（5）攻击对象的转移。入侵与攻击常以网络为侵犯的主体，但近期来的攻击行为却发生了策略性的改变，由攻击网络改为攻击网络的防护系统，而且有愈演愈烈的趋势。攻击者详细地分析入侵检测系统的审计方式、特征描述、通信模式，找出入侵检测系统的弱点，然后加以攻击。

基于上述的变化，入侵检测技术也需要研究针对这些新变化的方法，从而有效地保护电子商务系统的安全。

5.4　认 证 技 术

认证是电子商务交易过程中最重要的环节，是通过某些成熟的技术，保证在电子商务活动中某个实体的身份真实，确保不发生欺骗的过程，保证用户打交道的实体就是实际的实体，而不是其他实体冒充的。这些认证方法主要有口令认证、物理认证、生物认证、密码学认证等。不管采用什么认证方法，认证都基于以下种事实，即利用自己所知道的事实、所拥有的事实进行认证，或者针对自己的生物特征进行认证。

5.4.1　口令认证

口令在计算机领域中应用广泛，在企业电子商务系统中也同样应用广泛。收发电子邮件、银行取款、电子商务系统的许多操作都需要口令。口令简单易行。例如，如果 Alice 要向 Bob 证明她就是 Alice，但 Bob 并不认识 Alice，他们可以预先设定一个只有他们两个人知道的、特别简短的语句（口令），在以后的应用中 Bob 就认为能够说出口令人就是 Alice。

口令认证是基于用户应该知道用户名对应的口令这个事实的。如果输入的口令与其用户名相对应，就可以顺利通过口令认证；否则认证失败。口令认证过程如图 5.2 所示。

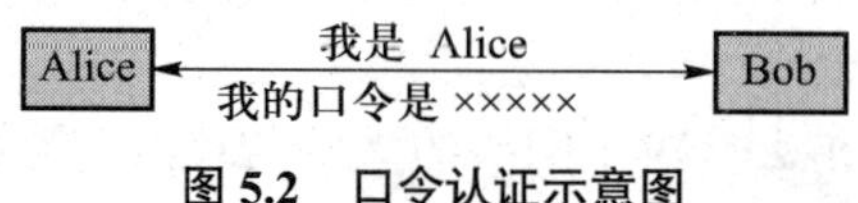

图 5.2　口令认证示意图

Alice 输入自己的用户名和口令，Bob（可能是一个实际的人，更多情况下是一个服务器）检查在他的数据库中所保存的该用户名对应的口令，如果保存的口令与用户输入的口令相匹配，那么 Alice 就通过认证；否则认证失败。

一个口令认证系统由三个部分组成：供用户输入口令的界面、口令查询系统和保存口令的数据库。

人们每天都在使用口令，就可能产生误解，认为口令是一种比较好的认证策略。事实上，口令认证的安全性是比较低的，有很多问题。例如，攻击者可以在用户登录时实施侦听以获取口令；攻击者可以读取计算机中存储的口令信息；可以登录计算机，进行在线口令猜测，对口令非常有效的攻击方法为字典攻击；攻击者也可以实施离线破解；如果试图强制用户选择无法猜测的口令，那么系统就有可能变得不便使用，用户可能不得不写下口令。这些攻击成功的概率比较高，这有两方面的原因。一是口令太短，很容易用搜索（穷举攻击）方法找到口令。例如，自动取款机上的口令字只是 6 位十进制数。二是人们选择口令的原则往往与安全原则相违背。从安全的角度出发，要求口令应该由随机的没有任何意义的字母与数字混合组成，但这样的口令用户也很难记。为了便于记忆，用户往往选择电话号码、生日或其他熟悉的编号作为口令。这样的口令虽然容易记忆，但也使攻击者易于猜测。

既然口令这么不安全，为什么仍在使用口令？例如，自动取款机仍然在使用口令。这是因为可以有一些简单的方法改进其安全性，增加了攻击的难度。这些简单的方法如下。

（1）限制猜测次数，也称为执行死刑。大多数的自动取款机都采用这种方法，即如果用户第一次输入的口令不正确，则允许用户输入新的口令；但如果用户三次输入的口令都不正确，系统就认为该用户不是合法用户而是一个恶意的攻击者。这时，系统就会将用户的银行卡吞掉。持卡人就需要带上身份证，要求银行的工作人员取出银行卡。

（2）降低猜测口令的速度。一些系统通过限制猜测速度的方法提高安全性。因为攻击者不知道口令，只能猜测。针对这种情况，可以将系统设计成这样：第一次输入的口令后，系统响应的时间（检查口令是否正确并给出结论的时间）比较短，如 1 s；但如果第一次输入的口令不正确，则再次输入口令时，系统的响应时间就变为 10 min；第三次输入口令时系统的响应时间就变成半小时。这样攻击者虽然还能够猜测，但是不允许其有足够的时间检验猜测是否正确。

（3）增加攻击者搜索的空间，使必须搜索的口令数目非常大。例如，若自动取款机上的口令为 6 位十进制数，则攻击者一次猜对的概率是百万分之一。若口令为 10 位十进制数，则攻击者一次猜对的概率就是百亿分之一。根据当前计算机的运算速度，一般认为口令为随机的 64 位二进制数才合适。如果口令选择的字符范围是 26 个英文字母和 10 个阿拉伯数字，那么至少需要 12 个字符。如果只在 10 个阿拉伯数字中选字符，那么口令至少需要 19 个数字。

（4）选择比较好的口令。选择随机数作为口令比较好，但随机数难以记忆。其他比较好的口令是选择一句自己最熟悉的话。例如，将“我的家乡在东北的松花江上”这句话的每个字汉语拼音的首字母合起来，即“wdjxzdbdshjs”作为口令。这样的口令既像是随机的，又很好记忆。

5.4.2 物理认证

物理认证是生活中常见的一种认证方式，这种认证方式通过一个实体所拥有的物理形态来认证该实体，现在物理认证的应用正在逐渐减少。人们的身份证就是一种重要的物理认证，当然身份证上的照片还要和持有人的面貌对应起来才可以通过认证，所以身份证认证实际上是物理认证与生物认证的结合。生活中常见的证明信也是一种物理认证。例如，一个学校的学生要到另一个学校去查阅图书馆的资料，只要他在自己所在的学校开一个证明信，然后持此证明信就可以到另一个学校的图书馆去查阅资料。只要证明信是真的，学生就可以通过这种简单的认证。

上述物理认证都不是电子商务系统的物理认证，电子商务系统的物理认证包括利用智能卡、认证令牌进行的认证等。银行系统、电信系统、学校系统广泛使用物理认证方法。例如，银行卡、PIN 码、校园卡、公交卡等都属于物理认证的范畴。

物理认证的缺点是如果持有的用于认证的物理对象丢失，则合法的用户不能通过认证，而捡到者或者偷盗者则可以通过认证。所以在物理认证的系统中，如何安全地保存认证物体，是一个非常重要的问题。

5.4.3 生物认证

口令认证容易受到口令攻击，物理认证比口令认证的效果要好得多，但物理认证存在如何保存认证证据的问题。而采用生物认证就可以克服物理认证所存在的问题，即认证证据保存的问题。生物认证利用生物体不可改变的一些属性进行认证。既然是生物属性就只能认证人的身份，不能用于对网络其他实体（如主机、机构等）进行认证。生物认证基于“你是谁”进行认证。生物认证方法主要有视网膜认证、指纹认证、虹膜认证、人脸认证、手形认证、掌纹认证、生态识别、手工签名认证、声音认证等。

1. 视网膜认证

研究结果表明，人类视网膜中的血管组织是终身不变的，而且每个人都不同，因此可以作为认证的依据。当一个人需要被认证时，要用视网膜扫描设备扫描该人眼睛中的细小血管，把扫描的结果与数据库中保存的该对象的视网膜数据进行比较。如果相同，则通过认证；否则认证失败。

2. 指纹认证

指纹与视网膜一样，对于一个人也是终身不变的，而且全世界没有两个人的指纹是完全相同的。指纹认证是最古老的生物认证技术，在很多领域中都得到了有效的运用。指纹指的是指尖表面的纹路。指纹并不是连续、平滑、流畅的，而是经常出现中断、分叉或转折，这些断点、分叉点和转折点，称为细节，这些细节构成了指纹唯一性的认证信息。指纹认证主要包括三部分：特征提取、指纹分类、匹配决策。指纹认证是比较简单的技术，已经在各行各业普遍使用，但由于图像识别技术和数据库搜索技术的限制，这种方法主要与物理认证技术联合使用来完成认证过程。指纹认证与物理认证联合是一种可行的、快速的认证方法。自动指纹识别系统框图如图 5.3 所示。

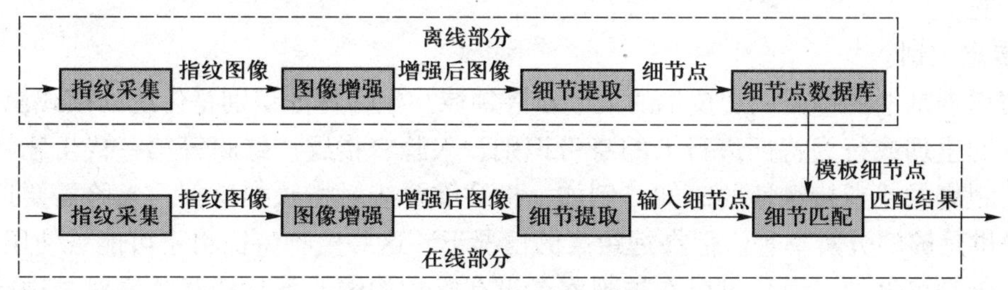

图 5.3　自动指纹识别系统框图

3. 虹膜认证

虹膜是一个位于瞳孔和巩膜之间的环状区域。与其他生物特征相比，虹膜认证具有以下特性。独特性，虹膜的纹理结构是随机的，其形态依赖于胚胎期的发育；稳定性，虹膜可以保持几十年不变，而且不受除光线之外的周围环境的影响；防伪性好，虹膜本身具有规律性的震颤以及随光强变化而缩放的特性，可以认证出图片等伪造的虹膜；易使用性，认证系统不与人体相接触；分析方便，虹膜固有的环状特性，提供了一个天然的极坐标系。

虹膜认证的过程包括虹膜定位、虹膜对准、模式表达、匹配决策。虹膜定位，将虹膜从整幅图像中分割出来；虹膜对准，确定两幅图像之间特征结构的对应关系；模式表达，要捕获虹膜所具有的独特的空间特征；匹配决策，用两幅图像虹膜码的汉明距离来表示匹配度，这种匹配算法的计算量极小，可以用于大型数据库认证。

4. 人脸认证

人脸认证是一个活跃的研究领域。人脸认证的准确性要低于虹膜认证、指纹认证的准确性，但由于它的无侵害性，以及是对用户最自然、最直观的方式，使人脸认证成为最容易被接受的生物认证。人脸认证的过程包括：在输入的图像中定位人脸；抽取人脸特征进行匹配认证。在人脸认证系统中，图像的背景通常是可控或近似可控的，因此人脸相对而言容易定位。而人脸认证由于表情、位置、方向以及光照的变化会产生较大的同类差异，使得人脸特征的抽取十分困难。这种认证方法的缺点是一定要正面面对认证设备才能达到一定的精确度，否则就会影响认证的准确性。

5. 手形认证

手形认证是通过测量手掌各个部位的尺寸，如手指长度、手掌宽度等来进行认证的。手形的测量比较容易实现，对图像获取设备的要求较低，手形的处理也相对简单，在所有生物认证方法中手形认证的速度是最快的。但是，手形认证的精度不高，而且手形特征并不具有高度的唯一性，不能单独用于认证，可以用作其他认证手段的辅助手段。

6. 掌纹认证

与指纹认证相比，掌纹认证的可接受程度较高，其主要特征比指纹明显得多，而且提取时不易被噪声干扰。另外，掌纹的主要特征比手形的特征更稳定和更易于分类，因此掌纹识别是一种很有发展潜力的生物认证方法。目前的掌纹认证方法主要利用主线和皱褶特征进行认证。

7. 步态识别

步态识别是生物特征识别技术的一个新兴领域。生物特征识别是传统的模式识别问题，它利用人的生理或行为特征进行人的身份识别。人脸、指纹、虹膜等第一代生物特征，通常要求近距离的或者接触性的感知。例如，指纹需要接触指纹扫描仪、人脸需要近距离地捕捉以提供足够的分辨率等。但在远距离的情况下，这些生物特征将不可能被使用。此时，人的步态仍是可见的，而且可以在被观察者没有察觉的情况下从任意角度对其进行非接触性的感知和度量。因此，从视觉监控的观点来看，步态是远距离情况下最有潜力的生物特征。

步态识别是一个新的发展方向，它旨在从相同的行走行为中寻找和提取个体之间的变化特征，以实现自动的身份识别。它是一个融合计算机视觉、模式识别与视频/图像序列处理的技术。

8. 手工签名认证

手工签名认证是一种行为认证技术。签名认证的困难在于数据的动态变化范围大，即使是同一个人，其两个签名也绝不会相同。认证按照数据的获取方式可以分为两种：离线认证和在线认证。离线认证通过扫描仪来获得签名的数字图像；在线认证则利用数位板或压感笔来记录书写签名。

9. 声音认证

研究表明，一个人的语音频谱与人的指纹一样，具有基本不变的特性。通过语音频谱认证，能够达到与指纹认证同样准确的认证效果。一个声音认证系统主要由三部分组成，即声音信号的分割、声音特征抽取和说话人认证。声音信号的分割是将嵌入声音信号的重要语音部分分开；声音特征抽取是抽取被认证人的声音特征；说话人认证是通过与数据库中保存的该人的声音特征进行比较，判断两者是否一致。声音认证的主要问题是通过录音重放就可以破坏这样的认证系统，而且人在生病时语音频谱可能发生变化，从而导致认证失败。

每种生物认证技术都有自己的优势和不足，没有一种生物认证技术能够在所有方面胜过其他技术，选择生物认证技术主要依赖具体的应用。从这个意义上说，每种生物认证技术都是可以采纳的。例如，指纹认证和虹膜认证在准确性和速度上优于声音认证，然而在电话计账系统中，声音认证却是一个好的选择，因为它能够很好地集成到现有的电话系统中。这些生物认证技术基于各人独特的生物特性，但是这些技术的安全程度取决于所认证的这些生物特性的精度。如果精度高，安全性就高。在实际使用中，上述各种生物认证技术往往联合使用，而不单独使用。例如，口令与指纹结合、虹膜与指纹结合、智能卡与指纹结合等。

5.4.4　数字认证

数字认证就是利用密码学的方法实现认证，一般采用数字签名的方法进行认证。数字认证方法是目前最可靠、使用最普遍的认证方法，但是由于数字签名是公钥加密体系，计算量很大，计算复杂性很高，所以在一般的情况下，人们要实时进行公钥加密的计算几乎是不可能的。数字认证技术需要用到复杂的密码学知识，相关内容将在后面介绍。

5.5　数据加密技术

数据加密技术保证信息的机密性，是一门古老而又年轻的学科。说它古老，是因为公元前五世纪，在古希腊的斯巴达就出现了原始的密码。说它年轻，是因为直到 20 世纪 40 年代末，香农发表《保密系统的通信理论》以后，密码学才成为一门科学。1975 年，美国国家标准局颁布了第一个数据加密的国家标准——数据加密标准（data encryption standard，DES），这是数据加密历史上一个具有里程碑意义的事件。1976 年，当时美国斯坦福大学的迪菲（Diffie）和赫尔曼（Hellman）两人在他们的论文《密码学的新方向》中提出了公钥加密算法的概念，把密钥分为加密的公钥和解密的私钥，这是密码学的一场革命。1977 年，美国的里维斯特（Ron Rivest）、沙米尔（Adi Shamir）和阿德勒曼（Leonard Adleman）提出了第一个较完善的公钥加密算法——RSA，这是一种建立在大整数因子分解基础上的算法。至此，数据加密大厦的两个支柱——对称加密体系与不对称加密体系（公钥加密体系）正式确立。保密通信过程如图 5.4 所示。

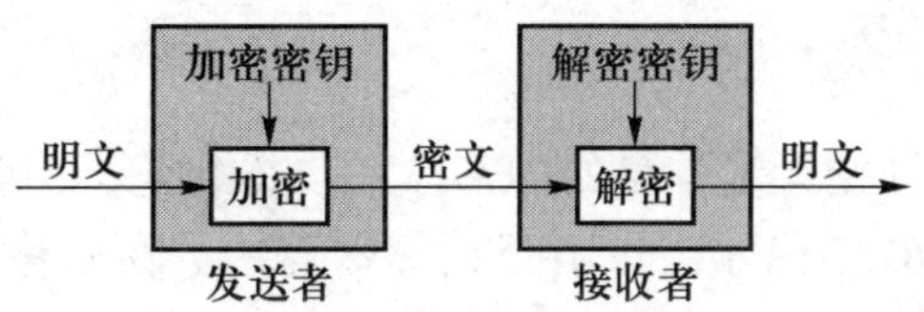

图 5.4　保密通信过程

数据加密技术中常用的基本概念如下。

1. 发送者和接收者

在密码学研究中，总是假设发送者希望通过不安全的信道，将消息安全地发送给接收者。通常用 Alice 和 Bob 来表示发送者和接收者。

2. 明文与密文

为了通过不安全的信道将消息安全地发送出去，发送者需要对消息进行某种变换，使得攻击者即使获得了变换后的消息，也不知道要发送的消息。要发送的消息称为明文，经过变换的消息称为密文。

3. 加密与解密

上述将明文变换成密文的过程称为加密。接收者收到密文以后，为了读懂消息，需要将密文再变换成明文，这个过程称为解密。

4. 加密密钥与解密密钥

加密变换实际上是一种数学函数变换 $f(M)$，将明文 M 作为自变量的值提供给函数，输出的函数值 $C=f(M)$ 就是密文。将密文变换成明文的过程就是加密函数的逆运算 $M=f^{-1}(C)$，并且有 $f^{-1}(f(M))=M$。这种变换函数 f 与逆变换函数也可以称为算法。当然，可以通过对函数 f 的保密来保证发送消息的机密性，但是这种保密方法存在的问题是：大型的或经常变化的机构不能使用这种方法，因为如果有一个用户离开这个机构，这个机构就必须寻找不同的算法。另外，这种方法不能进行质量控制，由于不能公开，也无法对它的安全性进行研究。密码学家们想出了另外一种方法巧妙地克服了这样的困难，这就是采用二元函数 f，加密时除了要输入明文 M 外，需要再输入一个参数 K_1，加密过程变为 $C=f(M, K_1)$。解密过程除了需要输入密文 C 外，还需要提供另外的参数 K_2。通过对 K_1、K_2 的保密实现对消息的保密。这样就可以将这个二元函数公开进行研究，如果一个人离开这个机构，则只需要更换 K_1、K_2 就可以了。这里的 K_1 称为加密密钥，K_2 称为解密密钥。

5. 对称加密体系与公钥加密体系

如果一个加密体系中有 $K_1=g(K_2)$ 或相反，其中 g 是一个多项式时间可计算函数，那么就说这个加密体系为对称加密体系。如果 g 不是多项式时间可计算函数，那么称这个加密体系为公钥加密体系，因为在这样的体系中，公开加密密钥并不会导致攻击者解密信息。

5.5.1　对称加密算法

对称加密算法是用于加密大量信息的加密体系。20 世纪 70 年代以前密码学中只有对称加密算法，直到 20 世纪 70 年代才出现了公钥加密算法。在对称加密算法中，密钥的保密是最重要的，一般采用 $K_1=K_2=K$。一旦密钥泄露或被破译，系统就没有秘密可言，所以也称这种加密算法为秘密密钥算法或单密钥算法。它要求发送者和接收者在安全通信之前商定一个密钥。对称加密算法的安全性依赖于密钥，泄露密钥就意味着任何人都可以将系统中发送或接收的消息解密，所以密钥的保密性对通信安全性至关重要。

对称加密算法的通信过程如下。

（1）Alice 和 Bob 协商一个密码系统。

（2）Alice 和 Bob 协商同一密钥 K。

（3）Alice 用协商的加密算法和密钥加密其消息，得到消息的密文。

（4）Alice 发送密文消息给 Bob。

（5）Bob 用同样的密钥和算法解密密文，得到原始明文，然后阅读明文。

对称加密算法可以分成两类：一类为序列算法（stream algorithm），即一次只对明文中的单个位（有时为字节）进行加密或解密运算；另一类为分组算法（block algorithm），即一次对明文的一组固定长度的字节进行加密或解密运算。现在电子商务中使用的对称加密算法多为分组算法，如 DES 和 AES。而序列算法一般用于军事通信等领域。

（1）DES。DES 是 IBM 公司于 20 世纪 70 年代开发的一个叫 Lucifer 的算法的改进。1976 年，这个算法正式被采纳为联邦信息处理标准（federal information processing standards，FIPS），并授权在非密级的政府通信中使用。该标准的正式文本于 1977 年以 FIPS46 公布，后来又被国际标准化组织（ISO）采纳为 ISO 标准 DEA-1。原来计划 DES 只使用 10 年，但由于没有新的更好的对称加密算法，DES 的使用期限一再延长。但随着计算机技术的发展，DES 的安全性越来越令人担心。1997 年 6 月 17 日，全世界几十万名志愿者共同完成了对 DES 的成功破译，这个事件改变了以往人们对于 DES 安全性的认识。随着 DES 被破译，其安全性已经不能令人放心，美国于 1997 年开始征求新一代的对称加密分组密码算法，这导致了 AES 的诞生。

（2）AES。从 1997 年美国开始征求新一代的对称加密算法起，经过 4 年多的努力，从最初提交的大量对称密码算法中首先选择 15 个算法作为 AES 的候选算法。经过广泛的研究与分析，在第二轮选择中又从 15 个候选算法中选出 5 个算法，淘汰了 10 个算法。又经过两轮的淘汰，最后选出一个算法作为 AES（advanced encryption standard，高级加密标准），并于 2001 年公布。与 DES 相比，AES 的数学原理更加清楚可靠，安全性更高。

与公钥加密算法相比，对称加密算法的优点是：加密速度快，效率高，一般为公钥加密算法速度的 100 ~ 1 000 倍。但对称加密算法也存在以下问题。

（1）密钥必须秘密地分配，它比任何加密的消息更有价值，如果知道了密钥就意味着知道了所有的消息。这样密钥分配就成了一个关键的问题。

（2）密钥的数量大，管理困难。如果任何一对发送者和接收者都有各自商议的密钥，那么假设有 N 个用户进行对称加密通信，就需要 N（N-1）对密钥，每一个用户都要记住或保留 N-1 个密钥。当 N 很大时，很难记住这些密钥，而保存密钥又会使密钥泄露的可能性增加。

正是这些问题的存在，导致了公钥加密算法的产生。

5.5.2　公钥加密算法

如何克服对称加密算法存在的问题，引起了许多科学家的思考。正如前面所介绍的，1976年迪菲和赫尔曼提出了公钥加密算法的概念。他们受生活中使用的保险柜和信箱的启发，把对称加密想象成生活中的保险柜，密钥就是保险柜的密码。知道密码的人既可以打开保险柜，将信件放进去，再关闭保险柜，也可以打开保险柜，从中取出信件。而不知道密码的人就只能去猜测密码。迪菲和赫尔曼设想，能不能将保险箱换成一个信箱，人人都可以从投信口把信件投到信箱中去，而只有持有信箱钥匙的人才能够打开信箱。投信口是公开的，而钥匙只有一个人持有。通过类比的方法，他们提出能不能找到这样一个系统：加密与解密使用不同的密钥，而且从加密密钥无法推导出解密密钥。如果可以的话，就可以公开一个加密密钥，保持解密密钥的机密性。任何想和Alice通信的人都可以用Alice的公钥加密，而加密的信息只有Alice能够解开。这就是公钥加密算法的概念。

自公钥加密概念提出以后，学者们提出了许多种公钥加密方法，它们的安全性都基于复杂的数学难题。根据所基于的数学难题来分类，以下三类系统被认为是安全和有效的：大整数因子分解系统，代表性的算法是RSA；椭圆曲线离散对数系统，代表性的算法是ECC（elliptic curve cryptography，椭圆曲线密码编码学）；离散对数系统，代表性的算法是DSA（digital signature algorithm，数字签名算法）。

RSA的安全性是基于大整数因子分解的困难性，而大整数因子分解问题是数学上的著名难题，至今没有有效的方法予以解决，因此可以确保RSA的安全性。RSA是公钥系统的最具有典型意义的方法，大多数利用公钥加密技术进行加密和数字签名的产品和标准使用的都是RSA。

公钥加密算法的通信过程如下。

（1）Alice和Bob选用一个公钥加密系统。

（2）Bob将其公钥传送给Alice。

（3）Alice用Bob的公钥加密自己的消息，然后发送给Bob。

（4）Bob用其私钥解密Alice的消息，然后阅读消息。

因为Alice的公钥不需要保密，因而可以在不安全的信道上传递，从而很好地解决了对称加密算法的密钥分配与管理问题。此外，公钥加密算法还有一个很重要的优势就是它还可以用于数字签名，这将在5.6节进行详细介绍。但是公钥加密算法存在以下问题。

（1）公钥加密算法速度很慢，只有对称加密算法的1/1 000 ~ 1/100。

（2）公钥加密算法对选择明文攻击很脆弱。因为$C=f(M, K_1)$，这里K_1是已知的，如果只有n种可能，那么攻击者可以加密所有n种可能的明文，看哪一个结果与C相同，从而就能够知道M是什么了。

公钥加密算法的上述缺点，使得它既不适用于加密消息空间很小的消息，也不适用于加密大量的数据。在实际使用时，往往把对称加密算法与公钥加密算法结合起来使用，用公钥加密算法完成密钥分配，而用分配的密钥进行加密。这就是所谓的混合密码算法。

5.5.3　混合加密算法

对称加密算法由于只使用替代和置换等简单的比特处理组合形式，因此处理速度很快且使用简便，但在密钥分配和管理方面存在一定的问题，而且难以在分布式系统上使用。而公钥加密码算法无须秘密分配密钥，密钥分配和管理比较容易，特别适用于分布式系统，其缺点是需要进行诸如 200 ~ 300 位整数的幂运算、模运算等复杂运算，一般比对称加密算法慢很多。

为了充分利用对称加密算法和公钥加密算法的优点，改进加密体系在密钥分配和交换方面的不足，保证信息安全传输，一种基于混合加密算法的数据加密方案被提出。

混合加密算法的通信的过程如下。

（1）Bob 将其公钥发送给 Alice。

（2）Alice 产生一个随机的会话密钥，并用 Bob 的公钥加密，然后将加密的会话密钥发送给 Bob。

（3）Bob 用其私钥解密 Alice 的消息，恢复出会话密钥。

（4）他们用同一会话密钥对他们的通信进行加密与解密。

混合加密算法的核心是：先利用公钥加密技术来传递加密明文时所用到的对称密码，再利用对称加密技术对明文进行加解密。由于将公钥加密技术和对称加密技术相结合，既在加解密明文方面提高了处理速度和运算效率，又加强了密钥管理和分配的方便性，故混合加密算法成为网络安全领域中使用最广泛的加密算法。

5.6　数字签名技术

5.6.1　用公钥加密算法签名

在传统的商务活动中，一个人常常通过签名或盖章的方式表示对文件（或商业合同）内容的认可，享受合同规定的权利，承担相应的义务，如果不能按照文件的规定履行责任，则要承担相应的责任。为此，签名应该是可信的、可验证的、不可伪造的、不可重用的，签名后的文件是不可更改的，签名是不可抵赖的。在电子商务活动中，交易的双方通过网络进行商业谈判，签订合同，所形成的商业文件多为电子文件，由于电子文件具有易复制、易重用性，因此需要一种方法使交易的双方能够对电子文档进行满足上述要求的签名。这种方法就是数字签名算法。目前，主要的数字签名算法有 RSA 数字签名算法（如图 5.5 所示）、DSA 数字签名算法、离散对数数字签名算法等。下面介绍 RSA 数字签名算法。

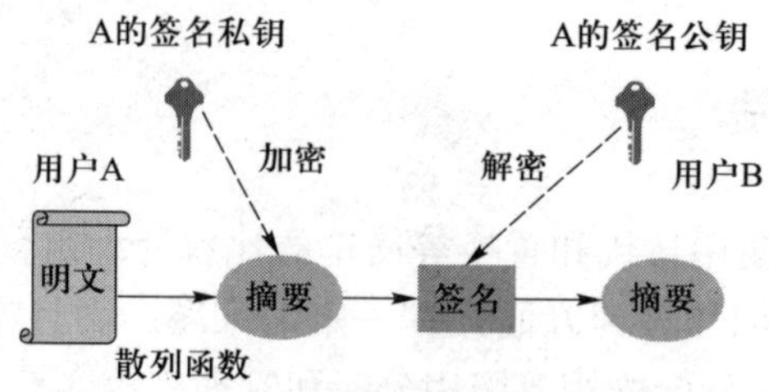

图 5.5 RSA 数字签名算法示意图

在 RSA 公钥加密算法中，公钥和私钥都可以用于加密，但是效果却大不相同。用公钥加密，用私钥解密就是通常的公钥加密算法。如果用 Alice 的私钥加密，那么知道 Alice 公钥的人都能够解密消息，也只有 Alice 私钥加密的消息，才能够用 Alice 公钥解密。这样能够用 Alice 的公钥解密，就成为 Alice 对此消息进行过加密的可靠证据。Alice 只有同意消息的内容，才对它进行加密。这就构成了一种安全的数字签名算法。RSA 数字签名算法的通信过程如下。

（1）Alice 用其私钥对文件加密，从而完成对文件的数字签名。

（2）Alice 将签名的文件传给 Bob。

（3）Bob 用 Alice 的公钥解密文件，完成对签名的验证。

上述签名满足用户的如下要求。

（1）可验证性。如果是 Alice 的签名，则用 Alice 的公钥一定能够解密出正确的消息。

（2）可信性。当能用 Alice 的公钥验证消息时，就可以确信消息是由 Alice 签名过的。

（3）签名是不可伪造的。因为只有 Alice 知道自己的私钥，不知道私钥的人无法用 Alice 的私钥签名消息。

（4）签名是不可重用的。因为签名是文件内容的函数，不可能将已有的签名转移到另外的文件上去。

（5）签名是不可抵赖的。只要知道 Alice 的公钥，不需要 Alice 的帮助就可以证明 Alice 确实在文件上签了名。

对文件进行数字签名的目的是证明签名人承认自己对签名文件的责任与义务，而不是保持文件内容的秘密，文件内容一般是可以公开的。因此，数字签名遇到的不安全因素主要有两种。一种情况是签名人签名之后又不愿意承担相应的责任而否定自己曾经签署过该文件。例如，买卖双方在签订过进出口的电子合同后，买方由于同类商品的价格大跌，继续履行合同进口该批货物会造成大量亏损，就可能否认曾经签订过该合同。另一种情况是在文件上伪造签名。例如，在买卖双方谈判的过程中，当合同尚未签订时，卖方的收购价格大跌，买方准备中止谈判。为了促成交易，卖方伪造了一份经过双方签名的合同要求买方履行。第一种情况称为签名的否认或抵赖问题，第二种情况称为签名的伪造问题。如果假设抵赖者或者伪造者的计算能力是有限的，那么数字签名算法可以防止签名的抵赖或伪造。如果抵赖者或者伪造者的计算能力是无限的，那么签名就有可能被抵赖或者伪造。为了解决这些问题，人们还提出了用于对付抵赖的不可抵赖的数字签名算法，以及用于对付伪造的失败 – 停止签名算法。这些数字签名算法这里不再一一赘述，有兴趣的读者可以阅读有关文献。

5.6.2 用单向散列函数和公钥加密算法签名

1. 单向函数与单向散列函数

如果一个函数 $f(x)$ 满足以下两个条件，则说它是单向函数。

（1）存在多项式时间算法 A，使得 $A(x)=f(x)=y$。

（2）找不到多项式时间算法 B，使得 $B(y)=x$。

上述定义所要表达的意思是：单向函数就是计算起来相对容易，而函数求逆却非常困难的函数。如果单向函数 $f(x)$ 对于任意的两个输入 x_1，x_2，都有 $f(x_1)$，$f(x_2)$ 的二进制表示的位数相同，就称 $f(x)$ 为单向散列函数。单向散列函数是多对一的函数，不能由两个文件的单向散列函数值相同来确定两个文件相同，但能够保证如果单向散列函数值不同，则两个文件相同的概率非常小。例如，如果单向散列函数值的长度为 120 位二进制数，那么两个文件不同，而单向散列函数值相同的概率小于 2^{-120}，给定一个单向散列函数值，要找到一个文件，使其散列函数值等于给定的单向散列函数值非常困难。由于这些特性，单向散列函数常常被作为文件的指纹，或者消息的摘要。

2. 用单向散列函数和公钥加密算法签名

由于用公钥加密算法签名常常需要进行模指数运算，而且这里的模数都是 200 ~ 300 位的十进制自然数，计算量大，效率低。而实际要签名的文件也可能是非常大的文件。这样，要直接对文件进行签名计算量与计算复杂度巨大。为了解决这个问题，人们找到了将公钥加密算法与单向散列函数算法结合起来使用的数字签名方法。首先，对长文件进行单向散列函数运算，计算出文件的单向散列函数值。文件的单向散列函数值远远小于文件本身。然后，通过对文件的单向散列函数值进行签名实现对原始文件的签名。签名过程如下。

（1）Alice 产生文件的单向散列函数值。

（2）Alice 用其私钥对单向散列函数值加密，凭此表示对文件加密。

（3）Alice 将文件和文件的单向散列函数值签名发送给 Bob。

（4）Bob 用 Alice 发送的文件产生文件的单向散列函数值，然后用 Alice 的公钥解密 Alice 的签名，如果计算出的单向散列函数值和解密出的单向散列函数值相同，则签名有效。

采用这样的方法，既实现了对文件的签名，又大大降低了计算量与计算复杂度，是一种好的数字签名方法。

5.6.3　SSL 协议

安全套接字层（secure socket layer，SSL）协议主要用于提高应用程序之间的数据的安全系数。SSL 协议可以被总结为：一个保证任何安装了安全套接字的客户和服务器间事务安全的协议。它涉及所有 TCP/IP 应用程序。

SSL 协议主要提供以下三个方面的服务。

（1）认证客户和服务器，使得它们能够确信数据将被发送到正确的客户和服务器上。

（2）加密数据以隐藏被传送的数据。

（3）维护数据的完整性，确保数据在传输过程中不被改变。

SSL 协议的运行包括以下 6 个步骤。

（1）接通阶段。客户通过网络向服务器打招呼，服务器回应。

（2）密码交换阶段。客户与服务器之间交换双方认可的密码。一般选用 RSA，也有的选用 Diffie–Hellman 算法和 Fortezza–KEA 算法。

（3）协商会话密码阶段。客户与服务器间产生彼此交谈的会话密码。

（4）检验阶段。检验服务器取得的密码。

（5）客户认证阶段。验证客户的可信度。

（6）结束阶段。客户与服务器之间相互交换结束的信息。

当上述运行步骤完成之后，两者之间传送的数据就会加密，等到另外一端接收到数据后，再将加密的数据还原。即使盗窃者在网络上取得加密的数据，如果没有原先编制的加密算法，也不能获得可读的有用数据。

SSL 协议分为两层：SSL 握手协议和 SSL 记录协议。SSL 协议与 TCP/IP 之间的关系如图 5.6 所示。

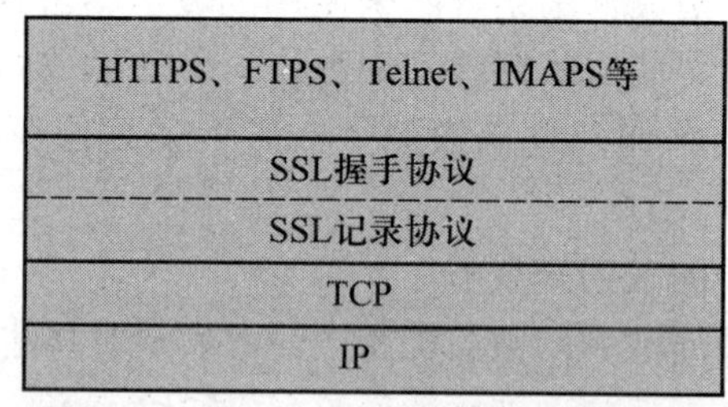

图 5.6　SSL 协议与 TCP/IP 之间的关系

SSL 握手协议用于在通信双方之间建立安全传输通道，具体实现以下功能。

（1）在客户端验证服务器，SSL 协议采用公钥方式进行身份认证。

（2）在服务器端验证客户（可选）。

（3）客户和服务器之间协商双方都支持的加密算法和单向散列算法，可以选用的加密算法包括 IDEA、RC4、DES、三重 DES、RSA、DSA、Diffie–Hellman、MD5、SHA 等。

（4）产生对称加密算法的会话密钥。

（5）建立加密 SSL 连接。

一般的握手过程可以分为以下 4 个阶段。

（1）初始化逻辑连接。客户先发出 Client Hello 消息，服务器也返回一个 Server Hello 消息，这两个消息用来协商双方的安全能力，包括协议版本、随机参数、会话 ID、交换密钥算法、对称加密算法、单向散列算法等。

（2）服务器端发送服务器证书（包含服务器的公钥等）和会话密钥。服务器如果要求验证客户，则要发送 CertificateRequest 消息。最后，服务器发送 ServerHelloDone 消息，表示 hello 阶段结束，服务器等待客户的响应。

（3）如果服务器要求验证客户，则客户先发送 Certificate 消息，然后产生会话密钥，并用服务器的公钥加密，封装在 ClientKeyExchange 消息中。如果客户发送了自己的证书，则再发送一个数字签名 CertificateVerify 来对证书进行校验。

（4）客户端发送一个 ChangeCipherSpec 消息，通知服务器以后发送的消息将采用先前协商好的安全参数加密，最后再发送一个加密后的 Finished 消息。服务器在收到上述两个消息后，也发送自己的 ChangeCipherSpec 消息和 Finished 消息。至此，握手全部完成，双方可以开始传输应用数据。

SSL 握手协议在通信双方建立起合适的会话状态信息要素，如表 5.1 所示。

表 5.1　SSL 握手协议会话状态信息要素

会话状态信息要素	描述
对话标识	服务器选择的用于标识一个活跃的、重新开始的对话标识
对等证书	对等实体的 X.509 证书
散列方法	所采用的数据单向散列算法
加密说明	所采用的数据加密算法和 MAC 算法
会话密钥	客户和服务器所共享的会话密钥
可重新开始	标识此对话是否可以用来初始化新的标志

SSL 记录协议从高层接收到数据后要经过分段、散列和加密处理，再由传输层发送出去。在 SSL 协议中，所有的传输数据都被封装在记录中，SSL 记录协议规定了记录头部和记录数据的格式。每个 SSL 记录包含以下信息。

（1）内容类型。指 SSL 的高层协议。

（2）协议版本号。指所用的 SSL 协议版本号。

（3）长度。指记录数据的长度，记录数据的最大长度为 16 383 个字节。

（4）数据有效载荷。将数据用 SSL 握手阶段所定义的单向散列算法和对称加密算法进行处理后得到的结果。

（5）MAC。MAC 在有效数据被加密之前计算出来并放入 SSL 记录，用于进行数据完整性检查。若使用 MD5 算法，则 MAC 数据长度是 16 个字节。

SSL 记录协议采用了 RFC2104 中关于 HMAC 结构的修正版，在单向散列函数作用之前将一个序号放入消息，以抵抗各种形式的重传攻击，其中序号是一个 32 位的递增计数器。

在电子商务交易过程中，由于有银行参与，按照 SSL 协议，消费者购买的信息首先发往商家，商家再将信息转发给银行，银行验证消费者信息的合法性后，通知商家付款成功，商家再通知消费者购买成功，将商品发送给消费者。

SSL 协议是最早应用于电子商务的一种网络安全协议，至今仍有许多网上商店在使用。在使用时，SSL 协议根据邮购的原理进行了部分改进。在传统的邮购活动中，消费者首先寻找商品信息，然后汇款给商家，商家再把商品寄给消费者。在这种情况下，商家是可以信赖的，所以消费者须先付款给商家。在电子商务的开始阶段，由于商家担心消费者购买后不付款，或使用过期的信用卡，因而希望银行给予认证。SSL 协议正是在这种背景下应用于电子商务的。

5.6.4　SET 协议

随着电子商务的发展，网络购物越来越普及。网络购物一般要经过购物准备过程与实际购物过程，其中购物准备过程如图 5.7 所示。在这个过程中不发生真正的交易，不涉及支付问题，所以不需要协议。

在网络购物准备过程之后是实际购物过程，实际购物过程的完成必然涉及支付。而要实现真正的电子商务，商务活动必须能够实现网上支付。为此，VISA 和 Master Card 联合开发了 SET 电子商务交易安全协议。它是在因特网上进行在线交易的开放的以电子货币为基础的电子付款系统规范。SET 协议在保留对消费者信用卡认证的前提下，又增加了对商家身份的认证。由于设计合理，SET 协议得到了 IBM 公司、微软公司等许多大公司的支持，已成为事实上的工业标准。目前，它已获得因特网工程任务组（IETF）标准的认可。

并不是任何持有信用卡的持卡人都可以利用 SET 协议进行网上支付。要进行网上支付，持卡人必须做一些工作，包括开设账户、获得公钥数字证书、获得商家的数字证书等，然后才能进行在线支付。利用 SET 协议进行网络购物的过程如图 5.8 所示。

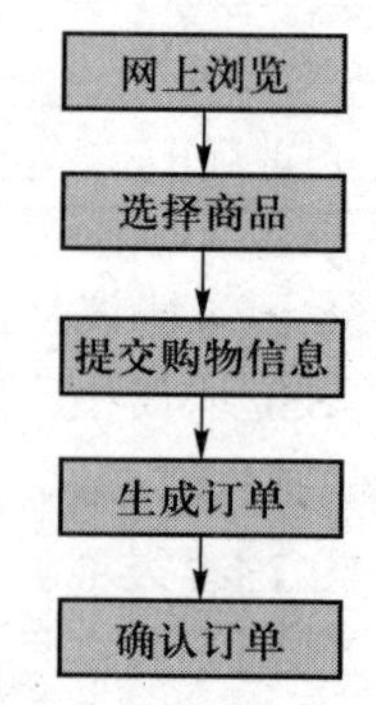

图 5.7　网络购物准备过程

在利用 SET 协议进行支付的过程中涉及以下要素。

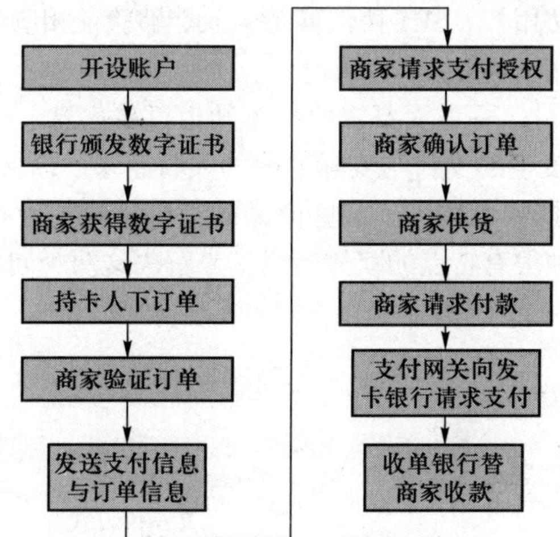

图 5.8　利用 SET 协议进行网络购物的过程

（1）持卡人。持信用卡进行消费的消费者。

（2）商家。向持卡人提供商品或服务的个人或组织。

（3）发卡银行。为持卡人发放信用卡的金融机构。

（4）收单银行。商家开设有账户，并受理信用卡认证与结算的金融机构。商家通常可以接受多种信用卡，但商家并不想与许多发卡银行打交道，收单银行向商家提供认证，保证某个信用卡是有效的，并且其购物金额没有超过其授信额度。收单银行负责将购货资金转移给商家，并向发卡银行进行索偿。

（5）支付网关。支付网关是由收单银行或者指定的第三方维护的、处理商家支付信息的功能设备。它是现有银行卡支付网络的中介，负责认证和支付。

（6）认证中心。这是一个为持卡人、商家和支付网关颁发 X.509v3 公钥证书的可信赖的实体。SET 协议的成败取决于认证中心基础设施是否可用。一般采用层次型的认证中心，以避免当事人都直接要根认证中心发证。

对使用 SET 协议进行支付有以下要求。

（1）要保证支付信息的机密性和订单信息的机密性。

（2）要保证所有传输数据的完整性。

（3）要保证持卡人是信用卡的合法用户，这就需要进行认证。

（4）保证一个商家与金融机构的关系，使它能够接受信用卡交易。

（5）运用最好的安全技术与最好的系统设计技术，保护电子商务交易中的所有合法当事人。该技术既不依赖传输安全机制的使用，也不影响传输安全机制的使用。这样便于软件提供商和网络服务商之间的互操作。

SET 协议用 DES 保证机密性，用 RSA 数字签名算法、SHA-1 算法保证数据的完整性，确保订单信息、个人数据、支付指令在传输过程中不被修改。SET 协议使商家能够验证持卡人是有效信用卡账号的合法用户。SET 协议使持卡人能够验证相应的商家与金融机构有信用卡结算关系，能够接收信用卡付款。

使用 SET 协议进行支付，一方面要求银行不知道订单信息、商店不知道支付信息，另一方面要求将本次购物所发生的支付与实际的购物关联起来，以保证持卡人的利益；否则，如果商家在某一个时刻说持卡人购买了某些商品却没有付款，持卡人无法证明自己的支付已发生。SET 协议采用一种很有特点的双签名机制来解决这两个问题。SET 协议的双签名机制如图 5.9 所示。

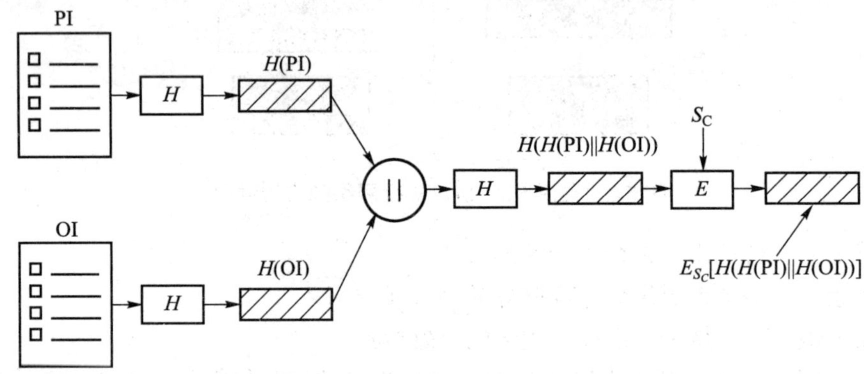

图 5.9　SET 协议的双签名机制

在图 5.9 中，PI 表示支付信息（payment information），包括持卡人的信用卡号码等信息；OI 表示订单信息（order information），包括商品的时间、数量、地点、单价、总值等信息；H 表示单向散列运算；S_C 表示持卡人的私钥。

SET 协议的双签名机制如下。

（1）分别对支付信息和订单信息进行单向散列运算，生成各自的单向散列函数值 H（OI）和 H（PI）。

（2）将这两个单向散列函数值放到一起，再做一次单向散列运算得到 H（H（PI）‖H（OI）），然后用持卡人的私钥 S_C 加密（E），即对这个结果进行签名，形成了双签名 ES_C［H（H（PI）‖H（OI））］，这就是所谓的双签名机制。ES_C［H（H（PI）‖H（OI））］将本次购物的信息与本次支付的信息关联起来，这样商家在任何时候都无法抵赖。

SET 协议的双签名机制的实际处理过程如图 5.10 所示。在生成一个双签名之后，选择一个随机会话密钥，对支付信息（PI）与双签名和订单信息的单向散列函数值（H（OI））进行加密（E），得到一个密文块。用支付网关的公钥（P_G）加密随机会话密钥，就得到了一个新的密文块，因为支付网关要想阅读支付信息，就必须解密这个密文块，所以称这个密文块为数字信封。然后，把密文块、数字信封、订单信息（OI）、支付信息的单向散列函数值（H（PI））、双签名以及持卡人证书等信息一起打包发送给商家。

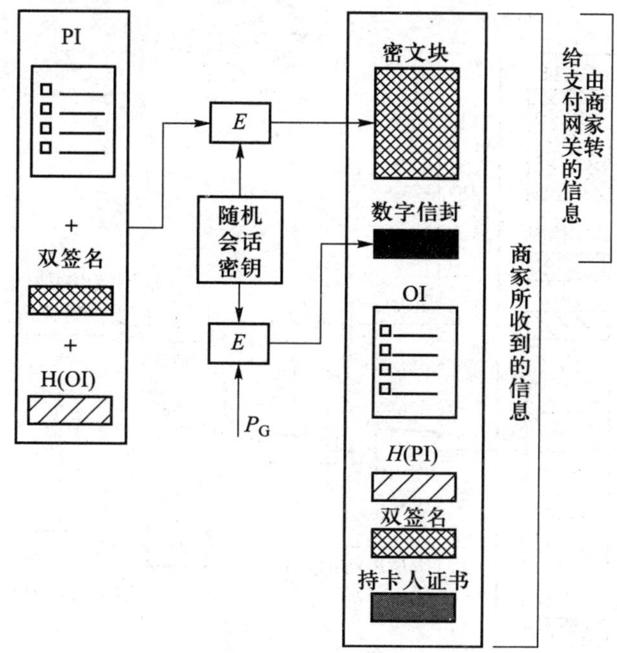

图 5.10 双签名机制的实际处理过程

商家收到这一部分信息后，可以检查其中以明文方式发送的订单信息（OI），以及支付信息的单向散列函数值（H（PI）），计算订单信息的单向散列函数值（H（OI）），再把它们连接起来进行单向散列运算，得到 H（H（PI）||H（OI））。然后，从持卡人证书中获得持卡人的公钥（P_C），用持卡人的公钥解密（D）双签名得到 H（H（PI）||H（OI）），比较这两部分是否相同，如图 5.11 所示。如果相同，则说明信息在传输过程中没有被修改，信息是完整的。因为与支付有关的信息是用随机会话密钥加密的，而这个随机会话密钥又需要用支付网关的公钥加密，商家看不到任何实际的信息。

同时把数字信封和密文块转发给支付网关，等待支付网关的确认。因为与订单有关的信息没有转给支付网关，所以支付网关看不到有关订单的任何信息。支付网关收到这些信息后，首先用自己的私钥解密数字信封，得到随机会话密钥，用该随机会话密钥解密密文块，就可以得到有关的支付信息。用与商家相同的方法验证信息的完整性。如果支付信息（包括信用卡号码等）都正确，就给商家返回一个一切正确的信息，告诉商家可以放心交易。商家就可以按照持卡人的订单要求交付商品，并要求支付网关从持卡人的信用卡上按照支付信息扣款。

这样的过程既保证了银行系统不知道订单信息，也保证了商家不知道支付信息。支付网关的认证保证了持卡人是信用卡的合法用户。另外，商家转发支付信息的银行一定是与自己有结算关系的银行，也能够接收信用卡支付，否则前面的工作就无法进行。

SET 协议的技术范围包括：

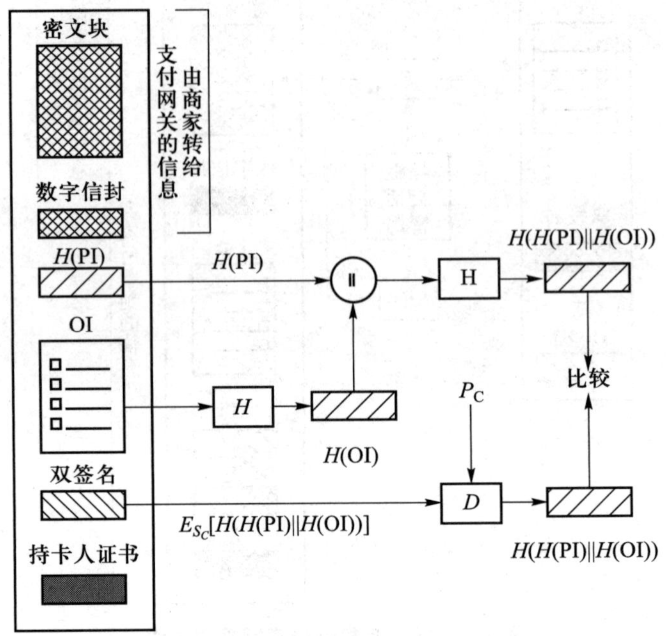

图 5.11 验证过程

（1）加密算法的应用（如 RSA 和 DES）。

（2）证书信息和对象格式。

（3）购买信息和对象格式。

（4）认可信息和对象格式。

（5）划账信息和对象格式。

（6）对话实体之间消息的传输协议。

自 SET 协议发布以来，获得了商业界的支持，促进了 SET 协议的发展。但 SET 协议也存在以下问题。

（1）协议没有说明收单银行给商家付款前，是否必须收到消费者的货物接受证书。如果商家提供的货物不符合质量标准，消费者提出疑义，责任由谁承担。

（2）SET 技术规范没有提及在事务处理完成后，如何安全地保存或销毁此类数据，是否应当将数据保存在消费者、商家或收单银行的计算机里。这种漏洞可能使这些数据以后受到潜在的攻击。

SET 存在的问题促使人们设法改进它。随着不断地改进，SET 协议必将越来越完善、越来越方便，将成为所有电子商务交易的电子支付基础。

小结

安全技术是保证电子商务健康有序发展的关键因素，也是人们十分关注的问题。虽然互联网的开放式信息交换使之在安全方面存在脆弱性，但目前网络的各个层次都有相应的安全协议及安全技术，从而保证了电子商务的安全性。安全可靠的网络是实现电子商务的基础。电子商务系统常用的安全技术有防火墙技术、入侵检测技术、认证技术、数据加密技术、数字签名技术等。防火墙技术通过分组过滤和应用代理方法保护企业内部网中的数据，只有授权用户才能获准进入企业内部网。仅依靠防火墙技术保护电子商务系统的安全性是不够的，必须与入侵检测技术、认证技术、数据加密技术等安全技术综合使用才能为用户提供安全、可靠的电子商务环境。

思考与讨论

1. 在电子商务中，有哪些环节涉及安全问题？
2. 电子商务系统安全受哪些国家政策的约束？试举例说明。
3. 电子商务中涉及的安全问题和因特网中涉及的安全问题有区别吗？其内在的本质有区别吗？
4. 电子商务系统中的安全问题有哪些？ 如何解决这些安全问题？
5. 个人隐私为什么会出现在网络上？网络威胁个人隐私的原因是什么？
6. 自动登录等快捷的手段使用了什么技术？它会不会泄露个人隐私？
7. 如何保证自己公司的客户信息等机密资料不会通过网络泄露出去？
8. 企业内部网要联到因特网上时，需要做哪些工作？
9. 在实施网络安全防范措施时要考虑哪些问题？
10. 什么是防火墙？防火墙的作用是什么？它有哪些功能？
11. 防火墙有哪几类？各自的特点是什么？
12. 为什么要对数据进行加密？数据加密的基本原理是什么？
13. 对称加密算法的原理是什么？其特点是什么？
14. 为什么提出公钥加密算法？其特点是什么？
15. 公钥加密算法的通信过程是怎样的？
16. 为什么要进行混合加密？混合加密算法的通信过程是怎样的？
17. 为什么要使用认证技术？在电子商务中认证技术有什么作用？

18. 数字签名技术包括哪些算法？简述其中的一种算法，说明其工作的过程。
19. 生物认证技术有哪几种？简单介绍每种生物认证技术的工作原理。
20. 说明 RSA 数字签名算法的通信过程。
21. 什么是网络入侵？如何防范网络入侵？
22. 入侵检测有哪些手段？
23. 入侵检测系统有哪几类？每一类的优缺点分别是什么？
24. 入侵检测方法有哪几种？常用的方法是什么？
25. 什么是 SSL 协议？ SSL 协议提供哪些服务？
26. SSL 协议与 TCP/IP 的关系是什么？
27. 举例说明 SSL 协议的握手过程。
28. 什么是 SET 协议？ SET 协议主要解决哪些问题？达到什么目的？
29. 举例说明 SET 协议双签名机制的处理过程。
30. 比较 SSL 协议和 SET 协议。
31. 本章介绍的这些安全技术哪些是保障网络传输安全的？哪些是保障网络数据安全的？
32. 假设现在要为网络银行设计一套安全方案，通过本章的学习，试述如何设计这个系统，并进行可行性分析。

第3篇

第 6 章
电子商务与法律

6.1 电子商务立法概述

6.1.1 电子商务法的发展

电子商务法是调整以数据电文为交易手段的商务活动中所产生的社会关系的法律规范，其不仅涉及交易形式，还涉及交易本身和交易所引起的特殊法律问题。电子商务是一种特殊的商事活动。与传统民商事活动相比，电子商务所涉及的法律问题既有共性，又有个性。直接将民商事活动的法律规范适用于电子商务活动，势必会遇到诸多问题。因而，专门制定调整电子商务的法律规范是很有必要的。

随着互联网的广泛应用，电子商务在全球范围内迅猛发展。1996 年联合国国际贸易法委员会（UNCITRAL）通过了《电子商务示范法》，意在为各国提供电子商务立法的基本原则与框架。之后，该组织又颁布了《电子签字统一规则（草案）》，并在广泛吸取各国相关立法经验的基础上，于 2001 年正式公布了《电子签字示范法》。以上法律文件在很大程度上推动了世界各国的电子商务立法进程。此外，世界贸易组织（WTO）的《全球基础电信协议》《信息技术协议》《开放全球金融服务市场协议》，经济合作与发展组织（OECD）的《电子商务消费者保护准则》，世界知识产权组织（WIPO）的《统一域名争议解决政策实施细则》以及国际商会（ICC）的《国际数字保证商务通则》《因特网广告准则》和《电子商务及 2000 年问题争端解决方案》等法律文件也很大程度上促进了电子商务立法的发展。

1995 年，美国犹他州颁布的《数字签名法》是世界范围内第一部规定电子商务运行规则的法律文件；1998 年，新加坡颁布《电子商务法》；1999 年，美国和加拿大分别颁布《统一电子商务法》，韩国颁布《电子商务基本法》，澳大利亚颁布《电子交易法》；2000 年，菲律宾颁布《电子商务法》，印度颁布《电子签名与电子交易法》；2001 年，日本实施《电子签名与认证服务法》；2002 年，罗马尼亚颁布《电子交易法》；2003 年，荷兰颁布《电子签章法》。

我国电子商务立法起步较晚。2004 年我国颁布了《电子签名法》，2018 年颁布了《电子商务法》。在此之前，由于我国缺乏相关的综合性立法，在处理电子商务纠纷时，主要依据《合同法》《电子签名法》《中华人民共和国侵权责任法》《消费者权益保护法》《反不正当竞争法》等法律的相关规定。在电子商务管理领域，主要依据行政法规和部门规章。例如，国务院发布的《中华人民共和国计算机信息系统安全保护条例》《互联网信息服务管理办法》《信息网络传播权保护条例》，国家食品药品监督管理局发布的《互联网药品信息服务管理办法》，中国人民银行发布的《电子支付指引（第一号）》《非金融机构支付服务管理办法》等。

6.1.2 《中华人民共和国电子签名法》概述

《中华人民共和国电子签名法》（简称《电子签名法》）于 2004 年 8 月 28 日经第十届全国人大常委会第十一次会议通过，自 2005 年 4 月 1 日起施行。《电子签名法》涉及电子合同的成立、电子数据的证据效力等问题，包括数据电文何时视为发出、何时视为到达，合同何时生效，发送地与接收地的确定，系统自动发出的电文是否代表系统拥有者的真实意思表达等一系列问题。《电子签名法》的颁布对我国电子商务和电子政务的发展产生了深远的影响。该法的出台是我国进入世界先进数字化、网络化国家的标志之一，对于我国电子商务、电子政务顺利发展，提高我国商务信息化水平起到了很大的促进作用。可以说它是“我国首部真正意义上的信息化法律”。

该法共有五章三十六条，包括总则、数据电文、电子签名与认证、法律责任和附则。

“总则”部分明确了制定该法的目的，对电子签名进行了定义，并规定了该法的适用范围。《电子签名法》将“电子签名”定义为数据电文中以电子形式所含、所附用于识别签名人身份并表明签名人认可其中内容的数据。制定《电子签名法》的目的是规范电子签名行为，确立电子签名的法律效力，维护有关各方的合法权益。该法还采用当事人意思自治原则，规定对于民事活动中的合同、单证等文书，当事人可以约定使用或者不使用电子签名、数据电文。此外，该法还明确了电子签名不能适用的范围，包括涉及婚姻、收养、继承等人身关系的文书，涉及土地、房屋等不动产权益转让的文书，涉及停止供水、供热、供气、供电等公用事业服务的文书，以及法律、行政法规规定的不适用电子文书的其他情形。

“数据电文”部分明确了符合一定条件的数据电文可以作为合法的书面形式，也可以作为原件使用与保存，还规定了确定数据电文真实性的考虑因素。根据该法规定，发件人信息系统自动发送的电文视为发件人发送的，而不管是不是发件人的真实意图。法律、行政法规规定或者当事人约定数据电文需要确认收讫的，应当确认收讫。发件人收到收件人的收讫确认时，数据电文视为已经收到。数据电文进入发件人控制之外的某个信息系统的时间视为该数据电文的发送时间。收件人指定特定系统接收数据电文的，数据电文进入该特定系统的时间视为该数据电文的接收时间。如果收件人未指定特定系统，数据电文进入收件人的任何系统的首次时间视为该数据电文的接收时间。发件人的主营业地为数据电文的发送地点，收件人的主营业地为数据电文的接收地点。没有主营业地的，其经常居住地为发送或者接收地点。

"电子签名与认证"部分明确了可靠的电子签名与手写签名或者盖章具有同等的法律效力。该部分还涉及电子签名的认定、保管与终止，提供电子签名认证应当具备的条件、认证证书的内容等问题。

"法律责任"部分规定了电子签名人、签名依赖方、电子认证服务提供者违反有关规定时应承担的责任，伪造、冒用、盗用他人的电子签名应承担的责任以及负责电子认证服务业监督管理工作的部门的工作人员失职、渎职应承担的责任。

"附则"部分规定了该法中特定用语的含义与实施时间等。

6.1.3 《非金融机构支付服务管理办法》概述

《非金融机构支付服务管理办法》是中国人民银行根据《中华人民共和国中国人民银行法》等法律法规制定的行政法规，于 2010 年 5 月 19 日第七次行长办公会议通过，自 2010 年 9 月 1 日起施行。该法和国家工商行政管理总局于 2014 年公布的《网络交易管理办法》能够对电子商务交易流程和非金融机构支付服务进行有效监管，以进一步防范各类金融风险，对电子商务服务市场的制度建设具有积极的促进作用。《非金融机构支付服务管理办法》是在实施非金融机构支付服务登记、征求社会各方面意见和建议、借鉴国际经验的基础上制定的，符合非金融机构在遵循平等竞争规则基础上规范有序发展的需要。从消费者角度讲，该法有助于维护消费者的正当权益，保障资金安全；从国家战略层面讲，该法符合国家关于鼓励金融创新、发展金融市场、维护金融稳定的要求。因此，该法的出台对我国金融体系的健康发展产生了积极而重要的影响。

在我国的非金融支付行业，激烈的市场竞争使得企业在经营过程中获取的结算服务费非常微薄，大多数企业亏损经营。为了避免过度亏损，一些企业甚至通过自己其他业务的利润或者风险投资补贴网上支付亏损，用接近免费的服务策略进行竞争，抢占市场份额。相比之下，国外非金融支付机构（如 PayPal）的利润则十分可观。面对国内支付市场过度竞争的现象，《非金融机构支付服务管理办法》有助于非金融支付行业的竞争正常化，加快了优胜劣汰的速度，使得该行业回归到符合经济规律的状态。该法首先规定支付行业分为网上支付、跨行业预付卡、银行卡收单三个子行业。之后对预付卡市场的监管做出了明确的规定，减少其用于商业贿赂、不合理避税的可能。

该法共有五章五十条，包括总则、申请与许可、监督与管理、罚则和附则。

"总则"部分说明了制定该法的目的，对非金融机构支付服务进行了定义，明确了该法的适用范围与不适用范围。《非金融机构支付服务管理办法》将"非金融机构支付服务"定义为非金融机构在收付款人之间作为中介机构提供下列部分或全部货币资金转移服务：网络支付、预付卡的发行与受理、银行卡收单，以及中国人民银行确定的其他支付服务。同时，该法首次明确提出非金融机构提供支付服务，应当依据本法规定取得支付业务许可证，成为支付机构。

“申请与许可”部分主要明确了申请机构所具备的硬性指标，并对支付资质书面申请材料的准备提出了要求。该部分第十条规定了主要出资人的身份与经营条件。首先，出资人应为依法设立的有限责任公司或股份有限公司。其次，截至申请日，出资人应连续为金融机构提供信息处理支持服务两年以上，或连续为电子商务活动提供信息处理支持服务两年以上。再次，截至申请日，出资人应连续盈利两年以上。最后，出资人最近三年内应未因利用支付业务实施违法犯罪活动或为违法犯罪活动办理支付业务等受过处罚。此外，该法还明确规定“不得将业务外包”，其第九条规定：“外商投资支付机构的业务范围、境外出资人的资格条件和出资比例等，由中国人民银行另行规定，报国务院批准。”这使得支付机构海外红筹上市不再可行，从而进一步规范了市场。

“监督与管理”部分在该法中占有很大的比重。该部分主要规定了非金融支付机构在规范经营、资金安全、系统运行等方面应该承担的责任与义务。

“罚则”部分主要规定了违反相关规定的处罚措施。

“附则”部分规定了该法在过渡期的要求与实施时间。

6.1.4 《中华人民共和国电子商务法》概述

《中华人民共和国电子商务法》（简称《电子商务法》）于 2018 年 8 月 31 日经第十三届全国人大常委会第五次会议通过，自 2019 年 1 月 1 日起施行。在《电子商务法》颁布之前，我国对诸多部门法进行了增补和修订，使其可以有效地规范电子商务活动。例如，《合同法》第十一条将数据电文归于书面形式，使其具有书面形式的法律效力，从而认可了电子合同的合法性。《中华人民共和国刑法修正案（七）》与《中华人民共和国刑法修正案（九）》新增了有关公民信息保护与信息网络的罪名，实现了对严重干扰电子商务活动的行为的规制。《中华人民共和国侵权责任法》（简称《侵权责任法》）第三十六条规定了网络用户与网络服务提供者的侵权责任。此外，《中华人民共和国公司法》对经营主体的市场准入问题进行了规定，《消费者权益保护法》建立了消费者保护制度，《中华人民共和国反垄断法》（简称《反垄断法》）与《反不正当竞争法》对电子商务市场竞争进行了规定，《中华人民共和国邮政法》（简称《邮政法》）、《中华人民共和国产品质量法》（简称《产品质量法》）、《中华人民共和国广告法》（简称《广告法》）等法律法规也都涉及电子商务的问题。《电子商务法》的出台实现了我国电子商务领域由松散立法向专门立法的转变。从体例和内容上看，《电子商务法》吸收了《合同法》《电子签名法》《消费者权益保护法》《反不正当竞争法》《侵权责任法》等法律法规的相关规定，并基于电子商务的特殊性对相关制度规定进行了整合，形成了一部体系完整的成文法。

该法共有七章八十九条，包括总则、电子商务经营者、电子商务合同的订立与履行、电子商务争议解决、电子商务促进、法律责任和附则。

“总则”部分说明了制定该法的目的，对电子商务进行了定义，并明确了该法的立法原则及适用范围等。《电子商务法》将“电子商务”定义为通过互联网等信息网络销售商品或者提供服务的经营活动。制定《电子商务法》的目的是保障电子商务各方主体的合法权益，规范电子商务行为，维护市场秩序，并促进电子商务持续健康发展。《电子商务法》的指导思想与立法原则主要有鼓励发展电子商务新业态，鼓励创新商业模式；平等对待线上线下商务活动，促进线上线下融合发展；电子商务经营者应遵循自愿、平等、公平、诚信的原则从事经营活动；国务院有关部门按照职责分工负责电子商务发展促进、监督管理等工作；建立符合电子商务特点的协同管理体系，推动形成有关部门、电子商务行业组织、电子商务经营者、消费者等共同参与的电子商务市场治理体系。

“电子商务经营者”部分分为两节。第一节是关于电子商务经营者的一般性规定，第二节是关于电子商务平台经营者的规定。电子商务经营者的一般性规定主要涉及电子商务经营者的主体身份、税收、商品销售与合法提供服务的要求、电子发票、营业执照的公示等问题。电子商务平台经营者的规定主要涉及电子商务平台经营者对平台内经营者进行审查与管理的权利和义务、电子商务平台经营者保证网络安全的义务、电子商务平台经营者的侵权责任、建立健全信用评价制度以及知识产权保护等问题。

“电子商务合同的订立与履行”部分主要涉及电子交易、快递物流以及电子支付三个领域的问题。该部分第四十七条至五十一条是有关电子交易的规定，这些规定是结合电子商务自身的特殊性对我国现行《合同法》《电子签名法》等法律法规进行的补充和修正。第五十二条是对快递物流的规定，明确了快递物流服务提供者的责任与义务。第五十三条至第五十七条是有关电子支付的规定，其规定了电子支付服务提供者的义务，规范了用户发出支付指令的行为，明确了错误支付以及非授权支付的法律后果。

“电子商务争议解决”部分规定了电子商务争议的解决方式，包括和解、调解、投诉、仲裁和诉讼。该部分还涉及消费者权益保证金的设立、投诉和举报机制的建立、在线解决机制的建立以及争议处理中的举证责任问题。

“电子商务促进”部分明确了电子商务发展的目标，即创新发展、绿色发展。同时，还提出了促进电子商务发展的具体措施，如推动电子商务基础设施和物流网络建设；建立公共数据共享机制；设立信用评价机构；建立健全适应跨境电子商务特点的海关、税收、进出口检验检疫、支付结算等管理制度；参与电子商务国际规则制定，促进电子签名、电子身份等国际认证等。

“法律责任”部分规定了电子商务中三大类型的法律责任，即民事责任、行政责任与刑事责任。该部分第七十四条规定了电子商务经营者的民事责任，实现了《电子商务法》民事责任与其他法律所规定的民事责任的衔接。电子商务经营者违约或侵权的民事责任应遵循《合同法》《侵权责任法》《产品质量法》《消费者权益保护法》等法律的相关规定。第七十五条至第八十七条规定了电子商务经营者、电子商务平台经营者和电子商务监督管理人员违反电子商务相关规定的行政责任。第八十八条规定了电子商务主体违法行为的治安管理处罚和刑事责任。

“附则”部分规定了该法的实施时间。

6.2 电子合同

6.2.1 电子合同的概念与特征

就合同的基本概念而言，我国《合同法》第二条规定：“合同是平等主体的自然人、法人、其他组织之间设立、变更、终止民事权利义务关系的协议。”《民法通则》第八十五条对于合同的定义也大致如此。合同的概念体现了其三个特征。首先，合同的当事人是平等主体的自然人、法人或其他组织。其次，合同的内容是设立、变更、终止民事权利义务关系。最后，合同的本质是一种协议，即合同当事人达成的意思的统一。

至于电子合同的概念，《电子商务法》并没有给出明确的定义，但电子合同作为一种特殊的合同，应具备合同的基本特征，即电子合同的当事人也应是平等主体的自然人、法人或其他组织，电子合同的内容也应是设立、变更、终止民事权利义务关系，电子合同的本质也是一种协议。电子合同与传统合同的本质区别在于存在形式不同。传统合同的形式主要有书面形式与口头形式两种。而电子合同作为计算机与信息网络的产物，其主要形式为数据电文。联合国国际贸易法委员会制定的《电子商务示范法》曾对“数据电文”进行了定义：“数据电文”指由电子手段、光学手段或类似手段生成、存储或传递的信息。可见，电子合同的存在形式是信息的统一，其形成的基础是电子数据交换。

我国《合同法》第十条规定，当事人订立合同可以采用书面形式、口头形式和其他形式。该法第十一条又规定，合同的书面形式可以是数据电文，数据电文包括电报、电传、电子数据交换、电子邮件等形式。《合同法》如此规定对于电子合同的基本范畴有着重要的意义。首先，《合同法》承认了以数据电文为形式的合同的合法性。这是电子合同合法性的基础，也就意味着电子合同受《合同法》的规制和保护。其次，《合同法》明确了数据电文的具体内容。这对于电子合同的判定具有决定性价值。由此可以将“电子合同”定义为：平等主体的自然人、法人、其他组织之间以电报、电传、电子数据交换、电子邮件等数据电文形式达成的设立、变更、终止民事权利义务关系的协议。

与传统合同相比，电子合同具有以下特征。

首先，电子合同的订立以计算机和信息网络为媒介。传统合同的订立往往需要订约当事人面对面磋商。而电子合同产生和运用于虚拟网络，也正是计算机和信息网络的发展才催生了电子商务。电子合同的订约当事人往往是通过发送电子邮件或电子数据交换进行交流的。而在电子商务中，电子合同的订约当事人也往往是通过计算机预先编制或设定的程序订立合同的。

其次，电子合同的主体具有虚拟性。由于电子合同是通过计算机和信息网络订立的，在订立过程中合同主体并不能面对面磋商。在电子商务中，消费者与电子商务经营者往往是使用电子商务平台经营者提供的特定账号进行交易，因而使得电子合同主体虚拟化。

再次，电子合同中的要约与承诺的传输具有瞬时性。要约与承诺是合同订立的必要方式。在传统合同中，订约当事人往往通过普通邮件进行磋商，因而要约由要约人到达受要约人，或者承诺由受要约人到达要约人需要一定的时间。而在电子合同中，订约当事人是通过电子邮件或特定的计算机程序订立合同的。要约人通过电子邮件发出的要约几乎在发出的一瞬间就能到达受要约人。同样，受要约人发出的承诺也几乎在发出的一瞬间就能到达要约人。

最后，电子合同的安全问题更加突出。一方面，电子合同是通过计算机和信息网络进行的。这就要求计算机和信息网络必须稳定、安全。如果计算机和信息网络等出现故障，则极有可能造成电子合同的错误。另一方面，电子合同以数据电文的形式在虚拟的空间产生、传输并存储，其并不像传统纸质合同一样便于管理和保存。一旦虚拟网络遭到破坏，就会导致计算机内存数据丢失或程序混乱。

6.2.2　电子合同的订立

电子合同是电子商务中最为主要的合同形式。《电子商务法》第四十七条规定，电子商务当事人订立和履行合同，应当适用《电子商务法》《民法总则》《合同法》《电子签名法》等法律的规定。

《合同法》规定当事人订立合同应采用要约、承诺的方式。当然，电子合同也不例外。所谓“要约”，即一方当事人向另一方提出合同条件，希望另一方接受的意思表示。而所谓“承诺”，即受要约人同意要约的意思表示。在合同的订立过程中，要约与承诺的生效时间具有重要的意义，其直接决定着订约当事人之间权利和义务的产生、变更或终止。例如，要约生效之时便对要约人产生了一定的约束力，要约人即负有保证要约内容的责任，此时受要约人便拥有了对要约做出承诺的权利。而承诺生效，则意味着合同的成立。至于要约或承诺何时生效，各国规定不一。英美法系国家采用“发信主义”，即只要要约人或受要约人把书信投入邮局信箱或把电报交到电报局发出，要约或承诺立即生效。而大陆法系国家则采用“到达主义”，即要约或承诺实际到达受要约人或其代理人时，要约或承诺才生效。联合国国际贸易法委员会制定的《联合国国际货物销售合同公约》作为在国际上极具影响力的统一实体规范，在该问题上采用了“到达主义”。我国《合同法》亦采用“到达主义”。然而，在电子商务中，订约当事人往往是通过电子邮件或特定的计算机程序订立合同的，要约或承诺在发出的一瞬间即到达对方。针对电子合同的这一特殊性，《合同法》第十六条规定：“采用数据电文形式订立合同，收件人指定特定系统接收数据电文的，该数据电文进入该特定系统的时间，视为到达时间；未指定特定系统的，该数据电文进入收件人的任何系统的首次时间，视为到达时间。”可见，针对以数据电文为主要形式的电子合同，《合同法》采取“系统到达主义”。《电子商务法》对《合同法》的规定做了进一步重申，其第四十八条规定：“电子商务当事人使用自动信息系统订立或者履行合同的行为对使用该系统的当事人具有法律效力。”

此外，在电子合同的订立过程中，要约的生效时间还涉及要约撤回或撤销的问题。要约的撤回是指在要约发出之后但在发生法律效力以前，要约人欲使该要约不发生法律效力而做出的意思表示。由于英美法系国家对于要约的生效采用“发信主义”，承载要约内容的书信或电报一旦投入邮局信箱或交到电报局发出，要约即生效，而无法撤回。而大陆法系国家采用“到达主义”，要约在未到达受要约人之前是不具法律效力的，因而可以撤回。对此，我国《合同法》有较为详细的规定：“要约可以撤回。撤回要约的通知应当在要约到达受要约人之前或者与要约同时到达受要约人。”由于电子合同要约具有瞬时性，要约在发出的瞬间即到达受要约人，这也就意味着要约人很难有时间发出撤回要约的通知。对于电子要约能否撤回的问题，我国法律尚未明确规定。学界认为，在不损害当事人之间平衡的前提下，应当认为电子要约可以撤回。

不同于要约的撤回，要约的撤销是指要约人在要约发生法律效力之后而在受要约人承诺之前，欲使该要约失去法律效力的意思表示。《合同法》规定，撤销要约的通知应当在受要约人发出承诺通知之前到达受要约人。《合同法》同样规定了要约不得撤销的情形：一种为要约人确定了承诺期限或者以其他形式明示要约不可撤销，另一种为受要约人有理由认为要约是不可撤销的，并已经为履行合同做了准备工作。电子商务中电子合同的撤销应当遵循《合同法》关于合同撤销的规定。如果订约当事人采用电报、电传、电子邮件等电子通信设备订立电子商务合同，受要约人在收到要约后需要一定的时间才能做出承诺，在此期间要约人可以撤销要约。如果订约当事人是通过特定的计算机程序订立电子商务合同，则在要约到达受要约人时，计算机便立即做出相应的承诺。在该情况下，要约人要撤销要约将存在一定的困难。

6.2.3 电子合同的效力

合同成立与合同生效是两个不同的概念，电子商务合同订立后也并非当然生效。合同生效是指合同发生法律效力。《合同法》第四十四条规定：“依法成立的合同，自成立时生效。法律、行政法规规定应当办理批准、登记等手续生效的，依照其规定。”合同也只有生效后才对订约当事人形成约束力，合同当事人按照合同规定享有权利、承担义务。根据《民法总则》第一百四十三条的规定，合同成立的生效要件有：合同当事人具有相应的民事行为能力，意思表示真实，合同不违反法律、行政法规的强制性规定，不违背公序良俗。

在电子商务中，电子合同生效也必须具备相应的条件。首先，电子合同当事人应当具有相应的民事行为能力。关于当事人是否具有缔约能力的问题，各国法律均有明确的规定。我国《合同法》第九条规定：“当事人订立合同，应当具有相应的民事权利能力和民事行为能力。”根据《民法总则》的规定，完全民事行为能力人才可以独立实施民事法律行为，而无民事行为能力人和限制民事行为能力人则难以独立实施民事法律行为。由此可见，并非所有当事人都具备订立合同的能力。在电子商务中，由于其远程交易的特点，订约双方并不能进行面对面磋商，因而难以确定对方是否具备订立合同的能力。对于该问题，《电子商务法》确立了订约当事人行为能力推定规则，即在电子商务中推定订约当事人具有相应的民事行为能力。但是，有相反证据足以推翻的除外。该规则遵循了商事外观主义原则，减轻了交易双方彼此审查的义务，在一定程度上保证了电子商务快捷、顺利地进行。

其次，电子合同的订立需要当事人意思表示真实。所谓“意思表示真实”，即行为人表示于外部的意思与其内在意志相一致。意思表示真实是合同生效的核心要素。因而，因重大误解订立的合同，以欺诈、胁迫的手段或乘人之危，使合同当事人违背真实意思订立的合同均属可变更或可撤销的合同，当事人一方或受损害一方有权请求人民法院或仲裁机构对合同进行变更或撤销。在电子商务中，订约当事人往往是通过计算机程序等自动化手段订立合同的。电子系统出现故障或当事人操作不当，往往会导致订立的电子合同违背电子合同当事人的真实意思，而影响合同的效力和电子商务的稳定。因而，《电子商务法》规定了电子商务经营者应当清晰、全面、明确地告知用户订立合同的步骤、注意事项、下载方法等事项的义务，同时要求电子商务经营者保证用户在递交订单前可以更正输入错误。

最后，电子合同应当不违反法律、行政法规的强制规定，不违背公序良俗。所谓“不违反法律、行政法规的强制性规定，不违背公序良俗”是指电子合同的内容和形式均不能违反法律、行政法规的强制性规定，不违背公序良俗。如果电子合同的内容违反法律或危害公共利益，则将被认定为无效。例如，《合同法》规定恶意串通，损害国家、集体或者第三人利益的合同无效，以合法形式掩盖非法目的的合同亦无效。至于电子合同的形式不违反法律、行政法规的强制性规定，则要求电子合同的形式符合法律规定。电子合同的形式主要为数据电文。根据《合同法》规定，数据电文属于书面形式，而当事人可以采用书面形式订立合同。因而，电子合同数据电文的形式是被法律认可的。

6.3 电子支付

6.3.1 电子银行

银行作为最为主要的电子支付服务者，是电子化支付和结算的最终执行者，起着联结买卖双方的作用。电子银行所提供的电子支付服务在电子商务中是必不可少的，直接关系到电子商务活动的进行。因此，随着电子商务的发展，银行电子化是必然的趋势。与任何新兴事物一样，银行电子化虽然适应了电子商务活动的需要并显示出越来越强的生命力，却因为法律自身的滞后性，不断暴露出许多法律问题。近年来，网络诈骗、网络钓鱼案件时有发生，严重侵害了网络银行用户的权益。目前，我国尚未制定统一的电子资金划拨法，对于电子银行管理的规范散见于其他法律、行政法规和部门规章之中。

1. 电子银行的要素

从技术角度看，银行电子化至少有 4 个要素：商户、电子货币、支付网关和安全认证。其中，后三者是网上支付的必要条件。电子货币是指通过互联网等电子化媒介相互交换电子信息，完成支付的工具。其主要有三种形式：电子信用卡、电子现金和电子支票。电子货币是电子商务的核心，它将在国际金融活动中发挥着越来越重要的作用。支付网关是连接银行内部网络与互联网的一组服务器，其主要作用是完成两者之间的通信、协议转换并进行数据加密或解密，以保护银行内部网络的安全。安全认证是电子商务的关键，如何解决安全认证问题是电子商务各方均关注的焦点。

2. 计算机犯罪引发的安全问题

网络的开放性使其极易遭到黑客的入侵，传输的资料也容易遭到拦截，因而银行面临很大的法律风险。可见，安全问题是银行电子化过程中遇到的主要法律问题之一。此外，犯罪分子还伪造电子货币，更是会给电子银行带来直接的经济损失。事实上，这些犯罪行为并非都来自银行外部，有时还来自银行内部，这就给银行安全带来了极大的威胁和隐患。为了提高电子支付的安全性，《电子商务法》首次规定了电子支付服务提供者对用户的告知义务。该法第五十三条规定，电子支付服务者应当告知用户电子支付服务的相关风险，以提高用户的安全意识和防范能力。同时，该法第五十四条还规定，电子支付服务提供者提供电子支付服务不符合国家有关支付安全管理要求，造成用户损失的，应当承担赔偿责任。

3. 电子货币的发行和管理问题

如前所述，电子商务是在虚拟的网络空间中进行的，不能用现金结算，只能用信用卡、电子现金、电子支票等电子货币来支付，因此由谁来发行电子货币和如何进行管理将决定着电子商务的结算能否顺利完成。就电子货币的发行和管理而言，世界各国并没有统一的方案。目前我国只在 1996 年颁布的《信用卡业务管理办法》对信用卡的发行主体和管理规范等问题做出了规定。而对于电子货币发行和管理的相关问题，我国尚缺乏系统的法律规定。

4. 认证中心的设定问题

在整个电子商务交易过程中，认证中心（CA）有着不可替代的地位和作用。它是提供身份认证的第三方机构，起着对买卖双方签约、履约进行监督和管理的作用。买卖双方都有义务接受认证中心的监督和管理，认证中心不仅要对电子商务交易的买卖双方负责，还要对整个电子商务的交易秩序负责。可见，认证中心对于电子商务来说是至关重要的，并且需要法律做出相应的规定。

6.3.2 电子资金划拨

美国《电子资金划拨法》将“电子资金划拨”定义为：除支票、汇票或类似的纸质工具的交易以外，通过电子终端、电话、电传、计算机、磁盘等，命令、指令或委托金融机构对账户进行借记或贷记的任何资金的划拨。电子资金划拨是电子支付必不可少的一个环节，当然也是电子商务的一部分。电子商务的电子化决定了电子支付的必要性。然而，目前我国缺乏关于电子资金划拨的专门立法，这就导致电子资金划拨时经常出现法律问题。

从电子资金划拨的整个过程来看，电子资金划拨主要有以下三种当事人：指令人、被指令人和收款人。在电子资金划拨中，除了付款人银行和收款人银行外，还有中介银行和银行间清算组织，作为整个资金划拨的中间传递环节，它们充当的是付款人银行和收款人银行的被指令人的角色。电子资金划拨进行的过程就是指令人签发支付指令、被指令人接受支付指令与执行该指令的过程。

指令人的权利是要求被指令人按照指令的时间及时将指定金额的资金划拨给指定的收款人，其义务是向被指令人支付所划拨的资金及划拨的费用。指令人与被指令人的权利与义务产生于被指令人接受指令人的支付指令之时。一旦被指令人接受指令人的支付指令，指令人与被指令人就都要受支付指令的约束。此外，《电子商务法》第五十五条还明确了支付指令核对的责任与发生错误的责任。指令人（即用户）在发出支付指令前应该核对支付指令所包含的金额、收款人等完整信息。而一旦支付指令发生错误，被指令人（即电子支付服务提供者）应当及时查找原因，并采取相关措施予以纠正。如果被指令人由于自身的原因而给指令人造成损失，则应承担赔偿责任。在此，对于被指令人的归责采取的是过错责任原则，并适用过错推定的归责方式。

就法律关系而言，指令人与被指令人属于合同关系，而且每一个当事人都只与其直接指令人或被指令人有合同关系。换言之，如果由于当事人的非直接被指令人的过错而导致支付指令没有履行或不适当履行，当事人无权向该直接责任人主张权利，而只能向自己的直接被指令人要求赔偿，其他情况，依此类推。对于付款人和收款人来说，他们之间存在的并不是划拨意义上的合同关系，而是作为电子资金划拨基础的买卖关系。他们之间的权利与义务并不在电子资金划拨合同中体现，而体现于双方所签订的买卖合同中。

电子资金划拨的法律性质比较特殊，它与票据一样具有无因性，即无论电子资金划拨的基础法律关系是否合法有效，资金一经支付就是有效的，收款人对所收到的资金享有完整的权利。电子资金划拨中的支付不可撤销，付款人或第三方不能要求撤销已经完成的电子资金划拨，只能依据其基础法律关系向收款人主张权利，哪怕是犯罪分子利用电子资金进行洗钱活动，也不能否定电子资金划拨本身的有效性。这主要是出于维护交易安全、简化法律关系的考虑。因为电子资金划拨涉及的当事人众多，如果由于基础关系的效力问题而导致电子资金划拨无效，那么就将牵动整个划拨活动的所有当事人，各方当事人的法律关系又需要重新确定。这无疑增加了法律关系的复杂性和纠纷解决成本，显然与支持电子交易活动的法律原则背道而驰。

此外，电子资金划拨具有巨大的潜在风险。电子资金划拨系统的构建涉及众多的参与者，如用户、电子银行或其他金融机构、电子商务平台经营者、银行间清算组织以及通信线路提供商、软件提供商、计算机制造商和电力厂商等。一旦发生纠纷，如果没有相应的法律来明确权利和义务的分配，情况就会极为混乱。因此，需要通过相应的电子资金划拨法律规范来规制电子资金划拨，以便在故障发生后能够明确当事人的法律责任。也正是因为电子资金划拨参与者众多、过程复杂，电子资金划拨的风险因素也是多种多样的。

首先，电子资金划拨可能遇到软件、计算机、通信线路等造成的风险。根据《电子商务法》的相关规定，如果支付指令发生错误，电子支付服务提供者应当及时查找原因，并采取相关措施予以纠正。如果造成用户损失，电子支付服务提供者应承担赔偿责任，但能够证明支付错误非自身原因造成的除外。从实践来看，电子支付服务提供者也并不能将系统故障、系统瘫痪、病毒入侵等作为不可抗力而主张免责。

其次，电子资金划拨可能遇到用户自身造成的风险。《电子商务法》第五十七条规定："用户应当妥善保管交易密码、电子签名数据等安全工具。"如果用户在不安全的环境中进行电子资金划拨很可能会造成损失。对于该问题，根据《电子商务法》的相关规定，如果发生未经授权的支付而导致用户损失，电子支付服务提供者应该承担责任。但是，如果电子支付服务提供者能够证明该笔未授权的支付是因用户的过错造成的，则该损失应由用户自己承担。如果用户发现安全工具遗失、被盗用或者未授权的支付，应当及时通知电子支付服务提供者。电子支付服务提供者在收到该通知，或发现支付指令未经授权时，应当立即采取措施防止损失扩大。如果电子支付服务提供者未及时采取措施而导致损失扩大，则应当对损失扩大部分承担责任。

再次，电子资金划拨可能遇到电子支付服务提供者造成的风险。电子支付服务提供者是电子资金划拨的核心。由于技术更新较快，电子支付服务提供者的雇员可能不熟悉电子货币技术，不能有效地使用电子银行系统，从而造成潜在的操作风险。对于该问题，根据《电子商务法》和《侵权责任法》的有关规定，电子支付服务提供者应当承担其雇员给用户造成的直接损失。

最后，电子资金划拨可能遇到跨国风险。由于在互联网上进行的电子商务是一个没有时空、地域限制的大市场，而各国法律对其管理的标准不同，手段也不同。国际法上的主权原则决定着本国并不能将自己的管理模式与手段强加于他国。国家间对电子资金划拨的不同规定可能会阻碍电子商务的发展。因此，有必要构建统一的国际电子资金划拨规范体系，推动电子商务的国际化发展。

6.4　电子商务中的知识产权保护

电子商务活动中的交易客体及交易行为都可能涉及传统的知识产权领域。例如，软件、音乐、文章、录像带等的网上交易可能会涉及版权问题，网络公司的数据库也存在知识产权问题。目前，剧增的知识产权纠纷，使电子商务中的知识产权保护成为不容忽视的法律问题。

6.4.1　域名引发的冲突

20 世纪 60 年代末，计算机网络产生，为了方便计算机之间的通信，域名（domain name）产生了。随着计算机网络的发展，域名作为人们在虚拟社会相互联络的标识，像电话号码一样成为人们日常生活中不可或缺的一部分。进入 21 世纪，域名由于其巨大的商业价值而被誉为“网上商标”。正因为如此，人们在研究电子商务的法律问题时，首先需要研究的是域名带来的法律问题。

域名是电子商务网站商业价值的组成要素之一，它的商业价值蕴含于访问相应电子商务网站的用户之中。域名是吸引访问者的“招牌”，特定域名的商业价值与其访问率成正比。由域名引发的冲突集中体现在域名和受传统法律保护的商业名称权或标识权上，具体包括以下几个方面。

1. 域名与个人姓名权的法律冲突

域名在电子商务中的商业价值与其知名度密切相关。在虚拟世界中，靠传统手法提高域名的知名度需要较长的时间和较大的空间，为了抓住网上商机，借助知名组织或知名人士的影响力，将其名称或姓名注册为自己网站的域名的纠纷已屡见不鲜。这种行为，或者是为了提高自己网站的知名度，或者是别有用心地恶意抢占，待价而沽，索取高额赎金。无论是出于什么理由和动机，都是为了商业利益，因此均应当视同在现实社会中对他人姓名权的侵害。

2. 域名与企业名称权的法律冲突

域名是网络环境下的“企业名称”，它与现实社会中有关企业名称的法律规范存在着诸多的冲突。目前，我国有关域名的法律规范主要有《全国人民代表大会常务委员会关于维护互联网安全的决定》《中华人民共和国电信条例》《互联网信息服务管理办法》《最高人民法院关于审理涉及计算机网络域名民事纠纷案件适用法律若干问题的解释》《互联网域名管理办法》《非经营性互联网信息服务备案管理办法》《互联网 IP 地址备案管理办法》《中国互联网域名体系》等。

域名的属性和使用与企业名称的属性和使用存在很多冲突。

首先，域名的全球性与企业名称的地域性存在冲突。《企业名称登记管理规定》规定，企业名称登记在规定的范围内享有专用权。在登记主管机关辖区内不得与已登记注册的同行业企业名称相同或近似。可以说，地域性使企业名称权成为知识产权领域中被限定得最窄的一种权利。然而，域名的获得和行使是在网络空间中进行的，是没有地域性限制的。因此，建立在地域性基础上的企业名称保护法律体系面对具有全球性特点的域名时会遇到诸多问题。

其次，域名的唯一性与企业名称的行业性存在冲突。我国企业名称注册是分行业注册的，因而具有行业性。域名的唯一性是指域名管理体系给网络中的每一台主机都赋予了一个唯一的地址编码，而且该主机唯一的地址编码的外部代码（即域名）也是唯一的。域名的唯一性决定了在一台网络终端中输入域名，就能找到该域名所表示的网络主页。企业名称是现实社会中商家的标识，域名是网络虚拟社会中商家的标识。两者虽然功能一样，但分属两个领域，而且目前在我国是由两套法律规范给予管理的。域名由《中国互联网络域名注册暂行管理办法》及其实施细则等调整，该办法仅对互联网络域名的登记、注册、审批进行了规范，保证域名在网络环境中的唯一性，并未兼顾域名与现实社会中企业名称的一致性。域名的唯一性使得其与传统企业名称狭窄的行业性产生了冲突。在不同区域注册的多个企业名称相同的局面，在网络世界中将变成不同行业中具有相同企业名称的主体对同一域名进行激烈争夺，谁抢先注册了域名，就排斥了享有相同企业名称的主体再注册相同域名的机会。

最后，域名的注册制度与企业名称的注册制度存在冲突。根据《商标法》的相关规定，商标专用权并不能当然地适用于网络空间。域名中包含他人的注册商标并不会当然地侵犯他人的商标权。但是，如果该域名使用不当，例如域名所有人在以其域名为标识的网站上向消费者提供的商品和服务与商标权人向消费者提供的商品或服务相同或类似而足以使普通消费者对域名所有人与商标权人产生误认或误解，则域名与商标的权利冲突就不可避免，这时主要依据保护公平竞争原则和保护在先权利原则加以解决。

3. 域名与商标权的法律冲突

我国《商标法》规定的自愿注册原则使得企业在注册商标后才能获得商标专用权，并获得法律保护。未注册的商标虽然可以使用，但不受法律保护。域名的保护与使用同著作权的保护与使用往往也会产生冲突。

首先，域名支配权的全球性与商标专有权的地域性存在冲突。商标专有权的地域性使得商标在某一国地域内合法使用时，受该国的法律保护。而域名的全球性使其不受商标的地域性限制。商标注册人如果将受地域性保护的商标专有权在网上使用，则会受到域名的排斥。

其次，域名的唯一性与商标类别存在冲突。我国《商标法》规定，对注册商标的保护仅限于核准注册的商标和核定使用的商品。两个企业同一名称的商标，由于其对应的商品在分类表中分属于不同的类别，因此使用同一名称的商标是合法的，并不侵权；而在网络环境，两者必择其一。

最后，域名与驰名商标权的冲突。我国《商标法》对驰名商标是加以保护的。驰名商标的保护仅限于现实社会，而网络环境中的域名尚缺乏有效的法律保护。在我国现行的法律模式中，驰名商标与域名的冲突可以由《商标法》和《反不正当竞争法》来调解。然而，域名与驰名商标冲突的案例仍然时有发生，可见该问题并没有从根本上得到解决。

4. 域名与其他域名权的冲突

域名注册管理制度的唯一性和先申请原则使得不同域名注册申请者无法注册相同的域名。但是，由于计算机的识别能力比人的肉眼高很多，对于域名之间的微小差异计算机都能准确、及时地加以识别。因此，注册域名时要注册的域名只要与已有域名存在一点差异就能成功注册。别有用心的申请者利用这一点，故意注册与现实生活中驰名商标发音或字母组合相近的域名，误导消费者，影响了市场的公平竞争，应当设法避免。

6.4.2 域名与知识产权冲突的协调

由域名与知识产权冲突而引发的电子商务纠纷时常发生，这也引起了世界各国的高度关注。各个国家或地区、国际组织也正在积极采取措施去解决该问题。目前，主要通过以下三个方面来解决该问题。

首先，明确域名的法律地位。有观点主张将“域名”作为一种新的知识产权客体来加以保护，也有观点主张将“域名”作为商标或商誉的一部分来加以保护。可见，知识产权与域名的冲突是难以协调的。美国提出了一种“域名服从于商标”的基本法律定位，并将域名与商标的争议分为域名纠纷与域名盗用。

其次，加强域名注册机制和知识产权法律保护制度之间的沟通和协调。域名的法律地位一旦确定，其与现行知识产权对应的法律制度之间的协调就明朗化了。目前，两者之间的协调仅限于域名与知识产权中的标识性客体之间的协调。面对日益增加的域名与知识产权的冲突问题，世界各国和国际组织都在积极寻找解决的办法。

最后，统一域名管理标准。1996 年 11 月，世界知识产权组织（WIPO）和其他负责域名注册管理的政府间国际组织为了解决日益严重的因特网域名问题，共同组成了一个临时工作组——互联网国际特别委员会，以专门解决域名领域出现的问题。1997 年 2 月 4 日，互联网国际特别委员会发布报告《关于顶级域名管理的建议》（*Final Report of the International Ad Hoc Committee: Recommendations for administration and Management of gTLDs*），该报告主要涉及以下几方面的建议。

① 注册机构的选择。域名注册机构的选择应遵循地域原则。

② 新增顶级域名的确定。在确定域名时，应尽可能地避免出现该领域的垄断行为，应

当确立一种建立在竞争基础上的允许所有域名注册者自由进入的市场机制。

③ 域名注册与域名争议的解决。建议申请人提出域名申请时提供相关的申请内容、关于其自身联络及域名用途的详细信息、关于发生商标与域名争议时接受指定管辖的约定以及调解与仲裁条款等。此外，申请人还应为域名注册申请及相关事务指定一个代理人。

④ 域名有效性的管理。二级域名注册应当每年续展一次，即注册有效期仅为一年，此后逐年续展。此外，进行续展注册申请时必须对注册时事项的变化进行核定并加以更新，以保证注册机构掌握的注册人信息始终是有效的。

⑤ 争议解决方式的选择。在由登记者委员会（Internet Council of Registrars）管理的通用顶级域名下注册二级域名的申请人，申请时应包含一个格式条款：当发生争议时，依据世界知识产权组织仲裁与调解中心的调解规则接受在线调解，或者参与有约束力的简易仲裁。

⑥ 域名争议的行政调处。建立域名争议行政调处机制，以保证凡属国际著名品牌的名称设计，只有该设计的知识产权权利人有权享有或能够授权将其注册为域名。域名争议行政调处庭应由知识产权及因特网域名领域的专家组成。其组成程序及调处程序均由世界知识产权组织仲裁与调解中心制定。

⑦ 单独“.tm”域的增加。在 ISO 3166 标准国家代码之下增加一个单独的“.tm”域，专门用于与商标有关的注册，并设定国内商标域（.tm.ISO3166）和国际商标域（.tm.int）两个体系，以保证商标在该领域的域名注册。

此外，对于域名与知识产权的冲突问题，世界知识产权组织十分重视。自 1996 年以来，世界知识产权组织进行了多方面的协调工作，并于 1999 年 4 月 30 日发布了报告《因特网域名与网址的管理：知识产权问题》（*The Management of Internet Names and Address: Intellectual Property Issues*）。该报告主要涉及以下五个问题。

① 避免注册阶段的域名冲突。在注册阶段避免域名冲突的措施包括注册机构与注册人签约、缴纳注册费用、注册前的检索、域名注册的中止程序等。

② 对申请信息的审查与规制。世界知识产权组织建议域名注册机构建立自动化的数据核实系统，对域名注册申请人提供的信息进行在线核实，或者通过向域名注册申请人提供的电子邮件地址发送邮件，并要求申请人确认邮件以核实该地址的可靠性。

世界知识产权组织还建议设立域名撤销制度。当域名注册侵犯他人知识产权或者有关联络信息不准确、不可靠，致使注册机构无法联系到域名持有人时，域名注册机构根据有争议第三方提出的请求，可在对有关联络信息的可靠性进行独立核实后撤销其域名注册。

③ 强化对域名唯一性的认识。域名注册的唯一性是因特网运行的必要条件。相似域名的共存会造成诸多问题，且易与商标权发生冲突。世界知识产权组织认为，目前不应当强制要求注册机构为那些共同构成要素的域名提供导航页或者类似服务，但应当让用户认识到此类措施在解决善意共享相似域名问题上的积极性。

④ 建立全球统一的域名纠纷解决机制。世界知识产权组织对域名纠纷提出了五点建议，即用现行司法诉讼机制解决纠纷、创建变通的纠纷解决机制、对恶意注册强制适用行政程序、自愿仲裁以及调解。其中，强制行政程序的内容包括注册域名的取消，将注册域名转移给提出争议的第三方，以及承担本程序所需的费用。

⑤ 加强对著名商标与驰名商标的保护。世界知识产权组织建议允许著名商标与驰名商标具有排斥他人注册域名的权力，同时这种排斥权不仅在与著名商标与驰名商标相同的情况下有效，还可以被延伸适用于相似的情况。

世界知识产权组织还建议设立全世界唯一的负责行政程序的机构。该机构可以根据声称其著名或驰名商标受到侵害的商标权人提出的申诉，从来自世界各国的专家名单中选择三个人组成临时合议庭，对案件进行审理，决定是否授予排斥权裁决。临时合议庭在排斥权程序中必须对有关商标是否为著名或驰名商标做出认定，认定标准适用世界知识产权组织商标、外观设计与地理名称常务委员会提出的《关于驰名商标保护规定的联合建议》。然后，针对未经授权的第三方试图将著名商标或驰名商标或与之近似的设计注册为因特网域名的情况，一旦专家组做出排斥权裁决，著名或驰名商标权利人可以据此在恶意域名注册的行政程序中援引该裁决，请求行政庭撤销已经注册的、与其商标相同或极为相近的域名。当然，域名注册人若能举出证据证明其域名注册的正当性，则能维持其域名注册。

6.4.3　电子商务中的著作权

自 1710 年诞生了世界上第一部著作权法——英国《安娜法令》至今，随着印刷技术、电子技术、数字技术的飞速发展，对著作的保护，从最初的仅保护作品创作者的权利发展到了今天的保护作品创作者、传播者、使用者的利益，即由著作权扩展到了邻接权。与其他知识产权相比，著作权的涉及面要广得多，因此在电子商务中，著作权的问题也复杂得多。

1. 电子商务中的服务性行为与传统版权的冲突

互联网将人们带入信息时代，在人们充分享受信息服务的同时，传统著作权与现代信息服务之间的冲突问题也悄然而至。

（1）网上娱乐与著作权产生的纠纷。美国著名的音乐分享网站 MP3.com 与传统娱乐公司的版权纠纷引出了网上娱乐许多值得思考的问题。

（2）网络视频与著作权产生的纠纷。随着数据压缩技术的发展，除了文字、图形图像、音频外，大容量的视频资源，如高清晰度电影、电视连续剧等得以在互联网上传播。这就给传统影视作品等的著作权保护带来了巨大的挑战。传统著作权进入网络时代必然有一个整合过程。电影制片人和表演者的权利及利益、传播者的法律地位等无疑是网络著作权调整的关键。

2. 网络出版与著作权

与传统的出版方式不同，网络出版以互联网为载体和流通渠道，出版并销售数字出版物。网络出版具有快捷高效、获取便利、运作简单等优势，但由于其易于复制，很容易被非法复制和盗版等。著作权很难得到很好的保护。

3. 数据库的著作权保护问题

数据库是电子商务的重要基础。电子商务中从原料查询、采购，产品展示、订购到出厂、储运以及电子支付的所有网上贸易活动都离不开数据库的支持。

电子类数据库著作权保护争议的焦点是将数据库归入传统著作权保护的范畴，还是另辟蹊径，把数据库作为一种新的、独立的客体加以保护。欧盟委员会提交的《数据库法律保护指令》草案于 1996 年 3 月 11 日欧洲议会和欧盟理事会共同审议通过。该草案建议将电子数据库作为《保护文学和艺术作品伯尔尼公约》中的汇编作品予以著作权保护。《数据库法律保护指令》于 1998 年 1 月 1 日之前在各成员国实施。《数据库法律保护指令》的出台，推动了国际数据库保护的进程。

4. 美国对数据库保护的立法状况

在数据库保护问题上，美国开始是依照传统对著作权保护的方式进行保护的。随着该方式弊端的不断显露，美国开始探讨新的法律保护途径。HR3531 提案采取的数据库保护方式与欧盟的《数据库法律保护指令》相似。但随后的 HR2652、HR354 提案以及与其同期的两个提案与欧盟《数据库法律保护指令》的差别越来越大，虽然这几份提案未通过最后的立法程序，但作为数据库产业两大巨头的美国和欧盟，它们在数据库保护立法方面的差异对世界各国的影响是深远的。随着互联网的发展与电子商务的推进，对数据库保护进行专门立法的呼声越来越高，而在信息时代，对以高速发展的互联网为依托的数据库进行法律保护绝不是一个国家或是几个国家就能做到的，它需要全球协同合作，力争使各个国家或组织对数据库保护的基本原则达成共识，在此基础上，才可以考虑制定国际统一规则以对数据库进行保护。否则，任何一个国家或地区局部的立法活动对网络数据库盗版行为来说无疑都是杯水车薪。

6.4.4 《电子商务法》对知识产权的保护

我国知识产权立法起步较晚，但是发展迅速。目前，我国已经建立相对完整的知识产权管理和保护法律体系。由于知识产权的种类繁多，各个客体又具有不同的性质，因此我国并不存在整体的知识产权法，而是根据不同客体单独立法。我国有关知识产权的法律法规主要有《著作权法》《专利法》《商标法》《反不正当竞争法》等法律和《中华人民共和国著作权法实施条例》《中华人民共和国专利法实施细则》《中华人民共和国商标法实施条例》《中华人民共和国知识产权海关保护条例》《集成电路布图设计保护条例》等行政法规。此外，我国缔结或参加的国际条约也是知识产权法的重要渊源，如《保护工业产权巴黎公约》《保护文学和艺术作品伯尔尼公约》以及世界贸易组织规则中的《与贸易有关的知识产权协定》（TRIPs 协议）等。在电子商务运营过程中，保护知识产权主要还是依靠以上规则。然而，与传统贸易模式相比，电子商务有其自身的特点。根据电子商务自身的特点，我国《电子商务法》中就知识产权保护问题做出了补充性规定。

1. 电子商务平台经营者保护知识产权的义务

《电子商务法》第四十一条规定了电子商务平台经营者对知识产权保护的义务。根据该条规定，电子商务平台经营者应当建立知识产权保护规则，与知识产权权利人加强合作，依法保护知识产权。事实上，法律在为电子商务平台经营者设立有关建立知识产权保护规则的义务的同时，也赋予电子商务平台经营者通过制定规则来依法保护知识产权的权利。

2. 知识产权权利人的救济程序

《电子商务法》第四十二条与第四十三条明确了在知识产权侵权中知识产权权利人的救济程序。知识产权权利人认为其知识产权受到侵害时，应当向电子商务平台经营者提供构成侵权的初步证据，并通知电子商务平台经营者采取删除、屏蔽、断开链接、终止交易和服务等必要措施。电子商务平台经营者接到通知后，应当及时采取必要措施，并将该通知转送平台内经营者。平台内经营者接到转送的通知后，可以向电子商务平台经营者提交不存在侵权行为的声明，该声明应当包括不存在侵权行为的初步证据。电子商务平台经营者接到声明后，应当将声明转送发出通知的知识产权权利人，并告知其可以向有关主管部门投诉或向人民法院起诉。电子商务平台经营者在转送声明到达知识产权权利人后十五日内，未收到权利人已经投诉或者起诉通知的，应当及时终止所采取的措施。此外，根据《电子商务法》第四十四条的规定，电子商务平台经营者应当及时将以上通知、声明及处理结果进行公示。

3. 电子商务平台经营者的连带责任

电子商务平台经营者作为电子商务平台的直接控制者，是最有能力保护知识产权的电子商务主体。电子商务平台经营者如果在知识产权纠纷处理中因为自己的过失而导致权利人的损失，则将承担一定的连带责任。根据《电子商务法》第四十二条的规定，电子商务平台经营者接到知识产权权利人受侵害的通知后，应当及时采取必要措施，并将该通知转送平台内经营者。如果电子商务平台经营者未能及时采取必要的措施而造成知识产权权利人的进一步损害，则应当对损害的扩大部分与平台内经营者承担连带责任。此外，根据该法第四十五条的规定，电子商务平台经营者知道或应当知道平台内经营者侵犯知识产权的，应当采取删除、屏蔽、断开链接、终止交易和服务等必要措施。如果电子商务平台经营者未采取必要措施，则应当与侵权人承担连带责任。

6.5 电子商务中的消费者权益保护

6.5.1 电子商务对消费者的影响

在电子商务中，消费者权益保护面临的主要问题是如何应对网络经济、电子商务等新的交易方式带来的新问题。随着科技的进步，新产品大量出现，消费知识滞后的问题更加突出。商品的生产、制造以及销售也不再集中于一地。新的商业模式将对消费者的传统购物习惯产生了巨大的影响。

1. 消费者角色的转变

发送的信息网络使消费者主观能动性增强，消费行为更趋理性化、个性化，对消费质量的要求更高。以商品、价格、渠道、促销为核心的传统营销模式已经发生改变，为新的ICDT模型所取代。ICDT模型把因特网上的市场空间分为信息空间（information space）、通信空间（communication space）、分发空间（distribution space）和交易空间（transaction space）。在此模型中，信息、通信、分发和交易是营销活动发生的新形式。

2. 消费者保护新问题的出现

在电子商务中，商品或服务的交易方式发生了根本变化。在高科技条件下出现了许多过去未曾有过的消费者权益保护问题。这些问题有信息安全问题、信息不完整及保密问题、网络广告问题、网络虚假广告问题、网络诈骗问题等。

3. 电子商务平台的不足

在涉及因特网的投诉案件中，消费者投诉最多的是因特网服务提供商（ISP）和网上订购的商品。对因特网服务提供商的投诉主要是收费问题以及得不到充分的在线服务等。此外，线上拍卖活动也是消费者投诉的热点。线上商店一般没有提供足够的信息，让消费者确信其权益可以受到保障。

4. 责任的界定

电子商务的完成涉及生产者、销售者、配送机构等多个主体，经过商品信息沟通、网上支付、货物配送等诸多环节。任何一个“供应链”出现问题，都将损害消费者的合法权益。一旦出现侵害消费者权益的行为，就难以确认责任主体。这是因为网络只是信息的载体和交流工具，电子商务平台经营者、商品或服务的中间提供者和最终提供者可能并不是同一主体。另外，由于网络内容更新迅速，易于修改，这就导致商家在对其产品质量做虚假陈述时，容易销毁资料，消费者难以取得证据。

5. 责任的追究

在电子商务中必然会发生交易双方有关商品质量的纠纷，其有多种情况。一是消费者理解歧义；二是由于地域不同或习惯不同而做出的不同判断；三是商品受损或假冒伪劣等。在电子商务中，各种纠纷的性质如何界定，界定后如何追究责任并进行处罚，对于保护消费者的合法权益是十分重要的。

6. 管辖权的确定

电子商务实现了商务交易由现实三维空间向计算机第四维空间的转变。它冲破了地域、管辖权和时间的限制，以全新的时空优势，依托计算机网络，与用户进行交易。在实际交易活动中，有时一笔电子商务交易可能会涉及几个国家或地区，而消费者合法权益保护问题可能受到立法差异、管辖权限制和地方保护主义等多方面的阻碍。

案例：网购消费维权　诉天猫卖家“假一赔万”案

廖女士在天猫商城某旗舰店以 29 元的价格购买了一件材质标明为真丝的裙子，商家在宝贝页面中描述有：“真丝，面料主成分含量：91% ~ 95%”的字样；同时标明：“假一赔万”。在收到裙子后，廖女士发觉裙子不像是真丝的，检测机构的报告证实了她的猜测。廖女士在和商家联系无果后，将商家起诉至法院，请求判决该商家返还货款与服装面料检测费，并支付违约金 1 万元。法院最终支持了廖女士的诉求，判令商家返还货款，承担服装面料检测费，以及一定数额的违约金。该案中，法院认为，廖女士和被告之间的网络购物约定，实质上是双方成立的买卖合同。其中“假一赔万”系被告自愿做出的真实意思表示，并不侵害社会和他人的利益，亦不违反法律的强制性规定，故双方买卖合同成立并生效，双方的权利义务关系应受法律的保护。被告提供给廖女士的商品，经检测，真丝含量为零，并不符合合同中关于材质系“真丝，面料主成分含量：91% ~ 95%”的约定。被告做出“假一赔万”的承诺，是对自己设定的义务，使合同相对方取得“假一赔万”的权利。根据合同法有关诚实信用原则的规定，被告应当向原告履行赔偿的义务。

显然，网络经济不同于传统经济的一个特征就是商品信息异常丰富，因此商家为了争夺消费者有限的注意力资源，不惜使用一些夸大、虚构、欺骗性的手段，事实上法律在这方面并非一片盲区。我国 2013 年修正实施的《消费者权益保护法》第五十五条就规定了三倍惩罚性赔偿的内容：“经营者提供商品或者服务有欺诈行为的，应当按照消费者的要求增加赔偿其受到的损失，增加赔偿的金额为消费者购买商品的价款或者接受服务的费用的三倍。”当消费者通过网络下订单购买商品时，在商家和消费者之间就形成了买卖合同关系，尽管这一合同的表现形式是电子形式的，但仍然能够得到法律的认可，对买卖双方具有约束力。这样，商家作为卖方在产品网络页面中给出的具体的产品参数、规格、金额、承诺等都将成为合同的组成条款。在本案中，卖家给出的“假一赔万”在法律性质上就属于合同中的违约赔偿条款，对商家是有约束力的。

6.5.2 电子商务与消费者隐私权保护

隐私权是指公民享有的私人生活安宁与私人信息依法受到保护，不被他人非法侵犯、知悉、收集、利用和公开的一种人格权。进入21世纪以来，随着电子商务的迅猛发展，消费者出于网络交易的需要，往往会向各类网络经营者提供包括个人资料在内的隐私。此外，消费者在网络上的“行踪”，如个人浏览的网站、消费习惯、阅读习惯甚至信用记录等，也常常在毫无知觉的情况下被记录下来。而这些个人资料又可能被收集者转售给其他商业组织。这些商业组织能够利用功能强大的数据挖掘技术，从这些看似不关隐私的数据中挖掘出非常隐私的信息。因此，在这种情形下，消费者对参与电子商务是否会暴露自己个人隐私持十分关切的态度。

1. 消费者隐私权保护的主要内容

在电子商务中对消费者隐私权的保护主要集中在以下三个方面。

首先，是个人资料的隐私权保护。消费者被纳入保护范围的个人资料主要包括特定个人信息（姓名、性别、出生日期、身份证号），敏感性信息（宗教信仰、婚姻、家庭、职业、病历、收入、经历），电子邮件地址，IP地址，以及用户名与密码等。

其次，是通信秘密与通信自由的保护。通信秘密和通信自由是公民享有的宪法性权利。电子邮件是常见的网络通信工具，其安全主要取决于邮件服务器的安全、邮件传输网络的安全以及邮件接收系统的安全。除了采用技术手段，如加密邮件外，采用法律手段制约经营者和黑客的偷窥和披露行为也十分重要。目前的问题是很少有人在利用电子邮件时自觉地使用保护自己隐私的技术。

最后，是个人生活安宁的保护。电子邮件商品促销广告因成本低廉而日益泛滥成灾。大量群发的商业性电子邮件已成为消费者的沉重负担，它们占用邮箱空间，影响正常邮件的传送，已经构成对消费者个人生活安宁的侵害。对这种垃圾邮件的治理，除了技术手段、行业自律外，也需要运用法律手段进行限制。

2. 相关国家对消费者隐私权的法律保护

为了保护消费者在互联网上的隐私信息，美国制定了《消费者互联网隐私保护加强法》。该法规定，电子商务经营者可以披露的消费者信息仅限于与电子商务经营者提供的商品或服务有关的信息以及依法可以披露的信息。如果电子商务经营者未按照规定而导致消费者个人信息泄露，消费者可以向法院提起诉讼以得到赔偿。同时，该法还对电子商务经营者收集消费者信息的范围和方式进行了严格的规定。此外，美国还制定了《儿童在线隐私保护法》和《儿童在线隐私保护规则》，以加大对儿童隐私的特别保护。

欧盟于1995年制定了《数据保护指令》，并在此基础之上又制定了《隐私与电子通信条例》《欧洲Cookie指令》《通用数据保护条例》等多部法律。《数据保护指令》主要规定了电子商务经营者收集消费者个人信息的条件。《隐私与电子通信条例》禁止电子商务经营者在未取得消费者同意的情况下存储和使用其个人信息的行为，并规定电子商务经营者应采取适当的措施保障互联网服务安全，避免消费者个人信息泄露。《欧洲 Cookie 指令》明确了电子商务中 Cookie 的使用规则和相关信息的披露规则。2018 年 5 月生效的《通用数据保护条例》主要规定了个人信息数据处理的基本原则、欧盟居民关于个人信息的基本权利以及企业收集和处理信息应承担的义务。此外，《通用数据保护条例》还明确了执行数据跨境转移的审批规则。一旦违反该规则，将要面临最高级别的行政处罚。

3. 国际组织对消费者隐私权的法律保护

经济合作与发展组织在电子商务规范制定方面一直走在世界前列，其制定的规则在国际上起到了巨大的示范和推动作用。为了加强对电子商务中消费者权益的保护，经济合作与发展组织制定了《电子商务消费者保护准则》。《电子商务消费者保护准则》的总体原则是强调如何对消费者进行保护，而非如何保护商家不受有欺诈行为的消费者的侵害。客观来讲，这是符合社会现实的。在电子商务中，消费者与商家并非处于平等的权利地位，消费者往往处于不利地位。因此，保护处于弱势的消费者就非常有必要了。经济合作与发展组织发布的《全球电子商务行动计划》强调要加强消费者的信任；此外，还制定了保护消费者隐私权的具体措施，即支持成员国交换有关在全球网络上保护个人隐私的信息，汇报它们在保护消费者个人隐私方面所做的努力和取得的经验，为在此过程中出现的问题提供实际指导。与此同时，该组织也积极与其他相关的国际组织和地区性组织展开合作，以加强对消费者网络隐私权的保护。

6.5.3 《电子商务法》对消费者权益的保护

我国已经建立了相对完善的消费者权益保护法律体系，其法律规范以《消费者权益保护法》为核心，在民法、行政法、经济法、刑法等部门法中均有不同程度的涉及。而在电子商务领域消费者权益的保护规则主要体现着在《消费者权益保护法》《合同法》《产品质量法》《广告法》以及《反不正当竞争法》等法律中。然而，由于电子商务的特殊性，这些法律并不能完全适应电子商务发展的要求。《电子商务法》的出台，在很大程度上完善了电子商务领域对于消费者权益的法律保护。

1. 消费者的权利与电子商务经营者的义务

《电子商务法》在“总则”部分即规定了电子商务经营者有履行消费者权益保护和个人信息保护的义务。《电子商务法》在此规定电子商务经营者的义务有重要的意义，该规定也在之后的分则中得以体现和落实。

第十七条明确了消费者知情权和选择权。同时，也规定了电子商务经营者应当全面、真实、准确、及时地披露商品或者服务信息，不得以虚构交易、编造用户评价等方式进行虚假或者引人误解的商业宣传，欺诈、误导消费者。

第十八条规定电子商务经营者向消费者发送广告，应当遵守《广告法》的有关规定。

第二十三条规定电子商务经营者收集、使用其用户的个人信息，应当遵守法律、行政法规有关个人信息保护的规定。

第二十五条规定了主管部门保护电子商务数据信息的义务。根据该条规定，电子商务经营者有义务依法向主管部门提供有关电子商务数据信息。有关主管部门应当采取必要措施保护电子商务数据信息的安全，并对其中的个人信息、隐私和商业秘密严格保密，不得泄露、出售或非法向他人提供。

第三十二条规定电子商务平台经营者应当遵循公开、公平、公正的原则，制定平台服务协议和交易规则，明确进入和退出平台、商品和服务质量保障、消费者权益保护、个人信息保护等方面的权利和义务。

此外，《电子商务法》还在具体条款中规定了消费者的安全权、隐私权、生命权和推销商品和服务时得到尊重和平等保护的权利。

2. 归责方式与举证责任

在电子商务中，电子商务平台经营者是电子商务平台的提供者。在电子支付中，电子支付服务提供者是电子支付技术的掌握者。而在电子交易中，电子商务经营者又是电子交易规则的制定者。消费者在电子商务当中，由于缺乏技术的支持、对规则的理解、对信息的掌握，因而往往处于劣势。可以说，电子商务在客观上很难实现各方权利与义务的平衡。这就需要法律来进行调整。为了尽可能实现各方权利义务的平衡，《电子商务法》在规则中更加关注对消费者权益的保护。

依据《电子商务法》第五十五条的规定，如果发生支付指令的错误，电子支付服务提供者应当及时查找原因，并采取相关措施予以纠正。如果造成用户损失，用户只需证明电子支付服务提供者未尽到安全管理的责任而导致损害后果，无须证明电子支付服务提供者存在主观上的过错。在此，之所以对电子支付服务提供者的归责采取过错责任原则，主要是因为电子支付具有较强的技术性，消费者难以对电子支付服务提供者的过错进行举证。

此外，依据《电子商务法》第六十二条的规定，在电子商务争议处理中，电子商务经营者应当提供原始合同和交易记录。因电子商务经营者丢失、伪造、篡改、销毁、隐匿或者拒绝提供原始合同或交易记录，致使人民法院、仲裁机构或者有关机关无法查明事实的，电子商务经营者应当承担相应的法律责任。《电子商务法》之所以将原始合同和交易记录的证明提供责任归于电子商务经营者，主要是因为消费者由于技术障碍，难以提供相应的证据。

可见，《电子商务法》对归责方式与举证责任的规定，增加了对电子支付服务提供者、电子商务经营者的义务，从而实现了对消费者权益的保护。

3. 争议解决

《电子商务法》为电子商务纠纷提供了多元化纠纷解决机制，并在此基础之上建立了担保机制、投诉与举报机制，保证了消费者的合法权益，扩展了消费者的救济路径。

首先，《电子商务法》鼓励电子商务平台建立担保机制。根据《电子商务法》的规定，国家鼓励电子商务平台经营者建立有利于电子商务发展和消费者权益保护的商品、服务质量担保机制。消费者的合法权益遭到侵害时，可以要求电子商务平台经营者承担先行赔偿责任，电子商务平台经营者赔偿后可以向平台内经营者追偿。可见，消费者权益保证金和先行赔偿义务能够大大降低消费者的维权成本。

其次，《电子商务法》规定了投诉与举报机制。根据《电子商务法》的规定，电子商务经营者应当建立便捷、有效的投诉、举报机制，公开投诉、举报方式等信息，及时受理并处理投诉、举报。投诉与举报机制的建立不但可以保护消费者权益，还可以起到监督电子商务平台经营者和平台内经营者的作用。

最后，《电子商务法》提供了多元化的纠纷解决机制。根据《电子商务法》的规定，电子商务争议可以通过协商和解，请求消费者组织、行业协会或者其他依法成立的调解组织调解，向有关部门投诉，提请仲裁，或者提起诉讼等方式解决。此外，《电子商务法》还提供了争议在线解决机制。多元化的纠纷解决方式为消费者解决电子商务纠纷提供了多种方案和路径，有利于实现对消费者权益的保护。

6.6 电子商务安全

6.6.1 电子商务安全的保护

目前，电子商务乃至整个网络的安全问题受到了各国消费者的高度重视。从整体上看，电子商务的安全问题贯穿了电子商务的全过程，其涉及面甚广。从本质上看，电子商务的安全问题既是一个管理问题，又是一个技术问题，更是一个法律问题。想要从根源上解决电子商务的安全问题，保证电子商务的安全，不但要克服技术障碍，强化技术支持，更重要的是完善法律制度，用有效的法律制度去加强对电子商务的管理和监督。

1. 域外电子商务安全法立法概述

保护电子商务安全有技术上的措施和法律上的措施两种。任何技术上的安全保护措施都不是绝对的，不可能抵御电子商务的所有安全风险，在安全事件发生时，必须有相应的责任人来承担一定的法律责任。这就要求人们在关注有关电子商务交易的法律时，还要关注有关电子商务安全的法律，以保障电子商务活动的正常进行和健康发展。

为了解决电子商务带来的法律问题，世界各国都开始进行相应的研究和立法工作。例如，联合国国际贸易法委员会制定的《电子商务示范法》、美国的《全球电子商务纲要》等。英国也颁布了《电子通信法案》，其主要目的是促进英国电子商务的发展，并为开展电子商务提供法律上的保证。这些法律在很大程度上保证了电子商务的安全。

2. 我国电子商务安全法立法概述

我国利用法律手段保护电子商务安全始于 1994 年发布的《计算机信息系统安全保护条例》。为了加强计算机信息系统安全保护工作，我国针对不同的情况先后制定了多部法规，如《计算机信息网络国际联网安全保护管理办法》《计算机信息系统安全专用产品检测和销售许可证管理办法》《计算机场地安全要求》《计算机信息系统安全保护等级划分准则》等。这些法规使得相关制度更加规范化、系统化。

2016 年由全国人大常委会发布的《网络安全法》是我国首部保障网络安全的基本法。《电子商务法》以《网络安全法》为基本依据，在其第三十条概括性地规定了电子商务平台经营者对交易系统的安全保障义务。根据该条规定，电子商务平台经营者应当采取技术措施和其他必要措施保证其网络安全、稳定运行，防范网络违法犯罪活动，有效应对网络安全事件，保障电子商务交易安全。此外，电子商务平台经营者还应当制定网络安全事件应急预案，发生网络安全事件时，应当立即启动应急预案，采取相应的补救措施，并向有关主管部门报告。

6.6.2　电子商务安全法律制度

电子商务安全法律制度主要包括计算机信息系统安全等级制度、有害数据防治制度、安全专用产品销售许可证制度以及国际联网管理制度。

1. 计算机信息系统安全等级制度

计算机信息系统安全等级是指国家信息安全监督管理部门根据计算机信息系统所处理的信息的敏感程度、业务应用性质和重要程度，按照国家有关标准确认的信息系统安全保护技术能力的级别。计算机信息系统安全等级制度是国家针对不同的计算机信息系统安全保护能力制定的一系列配套的法律法规及相关标准的总和。目前，我国对计算机信息系统安全等级的划分主要是依据《计算机信息系统安全保护等级划分准则》。

2. 有害数据防治制度

有害数据是指计算机信息系统及其存储介质中存在、出现的，以计算机程序、图像、文字、声音等多种形式表示的危害系统、危害社会的信息。有害数据具有无形性、危害性、违法性、表现形式多样性、广泛扩散性等特点。目前，我国防治危害计算机信息系统有害数据的规范主要有《计算机病毒防治管理办法》《计算机信息系统安全保护条例》《计算机病毒防治产品评级准则》等。

3. 安全专用产品销售许可证制度

安全专用产品具有合法性、安全性与技术性等特征。安全专用产品销售许可证是指由公安部计算机管理监察机关审批和颁发的，准许持有者在我国市场上销售其用于维护计算机信息系统安全的专用软件和硬件产品的合法证明。

1997 年公安部发布的《计算机信息系统安全专用产品检测和销售许可证管理办法》是

我国实行计算机信息系统安全专用产品（以下简称安全专用产品）销售许可的主要法律依据和实施规则。根据其规定，我国境内的安全专用产品进入市场销售，实行许可证制度。安全专用产品的生产者在其产品进入市场前，必须申领计算机信息系统安全专用产品许可证。

4. 国际联网管理制度

我国有关国际联网管理的法规主要有《计算机信息系统安全保护条例》《中华人民共和国计算机信息网络国际联网管理暂行规定》《中华人民共和国计算机信息网络国际联网管理暂行规定实施办法》《计算机信息网络国际联网安全保护管理办法》《计算机信息网络国际联网出入口信道管理办法》《中国公用计算机互联网国际联网管理办法》《中国公众多媒体通信管理办法》等，这些法规初步形成了我国计算机信息系统国际联网管理的法律制度体系。

6.6.3　破坏电子商务安全的法律责任

从部门法角度看，电子商务安全法应当属于行政法的范畴，它的表现形式主要是各级行政机关的行政法规或部门规章。从某种意义上讲，法学是一种责任之学，没有法律责任作保障，法律就不能得到很好的贯彻实施。在行政法中，行政责任占有举足轻重的地位。

行政责任的主要处罚方式是行政处罚。行政处罚是国家特定行政机关依法惩戒违反行政管理秩序的个人、组织的一种行政行为，属行政制裁范畴。违反有害数据防治制度的行政处罚主要有罚款、取消其计算机病毒防治产品检测机构的检测资格等。违反安全专用产品销售许可证制度的行政处罚主要有警告、停机整顿、罚款、吊销其销售许可证、没收违法所得等。违反互联网络安全管理制度的行政处罚主要有警告、没收违法所得罚款、六个月以内的停止联网或停机整顿、吊销经营许可证或者取消联网资格等。构成违反治安管理行为的，应依照《中华人民共和国治安管理处罚条例》的规定进行处罚。违反国际联网管理制度的处罚主要有责令停止联网、警告、罚款、没收违法所得等。违反计算机信息系统安全等级制度的行政处罚主要有警告或者停机整顿。

对于电子商务安全的保护问题，《电子商务法》第七十九条规定了电子商务经营者怠于履行安全保护责任时的法律责任。根据该条规定，电子商务经营者违反法律、行政法规有关个人信息保护的规定，或者不履行网络安全保障义务时，应当依照《网络安全法》等法律、行政法规的规定处罚。该条规定既明确了电子商务经营者的安全保护义务，又明确了对其的处罚方式，即电子商务经营者怠于履行安全保护责任时的具体责任类型应当依照《网络安全法》的法律责任部分。具体而言，电子商务经营者违反个人信息保护规则的，根据《网络安全法》第六十四条规定，可以根据情节的严重程度给予电子商务经营者责令改正、警告、没收违法所得、责令暂停相关业务、停业整顿、关闭网站、吊销相关业务许可证或营业执照等处罚。电子商务经营者怠于履行保障交易系统安全、稳定运行义务的，根据《网络安全法》第六十八条规定，可以根据情节的严重程度给予电子商务经营者责令改正、警告、没收违法所得、罚款、责令暂停相关业务、停业整顿、关闭网站、吊销相关业务许可证或营业执照等处罚。此外，还可以对直接负责的主管人员和其他直接责任人员处以罚款。电子商务经营者怠于履行网络安全保护义务的，根据《网络安全法》第五十九条规定，可以根据情节的严重程度给予电子商务经营者责令改正、警告、罚款等处罚。

6.7　电子商务法律责任

6.7.1　民事责任

1. 民事责任的概念

民事责任是指民事主体违反民事义务依法所应承担的法律后果。民事责任以民事义务的存在为前提，是对违反民事义务行为的法律制裁。民事责任不同于民事义务，民事义务是民事责任的前提。所谓“民事义务”，即一方为保证他方民事权利的实现，应当为或不为的行为。根据引起民事责任的民事义务的不同，可以将民事责任分为合同责任、侵权责任、缔约过失责任以及不当得利返还责任等。电子商务中涉及的纠纷主要是围绕着电子交易产生的，此外还包括在电子交易基础上产生的侵权纠纷等。因此，电子商务所涉及的民事责任主要是基于合同的违约责任与侵权责任。

违约责任的前提是合同当事人的违约行为。所谓“违约行为”，即合同当事人不履行或不适当履行合同义务的客观事实。而至于合同当事人违约行为的主观故意或过失，即主观过错，我国《合同法》并未将其规定为违约责任的构成要件。一般而言，在不存在免责事由的情况下，只要合同当事人存在违约行为，即应当承担违约责任。侵权责任的构成要件包括侵害行为、损害事实、主观过错以及侵害行为与损害事实间的因果关系。行为人也只有在具备以上 4 个要件时，才可能承担侵权责任。

承担民事责任的主要形式有停止侵害，排除妨碍，消除危险，返还财产，恢复原状，修理、重做、更换，赔偿损失，支付违约金，消除影响、恢复名誉，赔礼道歉等。在合同履行中，承担违约责任的主要方式有支付违约金、继续履行、返还财产、赔偿损失等；而承担侵权责任的主要方式有停止侵害，排除妨碍，消除危险，返还财产，恢复原状，赔偿损失，消除影响、恢复名誉，赔礼道歉等。在电子商务活动中的违法行为人承担何种民事责任要根据具体的情况而定，其可能适用一种责任形式或数种责任形式。

2. 电子商务民事责任的归责原则

民事责任的归责原则是指在行为人的行为或物件致他人损害的情况下，根据何种标准和原则确定行为人的民事责任。从现行立法来看，我国民事责任的归责原则主要有过错责任原则、严格责任原则以及公平责任原则三种。其中，过错原则还包括过错推定责任原则；严格责任原则也称为无过失责任原则或客观责任原则，指的是只要行为人的行为造成损害，不问其有无过错，均应承担民事责任。

一般来讲，我国有关合同的违约责任的归责原则为严格责任原则。但是，也有一些特殊的合同以过错责任原则归责，如赠与合同、保管合同、租赁合同等。《电子商务法》中主要规定电子合同的履行问题。电子合同作为合同的一种，在归责方式上应当遵循《合同法》的基本理念，即严格责任原则。但是，由于电子商务的特殊性，其法律关系当事人并非是“绝对平等”的民事主体。此外，电子商务中所使用的合同也多为格式合同，而消费者又往往缺乏足够的技术支持，因而是处于交易的劣势地位。《电子商务法》为了更好地保护消费者，在电子商务合同履行时适当增加了电子商务经营者或电子支付服务者的义务，而在某些问题的归责方式选择中采用过错推定的方式。例如，前述《电子商务法》第五十五条有关支付指令错误导致用户损失的规定。

3. 电子商务中的违约责任

《电子商务法》第七十四条规定，电子商务经营者销售商品或者提供服务，不履行合同义务或者履行合同义务不符合约定，或者造成他人损害的，应当依法承担民事责任。该条规定不但规定了电子商务经营者的违约责任，还规定了其侵权责任。《电子商务法》在此只是对违约责任与侵权责任进行了重申，其具体适用还应当遵循《合同法》与《侵权责任法》的基本规则及原则，同时规定的也只是电子商务经营者的民事责任。可见，《电子商务法》关注的只是电子商务经营者与消费者的合同关系。事实上，就合同关系而言，电子商务中还存在着电子商务平台经营者与消费者的合同关系、电子商务平台经营者与电子商务经营者的合同关系，以及电子支付服务提供者与消费者的合同关系等。对于这些合同关系的责任问题应当依据《合同法》的有关规定进行规制。

4. 电子商务中的侵权责任

电子商务中的侵权问题集中体现于对人身权、财产权和知识产权的侵犯。《侵权责任法》第三十六条是对网络侵权的基本规定，网络用户、网络服务提供者利用网络侵害他人民事权益的，应当承担侵权责任。网络用户利用网络服务实施侵权行为的，被侵权人有权通知网络服务提供者采取删除、屏蔽、断开链接等必要措施。网络服务提供者接到通知后未及时采取必要措施的，对损害的扩大部分与该网络用户承担连带责任。网络服务提供者知道网络用户利用其网络服务侵害他人民事权益，未采取必要措施的，与该网络用户承担连带责任。在一般侵权案件中，通常只涉及被侵权人和侵权责任人。而在网络侵权案件中，除了涉及被侵权人和侵权责任人外，往往还涉及网络服务提供者。这是因为在网络运营中，网络服务提供者具有绝对的技术优势。基于其技术的优势地位，网络服务提供者具有管理网络运行的能力，因此也应当负有对网络监管的责任。此外，在网络侵权案件中，由于网络的虚拟性，直接侵权责任人难以识别，甚至无法找到。增加网络服务提供者的管理与担责义务，能够实现对被侵权人更为全面的保护。

《电子商务法》在侵权责任的规定上借鉴了《侵权责任法》有关网络侵权的归责原则。例如,《电子商务法》第三十八条规定了侵犯消费者人身权与财产权的民事责任问题。根据该条规定，电子商务平台经营者在知道或应当知道平台内经营者销售的商品或提供的服务不符合保障人身、财产安全的要求，或者有其他侵害消费者合法权益行为，未采取必要措施的情况下，应当依法与该平台内经营者承担连带责任。此外,《电子商务法》第四十二条对于侵害知识产权的民事责任的规定也遵循了同样的归责方式。

虽然《电子商务法》在民事责任承担问题上体现了对消费者的保护，但这种保护也只是控制在合理范围内。《电子商务法》就侵权问题规定了电子商务平台经营者的连带责任，然而这种连带责任也都以电子商务平台经营者“知道或者应当知道”为前提。如果电子商务平台经营者无法知道平台内经营者对消费者的侵害，则并不承担责任。另外，就侵权责任问题,《电子商务法》在明确电子商务平台经营者与平台内经营者责任的同时，也为被侵权人设定了责任。例如，根据其第四十二条第三款规定，知识产权权利人因通知错误造成平台内经营者损害的，应依法承担民事责任。如果知识产权权利人恶意发出错误通知而造成平台内经营者损失，应加倍承担赔偿责任。

当然，在电子商务中还存在电子商务平台经营者、电子商务经营者、消费者以及电子支付服务提供者等间的直接侵权行为。例如，电子商务经营者提供缺陷产品而造成对消费者人身权的侵害；电子商务平台经营者抄袭或剽窃他人著作等。这些问题应该依照《侵权责任法》《消费者权益保护法》《著作权法》等法律法规加以解决。

6.7.2 行政责任

1. 行政责任的概念

行政责任是指行政法主体违反行政法律法规而依法应承担的行政法律后果。行政责任主要有行政处分和行政处罚两种方式。行政处分是国家行政机关依照行政隶属关系给予违法失职行为的国家机关工作人员的一种惩罚措施。可见，行政处分是国家行政机关监督管理国家机关工作人员的内部行政行为。而行政处罚是指行政机关和被授权组织基于行政管理职权，对违反行政法律规范的行政相对人给予行政惩戒的行为。它是行政机关在管理社会公共事务活动中，为保障社会秩序而实施的行政行为。电子商务主体违反电子商务规则而应承担的行政责任应为行政处罚。

行政处罚的构成要件包括处罚主体、行政违法行为、处罚对象、过错。所谓处罚主体，即具有行政处罚权的国家行政机关或法律法规授权的组织。所谓处罚对象，即实施了违法行为的自然人、法人或其他组织。根据《中华人民共和国行政处罚法》(简称《行政处罚法》)第八条规定，行政处罚的种类有警告，罚款，没收违法所得、没收非法财物，责令停产停业，暂扣或者吊销许可证、暂扣或吊销执照，行政拘留，以及法律、行政法规规定的其他行政处罚。《电子商务法》第六章“法律责任”部分具体规定了电子商务经营者、电子商务平台经营者以及电子商务监督管理部门工作人员的行政责任。

2. 电子商务经营者的行政责任

《电子商务法》明确了电子商务经营者违反法律法规中强制性规定的行为，其主要包括未取得相关行政许可从事经营活动，或者销售、提供法律、行政法规禁止交易的商品、服务；不依法向主管机关提供电子商务数据信息；未在首页显著位置公示营业执照信息、行政许可信息、属于不需要办理市场主体登记情形等信息，或者上述信息的链接标识；未在首页显著位置持续公示终止电子商务的有关信息；未明示用户信息查询、更正、删除以及用户注销的方式、程序，或者对用户信息查询、更正、删除以及用户注销设置不合理条件；搭售商品或服务；未向消费者明示押金退还的方式、程序，对押金退还设置不合理条件，或者不及时退还押金；违反法律、行政法规有关个人信息保护的规定，或不履行法律、行政法规规定的网络安全保障义务；实施虚假或者引人误解的商业宣传等不正当竞争行为，滥用市场支配地位，或者实施侵犯知识产权、侵害消费者权益等行为。

《电子商务法》还根据电子商务经营者违法行为严重程度的不同规定了相应的行政处罚。其中，适用最多的行政处罚是罚款和限期改正。此外，《电子商务法》还规定某些违法行为依照有关法律、行政法规的规定进行处罚。这些法律与行政法规主要包含《消费者权益保护法》《广告法》等。

3. 电子商务平台经营者的行政责任

《电子商务法》同样明确了电子商务平台经营者违反法律法规中强制性规定的行为，其主要包括采取集中交易方式进行交易，或者进行标准化合约交易；不依法履行核验、登记义务；不依法向市场监督管理部门、税务部门报送有关信息；不依法对违法情形采取必要的措施，或者未向有关主管部门报告；未在首页显著位置持续公示平台服务协议、交易规则信息或者上述信息的链接标识；修改交易规则未在首页显著位置公开征求意见，未按照规定的时间提前公示修改内容，或者阻止平台内经营者退出；未以显著方式区分标记自营业务和平台内经营者开展的业务；未对消费者提供对平台内销售的商品或者提供的服务进行评价的途径，或者擅自删除消费者的评价；对平台内经营者在平台内的交易、交易价格以及与其他经营者的交易进行不合理限制或者附加不合理条件，或者向平台内经营者收取不合理费用；对平台内经营者侵害消费者合法权益行为未采取必要措施，或者对平台内经营者未尽到资质资格审核义务，或者对消费者未尽到安全保障义务；对平台内经营者实施侵犯知识产权行为未依法采取必要措施。

《电子商务法》亦根据电子商务平台经营者违法行为严重程度的不同规定了相应的行政处罚。其中，对于违法程度较轻的行为适用最多的行政处罚是罚款和限期改正，而对于情节严重的往往是责令停业整顿并处于更高数额的罚款。对于电子商务平台经营者的某些违法行为，《电子商务法》也规定依照有关法律、行政法的规定进行了处罚。这些法律与行政法规主要包括《网络安全法》《消费者权益保护法》《合同法》《广告法》《电子签名法》等。

4. 电子商务监督管理部门工作人员的行政责任

《电子商务法》第八十七条笼统地规定了电子商务监督管理部门工作人员的行政责任，其规定了依法负有电子商务监督管理职责的部门的工作人员，玩忽职守、滥用职权、徇私舞弊，或者泄露、出售或者非法向他人提供在履行职责中所知悉的个人信息、隐私和商业秘密的，依法追究法律责任。相对于电子商务经营者与电子商务平台经营者的行政责任，《电子商务法》对于电子商务监督管理部门工作人员的行政责任规定得较少。《电子商务法》之所以如此规定，一方面是因为电子商务监督管理部门并非电子商务的参与主体，另一方面是因为对电子商务监督管理的部门众多，难以明确责任。

电子商务监督管理部门主要有工商行政管理局、税务局、质量技术监督局、中国人民银行等。电子商务监督管理部门工作人员实施行政行为的规范往往由行政法规或部门规章进行明确，其行政责任也应当由这些法律法规进行规定。

此外，对于电子商务监督管理部门工作人员玩忽职守、滥用职权、徇私舞弊，或者泄露、出售或者非法向他人提供在履行职责中所知悉的个人信息、隐私和商业秘密的行为构成犯罪的，行为人应当依据《中华人民共和国刑法》(简称《刑法》)承担刑事责任。

6.7.3 刑事责任

1. 刑事责任的概念

刑事责任是指由实施犯罪行为而产生的，行为人按照刑法的规定应当承担的法律后果。刑事责任的表现形式即为刑罚。所谓“刑罚”，即指刑法中明文规定的由国家审判机关依法对犯罪人所适用的限制或剥夺其某种权益的法律制裁方法。目前，我国《刑法》所规定的刑罚分为主刑和附加刑两种。主刑是指对犯罪分子能够独立适用、不能附加适用的刑罚方法，包括管制、拘役、有期徒刑、无期徒刑和死刑。附加刑，又称为从刑，是指补充主刑适用的刑罚方式，包括罚金、没收财产、剥夺政治权利和驱逐出境。

传统刑法理论认为，犯罪构成有四要件：犯罪客体、犯罪客观方面、犯罪主体和犯罪主观方面。所谓“犯罪客体”，即刑法所保护而为犯罪行为所侵犯的社会关系。所谓“犯罪客观方面”，即犯罪活动的客观外在表现。所谓“犯罪主体”，即实施危害社会的行为、依法应当承担刑事责任的自然人或单位。所谓“犯罪主观方面”，即犯罪主体对其实施的危害行为及危害结果所抱的心理态度。近来，有学者提出两阶层体系，即犯罪构成要件由违法构成要件与责任要件两方面组成。其中，违法构成要件是表明行为具有违法性的要件，而责任要件是表明行为具有有责性的要件。

2. 电子商务与刑法

相对于民事责任和行政责任，刑事责任即刑罚，是最为严厉的制裁方法。只有具有严重社会危害性的行为才被刑法规定为犯罪。从整个法律体系中有关违法责任的设置来看，民事责任、行政责任、刑事责任基本实现了处罚力度由轻及重的过渡与衔接。可见，刑法在整个法律体系中具有保障性与谦抑性的特点。

我国《刑法》将某些破坏电子商务秩序的行为规定为犯罪，从而实现了对电子商务的保护。同样，《电子商务法》第八十八条也将有关电子商务的犯罪行为归于刑法。根据该条规定，违反《电子商务法》规定的行为，构成违反治安管理行为的，依法给予治安管理处罚；构成犯罪的，依法追究刑事责任。事实上，该条规定不但规定了电子商务中的刑事责任，也规定了违反《中华人民共和国治安管理处罚法》的行政责任。违反治安管理的行为有别于一般的行政违法行为，其主要包括扰乱公共秩序，妨害公共安全，侵犯人身权利、财产权利，妨害社会管理的行为，具有一定的社会危害性，但又情节轻微，尚不构成犯罪。《电子商务法》如此规定也体现了根据违法行为社会危害性的大小和情节的轻重而由行政责任向刑事责任的过渡。而“构成犯罪的，依法追究刑事责任”中的“法”应是广义上的刑法，既包括刑法典，又包括单行刑法和附属刑法。

目前，我国《刑法》中涉及电子商务活动的罪名主要有诈骗罪、侵占罪、合同诈骗罪、信用卡诈骗罪等与合同、支付有关的犯罪，销售伪劣商品类的犯罪，侵犯公民个人信息类的犯罪，侵犯他人知识产权、商业秘密类的犯罪，破坏计算机系统类的犯罪，拒不履行信息网络安全管理义务的犯罪，非法利用信息网络的犯罪等。此外，还有监督管理部门工作人员玩忽职守、徇私舞弊、滥用职权类的犯罪。《中华人民共和国刑法修正案（九）》增加了有关公民信息保护与信息网络的罪名，也在一定程度上加大了对电子商务的保护。

3. 侵犯人身权、财产权的刑事责任

电子商务中的刑事责任，即电子商务中的犯罪，主要涉及利用电子网络侵犯人身权、财产权的犯罪和破坏电子网络系统的犯罪。

在电子商务中，利用电子网络侵犯他人财产权的案件较多。如果危害后果严重，则行为人将要承担刑事责任。电子商务中侵犯他人财产权的罪名主要涉及刑法中的盗窃类犯罪、诈骗类犯罪、侵犯知识产权或商业秘密类犯罪。就盗窃而言，传统的盗窃对象为有形财产，如现金、贵重财物等；而随着信息网络的应用、电子商务的发展，犯罪分子可以通过窃取消费者的支付指令、身份信息等来窃取消费者的财产，该行为也应属于盗窃的范畴。就诈骗而言，犯罪分子可以在签订或履行电子合同过程中，采取虚构事实或隐瞒真相等手段以取得合同相对人的信任，从而达到骗取合同相对人财物的目的，该行为将构成合同诈骗罪。此外，根据犯罪分子诈骗手段的不同，还可能构成票据诈骗罪、金融凭证诈骗罪、信用卡诈骗罪等金融诈骗犯罪。就侵犯知识产权或商业秘密而言，如果电子商务经营者明知是假冒注册商标的商品而予以销售，且销售金额较大，将构成销售假冒注册商标的商品罪。如果电子商务经营者销售伪造、擅自制造的注册商标标识，情节严重，将构成销售非法制造的注册商标标识罪。如果电子商务经营者或电子商务平台经营者以营利为目的，侵犯他人著作权，违法所得数额较大或者情节严重，将构成侵犯著作权罪。如果电子商务经营者或电子商务平台经营者以营利为目的，销售明知是侵权复制品的物品，违法所得数额较大，将构成销售侵权复制品罪。如果电子商务主体以盗窃、利诱、胁迫、披露、擅自使用等不正当手段，侵犯商业秘密，给商业秘密的权利人造成重大损失，将构成侵犯商业秘密罪。

在电子商务中，电子商务平台经营者、电子商务经营者以及电子商务监督管理部门违反国家规定，将在履行职责或者提供服务过程中获得的公民个人信息，出售或者非法提供给他人，情节严重的，将构成侵犯公民个人信息罪。电子商务经营者在产品中掺杂、掺假，以假充真，以次充好或者以不合格产品冒充合格产品，销售金额较大，将构成生产、销售伪劣产品罪。此外，根据电子商务经营者生产、销售伪劣产品种类的不同，还可能构成生产、销售假药罪，生产、销售不符合安全标准的食品罪，生产、销售有毒、有害食品罪，生产、销售不符合安全标准的产品罪，生产、销售不符合卫生标准的化妆品罪等。行为人捏造并散布虚伪事实，损害他人的商业信誉、商业声誉，给他人造成重大损失或者有其他严重情节的，将构成损害商业信誉、商品声誉罪。广告主、广告经营者、广告发布者违反国家规定，利用广告对商品或服务作虚假宣传，情节严重的，将构成虚假广告罪。

4. 破坏电子网络系统的刑事责任

电子商务在开放的信息网络上进行交易，大量的商务信息通过网络进行传输，并在网络上进行存储。电子商务的开展往往伴随着信息传输与保存中产生的风险、电子交易中产生的风险等。稳定、安全的电子网络系统是电子商务的基础。然而，在网络上对电子网络系统的攻击时常发生。例如，黑客曾多次对美国 eBay 等知名网站进行袭击。我国立法也在不断加大对电子网络系统安全的保护，其中包括在刑法中明确有关破坏电子网络系统的罪名。

电子商务中破坏电子网络系统的行为主要会导致对社会管理秩序的妨害。在电子商务中，行为人违反国家规定侵入电子商务网络服务计算机系统或者采用其他手段，获取该计算机信息系统中存储、处理或者传输的数据，或者对该计算机信息系统实施非法控制，情节严重的，将构成非法侵入计算机信息系统罪。行为人违反国家规定，对计算机信息系统中存储、处理或者传输的数据和应用程序进行删除、修改、增加、干扰，造成计算机信息系统不能正常运行，对计算机信息系统中存储、处理或者传输的数据和应用程序进行删除、修改、增加的操作，或者故意制作、传播计算机病毒等破坏性程序，影响计算机系统正常运行，后果严重的，将构成破坏计算机信息系统罪。电子商务平台经营者不履行法律、行政法规规定的信息网络安全管理义务，经监管部门责令采取改正措施而拒不改正，并存在致使违法信息大量传播、用户信息泄露且造成严重后果、刑事案件证据灭失且情节严重等情形之一的，将构成拒不履行信息网络安全管理义务罪。电子商务经营者、电子商务平台经营者等电子商务主体利用信息网络设立用于实施诈骗、传授犯罪方法、制作或者销售违禁物品、管制物品等违法犯罪活动的网站、通信群组，或者发布有关制作或者销售毒品、枪支、淫秽物品等违禁物品、管制物品或者其他违法犯罪信息，或者为实施诈骗等违法犯罪活动发布信息，情节严重的，将构成非法利用信息网络罪。

小结

电子商务法作为我国新兴的法律领域，是电子商务发展的重要保障。目前，我国已经颁布了《电子商务法》，这是我国电子商务领域的首部综合性立法，是保护电子商务权益、规制电子商务行为、明确电子商务责任的主要法律依据。

本章主要介绍了与电子商务相关的法律规范，主要涉及电子合同、电子支付、电子商务中的知识产权保护、电子商务中的消费者权益保护、电子商务安全以及电子商务法律责任。电子合同作为一种较为特殊的合同形式，其订立过程与传统合同有较大差别。电子银行、电子资金划拨等电子支付中存在的问题也亟需法律加以规范和保护。由于互联网的开放性以及在电子商务中各主体基于技术能力的不平等性，电子商务法更加注重对知识产权和消费者权益的保护。电子商务安全法律制度的建立是电子商务发展的基础，也是电子商务立法的目的之一。为了保证电子商务平稳、安全地发展，法律也明确了破坏电子商务秩序的民事责任、行政责任以及刑事责任。

诚然，电子商务作为一种新型商业模式，在一定程度上颠覆了传统的商业模式，对现有的法律制度提出了挑战。虽然我国已颁布《电子商务法》，但该法并不能涵盖电子商务的各个方面。有关电子商务法的新问题，还需要在实践中发现，并在法律中进一步明确。

思考与讨论

1. 简述电子商务法的发展过程。
2. 简述《电子签名法》的内容。
3. 简述《非金融机构支付服务管理办法》的内容。
4. 简述《电子商务法》的内容。
5. 什么是电子合同？电子合同有什么特征？
6. 电子合同的订立方式是什么？
7. 电子要约与承诺何时生效？
8. 电子要约如何撤回？又如何撤销？
9. 电子合同生效有哪些要件？
10. 电子资金划拨包含哪些要素？其相互之间的关系又是怎样的？
11. 简要说明在电子资金划拨系统中如何划分主体。

12. 电子资金划拨有哪些特征？
13. 电子资金划拨有哪些风险？
14. 域名的使用是如何引发法律问题的？其表现在哪几个方面？
15. 我国《商标法》对域名与商标权的法律冲突有哪些规定？
16. 如何协调域名与知识产权的冲突问题？
17. 电子商务中的著作权涉及哪些冲突问题？
18.《电子商务法》是如何实现对知识产权的保护的？
19. 电子商务对消费者有哪些影响？
20. 消费者隐私权保护的主要内容是什么？
21. 域外国家及国际组织关于消费者隐私权保护的措施有哪些？
22.《电子商务法》是如何保护消费者权益的？
23. 电子商务安全法律制度包含哪些内容？
24. 破坏电子商务安全有哪些法律责任？
25. 简述电子商务民事责任的归责原则。
26. 对于电子商务中的违约责任是如何规定的？
27. 对于电子商务中的侵权责任是如何规定的？
28. 电子商务经营者的行政责任有哪些？
29. 电子商务平台经营者的行政责任有哪些？
30. 电子商务监督管理部门工作人员的行政责任有哪些？
31. 刑法是如何实现对电子商务保护的？

第4篇

实践篇

第 7 章
电子商务体系结构与系统设计

电子商务利用计算机技术、网络通信技术、多媒体技术等实现商务活动的电子化、信息化、数字化、无纸化和国际化。从系统的角度来看，电子商务系统是一个集成的信息系统，由支持商务活动的各种电子信息技术手段集合而成。从应用角度来看，电子商务系统是一个复杂的应用系统，向用户提供各种商业经营和管理服务，直接实现电子商务的多种功能。本章主要介绍电子商务体系结构、电子商务安全系统以及电子商务应用系统软件体系和设计方法。

7.1 电子商务体系结构

7.1.1 电子商务基础结构框架

电子商务基础结构如图 7.1 所示。

在电子商务基础结构中，电子商务实体 A 提出业务请求，将请求信息和银行账户信息通过因特网发送到电子商务应用服务中心；智能搜索引擎在因特网上寻找合适的实体 B，并将请求信息通过因特网发送给实体 B；实体 B 得到实体 A 的请求信息后，经过分析处理，响应交易请求，并将响应信息和自身银行账户信息发送给电子商务应用服务中心；收到实体 B 的交易请求后，电子商务应用服务中心对交易双方进行身份认证，将认证合格的银行账户信息通过支付网关发送给交易双方的开户银行，以银行专用网为基础完成银行转账；将转账后的信息通过电子商务应用服务中心发送给交易实体，并联合工商、税务、海关、法律和运输等协同作业单位完成配送。

在电子商务基础结构中可以划分出两个相对独立的子系统，即电子商务安全系统和电子商务支付系统。其中，电子商务安全系统负责处理电子商务交易过程中的信息交互安全

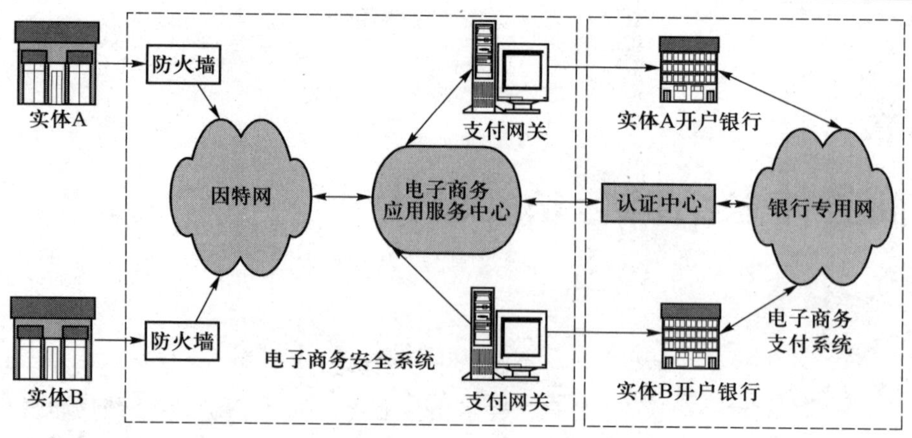

图 7.1 电子商务基础结构

问题，包括电子商务实体内部的企业内部网和因特网之间、因特网和电子商务应用服务中心之间，以及电子商务应用服务中心和电子商务支付系统之间的安全问题等。电子商务支付系统负责处理电子商务交易过程中的电子支付问题，将交易过程中的支付环节真正融入因特网，实现支付过程的数字化、电子化和自动化，为在社会生活中彻底实施电子商务扫清障碍，铺平道路。

图 7.1 概要描述了电子商务基础结构的组成、各部件功能和子系统之间的关系，并且对电子商务安全系统和电子商务支付系统进行了形式上的简化。下面将从数据结构和 Petri 网建模的角度对电子商务基础结构做进一步的分析。

7.1.2 电子商务基础结构的数据流程

下面将利用数据流图对电子商务基础结构中各部件之间的通信关系进行表示，并用类 Pascal 语言描述数据流图中的信息流、数据流及其控制方法。

电子商务基础结构的数据流图如图 7.2 所示，其中 A、B 为两个电子商务实体，C 为电子商务应用服务中心（center）。

整个电子商务基础结构数据流图的类 Pascal 语言描述如下。

```
Program Basic_Architecture                          // 子过程和函数说明；
Procedure Send_To ( Message_Sender,                 // 认证实体发送信息的功能；
  Message_Receiver, Message );
Procedure Show_Message ( Message: String );         // 显示系统提示信息；
Procedure Process_Terminated ( );                   // 认证错误，系统不正常退出；
Procedure Process_Finished ( );                     // 认证完成，合法退出；
Function Find_Entity ( Request ) : Entity;          // 查找满足要求的电子商务实体；
```

```
Function Is_Transaction（Requst_Sender,                        //判断是否进行电子商务交易;
  Request_Receiver, Request）: Boolean;
Function Start_Payment（）: Boolean;                            //启动电子商务支付系统，返回布
                                                                  尔量;
                                                               //电子商务基础结构流程主体
Begin
  Send_To（A, C, Request）;                                     //A 向 C 发送业务请求;
                                                               //C 启动搜索引擎，查找合适的电子
                                                                 商务实体 B;
  start: B: =Find_Entity（Request）;
  Send_To（C, B, Request）;                                     //C 将请求转发 B;
  If（Is_Transaction（A, B, Request））Then
    Begin
  Send_To（B, A, Response）;                                    //B 发送响应信息;
  If（Start_Payment（））Then
    Begin
    Show_Message（"完成电子商务过程"）;
    Process_Finished（）;
    End
  Else
    Begin
    Show_Message（"电子商务支付系统出错"）;
    Goto start;
     End;
  End
Else
  Goto start;
End
```

上述电子商务基础结构数据流图和类 Pascal 语言描述都对电子商务安全系统和电子商务支付系统做了简化。由于电子商务安全系统贯穿整个电子商务基础结构的始终，并不是一个独立性很强的模块，所以没有明显地表示出来；而电子商务支付系统作为一个较为完整的子模块这里也没有展开描述，只是描述了它在系统中的位置和对系统内外应用的接口。

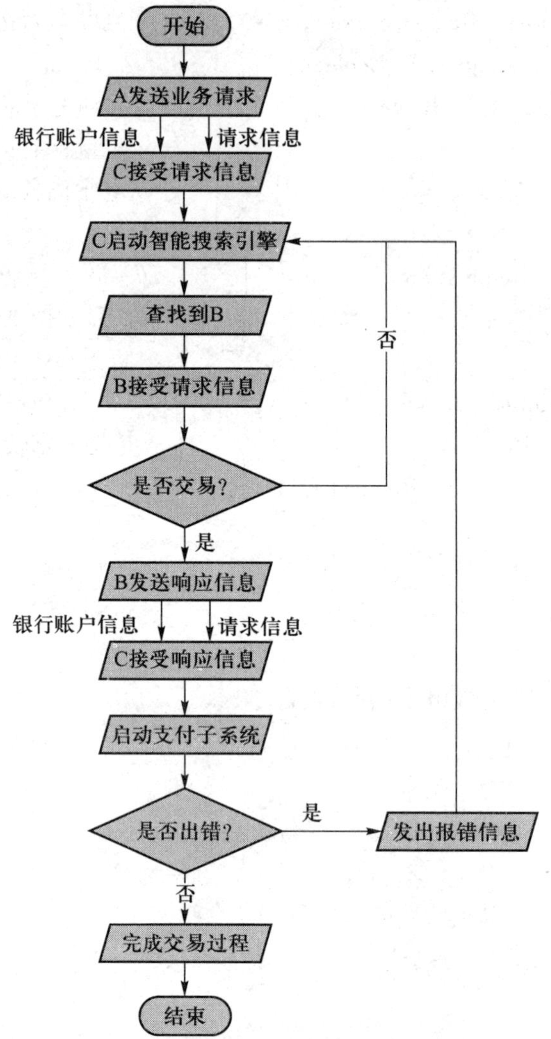

图 7.2　电子商务基础结构的数据流图

7.1.3　电子商务基础结构的过程控制

电子商务基础结构的过程控制可以分为以下几个阶段。

1. A 向 C 发送业务请求

实体 A 内部构建有企业内部网，并且通过防火墙和因特网相连。如果实体 A 有业务请求，就将请求信息按照指定的协议格式封装（此处记为 M_1），并通过防火墙系统发送给电子商务应用服务中心，由电子商务应用处理模块做下一步的工作，其 Pertri 网模型如图 7.3 所示。

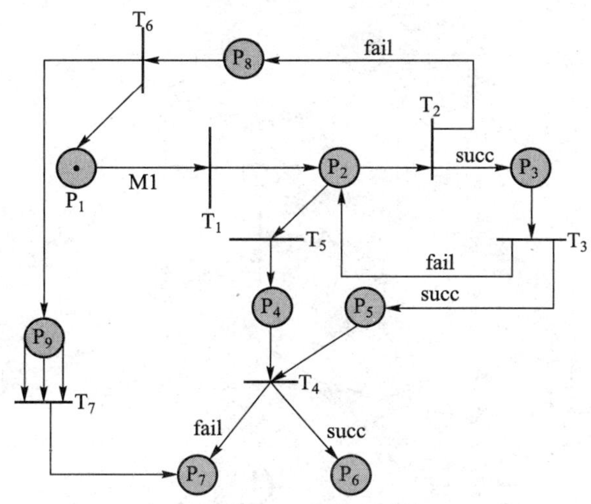

图 7.3　A 向 C 发送业务请求过程

在图 7.3 所示的 Petri 网模型中，位置 P_1 有令牌（token），表示 A 有业务请求，使过渡 T_1 处于激活状态（enable）；其他位置都没有令牌，当然这些位置对应的过渡都不具备激活条件，处于等待状态。消息 M_1 是根据电子商务应用服务中心和电子商务实体之间信息交互协议生成的封装报文，其格式可以表示为（A，C，T_1，Request），其中 T_1 表示电子商务实体 A 向电子商务应用服务中心 C 发送业务请求 Request。

由 Petri 网原理不难看出，T_1 的前集 $\cdot T_1$ 中只有一个元素 P_1，且 $M(P_1) \geqslant W(P_1, T_1)$，即过渡 T_1 具备触发的条件，随时可以触发并引起整个 Petri 网系统状态的改变。

2. C 接受 A 的业务请求，准备启动智能代理搜索合适的实体 B

T_1 的触发导致 A 发送报文 M_1 给 C，电子商务应用服务中心 C 接收 M_1，发送响应信息给 A，同时准备启动多个智能代理（agent）搜索满足 Request 的实体 B，即位置 P_2。T_1 触发后的 Petri 网模型如图 7.4 所示。

在图 7.4 中，位置 P_2 具有令牌，P_1 的令牌失去，T_1 完成触发。P_2 中的令牌意味着过渡 T_2 和 T_5 可以触发，即 C 发送响应信息给 A，同时准备启动智能代理搜索合适的实体 B。过渡 T_2 和 T_5 的唯一前集元素位置 P_2 有了令牌，两个过渡的触发可以并行完成，不存在冲突问题。

3. C 向 A 发送响应信息，同时启动智能代理搜索合适的实体 B

过渡 T_5 的触发顺理成章，位置 P_4 得到令牌，表示实体 A 得到电子商务应用服务中心 C 的响应信息，耐心等待合适交易的实体 B。

过渡 T_2 的触发略为复杂，因为过渡 T_2 为条件判断过渡，T_2 触发可能产生以下两种不同的结果。

（1）找到合适的实体 B。电子商务应用服务中心 C 启动的多个智能代理找到了符合 A 的 Request 的 B。此时位置 P_2 失去令牌，同时位置 P_3 得到令牌。P_3 中有令牌意味着实体 B 将根据 A 的 Request 的具体信息做出决策，决定是否和 A 进行电子商务交易。

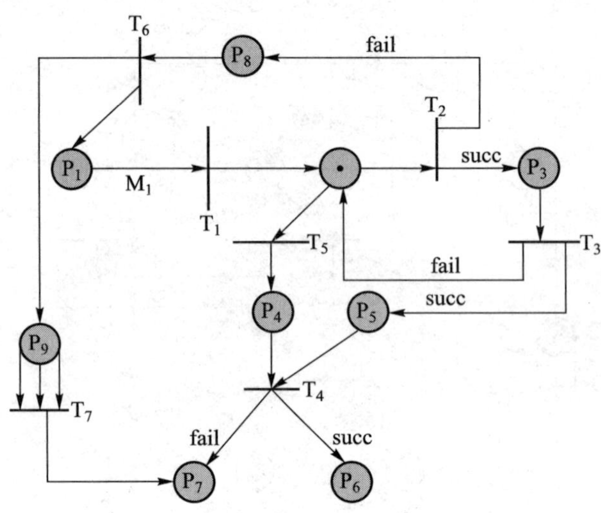

图 7.4　C 接受 A 的业务请求

（2）未找到合适的实体 B。过渡 T_2 触发，但没有搜索到合适的实体 B（即 fail），则位置 P_2 失去令牌，同时位置 P_8 得到令牌，如图 7.5 所示。P_8 中有令牌意味着搜索合适实体 B 的一次努力没有成功，过渡 T_6 得到触发条件。T_6 实际上是出错处理过程，它的触发使得 P_1 和 P_9 得到令牌。如果 P_8 得到令牌，则系统恢复到初始状态，A 重新向 C 发送 Request，此时 A 可以根据反馈信息对原始的 Request 进行调整，再次封装成 M_1 发送给 C；而 P_9 是一个计数器，当 P_9 内容纳的令牌数量超过预先设定的容量限制时，过渡 T_7 触发，P_7 得到令牌，系统出错退出，整个系统停止运行。

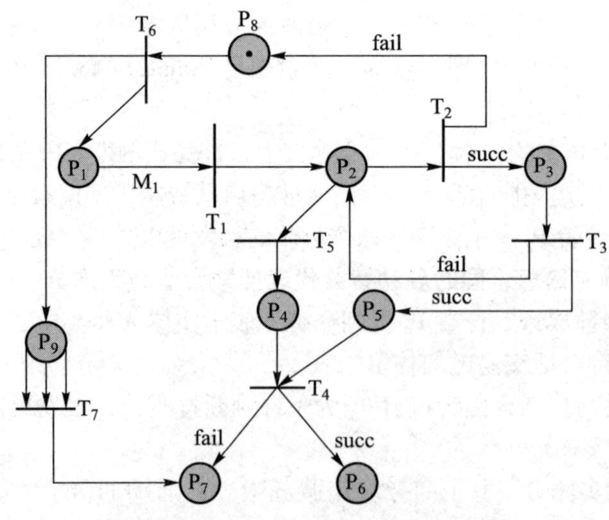

图 7.5　未搜索到合适的实体 B

4. B 决策是否和 A 进行电子商务交易

B 将根据 A 发送的 Request 决策是否和 A 进行电子商务交易。

（1）进行电子商务交易。如果 B 可以接受 A 的 Request，则 T_3 得到正向的触发（即 succ），发送响应报文 M_2 给 A，M_2 的格式可以表示为（A，C，T1，Response）。这时电子商务基础结构的 Petri 网模型如图 7.6 所示。

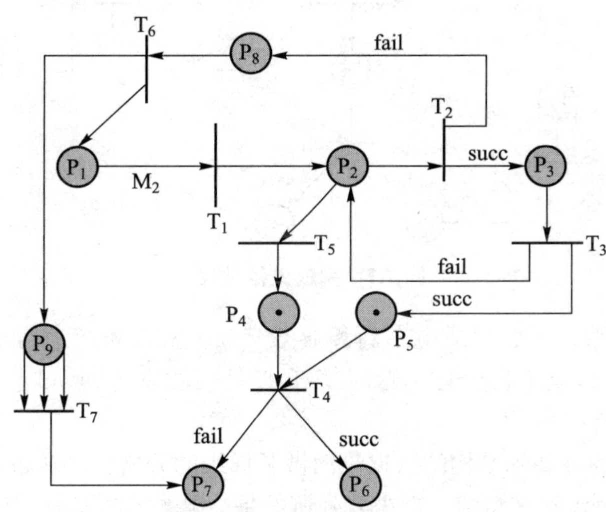

图 7.6　实体 B 接受 Request

此时变迁 T_4 的前集中的 P_4 和 P_5 都具有了令牌，T_4 满足触发条件，可以触发 T_4 以启动支付过程，完成一次电子商务交易。

（2）不进行电子商务交易。如果 B 无法满足 A 的 Request，则 T_3 得到负向的触发（即 fail），位置 P_3 失去令牌，P_2 得到令牌，整个 Petri 网模型返回到了类似第二个阶段的情形。

B 通过对 A 的 Request 的分析，如果无法满足 A 的要求，则放弃进一步交易的努力。P_2 得到令牌，可以重新搜索满足 Request 的实体，也可以根据 B 的反馈信息生成相应报文发送到 A，促使 A 对其业务请求做出适当的调整，更好地实现电子商务业务交互。

5. 启动支付过程

由于 P_4 和 P_5 都有令牌，即实体 A 有业务请求，实体 B 可以满足实体 A 的业务请求，则变迁 T_4 触发，启动电子商务支付过程。但由于支付协议的复杂性，支付过程很有可能会失败，所以仍然要考虑到以下两个方面情况。

（1）支付过程顺利结束，完成电子商务业务交互。如果支付系统运行良好，电子商务基础结构的 Petri 网模型就演化为如图 7.7 所示的情形，变迁 T_4 正向触发（即 succ），P_6 得到令牌，标志着电子商务交互正常结束。

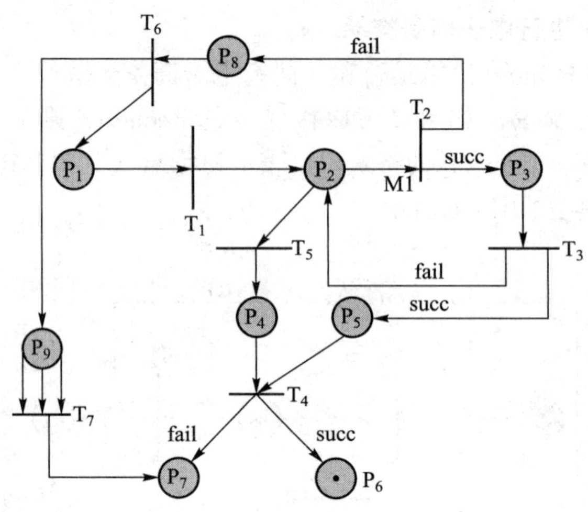

图 7.7　完成支付过程

（2）支付过程失败，无法完成电子商务业务交互。支付系统运行出错时电子商务基础结构的 Petri 网模型，这里不再赘述。这时变迁 T_4 负向触发（即 fail），P_7 得到令牌，标志着电子商务交互不正常结束。

在概念上对电子商务基础结构的数据流图做了详细的分析，并从过程控制的角度显示了数据流图中隐藏的控制流和信息流。但需要强调的是，电子商务基础结构的 Petri 网模型仅为概念模型，并不是对现行电子商务体系结构的精确建模。同时，在分析模型的过程中并没有对电子商务安全系统和电子商务支付系统完全展开介绍，这从分层的角度简化了电子商务基础结构模型。电子商务安全系统和电子商务支付系统将分别在 7.2 节和 7.3 节做详细介绍。

7.1.4　电子商务基础结构的优化方法

在电子商务基础结构优化过程中，必须严格把握以下优化准则。

1. 可达性（reachability）

在设计分布式系统时，一个很重要的问题是系统是否可以到达某个指定的状态，或者完成某种指定的功能活动。为了证实模型系统是否可以经由某个功能活动到达指定状态，设计者需要找到一条变迁激活链。系统由初始状态 M_0 沿着变迁激活链就可以到达指定状态 M_i，而这条链就代表了一系列的功能活动。

需要指出的是，在 Petri 网模型中，一个指定状态 M_i 的可达性是通过一条从初始状态 M_0 到指定状态 M_i 的变迁激活链定义的。如果从 M_0 到 M_i 的变迁激活链中仅有一个变迁，那么 M_i 称为立即可达状态。

2. 有限性（boundedness）

位置在计算机和通信系统中通常用来表示信息存储单元，因此设计者必须明确特定的控制策略是否会导致这些信息存储单元的溢出。在 Petri 网模型中引入了有限性的概念来处理信息存储单元的溢出问题。一个位置 P 的容量为 k（k–bounded）意味着在系统状态变化的过程中（M_0 ~ M_i）位置 P 的令牌总数必须小于等于 k。如果一个 Petri 网模型中所有的位置容量为 k，则称这个 Petri 网模型的容量为 k。

3. 稳定性（conservativeness）

在现实系统中，可用资源的数量通常会受经济因素和其他条件的限制。如果令牌用来表示资源，那么一个系统中的令牌数量通常是稳定的，即无论系统的状态如何变化，在该系统的 Petri 网模型中令牌的数量始终不变。如果在计算机网络中某台主机因故障停止运行，那么代表主机资源的令牌数量就应该相应地减 1。

一个 Petri 网模型的稳定性定义为：存在一个向量 w=（w_1，w_2，…，w_n），其中 n 是位置编号，模型中每个位置的权值大于 0，并且在系统状态变化的过程中令牌的加权总和保持不变。图 7.8 所示的就是一个稳定的系统模型。

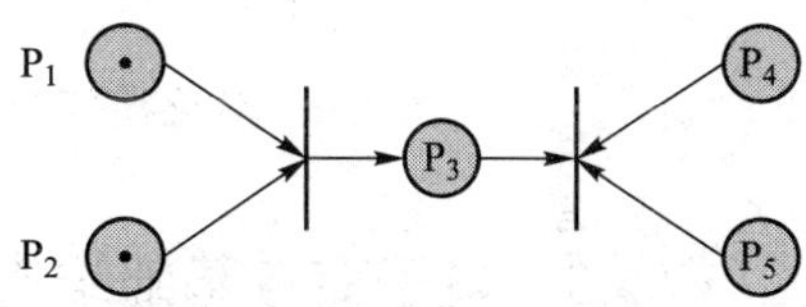

图 7.8　稳定的 Petri 网模型

其中，w=（1，1，2，1，1），这样令牌的加权总和始终为 2。一个令牌加权总和始终为 1 的 Petri 网模型是一个严格稳定的模型。

4. 活跃性

活跃性的概念和死锁是紧密联系的。其中，死锁在计算机操作系统原理中有比较深入的讨论。为了避免死锁状态出现，一个 Petri 网模型必须排斥 4 种情况，即资源独占、保持等待、不剥夺，以及形成等待环。

5. 可恢复性

在对 Petri 网模型进行分析的过程中，一个很重要的问题是系统是否具备错误恢复功能，即从出错状态恢复到前一个正确状态。对 Petri 网而言，恢复性意味着如果可以从初始状态 M_0 经由变迁激活链到达某个状态 M，那么必然存在一个从 M 到 M_0 的过渡激活链。

在 Petri 网的设计中，往往需要对根据直觉设计出的 Petri 网进行优化，以提高 Petri 网的性能，在优化过程中常常要用到一些优化模型，常用优化模型如图 7.9 ~ 图 7.14 所示。

通过使用上述 6 个常用优化模型，可以大大简化电子商务基础结构的优化工作。

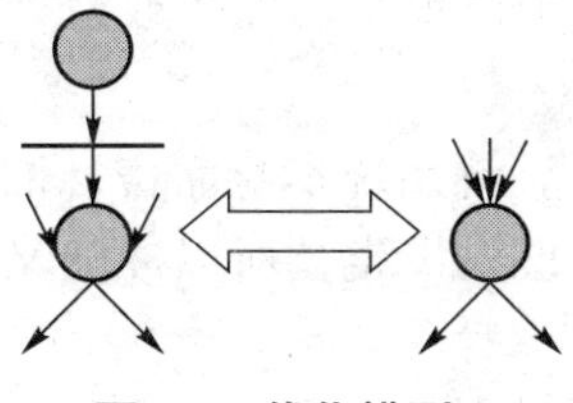
图 7.9　优化模型 1

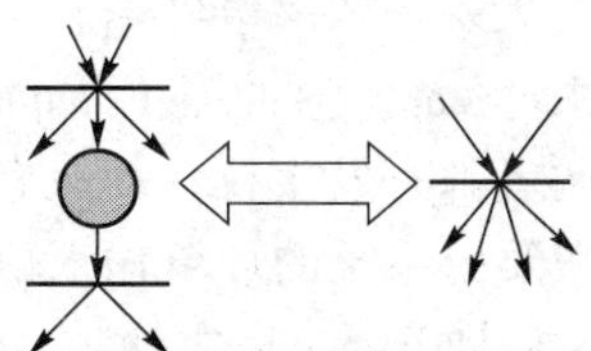
图 7.10　优化模型 2

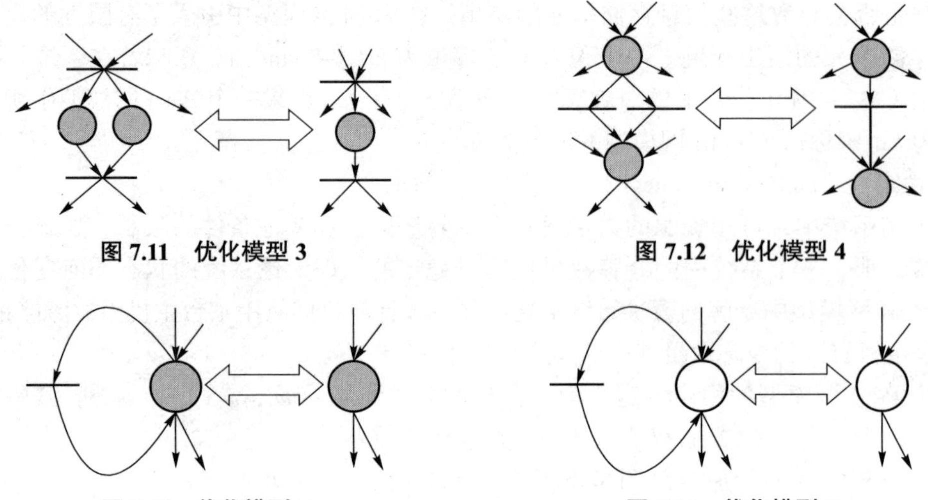

图 7.11 优化模型 3　　图 7.12 优化模型 4

图 7.13 优化模型 5　　图 7.14 优化模型 6

7.1.5 电子商务基础结构的事件过程控制

在电子商务基础结构中，事件大多表现为各变迁激活的条件，即事件驱动。大体来说，电子商务结构的事件过程控制主要有以下几种形式。

（1）顺序关系。如果事件 e_2 的发生以事件 e_1 的发生为条件，就是说 e_1 和 e_2 有顺序关系（sequential relation），如图 7.15 所示。

（2）冲突关系。如果事件 e_1、e_2 不能同时发生，那么就称事件 e_1、e_2 互相冲突（in conflict），如图 7.16 所示。

图 7.15 e_1 和 e_2 顺序发生　　图 7.16 e_1 和 e_2 互相冲突

（3）冲撞关系。如果事件 e_1、e_2 的发生都能导致某个位置状态发生改变，那么这个位置状态在事件 e_1、e_2 上有冲撞（contact），如图 7.17 所示。

冲突指两者都有发生权，却只有一个能发生的关系。就系统本身而言，谁有优先权是不确定的，需要由系统的环境输入信息来决定冲突双方谁先发生，所以冲突又称为选择或不确定，也说它是需要决策之处。

冲突和冲撞竞争的资源性质不同：一为竞争信息，一为竞争存放信息的空间。它们竞争的结果也不同：冲突中无论 e_1 和 e_2 中哪一个发生，另一个都失去发生权；而冲撞中无论哪一个发生，另一个的存在都会使 b 处有冲撞，冲撞反映的是潜在的危险。

（4）并发关系。若事件 e_1 先发生，事件 e_2 后发生，系统能够达到某个状态，而 e_1、e_2 同时发生也能达到同样的状态，而且都不会发生冲突，则说事件 e_1、e_2 之间有并发关系（concurrent relation）。这里定义的并发只涉及两个事件，而且是在无冲撞的假定下给出的，如图 7.18 所示。

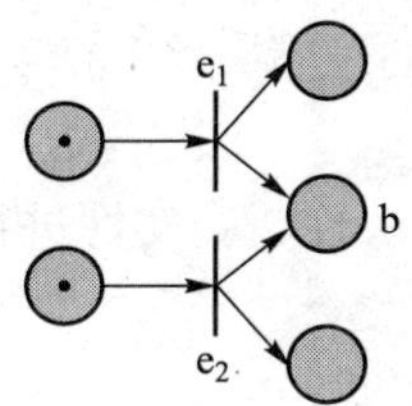

图 7.17　e_1 和 e_2 互相冲撞

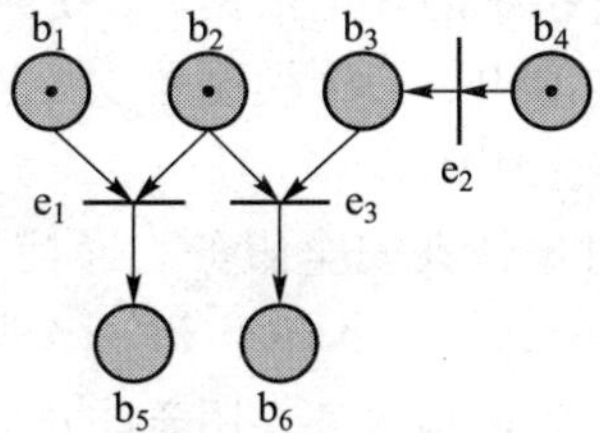

图 7.18　e_1 和 e_2 相互并发

并不要求 e_1 和 e_2 必须并发，即必须一步发生，甚至不保证有了发生权的事件一定会发生。图 7.18 中若 e_2 先于 e_1 发生（不同步发生），则 e_3 获得发生权，而且 e_1 和 e_3 处于竞争资源的冲突状态。若进一步在解决冲突时让 e_3 发生，则 e_1 就失去了一步发生权。

若在 e_1 和 e_3 冲突时让 e_1 发生，则 b_4 获得令牌，系统达到最终状态 $\{b_3, b_4\}$。从初始状态 $\{b_1, b_2\}$ 到达 $\{b_3, b_4\}$ 的另一种可能是 e_1 先发生，然后 e_2 发生。e_1 和 e_2 并发也到达这同一状态。这两种情况不会出现冲突。

系统中出现冲突之处正是系统环境对系统进行控制的地方。如果应用系统中出现混惑，则系统环境或者无法确定是否有冲突出现，或者未加控制冲突就已消失。总之，混惑的出现会给系统分析和系统控制带来麻烦，有混惑的系统模型不是好模型。产生混惑的原因是系统和系统环境的分割不正确。换言之，系统中某些过渡的外延不完整，应该从环境中补充它们的外延，以获得对这些过渡更完整、更准确的描述。

7.2　电子商务安全系统

在上述电子商务基础结构中，并未对电子商务中的安全性问题展开讨论，这并不是说安全性的考虑在电子商务系统中可以忽略或居于次要地位。事实恰恰相反，建立在因特网基础之上的电子商务系统不仅要处理计算机网络本身面临的各种安全性问题，还要保证电子商务事务交互过程中特有的安全控制要求。因此，在从传统的基于纸张的贸易方式向电子化的贸易方式转变的过程中，如何保持电子化的贸易方式与传统方式一样安全可靠，是人们关注的焦点，同时也是电子商务全面应用的关键问题之一。

本节将对电子商务基础结构中的安全性问题展开论述，通过对网络本体的安全体系结构和电子商务特有的安全要素及控制手段的分析，详细阐述电子商务中安全性问题的解决方案。

1. OSI 模型安全体系结构

国际标准化组织（ISO）制定的 OSI 模型安全体系结构是设计计算机网络系统以及评估和改进现有系统的理论依据。OSI 模型安全体系结构定义了安全服务、安全机制、安全管理的功能，并给出了 OSI 模型层次、安全服务和安全机制之间的逻辑关系。OSI 模型规定了 5 种标准的安全服务。

（1）对象认证安全服务。通信双方对各自通信对象的合法性、真实性进行确认，以防假冒。

（2）访问控制服务。用于防止非授权用户非法使用系统资源。

（3）数据保密服务。用于防止信息被截获或被非法存取而泄密。

（4）数据完整性服务。用以阻止非法实体对交换数据的修改、插入、删除以及防止数据丢失。

（5）防抵赖安全服务。用于证实已发生过的操作，防止对发生的行为进行抵赖。

安全服务是通过安全机制来实现的。OSI 模型定义了 8 种安全机制，即加密机制、数字签名机制、访问控制机制、数据完整性机制、认证交换机制、业务流填充机制、路由控制机制和公证机制。安全机制和安全服务的关系如表 7.1 所示。

表 7.1　安全机制和安全服务的关系

安全机制	对象认证	访问控制	数据保密	数据完整性	防抵赖
加密	√		√	√	
数字签名	√	√		√	√
访问控制		√			
数据完整性				√	√
认证交换	√				
业务流填充			√		
路由控制			√		
公证					√

2. 电子商务安全要素

电子商务安全要素包括：

（1）有效性。对网络故障、操作错误、应用程序错误、硬件故障、系统软件错误及计算机病毒所产生的潜在威胁加以控制和预防，以保证贸易数据在确定的时刻、确定的地点是有效的。

（2）机密性。电子商务建立在一个开放的网络上，维护商业机密是电子商务全面推广应用的重要保障。因此，要预防非法的信息存取以及信息在传输过程中被非法窃取。

（3）完整性。电子商务系统要预防对信息的随意生成、修改和删除，同时要防止数据传送过程中信息的丢失和重复，并保证信息传送次序的统一。

（4）可靠性。在无纸化的电子商务方式下，已经不可能通过手写签名和印章进行鉴别。因此，要在交易信息的传输过程中为参与交易的个人、企业或国家提供可靠的标识。

各种电子商务的安全服务和安全要素都是通过安全技术来实现的。第 5 章已经介绍过，基于因特网的电子商务安全技术主要有数据加密、认证和数字签名、入侵检测技术以及防火墙技术等。

在电子商务基础结构的安全系统中，采用公钥基础设施（public key infrastructure，PKI）作为电子商务安全的核心技术。下面以电子商务实体间的相互认证为例，简要说明认证的具体过程和数据流程。

假设实体 A 和实体 B 采用 RSA 公钥加密算法进行身份认证，具体过程如下。

（1）A 向 B 发送自己的标识。

（2）B 选择随机数 R_D，用 A 的公钥加密后得到 y_1，然后用自己的私钥加密 y_1 得到 y_2，发送 y_1 和 y_2 给 A。

（3）A 收到 y_1 和 y_2 后，用 B 的公钥验证 y_2，若结果与 y_1 相同，则确信是 B。

（4）A 用自己的私钥解密 y_1 得到 R_D；最后，A 把 R_D 用 B 的公钥加密后到得 y_3，并把 y_3 发给 B。

（5）B 得到 y_3 后，用自己的私钥解密，若得到 R_D，则确认对方是 A；否则就认为是黑客。到此，一个周期的认证过程结束。

可以看出，上述过程中有 4 个行为主体：实体 A、实体 B、黑客和采用公钥基础设施的管理机构。黑客可以假冒 A 或 B 中的任何一个，公钥基础设施中的认证中心（CA）和证书库等实体负责公钥的发放、保护等工作。基于公钥基础设施的电子商务实体交互认证的过程如图 7.19 所示。

整个交互认证过程可以用类 Pascal 语言描述如下。

```
Program Authentication_Process                      // 子过程和函数说明；
Procedure Send_To（Message_Sender,                  // 认证实体发送信息的功能；
  Message_Receiver，Message）；
Procedure Show_Message（Message:                    // 显示系统提示信息；
  String）；
Procedure Authentication_                           // 认证错误，系统不正常退出；
  Terminated（）；
```

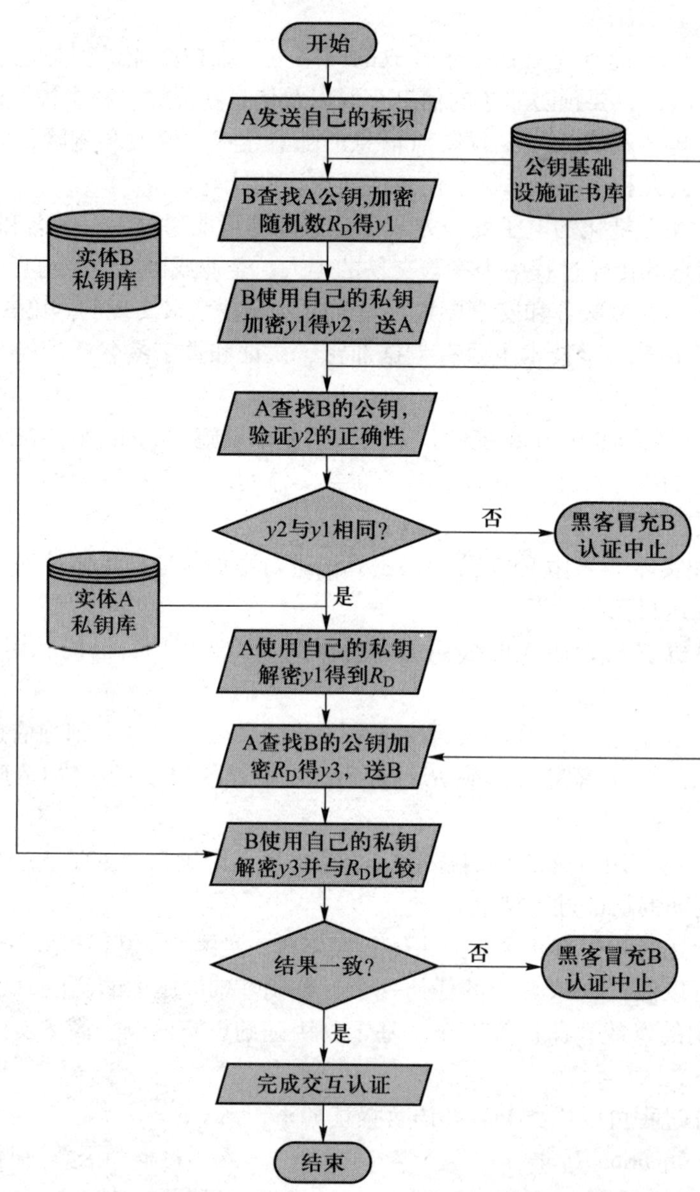

图 7.19　基于公钥基础设施的电子商务实体交互认证过程

Procedure Authentication_Finished（）；　　　// 认证完成，合法退出

Function Encrpt（Key，Message）: Message；// 使用密钥 Key 加密信息 Message；

FunctionDecrpt（Key，Message）: Message；// 使用密钥 Key 解密信息 Message；

Function Get_Public_Key（Entity）: Key；　　// 获得实体 Entity 的公钥；

```
Function Get_Private_Key ( Entity ) : Key;    // 获得实体 Entity 的私钥;
  Begin                                        // 认证流程主体;
    Send_To ( A, B, IdentifierOfA ) ;          //A 将自己的标识符发送给 B
    Y1: =Encrpt ( Get_Public_Key ( A ) ,       //B 使用 A 的公钥加密随机数;
      Random ( )) ;
    Y2: =Encrpt ( Get_Private_Key ( A ) , Y1 ) ;   //B 使用自己的私钥加密 Y1;
    Send_To ( B, A, Y2 ) ;
    If ( Y1<>Decrpt ( Get_Public_Key ( B ) , Y2 )) Then
      Begin
      Show_Message ( " 黑客冒充 B" ) ;
      Authentication_Terminated ( ) ;          // 认证出错，中止认证
      End
    Else
      Begin
        R_D: =Decrpt ( Get_Private_Key ( A ) , Y1 ) ;
    Y3: =Encrpt ( Get_Public_Key ( B ) , R_D ) ;
    Send_To ( A, B, Y3 ) ;
    If ( R_D <>Decrpt ( Get_Private_Key ( B ) , Y3 )) Then
      Begin
      Show_Message ( " 黑客冒充 A" ) ;
      Authentication_Terminated ( ) ;
      End
    Else
      Begin
      Show_Message ( " 认证完成 " ) ;
      Authentication_Finished ( ) ;
      End
  End
End
```

根据 Petri 网理论，可以对交互认证过程中的具体数据流和信息流做更细致的分析，这里不再赘述，有兴趣的读者可以查阅有关的参考文献。

7.3　电子商务支付系统

7.3.1　电子商务与在线支付

电子支付是电子商务的重要组成部分，完整的电子商务运作过程一般包括商情沟通、资金支付、商品配送三个环节。从电子商务运作过程可以看出，电子支付在整个过程中起着承上启下的作用，即消费者如何为各种产品和服务进行电子支付是电子商务的关键环节，这一环节解决不好，就会使交易流程变慢甚至中断。

电子支付的重要性越来越凸显。例如，商家通过因特网实现网上产品销售；民航、铁路通过因特网实现网上售票；政府通过因特网实现网上征税。这些网上经济活动都需要电子支付功能的配合，银行是实现电子支付功能的主要中介机构。

由此可见，电子支付与网上交易是紧密结合、互为条件的。网上交易不确定，电子支付就不会发生；而电子支付不进行，网上交易也不能最终完成。因而，电子支付与电子商务有着必然的联系，电子支付是电子商务的关键环节，是交易双方实现各自交易目的的重要一步，也是电子商务得以进行的基础条件。

电子商务的核心问题是交易的安全性问题。在电子商务活动中，网上交易面临着种种风险，对安全性、保密性极为敏感。例如，用户在进行电子支付时最关心的问题就是其账号及密码等信息的安全。随着网上交易风险性和不确定性的加大，对网络传输过程中数据的安全和保密提出了更高的要求，尤其对电子支付中涉及的敏感数据，则更需要确保万无一失。电子商务支付系统是整个电子商务基础结构中的重要一环。

电子商务支付系统需要电子商务安全系统为其服务，解决支付过程中的安全保密问题。电子商务支付系统要在电子商务安全技术的基础上应用各种电子支付技术和不同的电子支付手段，解决电子支付自身的安全控制要求。

7.3.2　电子商务支付系统的数据流程和过程控制

下面结合安全电子交易（SET）协议，对电子商务支付系统进行详细的分析。

一个完整的电子商务支付系统的处理流程可以分为以下几个步骤。

1. 持卡人申请证书

持卡人在参加网上电子交易前需首先向认证中心（CA）申请证书，证书中包含该持卡人的账号、有效期等信用卡信息，用以证明持卡人身份的有效性。为了确保这些私人信息不被泄露，一般通过对称加密算法加密私人信息，使得持卡人证书在网上使用和传输的过程中，外界无法获取其信息。持卡人通过 SET 协议申请证书的流程如图 7.20 所示。具体流程如下。

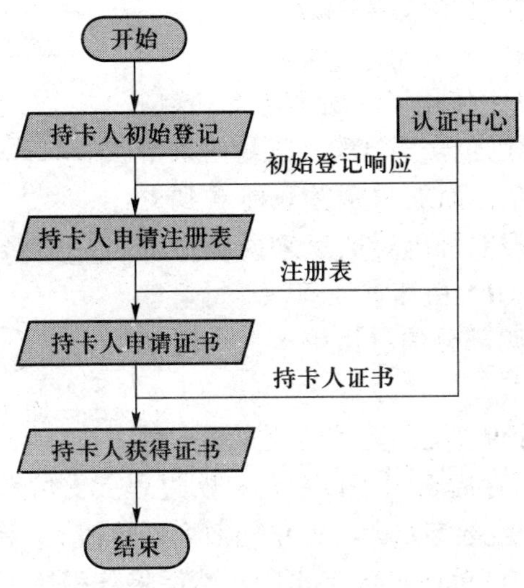

图 7.20　持卡人申请证书的流程

（1）持卡人启动支付系统，向认证中心发送初始登记请求。

（2）当认证中心接收到持卡人的初始登记请求时，发送自己的证书给持卡人。

（3）持卡人接收认证中心证书，向认证中心发送申请注册表请求。

（4）认证中心处理请求并发送注册表。

（5）持卡人接收注册表并向认证中心发送申请证书请求。

（6）认证中心处理请求并产生持卡人证书。

（7）持卡人接收证书。

2. 商家申请证书

商家在接收持卡人 SET 指令或通过网关处理 SET 交易时同样需要启动商家软件申请证书，其申请流程和持卡人申请流程类似，这里不再详述。需要指出的是，商家申请证书一般分为在线和离线两种方式。由于商家的数量远低于持卡人的数量且审查更严密，因此一般采取离线方式。

3. 购买请求

网络购物比人们亲自去实体店更加方便和快捷。在因特网上，打开浏览器便可进入网上商店。在浏览和选购完所需的商品后，商家会提供一份详细的订单，包括商品种类、数量及价格，消费者可以对订单中的商品种类及数量进行修改，然后确认购买。整个支付系统的交易过程便由此开始。持卡人购买请求流程如图 7.21 所示。

（1）持卡人发送初始请求。

（2）商家响应请求并发送自己的证书。

（3）持卡人接收商家证书，选定商品后向商家发送购买请求。

（4）商家接收到请求后，产生购买响应。

（5）持卡人接收购买响应。

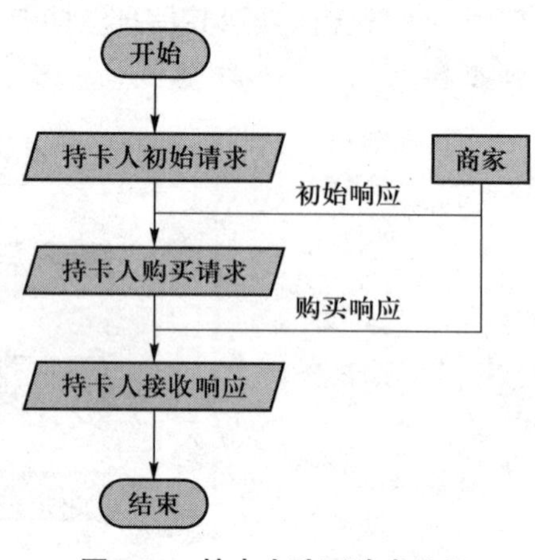

图 7.21 持卡人购买请求流程

前面介绍过，SET 协议中使用了一种双签名机制，即当持卡人发出购买请求时已包含了订购和支付两条指令，商家只能看到订购指令，而支付网关只能看到支付指令，这样持卡人的信用卡号码对商家来说是不可见的。持卡人的订单信息（OI）由商家处理，支付信息（PI）由支付网关处理。这两部分信息由持卡人一起发送给商家。

支付系统接收到响应后通过证书链校验商家和支付网关证书，并把这些证书保存起来用于以后的订购过程。支付系统还分别为订单信息和支付信息通过单向散列算法产生数字水印（即单向散列函数值），将这两个数字水印再做一次单向散列运算，得到支付、订单信息数字水印，然后将其用持卡人的私钥进行加密产生双签名，接着支付系统随机产生会话密钥加密双签名，形成双签名密文块。随后支付系统使用支付网关的公钥对持卡人信用卡信息和随机会话密钥进行加密，并放入数字信封。最后，支付系统将双签名密文块、订单信息、支付信息数字水印、数字信封以及持卡人证书等信息一起发送给商家。具体过程如图 7.22 所示。

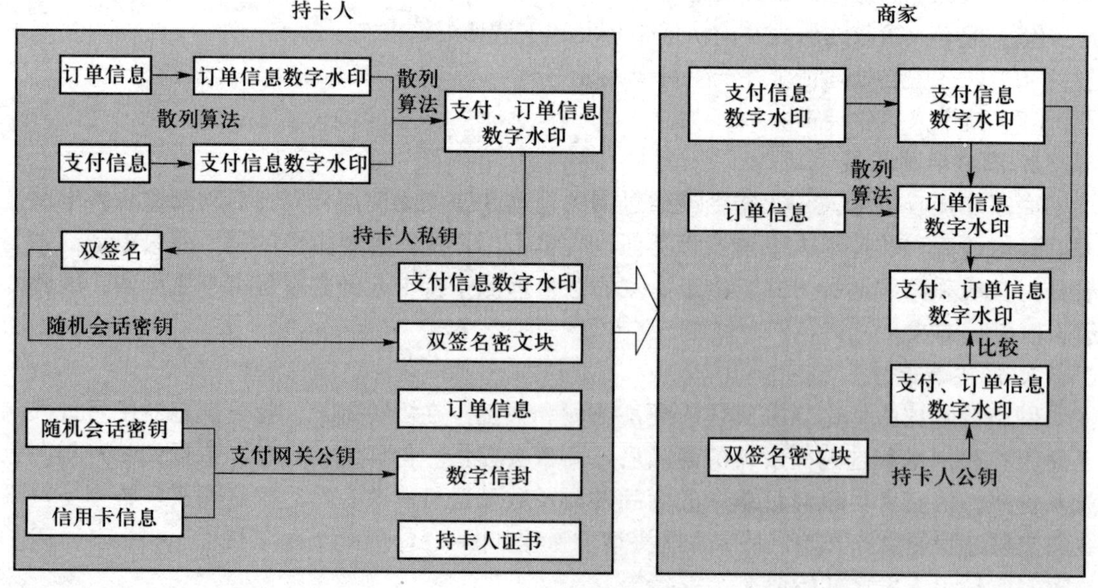

图 7.22 签名流程图

商家接收到这些信息后，首先通过证书链校验持卡人证书，然后使用持卡人公钥解密双签名密文块，以得到支付、订单信息数字水印。同时，商家利用散列算法计算出订单信息数字水印，将其和支付信息数字水印一起进行散列运算，得到支付、订单信息数字水印，将此数字水印与前面得到的数字水印进行比较，以确保信息在传输过程中没有被篡改。在确保信息没有被篡改后，商家处理购买请求。

4. 支付授权

支付授权的流程如图 7.23 所示。

（1）商户请求授权。商家在处理持卡人订单时，会产生授权请求，包括需授权的商品总数、事物处理标识符等信息。商家对授权请求信息产生数字水印并用自己的私钥签名，形成数字签名；用随机产生的会话密钥对数字签名进行加密，再由支付网关的公钥将该随机会话密钥加密形成数字信封。然后，商家将加密后的授权请求消息以及持卡人购买请求中加密了的支付信息一起发送给支付网关。

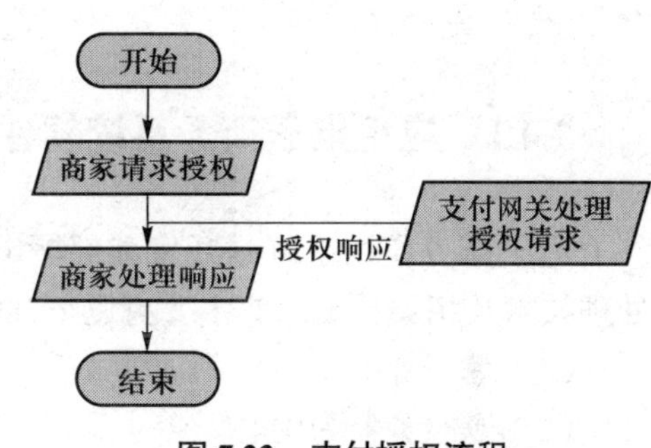

图 7.23　支付授权流程

（2）支付网关处理授权请求。支付网关接收到授权请求后进行以下处理。

① 用自己的私钥解密数字信封，得到随机会话密钥并解密支付信息，然后校验商家签名证书的有效性，再使用商家公钥校验签名的授权请求信息。

② 支付网关获得支付指令的随机会话密钥和信用卡信息，校验持卡人签名证书的有效性，核查数字签名以确保支付信息在传输过程中没有被篡改。

③ 支付网关将商家授权请求信息中的事物处理标识符与持卡人支付指令中的事物处理标识符进行比较，确保信息来自同一个交易，然后将请求发送给银行。在接收到来自银行的授权响应消息后，支付网关产生一个包含支付网关签名证书的响应信息。该响应信息由新生成的随机会话密钥加密后，再用商家的公钥加密并发送给商家。

（3）商家处理响应。商家接收到来自支付网关的授权响应后，通过类似的解密过程获得并存储授权响应信息，并按照订单的内容向持卡人发送商品。至此，商家便完成一个订单处理工作。

5. 获取扣款

一个订单处理工作完成以后，商家为了得到货款向支付网关发出扣款请求。支付网关处理扣款请求，并通过银行网将货款转入商家的账户，从而完成一次扣款过程。获取扣款流程如图 7.24 所示。

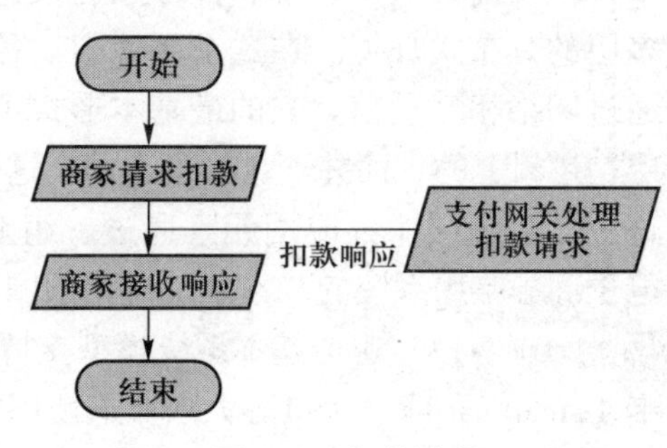

图 7.24　扣款流程

上述 5 个步骤描述了基于 SET 协议的电子商务支付系统的处理流程。事实上，一次网络购物只涉及电子商务支付系统的三个步骤，即购买请求、支付授权、获取扣款，而持卡人和商家在整个证书有效期内只有一次申请证书过程。虽然 SET 协议有着严密的加密机制和复杂的信息传输过程，但这些对消费者来说是透明的，消费者只需通过简单的操作即可进行安全、便捷的网络购物。

7.4　电子商务应用系统软件体系及设计方法

7.4.1　应用电子商务系统软件体系

电子商务应用系统是开发和部署电子商务应用的一个基础。它整合了多种计算机信息处理技术及相关技术。它主要有以下几个特点。

（1）基于标准。

（2）以服务器为中心。

（3）可伸缩。

（4）能利用已有的核心系统。

（5）可快速部署和应用。

（6）易管理。

电子商务应用系统采用可复用的组件设计结构，表现为一组抽象的组件以及组件之间合作的接口。本节介绍的电子商务应用系统组件设计结构基于业界标准，为开发和部署电子商务应用系统提供了一组完整的服务，它提供的 Web 应用编程模型定义了 Web 应用拓扑结构。这个组件设计结构基于独立于平台和提供商的技术标准，包括关于客户、应用服务器、网络、数据和基础设施的标准。这些标准使得客户能够在任何时候在网络上的任何地方获取有关数据和服务，也使得开发的应用软件只需写一次就能够在任何平台上运行，并能即插即用各种组件。下面介绍电子商务应用系统的基本系统模型和软件体系结构。

1. 基本系统模型

电子商务应用系统软件体系为设计电子商务解决方案提供了一个模型，这个模型基于多层的分布式环境。在这个环境中，各层应用逻辑和商业服务分离为各种组件，这些组件通过网络相互通信。它的最基本形式可以被描述为一个“逻辑上”的三层计算模型，即分层是逻辑上的，而并不是物理上的。这个基本的三层系统模型包括客户和 Web 应用服务器。这三个逻辑层中的应用元素通过一组业界标准的协议、服务和软件连接器互相连接起来。电子商务应用系统的基本系统模型如图 7.25 所示。

（1）客户。这个基本系统模型支持广泛的客户端设备，从个人数字助理（PDA）、智能卡（smart card）、手机等大众普遍使用的移动终端到网络计算机和个人计算机，它通过一组广泛使用的基于因特网技术和协议连接到 Web 应用服务器。

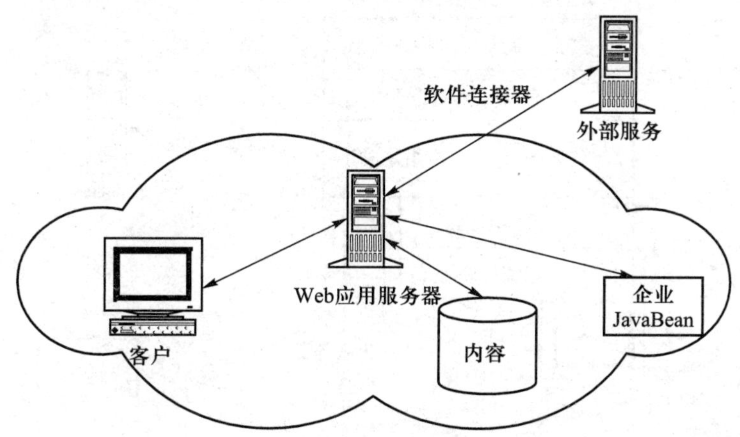

图 7.25　电子商务应用系统的基本系统模型

（2）Web 应用服务器。Web 应用服务器为应用的业务逻辑提供了一个运行环境。应用软件在 Web 应用服务器及其内嵌的 JVM（Java 虚拟机）中运行。这些服务器端的组件通过 HTTP 或 IIOP（internet inter-ORB protocol，网际 ORB 间协议）与客户和其他组件通信，并利用网络基础架构提供的目录和安全服务。

（3）连到外部服务的软件连接器。软件连接器将中间层内新增的业务逻辑连接到企业已有的应用和数据上，从而将因特网无缝地连接到企业中来。

这个电子商务应用系统的基本系统模型集中体现了面向 Web 的网络计算风格，并结合了显示、业务逻辑、数据存储这三个层次的应用元素。这个基本系统模型的特性如下。

（1）支持 Java 的 Web 浏览器客户端。

（2）客户容易管理，几乎无需本地的软件安装和数据备份，配置简单。

（3）实现写一次、在任何平台可运行的应用软件的快速开发及即时部署。

（4）提倡软件复用，使得新添程序量最小化、生产效率最大化，并提高软件质量。

（5）充分利用外部服务系统中驻留着的已有业务应用和数据，充分发挥它们的作用为用户、业务伙伴和员工服务。

2. 软件体系

电子商务应用系统软件体系为开发和部署电子商务应用系统提供了一组完整的服务。这个体系结构由图 7.26 所示的关键元素构成，该软件体系的特点如下。

（1）基于 Web 浏览器，使得对应用系统的存取变得很普遍，并且应用组件能即时发送。

（2）网络基础设施提供了如 TCP/IP 和网络服务、目录服务和安全服务、文件和打印服务等，这些服务的能力可通过开放的标准接口和协议来存取。

（3）应用服务器软件为电子商务应用系统提供了一个平台，包括 HTTP 服务器、数据库和事务处理服务、邮件和群件服务以及消息服务。

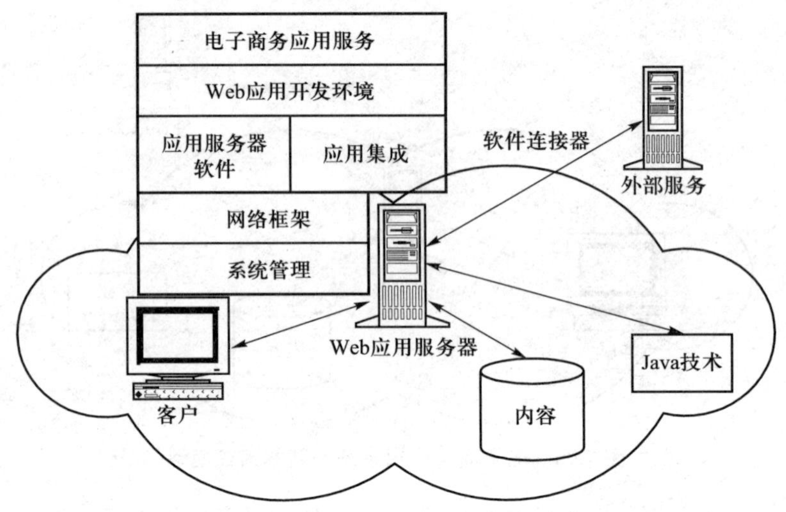

图 7.26　电子商务应用系统软件体系

（4）应用集成使得异构应用系统间能够相互通信，利用 Web 存取现有数据和应用系统。

（5）Web 应用编程环境为创建动态和健壮的电子商务应用系统提供了服务端 Java 编程环境。

（6）电子商务应用服务为方便电子商务解决方案的创建提供了高层应用的特定功能。

（7）系统管理用来满足网络计算的管理需求，系统中的元素包括用户、应用、服务、基础构架和硬件。

电子商务应用系统软件体系的主要组成元素如下。

（1）客户。客户通常为“瘦客户”，也就是说在客户端执行的应用逻辑很少或没有，这样客户端只需要安装很少的程序。新一代应用的客户端部分应该用 HTML、DHTML、XML、Java Applet 来实现。

（2）网络基础设施。它为整个体系结构提供了一个安全的、可伸缩的分布式网络平台，包括基于开放标准的服务。

（3）应用服务器软件。应用服务器软件层为开发和支撑运行在 Web 应用服务器上的电子商务应用系统的商务逻辑提供了核心功能。

（4）应用集成。应用集成部分使得异构应用系统能够在企业内或跨越企业相互通信，这些异构应用系统可能是用不同的程序设计语言实现的，也可能建立在不同的体系结构之上。企业目前的大量关键数据和应用程序都驻留在已有的系统中。应用集成所支持的集成方法包括软件连接器、应用消息发送服务、商务过程集成与工作流服务、组件集成服务。

（5）Web 应用编程环境。Web 应用编程环境基于组件模型，提供了有关服务来鼓励业务逻辑与显示的分离，使得应用能按照用户兴趣和客户端设备来动态剪裁内容。

（6）电子商务应用服务。该部分包括面向高层应用的组件，建立在应用服务器软件及网络基础设施的基础上并面向特定应用类型的功能需求，按照应用框架的编程模型来实现，如支付服务和订单管理服务。

（7）系统管理。对于企业内部，系统管理服务为支持端到端的管理提供了核心功能，提供相关工具和服务来支持应用系统从安装、配置到运作特性的监控整个生命周期的管理，系统管理服务提供一个协作管理途径，包括策略管理和数据仓库管理等。

（8）开发工具。开发工具用来创建、组装、部署和管理应用系统。

7.4.2　应用电子商务系统设计方法

电子商务应用系统主要采用基于浏览器 – 服务器（brower/server，B/S）模式进行系统设计，称为 Web 应用编程模型。它的设计方法主要涉及 Web 客户、Web 应用服务器和标准的因特网协议。通常，Web 应用的拓扑结构如图 7.27 所示。

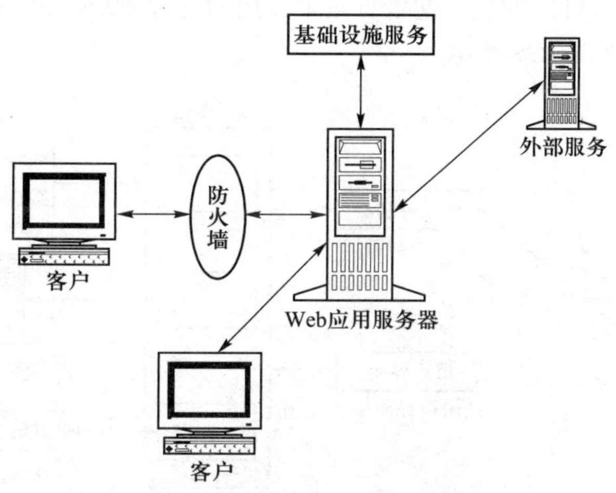

图 7.27　Web 应用的拓扑结构

需要注意的是，Web 应用服务器和外部服务位于不同逻辑层，但它们可能运行在同一台机器上。另外，Web 应用服务器的功能可能分散在多台机器上。通常，一个 Web 应用中的前端和业务逻辑部分运行在不同的机器上，其拓扑结构包含的元素如下。

1. 客户

客户通过使用因特网技术标准（如 TCP/IP、HTTP、HTML 和 XML）与 Web 应用服务器通信来存取业务逻辑和数据。客户的基本功能是接收并验证用户输入，显示从 Web 应用服务器到用户的返回结果。客户可以是因特网、企业内部网和企业外部网中的客户。Web 应用编程模型的重要准则之一是 Web 应用的商务逻辑总是运行在服务器端，而不是在客户端。其优点如下。

（1）支持更广泛的客户端设备。

（2）Web 应用服务器能集成对资源（如数据库）的存取，从而简化应用的设计，增强可伸缩性，并为资源提供更好的保护。

（3）运行在服务器端的商务逻辑容易得到保护、更新和维护，使用户的应用环境能够得到集中管理，并能够在不同的客户端上重建。

2. Web 应用服务器

Web 应用服务器是 Web 应用拓扑结构的核心，它为 Web 应用提供了广泛的程序设计、数据存取和应用集成等服务。可以把一个 Web 应用看作一个客户与 Web 站点之间的一系列交互作用。整个交互过程从显示在 Web 浏览器中的一个页面开始。用户单击该页面上的一个按钮或链接就产生一个请求，该请求被发送到 Web 应用服务器。Web 应用服务器对这个请求进行处理，产生新的页面，并送回到客户端。在 Web 浏览器中显示的新页面就是这一次请求的结果，可能也是下一次请求的开始。所以说，Web 应用包含了一组交互或处理步骤，每一步必须产生一个页面形式的响应，这个页面用做后继交互作用的入口。

从单个交互的细节可以发现，这里有三个共用的处理要求，包括业务逻辑层、用户界面层和交互控制层，如图 7.28 所示。

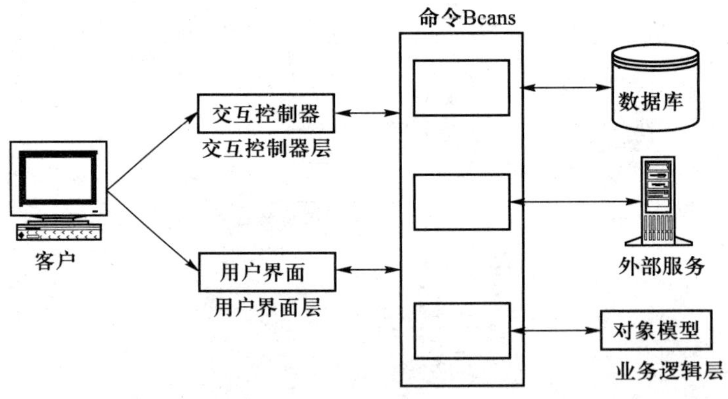

图 7.28　Web 应用的交互模型

（1）业务逻辑层。记录并处理用户输入的内容。例如，对应于在购物车中添加一项商品数据的更新操作，或从一个银行账户到另一个银行账户的资金转账操作。

（2）用户界面层。构造 HTML 页面的部分。构造出来的页面将被送回给用户，它决定了交互结果的显示形式和风格。

（3）交互控制层。控制其他元素的部分。处理 HTTP 请求，从业务逻辑层中选择要运行的组件，根据业务逻辑层的运行结果从用户界面层选择相应的组件，以构造响应页面。

这三层正好对应到经典的模型 / 视图 / 控制器（model/view/controller）范例。这一点很重要，因为不同层通常需要不同的开发技术和工具。应用框架为各层提供使用各种组件的支持，这些组件之间有一个固定的接口。

3. 基础设施服务

除了上述设计机制外，应用开发者还需要运行服务来支撑 Web 应用。方便地定位应用组件，保证它们的可用性以及对它们安全的存取和执行等，都是在因特网、企业内部网和企业外部网环境中实施 Web 应用的关键要素。基础设施服务为支持 Web 应用提供下列设施：目录服务、认证授权、防火墙、代理服务器。

7.4.3　电子商务门户网站设计方法

门户网站是指通过因特网和企业内部网等将企业业务扩展到世界各地，却并不一定有实际形体的企业，或者说企业的许多部分可以分布在世界各地，由网络动态高效地把企业连成一个整体。电子商务门户网站可以实现产品信息管理、网上购物车、订单管理、在线支付和检索查询等功能。

1. 产品信息管理模块的设计方法

企业产品信息是以数据库的形式保存的，因此可以通过数据库快速地查询到企业的产品信息。例如，可以查到企业生产产品的种类、价格等信息。一方面方便用户查询相关的产品信息，另一方面为企业开发新产品提供参考。基于以上目的，数据库应该建设成为一个收集产品信息的系统。

提供信息的目的是方便查询，并利用查询的信息开展业务，所以信息查询功能是产品信息数据库最重要的功能。

2. 网上购物车模块的设计方法

网上购物车（shopping cart）是用户在进行网络购物时所必须使用的购物工具。可以通过标准 SQL 的求和计算函数计算网上购物车内的商品价格信息，实现计算用户网上购物车中商品总价格的功能。此功能可以实现网上购物车内单种商品的价格小计及所有商品的价格总计计算，并将这些信息提供给用户。

3. 订单管理模块的设计方法

接收到订单数据之后，网站的主要处理操作是将其输入系统，并进行记录和建立文件，以及进行库存分配，最后将处理结果如拣货单、出货单打印输出，根据这些输出单据进行出货物流处理，如图 7.29 所示。

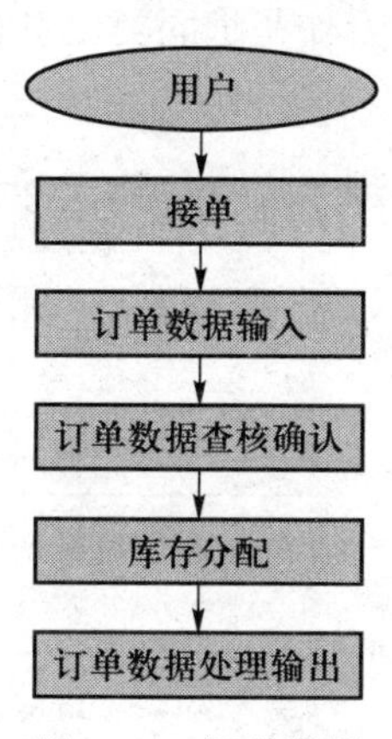

图 7.29　订单数据处理流程

4. 在线支付模块的设计方法

电子商务系统的参与者包括消费者（持卡人）、商家和银行。交易流程一般包括如图 7.30 所示的几个步骤。消费者通过 Internet 或虚拟专用网（IP VPN）向商家发送购物请求；商家把消费者的支付指令通过支付网关送往商家收单银行（商家开户银行）。收单银行通过银行专用网从发卡银行（消费者开户银行）取得授权后，把授权信息通过支付网关送回商家。商家取得授权后，向消费者发送购买响应信息。如果支付获取与支付授权并非同时完成，商家还要通过支付网关，向收单银行发送支付获取请求，以将该笔交易的金额转账到商家账户中。银行之间通过支付系统完成最后的银行间结算。从以上的交易流程来看，网络购物可以分为两个基本环节：交易环节和支付结算环节，其中支付结算环节是由包括支付网关、收单银行和发卡银行在内的银行专用网完成的。

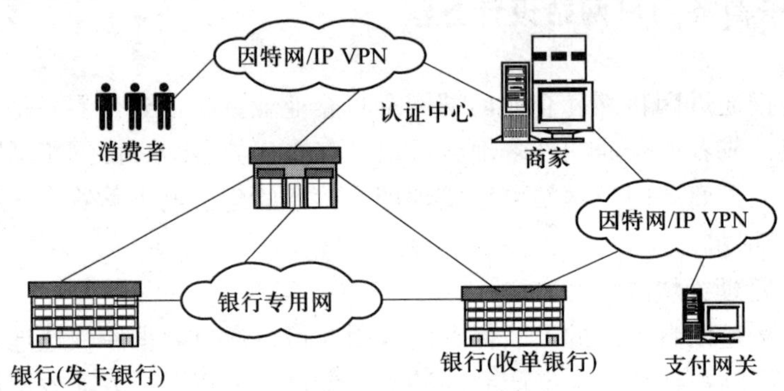

图 7.30　电子商务系统的基本组成

支付网关是连接银行专用网络与因特网的一组服务器，是银行专用网和公用网之间的接口、银行专用网的安全屏障与关口，也是电子支付的重要工具，以及面向收单银行的电子支付服务工具。同时，支付网关也是银行专用网与企业内部网之间的网关。

5. 检索查询模块的设计方法

当用户访问电子商务门户网站时，总是希望能够顺利地找到他们所需要的商品，因此网站的检索查询功能对用户购买商品非常重要。检索查询功能一般使用高级 SQL 来实现。

比较常见的是分组函数，指在从数据库中检索信息时把数据行聚合在一起，可以将其看作是把同类信息合并在一起的操作。表 7.2 列出了常用的分组函数。

表 7.2　最常用的分组函数

函数	返回	例子
avg（column_name）	column_name 表的所有值的平均值	select avg（sales）from customer
count（*）	表中的数据行数目	select count（*）from customer
max（column_name）	存放在 column_name 表列中的最大值	select max（sales）from customer
min（column_name）	存放在 column_name 表中的最小值	select min（sales）from customer

对于一条复杂的查询语句来说，对相同查询条件的实现一般可以有多种不同的表达方法，而不同的表达方法会使数据库的响应速度大不相同。据统计，约有 90% 的性能问题是由于程序员或用户使用了不恰当的查询语句造成的，因此提高书写 SQL 语句的质量对软件性能的提高有很大的关系。然而查询语句的好坏往往是与实际运行系统的数据库结构、记录的数量等具体情况相关的，虽然无法用简单的普遍规律来总结优化查询语句的方法，但是还是应当对数据库管理系统的基本运行规律有一定的了解，这样才能为优化查询语句做好准备。

小结

本章首先介绍了电子商务基础结构的系统组成、各部件功能和子系统之间的关系。同时，从数据流图和 Petri 网模型的角度对电子商务基础结构做了详细的分析，给出了电子商务基础结构的数据流程和过程控制方法。其次，在电子商务安全系统部分，对电子商务基础体系结构中的安全性问题展开讨论，阐述了电子商务中安全问题的解决方案；在电子商务支付系统部分，以安全电子交易协议为例，介绍了支付系统的数据流程和过程控制。最后，介绍了电子商务应用系统的软件体系、电子商务应用系统的设计方法，以及电子商务门户网站的设计方法。

思考与讨论

1. 电子商务系统中包含哪些相对独立的子系统？各子系统之间的关系是怎样的？给出电子商务基础结构图。
2. 阐述电子商务基础结构的数据流程，并尝试利用 C、Java 或 C＋＋语言中的一种或者多种语言描述数据流图中的信息流、数据流及其控制方法。
3. 在不进行电子商务交易时，请对整个 Petri 网模型进行详细分析。
4. 当支付过程失败，无法完成电子商务业务交互时会发生什么情况？请对整个 Petri 网模型进行详细分析。
5. 论述电子商务基础结构优化过程中的主要优化准则。
6. 为了避免出现死锁状态，一个 Petri 网模型必须排斥哪些情况？
7. 在对电子商务基础结构优化过程中，稳定性受到哪些条件约束？分析图 7.8 所示的系统变化情况，指出各个时刻的令牌状态。

8. 电子商务基础结构优化模型有哪些？举例说明。
9. 电子商务安全系统的 OSI 模型安全体系结构有哪几种安全服务？
10. OSI 模型定义了哪几种安全机制？它们与安全服务之间有什么关系？
11. 简述电子商务的安全要素及作用。
12. 对图 7.19 所示的电子商务实体交互认证过程用其他语言进行描述。
13. 为什么说电子商务的核心和关键问题是交易的安全问题？电子商务安全问题可以利用什么方案解决？
14. 电子支付协议有哪几种？
15. 一个完整的电子支付处理流程可以分为几个步骤？
16. 简述持卡人申请证书的具体过程。为什么商家申请证书的方式一般为离线方式？
17. 简述 SET 协议。
18. 比较 SET 协议和一些小额支付协议的异同点，分析它们各自的优势和不足。
19. 电子商务应用系统的基本系统模型在逻辑上如何划分？
20. 描述电子商务应用系统软件体系结构，并指出该结构的主要组成元素。
21. 简述 Web 应用服务器。Web 应用服务器需要哪些软件？分别描述之。
22. 有哪几种常见的 Web 应用服务器搭配方式？选用一种在个人计算机上实现。
23. 目前有哪些常见的数据库管理系统？其特点是什么？
24. 选择数据库应该考虑什么问题？
25. 结合软件体系结构理论，分析电子商务应用系统软件体系的基本系统模型及其特点。
26. 门户网站对企业来说有什么作用？我国著名的门户网站有哪些？
27. 电子商务门户网站可以实现哪些功能？

第 8 章 移动电子商务

移动电子商务就是利用手机等移动终端进行的电子商务。它将因特网、移动通信技术、短距离无线通信技术及其他信息处理技术结合起来，使人们可以在任何时间、任何地点进行各种商贸活动，实现随时随地、线上线下交易、在线电子支付以及其他各种交易活动、金融活动和相关的综合服务活动等。用户不用去实体店，使用手机就可以完成逛商店、选购和支付的全过程。本章介绍移动电子商务的特点、电子商务的发展过程、移动电子商务技术、移动电子商务服务、移动电子商务营销等。

8.1 移动电子商务概述

移动电子商务（mobile commerce）是由电子商务（e-commerce）概念衍生出来的一个新概念。传统的电子商务以个人计算机为终端，是“有线电子商务系统”；而移动电子商务，则是通过手机、个人数字助理（PDA）等可以装在人们口袋里的移动终端进行的，不受地点的限制。由于移动电子商务更加灵活、更加方便，所以它一出现，就得到了人们的青睐。移动电子商务将改变人类社会生活和传统电子商务的面貌与形态。

移动电子商务是指通过手机等移动终端从事的商务活动。与传统通过计算机（台式个人计算机、笔记本电脑）开展的电子商务相比，移动商务具有更大的用户群，拥有更广泛的用户基础。截至 2018 年 12 月，中国的手机网民数达 8.17 亿，因此移动电子商务具有更为广阔的市场前景。

移动互联网应用和无线数据通信技术的发展，为移动电子商务的发展提供了坚实的基础。推动移动电子商务发展的技术不断涌现，如无线应用协议（WAP）、移动 IP 技术、蓝牙技术（bluetooth）、通用分组无线业务（general packet radio service，GPRS）、移动定位系统（mobile positioning system，MPS）、4G、5G 等。目前，移动电子商务主要提供以下服务。

1. 银行业务

移动电子商务能够使用户随时随地在网上安全地进行个人财务管理，并进一步完善互联网银行体系。用户可以使用其移动终端核查账户，支付账单，进行转账以及接收付款通知等。

2. 交易

移动电子商务具有即时性，因此非常适用股票等交易应用。移动终端可以用于接收实时财务新闻和信息，也可以用于确认订单并安全地在线管理股票交易。

3. 订票

通过因特网预订机票、车票或电影票等已经发展成为移动电子商务的一项主要业务，其规模还在继续扩大。因特网有助于用户核查票证的有无，并进行购票和确认。移动电子商务使用户在票价优惠能够立即得到通知，也可以支付票款或在旅行途中临时更改航班或车次。借助移动终端，用户可以浏览电影剪辑，阅读评论，然后预订附近电影院的电影票。

4. 购物

借助移动电子商务，用户能够通过其移动终端进行网络购物。即兴购物（如订购鲜花、礼物、食品或快餐等）增长很快。传统购物方式也可以通过移动电子商务得到改进。例如，用户可以使用无线电子钱包等具有安全支付功能的移动终端，在实体店里或自动售货机上进行购物。

5. 娱乐

移动电子商务将带来一系列娱乐服务。用户不仅可以从其移动终端上收听音乐，还可以订购、下载或支付特定的曲目和影片，并且可以在网上与他人玩交互式游戏，还可以为游戏付费。

6. 无线医疗

医疗产业的显著特点是时间对病人来说非常关键，这十分适合移动电子商务的开展。一般在紧急情况下，救护车可以作为进行治疗的场所。而借助无线技术，救护车可以在移动的情况下与医疗中心和病人家属建立快速、动态、实时的数据交换，这对时间非常宝贵的紧急情况来说至关重要。这种服务在时间紧急的情形下，向专业医疗人员提供关键的医疗信息。由于医疗市场的空间非常巨大，并且这种服务能为社会创造价值，因此这种服务存在着巨大的商机。

7. 移动应用服务提供商

一些行业需要经常派遣工程师或工人到现场作业，这些行业中，移动应用服务提供商（mobile application service provider，MASP）将会有巨大的应用空间。移动应用服务提供商结合定位服务技术、短信服务、WAP 技术，以及呼叫中心技术，为用户提供及时的服务，提高其工作效率。

移动电子商务作为一种新型的电子商务方式，利用了移动互联网的优点，是对传统电子商务有益的补充。尽管目前移动电子商务的开展还存在安全与带宽等问题，但是与传统电子商务相比，移动电子商务仍具有诸多优势，已经受到世界各国的普遍重视，发展和普及速度很快。

8.2 移动电子商务的特点

与传统电子商务系统相比，移动电子商务具有明显的特点与优势，这些特点体现在以下几个方面。

1. 移动接入

移动接入是移动电子商务一个重要特性，也是移动电子商务的基础。移动接入是用户使用移动终端通过移动网络访问因特网信息和服务的基本手段。移动网络的覆盖面是广域的，用户可以随时随地方便地进行电子商务交易。这种接入方式具有开放性、包容性。因为接入方式无线化，使得人们更容易进入网络世界，从而使网络延伸得更广阔、更开放，同时使网络虚拟功能更带有现实性，因而更具有包容性。

2. 更加方便

由于移动电子商务具有无处不在、随时随地的特点，所以更加方便。移动电子商务的最大特点是自由和个性化。传统电子商务已经使人们感受到了网络所带来的便利，但其局限性在于必须有线接入，而移动电子商务则可以弥补传统电子商务的这种局限，让人们可以随时随地结账、订票或者购物，感受个性化的商务体验。

3. 潜在用户规模大

2018 年，我国的手机用户数已超过 13 亿，是全球之最。从计算机和手机的普及程度来看，手机的数量远远超过了计算机的数量。而从用户群体来看，以手机为代表的移动终端用户群体基本覆盖了消费能力强的中高端用户。由此不难看出，以移动终端为载体的移动电子商务无论是在用户规模上，还是在用户消费能力上，都优于传统的电子商务。

4. 定制化服务

由于移动终端具有比个人计算机更高的可连通性与可定位性，因此移动电子商务的生产者可以更好地发挥主动性，为不同用户提供定制化的服务。例如，利用基于包含大量活跃用户和潜在用户信息的数据库的个性化短信服务活动，以及利用无线服务提供商提供的人口统计信息和基于移动用户当前位置的信息，商家可以进行有针对性的宣传，从而提高营销效率。

5. 移动支付

移动支付是移动电子商务的一个重要目标，用户可以随时随地完成必要的电子支付业务。移动支付的分类方式有多种。例如，按照支付的数额可以将移动支付分为微支付、小额支付、宏支付等；按照交易对象所处的位置可以将移动支付分为远程支付、面对面支付、家庭支付等；按照支付发生的时间可以将移动支付分为预支付、在线即时支付、离线信用支付等。

6. 能较好地确认用户身份

对传统的电子商务而言，用户的消费信用问题一直是影响其发展的一大问题，而移动电子商务在这方面显然拥有一定的优势。这是因为手机号码具有唯一性，手机 SIM 卡上存储的用户信息可以唯一确定一个用户的身份，而随着手机实名制的推行，这种身份确认将越来越容易。可编程的手机 SIM 卡，还可以存储用户的银行账号，以及认证中心证书等用于标识用户身份的有效凭证，并提供数字签名、加密算法、认证等电子商务领域必备的安全手段。对于移动电子商务而言，这就有了信用认证的基础。有了这些手段，就可以开展更广泛的电子商务应用。

7. 信息安全

移动电子商务与传统电子商务一样，具有数据保密性、数据完整性、不可否认性以及交易方的认证与授权这 4 个基本特征。由于无线传输的特殊性，有线网络安全技术并不能完全满足移动电子商务对安全的需求。移动电子商务的信息安全所涉及的新技术包括无线安全传输层（wireless transport layer security，WTLS）、基于 WTLS 的端到端安全、基于 SIM 应用工具箱（SAT）的三重 DES 短信息加密安全、基于 SignText 的脚本数字签名安全、无线公钥基础设施（wireless public key infrastructure，WPKI）、KJava 安全、蓝牙 / 红外线信息传输安全等。

8. 移动电子商务易于推广使用

移动通信所具有的灵活、便捷的特点，决定了移动电子商务更适合大众化的个人消费领域。例如，自动支付系统，包括自动售货机、停车场计时器等；半自动支付系统，包括商店的收银柜机、出租车计费器等；日常费用收缴系统，包括水、电、煤气等费用的收缴等；移动互联网接入支付系统，包括登录商家的 WAP 站点购物等。

9. 移动电子商务领域更易于技术创新

移动电子商务领域因涉及信息技术、无线通信、无线接入、软件等技术，并且商务方式更加多元化、复杂化，因而在此领域内很容易产生新的技术。随着我国 4G 网络的兴起与应用，这些新兴技术将转化成更好的产品或服务。所以移动电子商务领域将是下一个技术创新的高产地。

8.3　移动电子商务的发展

8.3.1　移动电子商务发展历程

与传统电子商务相比，移动电子商务是移动信息服务和传统电子商务融合的产物，所以移动电子商务具有以下优势：商务广泛性、服务个性化、定位精准性、支付便捷性、营销精准性。但是，移动电子商务也有劣势。例如，在环境方面，移动商用模式还不完全成熟；在安全方面，诚信体系还不完善；在终端方面，操作流程烦琐，便捷性有待增强；在交易方面，移动支付体系需要进一步完善，交易过程存在隐患。

移动电子商务的发展与移动通信技术的发展有着非常密切的关系，因此从某种意义上来说，移动通信的发展历史就是移动电子商务的发展历史。因为移动通信技术一出现，就被广泛应用于商业领域，也就是移动电子商务。但是最初的移动终端由于自身存储能力的限制，只能作为商业活动的辅助手段而用于商业信息沟通，并不能建立完整的移动电子商务系统。随着移动通信技术的发展，移动终端功能的丰富，移动电子商务已经从以短信息、WAP 技术为基础的移动电子商务，发展到融合 4G/5G 技术、智能移动终端、虚拟专用网、大数据、人工智能、虚拟现实等多种技术的移动电子商务。

我国移动电子商务的发展机遇有以下 4 个方面。

（1）技术。4G 商用时代开启，为移动电子商务的发展提供了良好的平台基础。

（2）政策。国家移动电子商务试点示范工程的实施将推动移动电子商务创新探索。

（3）用户。超过 13 亿手机用户，使移动电子商务拥有庞大的潜在用户。

（4）应用。移动定位、二维码及移动支付为移动电子商务提供了技术支持。移动终端的功能将更加丰富。

8.3.2　移动电子商务发展前沿

移动终端的普及极大地方便了人们的生活。与人们生活紧密联系的打车服务、物流服务等“共享经济型”移动服务就是移动电子商务的重要形式。顾名思义，共享经济就是将用户的闲置资源通过互联网共享和利用起来。《牛津英文词典》将共享经济定义为：“在一个经济体系中，通过免费或收费的方式，将资产或服务在个人间进行共享。信息一般以互联网的方式进行传播。”结合互联网信息流通的发展趋势来看，共享经济是在特定场景下共享用户关系和内容关系，提升资源利用率，实现用户和内容的增值。共享经济是传统服务向移动服务发展的一个实例，现在已经在交通、旅游、物流、教育、家政服务、金融等领域广泛应用。

2016 年 8 月 1 日，优步（Uber）中国和滴滴出行合并。滴滴出行高层在一封邮件中提道：“如果我们把目光放在每天十亿人次出行用户身上，感受大家的出行困难，而不是盯着竞争对手，就会发现智能出行的变革才刚刚起步。”随着移动电子商务的发展，以滴滴出行为例，移动服务逐渐摆脱了“倒贴钱”的模式，开始向资源利用率进一步提升、实现真正的信息共享方向迈进。例如，订单的分配算法不是简单地检索空车，而是检索车上的座位，以进一步压缩过剩资源；利用大数据技术和机器学习算法，以更合理地规划路线等。

另一个共享经济发展的前沿阵地就是快递行业。在国内有顺丰速运、申通快递、圆通速递等多家快递公司，每一家公司都有自己的物流体系，导致物流资源不能得到充分的利用。传统点对点型和中心辐射型的运输方式已经不再适应越来越快的时代节奏。基于移动服务的共享理念，可以借助互联网把供需双方整合在同一个平台上。这样一个司机将货物运到线路上的一个节点，然后拉起另一车货物返回；下一个司机再将该节点上的货物运到下一个节点，直至货物到达目的地。这种新的模式已经在顺丰速运等快递公司得到实施。借助互联网可以在不开发新资源的情况下对过剩的资源进行高效分配，进而创造价值。

李克强总理曾在《政府工作报告》中提出“新兴产业和新兴业态是竞争高地”，同时还强调“制定‘互联网 +’行动计划，推动移动互联网、云计算、大数据、物联网等与现代制造业结合，促进电子商务、工业互联网和互联网金融健康发展，引导互联网企业拓展国际市场。”由此可见，移动电子商务在推荐系统、工业互联网、跨境电子商务等领域已得到大规模应用，并且具有广阔的发展前景。

1. 推荐系统

电子商务中推荐系统历来被视为引导消费者消费的有效途径。从最早由电子商务中的商家根据销量和排行榜等向全体用户进行的非个性化推荐，到结合用户近期行为、个人信息的个性化推荐，推荐系统越来越受到人们的重视。图 8.1 和图 8.2 分别展示了非个性化推荐模式和个性化推荐模式。

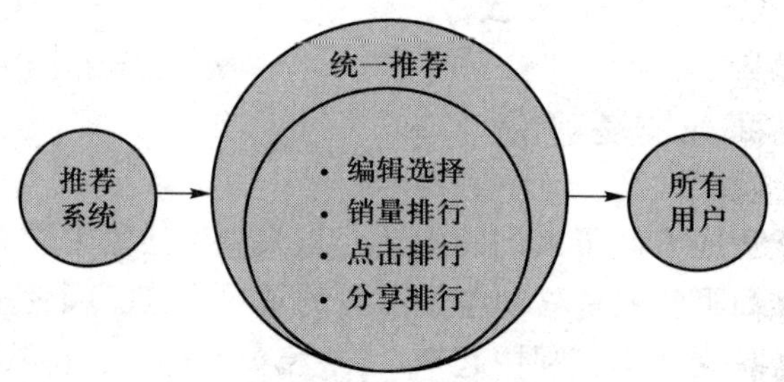

图 8.1　非个性化推荐模式

移动电子商务的发展带来了两个问题：一个是大量的商品信息集中于较小的移动终端屏幕上，用户会出现选择困难甚至迷失的情况；另一个是商家不能像在实体商店中与客户进行直接沟通。推荐系统则担当了商家和客户之间的桥梁，既提高了商品的销售量，又帮助商家维护了客户关系。推荐系统研究领域顶级实验室 GroupLens 的创办人、明尼苏达大学教授 John Riedl 曾经称，推荐系统将成为未来十年中最重要的变革，社会化网站将由推荐系统驱动。

2. 工业互联网

工业互联网是与移动电子商务结合十分紧密的领域。早在 2013 年，工业和信息化部下发的《信息化和工业化深度融合专项行动计划（2013—2018）》中，就有工业企业物流信息化和移动电子商务的相关内容。相关监测数据显示，2018 年我国的智能手机销量为 3.97 亿台。基于用户对终端设备和软件设备的使用黏性，工业企业需要进一步与移动电子商务融合。

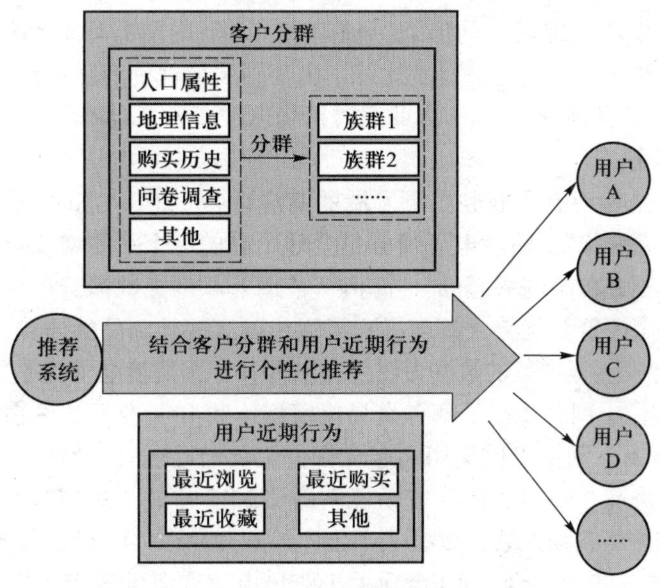

图 8.2　个性化推荐模式

除此之外，移动电子商务的发展和工业互联网的建设，使得传统制造业中的孤立环节被彻底打破，通过网络一个大的协同制造体系基本形成。传统的工业生产模式已经逐步转变为集原材料采购，以及产品设计、研发、生产制造、市场营销、售后服务为一体的闭环网络。在这一模式中，所有参与者都在同一条信息链上，用户、产品经理、研发人员、供应商、分销商等角色往往会发生变化。

新一代信息技术在使制造业从数字化走向网络化、智能化的同时，给企业带来了全新的生产组织模式。移动电子商务中广泛应用的推荐策略、营销策略、大数据分析技术使得企业对产品的历史销售量和长期需求量有了宏观的把握；人工智能技术和机器学习技术使得企业具备了全自动化的生产线，可以根据需求和自身的生产能力自主安排生产的时间和数量；而反馈网络则使得企业的每个制造环节都能够不断地进行自我修正。

小米公司是移动电子商务生态下智能制造的典型案例。小米公司虽然没有工厂，但在研发设计过程中通过论坛、微博、微信、QQ 等移动接入方式获取消费者和供应商的意见，制定研发计划。然后，在全球范围内分工合作，所有线上线下反映的需求都能在产品上得到体现。到了销售环节，移动电子商务则是主要的销售手段，中间渠道被最大限度地压缩，渠道成本大大降低。小米公司还积极打造“小米生态”，用户购买一部小米手机，就是可以享受小米提供的移动游戏、移动音乐等服务。这些服务使小米公司积累了用户口碑，这也是其成功的关键。

2016 年 4 月举行的德国汉诺威工业博览会的主题就是“融合的工业——发现解决方案”。在这次展会上，汉诺威大学的研发人员推出了一条圆珠笔的智能化生产线。这一生产线的核心理念就运用移动电子商务中的“个性化定制”策略。开始的环节是采集用户个性化定制的需求，并以“二维码”的形式存储起来。之后的所有环节都通过读取“二维码”中的信息在一条自动化生产线上进行。此外，由于圆珠笔这种产品在国际贸易中因占比小、利润空间小等而导致销售成本较高，因此通过跨境电子商务平台销售可以大大降低成本。

3. 跨境电子商务

跨境电子商务是移动电子商务当下发展的前沿话题，2016 G20 杭州峰会的重要议题之一是“促进全球贸易增长”。跨境电子商务是全球贸易的一个重要增长点。跨境电子商务最早是以“海淘”的形式在国内兴起的。“海淘”借助互联网大数据分析、全球化的物流管理和电子商务平台信用评价等优势大幅度提升了用户购买国外商品的体验，降低了贸易成本。《2016 中国跨境电商发展报告》的数据表明：2015 年，中国跨境电子商务交易规模达 4.8 万亿元，预计到 2020 年，中国跨境电子商务交易规模将达到 12 万亿元，约占中国进出口总额的 37.6%。从全球角度看，阿里巴巴集团和埃森哲公司联合发布的《2020 全球跨境电商趋势报告》中提到，全球跨境 B2C 电子商务市场规模将从 2014 年的 2 300 亿美元增长至 2020 年的 9 940 亿美元，全球网络购物人数在 2020 年预计会突破 20 亿，年增长率有望突破 30%。

自 2012 年以来，我国出台了 10 余项关于跨境电子商务的政策规定，广义的跨境电子商务的概念也进一步明晰：分属不同关境的交易主体通过电子商务手段达成交易的跨境进出口贸易活动。2016 年，阿里巴巴集团提出建立世界电子贸易平台（Electronic World Trade Platform，eWTP），旨在实现“促进普惠贸易发展、促进小企业发展、促进消费全球化和促进年轻人发展”的目标。在全球跨境电子商务生态中，中国拥有刺激产能的广阔市场，还拥有“一带一路”沿线和周边国家等众多平台以及 7 个自贸区，因此会有很大的发展潜力。

8.4　移动电子商务技术

8.4.1　移动 IP

移动 IP 通过在 TCP/IP 模型的网络层改变 IP，来实现移动终端在因特网中的无缝漫游。移动 IP 技术使得节点在从一条链路切换到另一条链路时无须改变它的 IP 地址，也不必中断正在进行的通信。移动 IP 技术在一定程度上能够很好地支持移动电子商务的应用，但是目前它也面临着一些问题。例如，移动 IP 运行时的三角形路径问题、移动终端的安全性和功耗问题等。

8.4.2　无线城域网

无线城域网的推出是为了满足市场对日益增长的宽带无线接入（broadband wireless

access，BWA）需求。虽然多年来 IEEE 802.11x 技术一直与其他专有技术一起用于宽带无线接入，并获得了很大成功，但是无线局域网的总体设计及其特性并不适用于室外的宽带无线接入应用。当将无线局域网用于室外时，会在带宽、用户数、通信距离等方面受到限制。基于上述情况，IEEE 制定了一种新的、更复杂的标准 IEEE 802.16，这个标准同时解决了物理层环境（室外射频传输）和服务质量（QoS）两方面的问题，满足宽带无线接入和最后一公里接入的需要。有了这样一个标准，就能使通信公司和服务提供商通过建设新的无线城域网来为缺少宽带服务的企业与住宅提供服务。这个标准规范了一个支持诸如语音和图像等低时延应用的协议，在用户终端和基站之间允许非视距的宽带连接，一个基站可以支持数百乃至上千个用户，在可靠性和服务质量方面提供电信级的性能。它充分考虑了为全世界通信公司和服务提供商设计一个可扩展、长距离、大容量的最后一公里的无线通信系统的需要，支持一整套的服务，从而使服务提供商能够在降低设备成本和投资风险的同时提高系统性能和可靠性，有助于加速无线宽带设备向市场的投放以及“最后一公里”宽带在世界各地的部署。

IEEE 802.16a、IEEE 802.16RevD 和 IEEE 802.16e 这三个标准的物理层（PHY）和介质访问控制层（MAC）是相同的。目前它们所选定的物理层规范是 256 点 FFT 正交频分复用（OFDM）物理层规范。为了在各种信道环境下提供可靠的性能，IEEE 802.16 物理层还具备灵活的信道宽度、自适应突发信号轮廓、采用 Reed-Solomon 与卷积级联码的前向纠错、任选的先进天线系统（可改善距离 / 容量）、动态频率选择（有助于减小干扰）、空时编码（通过空间分集提高在衰落环境下的性能）。

由于各种无线网基本上都是工作在共享介质上，因此需要一种控制用户单元接入介质的机制。IEEE 802.16 的介质访问控制层使用由基站安排的时分多址协议在点到多点的网络拓扑中给用户分配容量。采用这种时分多址接入机制以后，IEEE 802.16 不仅能够提供具有服务等级协定（service level agreement）的高速数据业务，还能提供对时延敏感的业务（如语音、视像或数据库访问等），并具备服务质量控制能力，不仅仅是控制优先等级，而且所设计的介质访问控制层还能适应杂乱的物理层环境，即在室外工作时遇到的干扰、快衰落及其他现象。

IEEE 802.16 是为在各种传播环境（包括视距、近视距和非视距）中获得最优性能而设计的。即使在链路状况最差的情况下，也能提供可靠的性能。OFDM 波形在 2 ~ 40 km 的通信距离上支持高频谱效率，在一个射频内数据传输速率可高达 70 Mbps。可以采用先进的网络拓扑（网状网）和天线技术（波束成形、空时编码、天线分集）来进一步改善其覆盖范围。这些先进技术也可以用来提高频谱效率、容量、复用以及射频信道的平均与峰值吞吐量。此外，不是所有的 OFDM 波形都是相同的。为宽带无线接入设计的 OFDM 波形具有支持较长距离传输和处理多径或反射的能力。

在物理层，IEEE 802.16 支持灵活的射频信道带宽和信道复用（频率复用），它在网络扩展时，可以作为增加小区容量的一种手段。此标准还支持自动发送功率控制和信道质量测试，可以作为物理层的附加工具来支持小区规划和部署以及频谱的有效使用。当用户数增加时，运营商可以通过扇形化和小区分裂来重新分配频谱。此外，此标准对多信道带宽的支持使设备制造商能够提供一种手段，以适应各国政府对频谱使用和分配的独特管制办法，这是世界各地的运营商都面临的一个问题。IEEE 802.16 规定的信道宽度为 1.75 ~ 20 MHz。

IEEE 802.16 的介质访问控制层是靠同意 / 请求协议来接入介质的，它支持不同的服务等级（如专用于企业的 T1/E1 和用于住宅的服务）。此协议在下行链路采用时分复用技术，在上行链路采用时分多址技术，通过集中调度来支持对时延敏感的业务，如语音和视像等。由于确保了无碰撞数据接入，IEEE 802.16 的介质访问控制层改善了系统总吞吐量和带宽效率，并确保数据时延受到控制，不致太大。时分复用 / 时分多址技术还使支持多播和广播业务变得更容易。

IEEE 802.16 是一种无线城域网技术，它能向固定、携带和移动的设备提供宽带无线连接，还可用来连接 IEEE 802.11 热点与因特网，以及在“最后一公里”宽带接入领域作为电缆调制解调器（cable modem）和用户数字线（DSL）的无线替代品。它的服务区范围高达 50 km，用户与基站之间不要求视距传播，每个基站提供的总数据传输速率最高为 280 Mbps，这一带宽足以支持数百个采用 T1/E1 型连接的企业和数千个采用 DSL 型连接的家庭。IEEE 802.16 得到了领先设备制造商的广泛支持。

8.4.3　无线广域网

当人们在外旅行时，若需要发送电子邮件或查阅其他的资料，则传统的解决方法是找到一台可以连接因特网的个人计算机。但是如果是在野外或者其他没有有线网络的场所，使用无线广域网（wireless wide area network，WWAN）不失为一种有效的方法。

无线广域网的一种实现方法是无线分组通信。无线分组通信使用分组交换技术把数据从一个场所传送到另一个场所。分组交换可以为需要与许多不同场所连接、传输不同数量数据的企业和个人提供灵活的服务，分组交换网络可以为多个节点提供同时连接和按需带宽。无线分组通信主要用于经济、高效地传输简短的突发数据，如短信息和远程监控等。

无线分组通信网涉及 OSI 参考模型的物理层、数据链路层和网络层。因此，除了无线局域网的物理层和数据链路层的功能外，这类网络同时还能够提供第三层的路由选择功能。如果数据信息的发送地址和接收地址不在同一个中继段，那么无线分组通信就需要具有传统的有线广域网中的路由器功能。

用户要想使用无线分组通信网络，首先要为其笔记本电脑或个人数字助理配置无线调制解调器和应用软件，并且从因特网服务提供商（ISP）租用通路连接到基于分组的无线网络。无线分组通信调制解调器一般通过发射全向无线电波来发送信息，数据传输速率为 20 Kbps。建立了连接以后，一对无线调制解调器就能在两个场所间为数据传输建立一个信道。发射功率越高，信噪比也越高，传输错误越少，链路的连接性能就越好。某些类型的地形，如山区和建筑物，会削弱无线电波或者完全阻碍无线电波，因而影响连接的稳定性和可靠性。无线电中继节点执行一个路由协议，该协议为路由表保留最合适的路径，发送分组到最近的目的地址等。路由表包含每个可能的目的中继节点入口。中继节点利用路由表将分组发送到更加接近目的地址的下一个节点。

为了把分组从源地址传送到目的地址，无线分组通信网必须传输分组并在中继节点修正路由表。无线广域网广泛采用扩频通信技术。扩频通信是一种信息传输方式，其信号所占有的频带宽度远大于所传信息所必需的最小带宽；频带的扩展是通过用一个独立的码序列进行编码和调制来实现的，与所传信息数据无关。在接收端则用同样的码序列进行相关同步接收、解扩，恢复所传输的信息数据。用扩频的宽带信号来传输信息，就是为了提高通信的抗干扰能力，即在强干扰条件下保证可靠安全地通信。

扩频通信系统的主要优点如下。

（1）易于重复使用频率，提高了无线频谱利用率。

（2）抗干扰性强，误码率低。

（3）保密性好，对各种窄带通信系统的干扰很小。

（4）可以实现码分多址。

（5）抗多径干扰。

扩频通信有以下几种形式。

（1）直接序列扩频。

（2）跳频（frequency hopping），就是用扩频码序列去进行频移键控调制，使载波频率不断地跳变，所以称为跳频。

（3）跳时（time hopping）与跳频相似，跳时是使发射信号在时间轴上跳变。

（4）宽带线性调频（chirp modulation）。如果发射的射频脉冲信号在一个周期内，其载频的频率呈线性变化，则称之为线性调频。

直接序列扩频系统在发送端用伪随机码（PN 码）进行调制以扩展信号频谱，在接收端则一般采用相关检测或匹配滤波的方法来解扩。跳频系统是采用变换载波频率的系统。跳频通信具有抗干扰、抗截获的能力，并能做到频谱资源共享。因此，在现代化的电子战中，跳频通信已显示出巨大的优越性。另外，跳频通信也应用于民用通信，可以抗衰落，抗多径，抗网间干扰，以及提高频谱利用率。

8.4.4　射频识别技术

射频识别（RFID）俗称电子标签。射频识别技术是一种非接触式的自动识别技术，它通过射频信号自动识别目标对象并获取相关数据，识别工作无须人工干预，可工作于各种恶劣环境。射频识别技术可识别高速运动物体并可同时识别多个标签，操作快捷方便。射频识别系统是一种简单的无线系统，用于控制、检测和跟踪物体。

射频识别系统的基本组成部分如下。

（1）标签（tag）。由耦合元件及芯片组成，每个标签具有唯一的电子编码，附着在物体上标识目标对象。

（2）阅读器（reader）。读取（有时还可以写入）标签信息的设备，可以设计为手持式或固定式。

（3）天线（antenna）。在标签和阅读器之间传递射频信号。

射频识别的基本工作原理如下。电子标签进入磁场后，如果是无源标签，则接收阅读器发出的射频信号，凭借感应电流所获得的能量发送存储在其芯片中的产品信息；如果是有源标签，则主动发送特定频率的信号，阅读器读取信息并解码后，送至中央信息系统进行有关数据处理。阅读器及电子标签之间的通信及能量感应方式可以分为感应耦合（inductive coupling）方式和后向散射耦合（backscatter coupling）方式两种，一般低频的射频识别大多采用第一种方式，而较高频的射频识别大多采用第二种方式。

阅读器根据使用的结构和技术不同，可以分为读或读 / 写装置，它是射频识别信息控制和处理中心。阅读器通常由耦合模块、收发模块、控制模块和接口单元组成。阅读器和电子标签之间一般采用半双工通信方式进行信息交换，同时阅读器通过耦合模块为无源标签提供能量和时序。在实际应用中，可以进一步通过以太网或无线局域网等实现对物体识别信息的采集、处理及远程传送等管理功能。电子标签是射频识别的信息载体，目前电子标签大多是由耦合元件（线圈、微带天线等）和微芯片组成的无源标签。

射频识别技术之所以能够在电子商务中得到广泛应用，是因为：首先，它可以降低销售的成本。例如，据 Sanford C. Bernstein 公司的零售业分析师估计，通过采用射频识别技术，沃尔玛公司每年可以节省 83.5 亿美元，其中大部分是因为不需要人工查看进货的条码而节省的劳动力成本。其次，射频识别使用起来非常方便，并且可以检查到带有标签的货物的移动。RFID 有助于解决零售业面临的两个大难题：商品断货和损耗（因盗窃和供应链被搅乱而损失的产品）。例如，单是盗窃一项，沃尔玛公司一年的损失就差不多有 20 亿美元。根据有关研究机构估计，射频识别技术能够帮助零售企业把失窃和存货水平降低 25%。射频识别技术的典型应用领域包括物流和供应管理、生产制造和装配、航空行李处理、邮件 / 快运包裹处理、文档追踪 / 图书馆管理、动物身份标识、运动计时、门禁控制 / 电子门票、道路自动收费等。

根据射频识别工作频率的不同，可以将射频识别分为低频射频识别、高频射频识别和超高频射频识别。不同频段的射频识别会有不同的特性。

低频射频识别是指工作在 12 ～ 134 kHz 之间的射频识别。该频段主要通过电感耦合的方式进行工作，也就是在读写器线圈和感应器线圈间存在着变压器耦合作用。在读写器交变场的作用下，感应器天线中感应的电压被整流，可以作为供电电压使用。除了金属材料影响外，该频段的波长一般能够穿过任意材料而不降低它的读取距离。工作在低频的读写器能够产生相对均匀的读写区域。相对于其他频段的射频识别，该频段射频识别数据传输速率比较低，感应距离较远。低频射频识别的主要应用领域有畜牧业管理系统、汽车防盗和无钥匙开门系统、马拉松赛跑系统、自动停车场收费和车辆管理系统、自动加油系统、酒店门锁系统，以及门禁和安全管理系统。

高频射频识别的工作频率为 13.56 MHz。在该频段的感应器不需要用线圈进行绕制，可以通过腐蚀或者印刷的方式制作天线。感应器一般通过负载调制的方式进行工作，也就是通过感应器上的负载电阻的接通和断开促使读写器天线上的电压发生变化，实现用远距离感应器对天线电压进行振幅调制。如果人们通过数据控制负载电压的接通和断开，那么这些数据就能够从感应器传输到读写器。除了金属材料外，该频段的波长可以穿过大多数材料，但是往往会降低读取距离。工作在高频的读写器能够产生相对均匀的读写区域。高频射频识别具有防冲撞特性，可以同时读取多个电子标签；可以把某些数据信息写入电子标签。此外，高频射频识别数据传输速率比低频射频识别要高，价格也不是很贵。其主要应用领域有图书管理系统、瓦斯钢瓶管理系统、服装生产线和物流的管理系统、水表 / 电表和燃气表预收费系统、酒店门锁的管理系统、大型会议人员通道系统、固定资产的管理系统、医药物流系统，以及智能货架管理系统。

超高频射频识别的工作频率为 860 ~ 960 MHz。超高频射频识别通过电场来传输能量，其读取区域很难进行定义。该频段射频识别的读取距离比较远，无源标签可达 10 m。超高频射频识别主要通过电容耦合的方式实现，其波长不能通过许多材料，特别是水、灰尘、雾等悬浮颗粒物质。相对于高频射频识别的电子标签来说，超高频射频识别的电子标签不需要和金属分开来。电子标签的天线一般是长条状和标签状的，天线有线性和圆极化两种设计，以满足不同应用的需求。超高频射频识别有很高的数据传输速率，在很短的时间内可以读取大量的电子标签。它的主要应用领域有供应链管理系统、生产线自动化管理系统、航空包裹管理系统、集装箱管理系统、铁路包裹管理系统，以及后勤管理系统。

8.4.5 移动终端

移动终端是指可以在移动中使用的计算设备。广义来讲，移动终端包括手机、笔记本、PoS 机甚至车载电脑。但是大部分情况下，移动终端是指手机或者具有多种应用功能的智能手机。

随着网络朝着越来越宽带化的方向发展，移动通信产业将推动社会走向真正的移动信息时代。同时，随着集成电路技术的飞速发展，移动终端已经拥有了强大的处理能力，已经从简单的通话工具变为综合信息处理平台。这也给移动终端增加了更加广阔的发展空间。

现代的移动终端已经拥有极为强大的处理能力（CPU 主频已经接近 2 GHz）、大容量内存（已经有 128 GB 内存）、固化存储介质以及操作系统，可以完成复杂的处理任务，其功能已接近个人计算机。移动终端也拥有非常丰富的通信方式，即可以通过 GSM、CDMA、

4G、5G 等无线运营网通信，也可以通过无线局域网、蓝牙和红外线等进行通信。

今天的移动终端不仅可以通话，拍照，听音乐，玩游戏，还可以实现包括定位、信息处理、指纹扫描、身份证扫描、条码扫描、射频识别扫描、IC 卡扫描以及酒精含量检测等功能，成为移动执法、移动办公和移动商务的重要工具。有的移动终端还集成了对讲机功能。移动终端已经深深地融入人们的经济和社会生活之中，为提高人们的生活水平，提高执法效率，提高生产管理效率，减少资源消耗和环境污染以及突发事件应急处理增添了新的手段。这种移动终端已用在快递、保险、移动执法等领域。

8.4.6　移动操作系统

随着越来越多的 4G 商用网络乃至 5G 商用网络的开通以及移动数据业务的开展，人们对移动终端的要求也越来越高，智能手机的应用也越来越广泛。随着智能手机的发展，产生了可以在手机上工作的移动终端操作系统。目前市场上的移动终端操作系统主要有 Android、iOS、Windows Phone 以及其他基于 Linux 的操作系统等。

1. Android

Android（安卓）是一种基于 Linux 的开放源代码的操作系统，它主要用于移动终端，如智能手机和平板电脑。Android 操作系统最初由安迪·鲁宾（Andy Rubin）开发，主要支持手机。2007 年 11 月谷歌公司与 84 家硬件制造商、软件开发商及电信营运商成立开放手持设备联盟（Open Handset Alliance），来共同研发和改良 Android。随后，谷歌公司以 Apache 免费开放源代码许可证的授权方式发布了 Android 的源代码。第一部 Android 智能手机发布于 2008 年 10 月，后来 Android 逐渐扩展到平板电脑及其他领域，如手机、电视、数码相机、游戏机等。

2. iOS

iOS 是由苹果公司开发的移动操作系统，最初是设计给 iPhone 使用的，后来陆续应用于 iPod touch、iPad 以及 Apple TV 等产品上。iOS 与苹果的 Mac OS X 操作系统一样，它也是以 Darwin 为基础的，因此同样属于类 UNIX 的商业操作系统。iOS 与 Android 的最大不同在于，Android 及其变种所应用的设备涵盖了全世界大部分移动终端制造商所生产的移动终端，而苹果公司则将 iOS 与移动产品 iPhone 高度定制，形成了自成一体的商业策略并获得成功。

3. Windows Phone

Windows Phone 的主要竞争优势包括：集成了用户常用的软件，如 Mobile Outlook 和 Windows Media Player 等，用户能够通过 Outlook 收发电子邮件，拥有与个人计算机同步的邮箱、联系人、任务、日历等；通过 Word、Excel、PowerPoint 等系列办公软件，实现移动办公。另外，由于 Windows 在个人计算机操作系统中的统治地位，在用户中拥有广泛的品牌认知度，非常有利于 Windows Phone 在移动终端操作系统中的推广。对于习惯使用 Windows

操作系统的人群，更容易适应从 Windows 发展过来的、能与计算机无缝连接的 Windows Phone。其所有的操作系统底层源代码都是基于 Windows 源代码进行编写的。

4. 基于 Linux 的其他操作系统

基于 Linux 的其他操作系统则是后来的挑战者，目前有数种不同的操作系统正在以 Linux 为平台，以 Android 为蓝本挑战着移动操作系统的极限。Linux 具有两个其他操作系统无法比拟的优势。

（1）Linux 具有开放的源代码，能够大大降低成本。

（2）既满足了手机制造商根据实际情况有针对性地开发自己的 Linux 手机操作系统的要求，又吸引了众多软件开发商对应用软件的开发，丰富了第三方应用。

然而 Linux 操作系统有其不足。例如，入门难度高、熟悉其开发环境的工程师少、集成开发环境较差；由于 Windows 操作系统源代码不公开，基于 Linux 的产品与个人计算机的连接性较差。

8.5　移动电子商务服务

8.5.1　移动短信服务和微信

1. 短信

短信服务是指为用户提供通过手机或其他移动终端直接发送或接收文字或数字信息的服务，用户每次能接收和发送短信的字符数是 160 个英文或数字字符，或者 70 个中文字符。

（1）短信的产生。1992 年，世界上第一条短信在英国沃达丰公司的网络上通过计算机向手机发送成功，从而宣告手机短信的诞生。而中国的移动通信网络早在 1994 年就具备了短信功能。在短信诞生之初，谁也不会想到，当初这项由电信运营商为解决手机话费过高而推出的低廉文本信息服务，竟会在多年后数量快速增长，对人们的经济文化生活产生了非常大的影响。

短信是伴随数字移动通信系统的产生而产生的一种电信业务，通过移动通信系统的信令信道和信令网，向手机用户传送文字或数字短信息，属于非实时的、非语音的数据通信业务。它可以由移动终端（手机）始发，也可以由移动网络运营商的短信平台服务器始发，还可以由与移动运营商短信平台互联的网络业务提供商（包括因特网内容提供商、因特网服务提供商等）始发。通过手机发送和接收点对点信息虽然占据主流地位，但因特网正在成为短信新的工具和载体。

在短信业务发展之初，短信的发送和接收是手机到手机，中间经过 GSM 网 /CDMA 网、短信中心等网络要素。随着短信点播及定制业务的出现，手机、网站、短信增值业务系统可以互相发送短信，网站和短信增值业务系统成为新的网络要素，而 GSM/CDMA 网、短信中心仍保持着其短信网络的核心地位；随着以固定电话网为基础的手机在中国出现，短信业务扩展到固定电话网，终端不再局限于手机，特殊固定终端等都可以成为短信的发送方和接收方，网络基础也不再局限于 GSM/CDMA 网等数字移动网，固定电话网也可以成为短信的网络基础，短信网络要素发生了显著变化。

在短信发展过程中有两点一直保持不变。一是信息长度始终是不超过 160 个英文或数字字符，或 70 个汉字，这与短信基于通信系统的信令网传送内容的机制密切相关；二是短信传递的方式一直采用存储转发方式，当用户无法接收时，短信不会丢失，暂时存放在短信中心，当用户重新登录进网后，短信会迅速递交到用户手机上。这些特点，使短信具备了传递准确可靠、迅速及时的优点。

（2）手机短信的应用。短信系统以其强大的功能和灵活的配置广泛应用于各行各业。例如：

① 证券营业部、经纪人。发送股评、即时行情、公告信息、通知、资金异动信息等。

② 企业。发布新产品、各种产品销售信息、内部通知、业务变更信息，与本单位业务人员、出差人员、各地经销商联系等。

③ 商场。向客户发送商业活动广告、新品宣传信息、商品价格、促销信息，与供货商联系等。

④ 行政管理部门。发送会议通知、情况通报、工作进度、人事变更等信息。

⑤ 保险公司。保费催缴，结算通知，业务员联系，发送新业务通知、保费调整等信息。

⑥ 银行。账目结算通知、转账成功通知、贷款到期通知、信用卡消费通知、到款通知、存款转存通知等信息。

⑦ 社会服务。发送天气预报信息、气象信息等各种公众服务信息。用户也可以利用短信主动查询有关公众信息。

（3）短信的缺点。短信的缺点主要表现在以下几个方面。

① 信息容量小、对人的吸引力小。短信的表现形式不丰富，且短信广告泛滥，用户的阅读率不高。

② 终端用户资料难以收集。短信应发给哪些用户是一个很重要的问题，但终端用户的资料却难以收集。

③ 短信发送数量和时间有一定限制。

2. 微信

微信（WeChat）是腾讯公司于 2011 年推出的一个提供即时通信服务的免费应用程序。微信支持跨通信运营商、跨操作系统平台通过网络快速发送免费（需消耗少量的网络流量）音频、视频、图片和文字，同时，也可以使用共享流媒体内容的资料和基于位置的社交插件“扫一扫”“面对面建群”“朋友圈”“公众号”等服务插件。

微信提供公众号、朋友圈、消息推送等功能，用户可以通过搜索手机号码、雷达加朋友、扫描二维码的方式添加好友和关注公众号。同时，可以通过微信将内容分享给好友以及分享到微信朋友圈。而很多商家则将微信平台定位为精准营销的核心。所谓精准营销，就是精确、细分、可衡量，将需要传达的信息直接推送给潜在用户。由于用户对商家的品牌有一定认知度，因而自主关注商家的微信公众号。针对这些用户定向推送内容，提高了营销的有效性。微信以图片、文字、音频、视频等进行社交活动，未来可能实现社交流、信息流、资金流和物流四流合一。可以说，微信是企业精准营销的重要手段之一。

除了精准营销，微信的送红包活动、微支付以及 O2O 电子商务模式，都在用户群体中得到了积极的反馈。微信将在电子商务中发挥越来越大的作用。

8.5.2　移动定位服务

随着移动技术的发展，以手机为代表的移动终端不仅仅具有通话功能，还具有定位功能。利用这种移动定位功能，用户可以方便地获得自己当前所处的准确位置信息，并查询或接收附近各种场所的信息。移动定位服务的优势正是在于能在正确的时间、正确的地点把正确的信息发送给正确的人。

移动定位是指通过特定的定位技术来获取手机或移动终端用户的位置信息（经纬度坐标），在电子地图上标出被定位对象的位置的技术或服务。定位技术有两种，一种是基于 GPS 的定位，即卫星定位；另一种是基于移动运营网的基站的定位，即基站定位。基于 GPS 的定位方式是利用移动终端上的 GPS 模块将自己的位置信号发送到定位后台来实现移动定位的。基于移动运营网的基站定位方式则是利用基站对移动终端的相对距离来测算移动终端位置的。前者定位精度很高；后者不需要移动终端具有全球定位能力，但其定位精度在很大程度上依赖于基站的覆盖范围，误差甚至会超过 1 km。此外，还有利用 Wi-Fi 在小范围内定位的手机定位方式。

移动定位系统按照提供服务的方式，可以分为自有定位系统与公用定位系统两种。

自有定位系统是指某个企业或者政府部门自己建设的供内部使用的定位系统，它主要用于对人员、事件、物品和车辆等的定位。这种定位方式广泛用于公安执法、物流、长途客运、紧急救援等。

公用定位系统一般由移动运营商提供。这种移动定位有两种方式，一种是短信方式，还有一种是 WAP 方式。

短信方式的移动定位可以在全国范围内使用，一般在省内能定位到较精确位置，出省后可以定位到具体的地区名（显示区号）。短信方式的移动定位使用起来相对简单。短信方式移动定位系统主要由 4 个部分，即用户手机、GSM 网、短信服务中心和应用服务器组成。

用户手机发送的需求信息经 GSM 网传送到短信服务中心，再由短信服务中心将用户需求信息发送到应用服务器进行用户手机位置和需求信息查询，查询结果通过短信服务中心经 GSM 网反馈给用户手机。

只要拥有支持 WAP 的移动终端，开通 WAP 功能后，可以通过无线方式直接联入互联网，从而获取自己当前的位置。WAP 方式的移动定位可以通过地图显示用户的具体位置。WPA 方式移动定位系统建立在移动跟踪和通信处理软件之上，它具有强大的数据处理能力，并以丰富准确的地理信息数据和完备的信息搜索引擎为基础，集跟踪、监控、定位以及报警于一体。由于以互联网为载体，可以支持大容量的用户同时使用，同时提供多级别的用户保密协议。

移动定位有以下典型应用。

（1）出于安全和关心的需求，家庭需要移动定位系统确定老人、儿童所处的位置。

（2）出于对车辆的管理，企业需要定位企业的运输工具。

（3）出于跟踪的需要对手机进行远程解码。

（4）需要紧急报警求助的人群和需要监护的人群也可以利用移动定位服务，迅速确定位置，迅速获得救助。

移动定位业务有超出传统增值业务的庞大产业链阵容，由移动运营商、系统设备提供商、移动终端厂商、地理信息系统开发商、应用提供商、中间件提供商等多个环节组成，综合运用了包括移动通信、卫星导航、因特网、地理信息系统、综合信息服务等多方面的技术和应用，是多个产业、多项技术交汇和融合的产物。尽管移动定位服务需要持续的巨大的投入，尤其是在移动运营网和电子地图升级方面，但移动手机定位服务有着巨大的商业应用前景与经济价值。

8.5.3 移动游戏

移动游戏是指运行于移动终端上的游戏软件，主要指手机游戏。目前开发手机游戏所用的编程语言最多的是 Java 语言，其次是 C 语言。随着技术的发展，手机的功能越来越强大，使得在手机上运行复杂的游戏成为可能。手机游戏也不再是规则简单的游戏，而是娱乐性和交互性很强的复杂形态游戏。

1. 手机游戏的种类

手机游戏可以根据游戏本身的不同，分为文字类游戏和图形类游戏两种。

（1）文字类游戏。文字类游戏是文字交换形式的游戏。这种游戏是通过玩家按照游戏发到玩家手机上的提示，回复相应信息进行的游戏。由于这些游戏的整个过程都是通过文字来表达的，因而其娱乐性较差。但是，文字类游戏却是兼容性最好的手机游戏。常见的文字类游戏有猜谜语游戏、脑筋急转弯游戏、文字笑话、小小侦探游戏等。

文字游戏还有一种形式是 WAP 浏览器游戏。WAP 浏览器游戏类似于人们通过计算机浏览器在线进行的简单游戏。玩家可以按照 WAP 浏览器所浏览页面的提示，通过选择各种不同的选项来进行游戏。WAP 浏览器游戏也有不够直观的缺点。

文字类游戏都有着一个共同的特点，即游戏是通过文字描述来进行的。虽然通过彩信等特殊服务可以让这类游戏更加友好，但是其本质依然无法改变。

（2）图形类游戏。图形类游戏更接近电子游戏，玩家通过动画的形式来进行游戏。由于游戏采用直观而形象的画面直接表现，因此图形类游戏的趣味性往往比文字类游戏高。图形类游戏主要分为嵌入式游戏、Java 游戏、Brew 游戏和手机网络游戏。

① 嵌入式游戏是一种将游戏程序预先固化在手机芯片中的游戏。由于这种游戏的所有数据都是预先固化在手机芯片中的，因此这种游戏无法进行修改。

② Java 游戏由 Java 语言开发，凡是支持 Java 程序的手机都可以安装。Java 语言具有跨平台特性，因此成为编写手机游戏的常用语言。

③ Brew 是一种程序语言。要运行 Brew 游戏，手机必须要支持 Brew。目前，只有 CDMA 手机才支持 Brew。由于 CDMA 也支持 Java 程序，于是为了减小成本，一般开发商还是愿意开发 Java 游戏。因此，Brew 游戏不是很多。

④ 手机网络游戏是利用手机上网进行的游戏。目前，在手机网络游戏产业中，MMORPG（大型多人在线角色扮演网络游戏）类游戏和休闲类游戏占主导地位。MMORPG 类游戏由于游戏本身具有剧情、任务、角色、地图、道具等丰富的内容，使得其吸引力很强，用户有可能长时间地沉浸在游戏之中，进而产生付费冲动。手机休闲游戏只需要很少的网络流量，它通过少量多次的游戏形式带给玩家流畅的游戏体验，但同时却很难具有长期的吸引力，因而难以像 MMORPG 类游戏那样能够使用户产生付费冲动。

2. 手机游戏的特点

手机游戏具有以下特点。

（1）用户数量大。我国的手机用户数量已超过了 13 亿，而且这个数字每天都在不断增加。手机用户数已经超过了计算机用户数量。手机游戏潜在的市场比其他任何控制台游戏，如 PlayStation 和 GameBoy 都要大。

（2）便携性。在控制台游戏时代，GameBoy 热销的一个原因就是其具有便携性——人们可以随时随地沉浸在自己喜欢的游戏中。与游戏控制台或者个人计算机相比，手机虽然可能不是一个理想的游戏设备，但其毕竟具有非常强的便携性，这样手机游戏很可能成为人们消遣时间的首选。

（3）支持网络。因为手机是网络设备，因此在一定限制因素下可以实现多人在线游戏。

8.5.4 移动音乐

随着移动互联网、云计算技术逐渐成熟，用户的体验和消费方式逐渐向移动化、社交化的方向发展，这意味着音乐的传播、体验和消费方式发生了巨大的变化，移动音乐应运而生。在移动运营商的积极推动下，随着音乐播放终端的日益普及和产业合作进程的不断加快，移动音乐已成为移动增值业务中的新热点。

互联网音乐产品日益丰富，其与其他行业及产品的融合不断深入，新的服务模式和新的应用飞速涌现，市场规模进一步扩大。根据中国互联网络信息中心第 43 次《中国互联网络发展状况统计报告》，截至 2018 年 12 月，我国互联网音乐用户数达 5.76 亿，同比增加 2 751 万，其中手机网络音乐用户数达 5.53 亿，同比增加 4 123 万。PC 端互联网音乐用户迅速向移动音乐用户转移。网易云音乐、阿里巴巴、腾讯、百度等企业割据市场的竞争格局已经形成。一方面，移动音乐与游戏、视频等其他互联网娱乐服务的联动不断加深，另一方面，市场对版权的重视程度明显提高，越来越多的用户开始认同移动音乐的付费方式。移动音乐的市场空间巨大。

此外，移动音乐的移动化、社交化，使音乐爱好者可以更便捷地发现与分享音乐，对于音乐发烧友而言，移动音乐产品的音乐分享功能和社交功能尤为重要。此外，“移动音乐社区”模式也为音乐内容的制作方、发行方等音乐产业链的参与者提供了一个新的面向终端用户的渠道。当音乐人、作品与用户融合在一起时，音乐与社交的界限将被打通，全新的音乐社会和生活方式将离人们越来越近。

8.5.5　移动电子商务营销

一个新的商业领域的开拓，最重要的是创造需求。而创造需求的关键是挖掘用户潜在的需求。移动电子商务就是要充分挖掘移动通信技术与移动终端在商务活动中的应用潜力。

1. 发挥“移动”优势

移动电子商务有其自身的特点，只有利用这些特点才能有效地开展网上交易。移动性是移动电子商务服务的本质特征。无线移动网络及移动终端的使用，使得移动电子商务具备许多传统电子商务所不具备的“移动”优势。很多与位置相关、带有流动性质的服务借助移动电子商务迅速发展起来。利用移动金融工具，用户不再需要随身携带大量的现金，也不再需要实地去银行或 ATM 机。用户可以随时随地购买自己所需要的物品，并提供即时支付。而移动电子商务在股票交易上的应用更是体现了其移动性的优势。

移动电子商务大大加强了商家与用户之间的联系。利用移动通信手段，买卖双方可以随时随地沟通，大大节约了交易时间。在移动物流领域，通过对货物、服务以及人的位置跟踪，直接将货物送达到用户手中，从而缩短了送货时间，减少了库存，降低了运送成本。旅游、交通、运输、保险等流动性较强的行业都可以结合自身的特点，开发移动服务，发挥其时效性和个性化的优势，拓展自己在移动电子商务领域的业务。

2. 加强“移动”宣传

在移动电子商务营销中，移动广告是重要的内容。移动广告不仅具有一般网络广告的特点，还具有很好的交互作用、可测量和可跟踪特性。移动广告可以实现特定地理区域的直接的、个性化的广告定向发布。传统广告是单向的，用户如果不喜欢观看或收听，就可以略过这些信息；而移动终端接收信息的形式使用户不得不阅读任何收到的信息，这就为营销人员提供了获得用户注意力，建立用户忠诚度的新方法。

移动广告可以提供进行非常有针对性的广告服务。撰写精彩的移动广告可以给用户带来丰富的知识和极大的乐趣。利用移动广告还可以收集大量的商务信息，这些信息包括用户历史消费记录、用户的位置信息、用户正在进行的活动等。移动广告可以广泛地应用于购物、餐饮、娱乐等行业。

面对激烈的竞争，移动运营商使用移动广告不仅可以留住老用户，还可以吸引新用户。在使用移动广告时，一些网络广告的思路如邮件列表营销、病毒性营销等，仍然可以在其中发挥作用。

3. 开发“小额”项目

从目前情况看，利用移动电子商务主要集中在“小额”领域，即支付金额不大的小额物品和服务。这是与移动终端的特点相关的。因为人们在使用移动终端的过程中，很难做出金额较大的购买决策。而利用移动终端进行小额物品的购买，既容易决策又节省时间，因而成为移动电子商务的首选。

由于用户需求特殊性的强化，不同用户在消费结构、时空、习惯等诸多方面的差异自然会衍生出“特殊的、合适的目标”市场，这些市场规模较小，但用户购买力并不会因此而减弱。目标市场特殊性的强化，预示着用户行为的复杂化和消费的成熟，也为移动电子商务提供了极好的市场机遇。

“小额”项目具有广阔的市场空间。虽然从每笔交易额看，小额购买和服务的金额都不大，但其总体的交易数量极大，所带来的利润也比较高。

4. 力求简单化

把简单问题复杂化很容易做到，但把复杂问题简单化并不容易。移动电子商务的简单化是指用户操作的简单化、功能的简单化，其背后复杂的技术对用户来说是“透明”的。简单化带来的良好的用户体验是移动电子商务成功的保证。

4G 及 5G 时代的来临，必然使手机用户对移动电子商务的需求增加，这也会促使企业为满足用户的需求而建立移动电子商务平台。基于移动互联网的移动电子商务凭借其能随时随地提供个性化服务能力的优势，成为当前电子商务领域的热点。相对于传统电子商务，移动电子商务增加了移动性和终端的多样性，使用户能够在移动网络覆盖范围内的任何地方享受服务，并以其特有的移动支付和基于位置的服务大大扩展了传统电子商务的服务范畴。

移动电子商务将是未来企业进行营销推广最先进的平台，它可以用很低的成本把信息直接呈现在每一个人的面前，这是移动电子商务得以发展的基础。与传统电子商务相比，使用移动电子商务营销大大降低了营销成本，满足了企业的需求，是低成本、高回报的营销新潮流。

小结

本章从移动电子商务的特点和发展出发，介绍了移动电子商务技术和服务。移动电子商务的发展主要依托于两个方面：一方面是移动通信技术的不断发展，使得移动计算范围越来越广泛；另一方面是网络用户对于利用移动平台进行个人购物等活动的接受程度越来越高。两者相辅相成，使得移动电子商务在移动交易、移动定位服务、移动游戏、手机电视等方面飞速发展。

思考与讨论

1. 随着移动通信技术的不断发展和日趋成熟，手机文化迅速兴起，它给电子商务带来的影响是什么？
2. 移动电子商务企业的类型主要有哪些？它们的主要经营理念和经营策略是怎样的？
3. 目前“智能制造”和“智能工业”的理念在全球范围内不断升温，试用一个成功的案例说明“智能制造”对移动电子商务发展的影响。
4. 人们对消费的高效性、安全性等的要求不断提高，移动电子商务的应用前景十分广阔，同时也面临着许多问题。请结合自己在移动电子商务实际应用中的体会，提出解决移动电子商务发展过程中所出现的问题的新思路。
5. 在移动广告领域，目前还没有完善的方法和管理体系。请结合相关实例分析在移动广告领域如何进一步提升宣传推广效率，并且尽可能地减少负面影响。
6. 通常移动智能导航在定位时结合卫星定位和基站定位，虽然准确性基本满足要求，但是仍会受高层建筑以及恶劣天气影响，试提出一种解决方案。
7. 移动电子商务涉及哪些技术？这些技术是如何融合的？试用日常生活中的一个成功的移动电子商务实例来佐证自己的观点。

第 9 章
网络应用心理学

网络应用心理学综合运用计算机网络技术和心理学知识，利用计算机网络资源、心理学资源，研究虚拟社会中的心理学特点，并运用其指导各种虚拟应用，促进虚拟社会的发展，构建和谐高效的网络社会。网络应用心理学是一门随着计算机网络技术不断发展而不断发展的学科，因而它具有鲜明的计算机网络特征。

本章将介绍网络应用心理学的基本内容，包括网络应用心理学概述、网络交互心理、网络应用心理以及网络管理心理。

9.1 网络应用心理学概述

心理学是一门既古老而又年轻的学科。当人类出现时，“心理”这一奇妙的现象也就存在了。对“心理”的好奇一直伴随着人类的发展。古希腊神殿的台阶上就刻着一句属于心理学范围的语句——“认识你自己”。从那时开始，“人是什么”“自己又是什么”的心理学认识问题一直吸引着人们去研究并尝试揭开“心理”的神秘面纱。所以说心理学是一门古老的学科。

心理学直到 19 世纪末才脱离哲学，成为一门独立发展的学科。从心理学开始作为一门独立的学科到今天只有一百多年的时间，所以心理学又是一门年轻的学科。

在古代，“心理”是哲学家们经常探讨的问题之一。在那个时候，“心理”通常被称为“灵魂”“心灵”等。《论灵魂》记述了亚里士多德对心理问题的一些思考。近代的哲学家们对心理问题也进行了深入的思考，形成了经验主义和理性主义两大心理学思想。19 世纪末，随着自然科学的发展，人们开始采用科学的方法来研究心理学，使心理学向科学化发展。1879 年，德国的心理学家冯特在莱比锡大学建立了世界上第一个心理学实验室，这标志着心理学作为一门独立的学科正式从哲学中独立出来。以此为界，将心理学的发展历程划分为哲学心理学和科学心理学两个发展阶段。此后，心理学家开始尝试采取各种科学的方法来研究心理，逐渐形成了构造主义、行为主义、精神分析、人本主义和认知心理学等心理学派，使心理学的神秘面纱被慢慢揭开。

9.1.1　网络应用心理学的产生

国际电信联盟发布的数据显示，目前全世界网络用户数已超过 40 亿。而根据中国互联网络信息中心发布的数据显示，截至 2018 年 12 月，中国的网络用户数已经达到 8.29 亿。随着计算机网络技术的不断发展，越来越多的人直接或间接高效地从计算机网络上获得信息，从而形成一个巨大的网络社区，这个网络社区中的人群所面临的心理问题不容忽视，只有重视他们的心理问题才能构建一个和谐的网络社会，因此网络心理事业的发展刻不容缓。

中国网络应用心理学的发展和应用还处于起步阶段，发展相对滞后。从 20 世纪 90 年代初“中国心理热线”等悄然出现的几家心理网站到“心桥”“网络心理空间”“三九健康网”等一大批心理类网站的迅猛崛起，中文心理类网站已发展到数百个。虽然发展速度较快，但从总体上看，我国心理类网站的实力还有待加强，从网站内容到专业人员的数量还远远满足不了人们对咨询心理问题的需求。因此，还需要大量了解计算机网络技术的心理专业人员或熟悉心理学的计算机网络技术人员潜心于网络应用心理学的研究，为探索网络应用心理学的未知领域，谋求预防和解决人们在虚拟和现实社会中的心理问题而不懈努力。

网络心理学现在处于一个快速发展的阶段，人们已经认识到研究它的重要性。随着人类社会的不断网络化和虚拟化，网络应用心理学将会发挥越来越大的作用。

9.1.2　网络应用心理学的研究内容

自因特网产生以来，一场深刻影响人类社会发展的信息革命席卷全球，迅速渗透到人类生活的方方面面，而且正以前所未有的速度影响着人类心智的发展。如何应用计算机网络技术来发现、研究和解决人们在网络活动中的心理学问题，催生了一门新的学科——网络应用心理学。

1. 网络与人类心理

在网络社会，人们的生产和生活方式都发生了很大的变化，对人们的心理必然会产生巨大影响。网络发展会影响社会生活方式，社会生活方式又会影响个体心理。例如，在网络社会，年长者的心理优势和教育水平的优势将被技术优势取代。而网络在让人们快捷地获取大量信息的同时，也使人们逐渐失去深入思考的能力。碎片化、超媒体化使人们追求“效率”和“即时性”，而对其心理产生一定的影响。再如，网络社会的虚拟性、不确定性，使一些人产生交往障碍，在现实生活中人际交往困难。

2. 网络与心理学

网络的出现对心理学的发展有着巨大的促进作用，具体表现在以下几个方面。

（1）网络加快心理学交流。网络的开放性，使研究人员可以方便地查询到心理学相关的文献信息。而网络的自由性又使研究人员之间的交流、沟通变得十分方便。借助网络平台，只需要花费很少的资金与时间，就可以及时发布心理学的研究成果。

（2）网络心理服务。通过网络可以进行初步的心理学咨询、心理测量，并了解心理学知识。目前很多心理学网站都有心理咨询、心理测量等服务。其实，网络心理服务是一个很有用、很有发展前途的网络应用心理学领域。由于采访者（心理咨询者）可以虚拟身份登录，因此网络心理服务与面对面的传统心理服务相比具有保密性。此外，在网络这个虚拟空间中开展心理服务，可以避免采访者的压力和尴尬，从而使他们消除顾虑，尽可能真实地陈述自己的心理状况，使网络心理服务具有针对性和有效性。

（3）网络上的心理学研究。利用网络可以进行心理学研究。例如，将网络作为心理咨询、心理治疗、心理测量与调研的工具，可以提高心理学调查和测量的可靠性，有利于心理学研究的开展。

总之，随着计算机网络技术的快速发展以及在网络应用过程中产生的心理问题不断增多，有必要研究网络应用心理学，分析人们在网络应用中产生的各种心理问题，指导人们更好地利用网络。

9.1.3　网络应用心理学的意义

科学的任务是揭示事物发展的客观规律，探求客观真理，以作为人们改造世界的指南。实践是检验真理的唯一标准，对心理学来说也一样。心理学的任务是揭示心理现象的规律，并应用这些规律为人类的实践服务。心理学规律能够帮助人们改造主观世界和客观世界，但如果心理学规律没有为人们所接受和掌握，那么心理学就难以发挥为人类实践服务的作用。

从心理学的特点来说，它应该是大有作为的。因为人们改造主观世界和客观世界的一切活动，都是在心理的支配调节下进行的，而心理是有规律可循的。心理学的任务就是发现人们心理现象的规律。人们如果能够掌握心理现象的一些规律，就能在一定程度上预测、控制自己的行为，增强行为的自觉性，从而提高各种实践活动的效率。教育、医疗、管理、军事、工业等各领域成功的应用心理学事例，也都说明心理学能够很好地为社会生产和人们生活服务。

网络应用心理学一方面服务于整个心理学研究，促进心理学研究与计算机网络技术相结合；另一方面则致力研究计算机网络技术对个体心理、社会心理的多重影响，使个体在信息时代得到更好的发展，网络社区与物理社区保持和谐的关系。作为研究手段的计算机网络技术（network technology）与作为研究内容的网络空间（cyberspace）的紧密结合，使网络应用心理学在信息时代大有作为。具体言之，网络应用心理学的意义体现在以下三个方面。

1. 网络应用心理学将促进信息时代心理学自身学科体系的完善与理论的发展

从计算机网络技术的角度来看，网络测验丰富和发展了心理测量。长期以来，作为心理测验中最普及且最实用的纸笔测验面临着两难的境界。心理测验开始是针对所有被试，并对他们施测相同的题目，然而实际上在整个心理测验中仅有一部分题目与某个被试的水平相匹配，其余与该被试水平不相匹配的题目则因此而不能为测验提供其所需的有效信息。为了解决这个问题，出现了基于项目反应理论（item response theory）的测验和基于知识空间理论（knowledge space theory）的测验。借助计算机网络技术，这两种新的心理测验得以付诸实践并适用于大规模的测验项目。同时，随着网络技术的不断发展和网络应用的不断普及，心理测验借助网络可以真正实现动态模拟。心理学实验也已全面网络化。

可见，网络应用心理学的研究极大地改善了心理学的研究手段。与此同时，心理学关注的视野由线下到线上的转变使得网络成为心理学的研究内容。网络对于心理学研究内容的冲击几乎是全方位的。发展心理学要回答：网络对于个体尤其是青少年的成长过程有何影响；社会心理学要回答：网络社区与真实社会究竟是如何相互作用的；变态心理学要回答：网络成瘾与其他类型的成瘾行为有何区别与危害以及如何防治；等等。网络从理论到实践改造着心理学的体系，重塑了心理学中的一些诸如自我、行为之类的基本概念。

更重要的是，网络应用心理学的研究将为整合心理学提供新的契机。长期以来，心理学处于科学主义取向和人文主义取向的对峙之中。在很大程度上，心理学研究是以信息时代之前的工业社会所形成的科学观、哲学观为背景而建构其理论的，科学与人文的简单之分实质上是基于工业社会的线性关系而形成的。而网络本身诞生于后现代主义思潮之中，反过来它又为后现代主义思潮提供了一种绝妙的写照。网络的非线性、自我组织特性与后现代主义的内在契合使得心理学家们反省基于工业社会而形成的自我、沟通等构成心理学大厦的概念的失误，网络心理学将为心理学家尤其是理论心理学家们提供崭新的视域与表达方式，得以超越基于自然主义与实证主义形成的一系列心理学观点，透过数字空间而进入后现代主义思潮营造的话语空间。

2. 网络应用心理学有助于提高心理学在整个科学系统中的地位

苏联学者凯德洛夫曾用一个纺锤体来描述心理学在整个科学体系中所处的中心地位。然而实际上，由于当前心理学内部体系的分裂而使具体到每门心理学的具体学科取向多有偏失。例如，认知心理学明显地偏向纺锤形的上方，而社会心理学则偏向纺锤形的下方。尽管这种研究取向的分歧使得心理学具有相当大的张力，其理论研究异彩纷呈；然而也更多地说明了心理学目前仍是前范式科学。

由于网络作为信息时代的基础而整合了多学科的研究成果，网络应用心理学居于纺锤体的中心，通过其强大的影响力辐射至纺锤体的各种维度。这是由网络心理自身的特点决定的。网络应用心理学一方面立足于计算机网络技术的基础之上，另一方面开展对网络社会中的个体心理与社会心理的研究。凯德洛夫指出，在 21 世纪以心理学为中心的一组学科将取代生物科学而成为带头学科。可以预见，网络心理学将在这一历史进程中蓬勃发展，成为显学。

3. 网络应用心理学的研究对社会实践有着重要的指导意义

虚拟现实方式对网上消费者的购物行为产生了很大的影响。研究网络购物的虚拟现实表征形式的工程心理学意义及其影响因素，研究网络环境中的人力资源管理等，均是网络心理学中实践性极强的课题。

9.2 网络交互心理

9.2.1 网络交互

1. 网络交互的内涵

信息产业无疑将会成为社会经济发展最快和规模最大的一个部门。由于计算机网络可以提供一种全社会的、经济的、快速的信息存取手段，它已成为全社会重要的信息基础设施。从应用的角度来看，它的主要用途有共享资源、网络通信和网络交互，其中网络交互是其重要的应用形式之一。从媒介形态演化和人类行为学角度出发，交互的实质是人类行为互动。随着网络日益普及，网上交互性的话题也逐渐增多。

网络交互的内涵比较广泛，包括网络用户信息的传递、情感的交流、心灵的沟通等，它是指网络用户进行相互之间信息交流的一类现象，网络用户游离于现实社会环境和虚拟网络环境之间，交叉并置，相互映照，衍生出更加宽泛的交互范围。由于网络的广域性，网络交互的范围极其广泛，不受地理距离的限制。

2. 网络交互的形式

网络交互是以网络通信为基础，利用各种信息手段，包括文本、数据、声音、图形、图像等，实现网络用户之间交互合作的一种现代化的交互方式。交互合作的范围很广，如网络协作、新闻发布、信息交流、网络会议、网络管理或网络娱乐等。网络交互的形式也是多种多样的，用不同的标准或者从不同的角度来看，有不同的分类方法。

（1）按照网络通信连接的方式可以把网络交互形式分为双人交互和多人交互。双人交互比较简单，可以采用点对点的直接传输形式。通信可以按照对等方式或不对等方式进行。对等方式是指进行通信的双方处于平等的地位，都可以向对方发送或接收信息，互相提供共享的交互资源。不对等方式指进行通信的双方处于不平等的地位，或者是限制某一方的发送或接收权限，或者是仅仅某一方有权对资源进行管理和提供共享服务，另一方可以使用资源。双人交互由于采用点对点直接连接，所以通信控制比较简单，只要网络的传输性能允许，就可以实现大多数交互功能，如实时交互、非实时交互、对等可视等。

多人交互比较复杂，可以采用的通信连接方式包括分布式多点对多点连接方式和集中式一对多连接方式。通信也可以按照对等方式和不对等方式进行。具体通信连接形式随着应用的不同可以再进行细分。例如，网络新闻发布，只要求每个用户与服务中心有连接通道，实现服务中心向用户发布信息，用户向服务中心传递请求；网络办公、网络协作、网络娱乐等应用，也要求每个用户与服务中心有连接通道，实现各个用户操作服务器资源，服务器随时向所有用户回馈操作结果；而网络会议、网络交谈则除了要求每个用户与会议服务中心有连接通道外，为了实现各个用户之间的现场景象同等可视，还需要在每个用户之间建立传输通道。

（2）按照交互的实时性要求可以把网络交互形式分为实时性交互和非实时性交互。其中，实时性交互式要求参与网络交互的用户在交互期间保持网络连接，交互信息和操作结果被立即传递，如网络游戏、网络会议、网络交谈等应用。这种方式的特点是实时性强，对网络带宽要求高；信息不要求长期存储；用户群具有动态性。如果需要进行多媒体交互，则对网络带宽的要求更高。非实时性交互不要求参与网络交互的用户在交互期间保持网络连接，交互信息和操作结果可以被暂时存储、延迟传递，如网络办公。这种方式的特点是无实时性，对网络带宽要求低；信息需要长期存储；用户在交互期间处于稳定状态等。

网络交互的实时性将会影响交互系统的服务器和客户软件内部的设计，如数据存储和管理、静态用户管理、动态角色控制、信息处理方式、并发控制、共享信息一致性控制、服务内容选择等，也会影响通信协议的设计，如通信方式、传输机制、远程同步等。

按照交互会话传递信息的形式可以把网络交互形式分为多媒体交互和非多媒体交互。多媒体交互需要考虑传输多媒体信息，而非多媒体交互不需要考虑传输多媒体信息。多媒体交互对网络传输性能、终端性能提出了更高的要求，并对数据存储和处理、编码压缩等设计有很大的影响。

3. 网络交互的特点

从人际交往关系来看，网络赋予人的社会交往及其关系、结构以新的内涵，从时间和空间上根本改变了传统的社会交往和人际沟通的方式，形成了许多独特的观念、准则。同时，计算机网络的发展，也带来了许多政治、法律、伦理道德等方面的社会问题，直接影响了人类的交往，迫使人类重新审视自己身处的这个时代和社会，反思网络的利弊得失。

网络提供了人际交往的特殊空间，正是这种特殊性，决定了网络人际交往不同于现实社会生活的新特点。把握这些新特点，有助于人们正确、健康地扩大交往空间，建立新的人际交往关系。相对于传统社会而言，网络人际交往具有以下基本特点。

（1）开放性与多样性。网络化的人际交往超越了时空限制，消除了“这里”和“那里”的界限，拓展了人际交往和人际关系，使人际关系更具开放性。“电子社区”的诞生，使得居住在不同地方的人，可以“在一起”交往和娱乐。同时，交往范围的不断扩大，必然会使人们的各种社会关系向多元化和复杂化方向发展。

（2）自主性与随意性。网络中的每一个成员都可以最大限度地参与信息的制造和传播，这就使网络成员几乎没有外在约束，而更多地具有自主性。同时，网络是基于资源共享、互惠互利的目的建立起来的，网络用户有权利决定自己干什么、怎么干，但由于缺乏必要的约束机制，网民必须“自己管理自己”，因此，有的人会在网上放纵自己，任意说谎，伤害他人，有的人甚至会扮演多种角色，在网上与他人进行虚假的交往，从而造成网上交往极大的随意性。

（3）间接性与广泛性。网络改变人际交往方式，最突出的一点就是它使人与人面对面、互动式的交流变成了人与机器之间的交流，带有明显的间接性。这种间接性也决定了网络交流的广泛性。过去，时空局限一直是人们进行更广泛交往的主要障碍，而在网络社会，这一障碍已不复存在，只要愿意，在网上可以与任何人直接“对话”。

4. 网络交互在现实社会中的表现形式

在这个信息化的时代里，时间和空间再也不是距离，在这个网络的“地球村”里，一切信息和资源都变得如此亲切。利用网络可以提高人们的生活品质和生活乐趣，网络交互会带给网络用户更多的欢声笑语。下面介绍网络交互在现实社会中的表现形式。

（1）网络教学。传统的教学模式是教师单方面传授知识，学生接受知识。实践证明，这种教学模式缺乏教师与学生之间的交流，效率很低，在“教学”中只有“教”的成分，而没有体现出“学”的成分。这种教学方式被我国一些专家称为“填鸭式”教学方式，意指硬塞、硬灌，而不管学生是否消化得了。近几年来，计算机校园网在校园中逐渐被建立起来，这种以信息交流为基础的网络设施，为学校的教学、科研提供了一个全新的平台，为教学改革提供了有利的条件。校园网为教师和学生提供一个全新的教学环境，根据网络的特点进行教与学、问与答，实现灵活、高效的双向交互式教学，真正做到“教”与“学”。网络的交互性、随时性、广域性等都为教学带来了很大的弹性空间，改变了过去一成不变的教学模式。充分利用网络，可以促进我国教育事业的发展。这是因为：

首先，网络具有独特的交互特性。网络是双向的，甚至多向的。网络上的用户可以互相交流，互相提问题，而且由于网络交流并不是直接面对面交流，因此学生可以克服羞涩心理，敢于提出自己的问题，使交流具有广泛性，从而可以及时解决在学习过程中遇到的问题，避免知识漏洞的存在，消除遗留问题。

其次，网络无处不在，无时不在，网络教学可以在任何时间任何地点进行。课堂教学只有在教室上课时才可以进行，而教师把授课内容放在网络上，学生可以随时上网进行学习。这样学生可以充分利用业余时间，使学习时间得到极大的扩充。网络的随时性带来了前所未有的灵活性。网络的随地性，也为教学提供了很大的方便。学生可以在校园网上的任何一台计算机上联网学习。

最后，网络可以给教师和学生提供真正的讨论空间。在网络上进行“讨论”，有许多的优势。一是，这样的讨论可以随时随地进行，学生无论是在宿舍还是在公共机房或者学校的其他地方，都可以通过网络与他人针对某一个问题展开讨论。而且，这样的“讨论”可以是实时的，也可以是非实时的。教师和学生都可以加入讨论，学生可以阐述自己的见解，教师可以进行适当的指导，因此会带来良好的讨论效果。

利用网络进行教学，可以开发专用的网络教学系统，也可以使用通用的网络应用平台。其中，通用的网络应用平台基本可以满足教学的各项需要。使用通用的网络应用平台可以实现以下几种教学方式。一是教师在网络上建立教学网站，将授课内容和疑难解答以及相关内容放在教学网站上，然后根据教学进度逐步开展教学。学生可以在任意时间上网学习课程内容。二是教师利用电子邮件建立“疑难信箱”，学生在学习过程中遇到问题可以通过电子邮件提出。三是教师建立“教学 BBS”，学生可以在这里对学习过程中遇到的问题，或者自己的见解进行阐述，学生之间可以展开讨论，教师也可以进行指导，形成良好的讨论氛围。“教学 BBS”的维护可以由教师来进行，也可以由学生来维护。四是教师利用网络“聊天室”，进行现场实时交流。先约定一个时间，由教师主持，全体学生参加，学生将学习中遇到的问题进行现场提问，由教师现场回答。五是教师将测验工作放到网上。教师在网上放置单元测试题目，学生上网自行测试，了解自己对所学习内容的掌握情况。同时，学生的测试结果也通过网络反馈给教师，让教师及时了解学生的学习情况，使自己在以后的教学中有所侧重。总之，网络交互式教学已经成为教学的重要模式之一，教师和学生一定要很好地利用这种教学模式，真正让其在教学工作中发挥作用。

（2）网络广播。网络广播应该说是一种网络流媒体，它在互联网上建立广播服务器，并运行特定软件把节目传播出去。用户通过在自己的计算机上安装和运行广播接收软件来连接这些站点，然后就可方便地收听广播节目，以及阅读广播信息。

网络用户可以通过网络广播随时播放自己需要的任何音频、视频等片段。网络广播覆盖范围广，传播速度快，信息容量大，查询方便，可重复点播，复制简便。网络广播即网络音频和视频服务。网络广播既有传统广播电视灵活生动的表现形式，又有网络按需获取的交互性，因此这种媒体形式一出现就受到网络用户的欢迎。

网络广播是一种新兴的传媒方式，并渐渐成为市场促销的重要手段，它的兴起给广播电视带来了冲击，但利用广播电视的信息资源并结合计算机网络的技术优势，也为广播电视的发展拓展了新渠道。网络广播可以像广播电视一样再现现场环境的图像、声音，同时还可以提供背景资料和相关信息链接等，给用户以身临其境的感受，而且其内容的数字化和交互性，使各种信息相互融合，改变了传统单一媒体的表现方式，通过多媒体的综合运用来表现广播内容。网络广播虽然是即时性的产品，但网络广播的内容可以被存储起来，即使用户忘了收听或错过了精彩节目，也可以在网络找到相应的节目，并进行收听；用户还可以自己发布网络广播，这些都是传统的广播方式所做不到的。在进行网络广播时，所有听众还可以进入相关聊天室，用文字方式即时与节目主持人进行互动沟通。

（3）网络聊天交互。互联网是一种全新的交际媒体。它的产生把人类带入了一个崭新的世界。这张无形的“大网”时时刻刻向人们提供着无穷的信息和服务，逐步改变着人们传统的交往方式。在这种新型的交际方式中，网络创造了自己的语言，形成了独具特色的语言现象。

网络聊天是一种参与者通过键盘键入信息，通过计算机屏幕收看信息的交流方式。这种交流是双向的，即接收信息和发出信息在同一时段内是相对连续的。与传统的面对面交流不同，网络聊天缺少一种特定的社会语境信息，无特定的社交场所，交流双方不能依赖于手势、体势、面部表情等非语言特征辅助交流。由于网络聊天需要讲话者通过键盘录入文字，可以用文字的形式记录参与者的思维活动，这使它具有了书面交流的优势；又由于网络聊天的时效性、随意性强，语法结构自由，因而又具有了口语交流的特点。这使得网络聊天同时兼有书面交流和口语交流的双重特征，形成了自己独特的语言现象。

网络聊天已由起初的纯文字交互发展到现在语音及视频交互，其深受广大网络用户的喜爱。网络聊天已成为网络应用的一个重要方面。下面将分析进行网络聊天的网络用户在网络交互过程中的心理状态。

9.2.2 网络交互动机

人们进行网络交互的动机源于以下需要。

1. 获取信息、取得帮助、学习交流的需要

根据马斯洛的需求层次说，获取信息、学习知识是人们的高级需求，是自我实现的需要。这种需要虽然也可以通过传统的方式来满足，但是通过网络来满足这种需要的效率更高、更方便。现代信息技术的飞速发展为人类的学习提供了越来越便利的条件，同时也促使人们通过更加主动、高效率地学习来发展自我，从而应对知识经济社会所带来的挑战。尤其是因特网在全球范围的迅猛发展，人们更加迫切地感受到了信息技术对人类的学习观念和学习方式所产生的影响以及带给人们的挑战。因此在信息技术迅速发展、知识经济从观念到认识不断深化这一背景下，人们为了不断进步，在激烈的社会竞争中取得胜利而产生了不断补充知识的需要。作为社会成员的个体应该对固有的学习观念予以变革，树立一种建立在知识与信息基础上的网络学习观。网络学习在信息技术的迅速发展之下，已逐渐从可能向现实转化。在未来的知识经济社会中，只有那些既具备网络学习观念，也具备相应的网络学习能力的社会成员，才能同时具备在未来社会中生存、求知与发展自我的基础和条件。

人们应该认真思考网络学习所带来的深远影响，从而调整自己的观念与行动。这实际上是一种面向未来的学习观，或者称“向未来学习”。“向未来学习”强调的是洞察力和远见卓识的培养、想象力和创造力的发挥，以及决策和战略的形成。它是一个探索未知的过程，要求对已有的信息进行综合的分析与选择，通过想象去构思和策划未来的各种可能性。人们采用“向未来学习”的策略，可以使自身的想象力和创造力得到充分的发挥。用这种观念来分析人们在信息时代所面临的学习选择，就会发现个体利用网络获取、利用和加工信息的能力将成为制约其发展的重要因素。也就是说，个体的发展水平将在越来越大的程度上取决于自己不断利用新信息进行自我学习与自我教育的能力，而非其固有的知识水平。

2. 情感交流、心灵沟通的需要

人类在本质上是一种需要情感交流、心灵沟通的感性生灵。心理学家马斯洛认为，人的行为都是由需要引起的，而且人的需要是多层次的，从低层次向高层次分别为生理的需要、安全的需要、社会的需要、尊重的需要、自我实现的需要。这些需要随着人的成长和心理的成熟由低级向高级发展。同时，它们又互相交叉制约，特别是高层次需要还可以调节和包容低层次需要。心理学研究表明，在各类人群中，在心理上存在着不同层面、不同程度、不同形式的困惑和渴求，迫切地需要情感的交流、心灵的沟通，需要同情与理解、指导和帮助。尽管感情交流的需要与学习（自我实现）的需要相比是一种较低层次的需要，但与生理的需要相比，它则是一种较高层次的需要。

当今社会，人们在积极创造和充分享受着物质文明和精神文明的同时，越来越清晰地察觉到社会的发展和科学技术的进步给自身带来的不利影响，体现在人与人之间、人与环境之间的关系越来越复杂。社会节奏的加快，竞争日益加剧，平衡难以协调，反映在人们的心理上便是矛盾和冲突。这众多的心理社会因素使心理问题、心理障碍的发生率上升。

人们通过网络聊天，可以从他人那里获得理解、尊重，调节自己的心理。网络聊天还可以成为学习交流的途径。网络聊天已在生活中扮演着重要的角色。但是网络聊天还要考虑其安全性，消除其可能造成的精神安全和人身安全的双重隐患。

9.2.3　网络交互心理的作用

网络交互促进了网络的发展。网络的灵魂在于交互，网络交互是网络应用的一个重要方面。反过来，网络交互在一定程度上促进了网络的发展，这主要体现在以下两个方面。

（1）对网络交互的喜爱使得网络用户的队伍越来越壮大。网络用户通过网络进行交互也推动网络的发展，使网络走进千家万户。网络交互对网络用户数量的增长起着重要的作用。

（2）网络交互软件与媒体也随着网络的发展而迅猛发展。自网络诞生之日起，它的目的就是方便人们共享资源、交流信息。因此，用于用户交互的网络交互软件与媒体不胜枚举。网络用户交互的方式也是多种多样的，常见的有电子公告牌（BBS）、电子邮件、网站论坛、腾讯的 QQ 等。

即使网络交互方式如此丰富多彩，一些软件开发商及单位的网站设计者还在开发新的软件或者设计新的网站，有的则完善原有软件。为了满足用户交流的需要，网络广播等网上服务纷纷开展起来，促进了以因特网为平台的相关业务的发展。人们在信息交互过程中表现出了对信息的渴求，促进了搜索引擎的发展。

网络交互在促进网络发展的同时也会产生一些负面影响。网络用户中有很大一部分是青少年，但是青少年由于思想不成熟，对社会的认识不全面，缺乏明辨是非的判断力。纷繁芜杂的网络信息给青少年造成了很多不良的影响，这也正是网络交互带来的负面影响之一。

利用网络还可以做学生的思想工作。师生们普遍认为，网络中的交流与传统的面对面的交流相比，至少有两大好处：一是有效地保护了学生的隐私，确保教师做工作时“对事不对人”，减少了师生面对面时的心理压力。二是网络特有的平等和轻松的氛围有利于师生间的对等交流，遇到问题时可以在相对轻松的氛围中加以讨论和解决。

9.3　网络应用心理

9.3.1　网络应用产生的心理特征

1. 网络环境下的心理问题

随着计算机网络技术的发展，网络正逐步覆盖每所学校、每个家庭，给人们的生活、工作、学习带来了极大的便利。但是网络的迅猛发展也给人们，特别是青少年的身心健康带来了许多的隐患。

心理学家担心伴随着网络和计算机成长起来的一代人会患上“情感冷漠症”，对外界刺激缺乏相应的情感反应，对亲友冷淡，对周围事物失去兴趣，内心体验缺乏，严重时对一切都漠不关心。其实，情感冷漠只是网络环境下众多的心理问题之一。网络环境下的心理问题主要有以下几种。

（1）撒谎。网络中的人不需要真实的姓名、身份。在这个虚拟空间中，人与人的交往没有责任也没有义务。因此，人类潜在的一些不良心理就会被引发或强化，其中以撒谎最为严重。

（2）孤独。就信息的本身来看，网络是开放的，它能使人们接收到更全面、更生动、更形象的信息，但对信息的接收者来说，其接收信息的过程却是相对封闭的。尽管大多数网站具有互动性，但毕竟需要以网络、计算机等设备作为中介物，一些人一旦离开这些中介物，就很难表达自己，无法与他人沟通。如果人们对网络虚拟世界十分依恋，则必然会产生心理上的孤独。

（3）冲动。由于在网络中缺乏正常的情感疏通，人们很难在网络上正确地表达自己的情感，再加上网络上浮躁的言辞与刺激的画面，常常会导致人们遇事不冷静，从而产生冲动的心理。

（4）暴戾。比冲动更严重的是一些人在不良的网络环境下形成暴力的心理倾向。由于网络上有大量的暴力游戏，致使一些涉世不深的青少年沉迷其间，形成暴力崇拜。网络游戏中的一些问题是通过暴力解决的，导致青少年往往认为暴力是解决问题的主要方法。

（5）虚空。网络是精彩的，但网络也是虚拟的。人们如果长时间上网，不但会损害身体健康，而且会造成自我评价降低、能力下降和思维迟缓。而且由于网络世界与现实生活存在巨大反差，一些人会产生无聊的虚空心理。

网络环境下的心理问题客观存在，需要引起全社会的关注。

2. 网络性心理障碍

网络性心理障碍是指患者没有一定的理由，无节制地花费大量时间和精力在网络上持续聊天、浏览，以致工作效率降低，身体健康受到损害，并在生活中出现各种行为异常、心境障碍、人格障碍、交感神经功能部分失调等问题。患者的典型表现包括情绪低落、无愉快感或兴趣丧失、睡眠障碍、生物钟紊乱、食欲下降和体重减轻、精力不足、精神运动性迟缓和激动、自我评价降低和能力下降、思维迟缓、社会活动减少等。

目前对于网络性心理障碍的治疗尚处于探索阶段，主要采取的措施有：鼓励患者积极参加社会活动，逐步摆脱对网络的依赖，也通过采用抗抑郁药及精神疗法等方法进行综合治疗。

9.3.2　网络应用心理特征分析

互联网技术突破了时空限制和社会限制，为人们的生活、学习和工作带来了方便，与此同时，也导致一些用户无节制地使用网络，影响其生活、学习和工作，损害其身心健康。这种现象最先引起美国心理学家的关注，并将其命名为网络成瘾（internet addiction）或网络成瘾症（internet addiction disorder）或病态网络使用（pathological internet use）。

研究发现，过度的网络使用对人的损害是多方面的。例如，损害身体健康，导致人际关系障碍、抑郁和孤独感增加，学习成绩下降以及影响正常工作。网络使用依赖者具备特定的人格特质。更多的网络使用对性格外向者或拥有较多社会支持者的人产生积极影响，而对性格内向者或缺乏社会支持者的人产生消极影响。有学者提出用去抑制（disinhibition）来解释人们网络空间与真实生活的行为方式的差异。所谓去抑制，是指在某种外加因素的影响下出现的抑制（特别是社会抑制）作用的减弱，使网络用户的行为比现实生活中的行为更不受约束。去抑制被认为是网络导致人成瘾的因素之一。研究证实，对于高焦虑型依附（attachment）倾向的人来说，它们所具有的高亲密度、高自我揭露程度与高不确定感的网络人际互动特质是导致其网络成瘾的部分中介因素。

网络成瘾越来越受到心理学界的关注，下面将从网络成瘾的概念、测量工具、调查方法以及理论模型 4 个方面对已有的相关研究加以评述。

1. 网络成瘾的概念

网络成瘾的概念最早由美国戈德伯格（Goldberg）提出。有学者将世界卫生组织对网络成瘾的定义加以修改，将网络成瘾定义为：由重复地使用网络所导致的一种慢性或周期性的着迷状态，并产生难以抗拒的再度使用的欲望。同时会产生想要增加使用时间的张力与耐受性等现象，对于上网所带来的快感会有心理与生理上的依赖。网络成瘾是一个很广泛的概念，网络成瘾者有大量行为和冲动控制上的问题。例如，网络关系成瘾（cyber-relational addiction），指沉溺于通过网上的聊天网站结识朋友；网络强迫行为（net compulsion），指以一种难以抵抗的冲动，着迷于网上贸易或者网上拍卖、购物；信息收集成瘾（information overload），指强迫性地浏览网页以查找和收集信息；计算机成瘾（computer addiction），指强迫性地沉溺于计算机游戏或编写程序。

网络成瘾的概念受到了不少学者的质疑。有些反对者认为成瘾（addiction）这一术语是指有机体对某种药物心理上和生理上的依赖，是用于摄入某种化学物质或麻醉药的行为，网络用户对网络的着迷不同于对化学物质的依赖。基于此，有学者主张以病态网络使用来取代网络成瘾的提法。也有人认为网络成瘾是一种被心理健康专业人士和研究者夸大的说法。他们把人们在网络上花费很多时间看做是一种成瘾，然而，有些人在阅读、看电视和工作上也花费了许多时间，并因此忽略了家庭、友谊和社会活动，却没有人把这些行为称为成瘾。除此之外，目前的研究尚无法确定网络过度使用是一种新的瘾症还是其他心理疾病的一种表征，或者患有某种心理疾病的人更容易使用网络过度。

2. 网络成瘾的测量工具

网络成瘾作为一种新型精神疾病，引起社会关注。2008 年，我国首个《网络成瘾临床诊断标准》通过国内众多精神医学专家的论证。2013 年，在美国发布的《精神疾病诊断与统计手册》第 5 版采纳了这个标准。一般来说，网络成瘾具有以下症状。

（1）网络依赖症。随着网络应用的普及和深入，越来越多的人习惯于坐在计算机前面，用打字代替说话，用符号传递情绪。与正常使用网络不同，一些人对网络的使用有强烈的渴望或冲动感。如果减少上网或停止上网，会出现周身不适、烦躁、易激动、注意力不集中，睡眠障碍等戒断反应。为了缓解这些戒断反应，增加满足感，不断增加上网时间且难以控制自己的上网行为。网络依赖能够造成依赖者语言能力退化，危害身心健康。

（2）虚拟社交依赖症。适度上网可以缓解压力，调节工作情绪，但有的人沉溺其中，将上网作为一种逃避问题或缓解无助、焦虑、抑郁等不良情绪的途径，逐渐患上虚拟社交依赖症。虚拟社交依赖症的主要症状如上网成瘾，精神涣散不能集中，无心工作，为此放弃其他爱好和正常的社交活动。虚拟社交依赖症会产生很多不良后果。例如，如果过分沉迷于网络，就会产生一种麻痹心理。一旦脱离虚拟世界回到现实生活，往往会产生巨大的心理落差。再如，社交网站会减少人与人面对面接触的机会，因而增加人们出现严重健康问题的风险。

（3）网络购物症。随着电子商务的发展，便捷、实惠的网络购物越来越受到人们的欢迎。网络购物症的主要症状是：购物受情绪支配，无法抵制网络购物的冲动，对网络购物所带来的快感会形成一定的心理依赖。对购物行为失去控制，长时间地进行网络购物，并对其工作和生活造成一定的影响。

很多网络成瘾的测量工具都不具有预测性，只是定性地描述和对病态症状进行简单的罗列，未按严格的心理测量学程序来编制。而“戴维斯在线认知量表”（Davis Online Cognition Scale）则具有很多网络成瘾测量工具所没有的优点。它包含5个因素：安全感、社会化、冲动性、压力应对以及孤独－现实，共有36个题项，是一种7级自陈量表。如果被测量者测出的总分超过100分或者任一维度上的得分达到或者超过24分，则认为其网络成瘾。该量表的改进在于：未明确告诉测量者量表要测的内容；题项不是对网络成瘾病态症状的简单罗列，所要测量的是被测量者的思维过程（即认知）而不是行为表现。因此，该量表具有一定的预测性和较好的效度。针对中文网络，陈淑惠以大学生为样本，编制出了“中文网络成瘾量表”。该量表包含以下5个因素：强迫性上网行为、戒断行为与退瘾反应、网络成瘾耐受性、时间管理问题，以及人际及健康问题，共有26个题项，是一种4级自评量表。该量表的总分代表个人网络成瘾的程度，分数越高表示网络成瘾倾向越高。这一量表综合了美国《精神疾病诊断与统计手册》对各种成瘾症的诊断标准和对临床个案的观察，遵循传统成瘾症的诊断概念模式，是依据侧重于心理层面和较严格的心理测量学程序而编制的。

3. 网络成瘾的调查方法

对网络成瘾的研究多采用在线调查或个案调查。在线调查指研究者把自己的问卷或量表提交给搜索引擎，用户只要输入关键词（如“网络”或“成瘾”）就能够找到，并对其进行访问；或者把自己研究摘要贴在电子公告牌中，使用户了解并参与调查研究；或者通过电子邮件把问卷发送到用户的电子邮箱中。个案调查指研究者选取个别有显著网络成瘾特征的对象进行全面而深入的调查，得出具有一般意义的结论。借助网络进行在线调查既便利快捷，节省研究成本，又可以收集到极为广泛的资料，有助于进行跨文化研究，也容易取得学生样本以外的资料。但在线调查也存在不少问题。例如，只能停留在探索性研究和描述性研究的层面进行相关研究，而不能得出变量之间的因果关系；在线调查要求用户自己键入关键词找到调查问卷，容易导致样本偏差，影响结论的可靠性；自愿（self-selected）参与研究的网络用户来自四面八方，样本难以掌握，被调查对象所填的资料常常不全，难以对不同研究结果进行比较；问卷回收率或填答率偏低，难以杜绝同一网络用户重复填写几份问卷。借助个案调查，研究者能够收集到网络成瘾个体的详细资料。但是研究者对个案的选取往往受主观因素的干扰，根据个案研究资料进行推论时还存在片面性，从而影响研究结论的代表性。

4. 网络成瘾的理论模型

对网络成瘾的解释，有代表性的是ACE模型、认知－行为模型和阶段模型。

（1）ACE模型。ACE模型中的A、C、E分别指匿名性（anonymity）、便利性（convenience）和逃避现实（escape）。它是由美国学者金伯利·扬提出的。她认为这是网络导致用户成瘾的三个特点。匿名性是指人们在网络中可以隐藏自己的真实身份。因此，用户在网络里便可以做自己想做的事，说自己想说的话，不用担心其他人会对自己造成伤害。便利性是指网络使用户足不出户，利用键盘和鼠标就可以做自己想做的事情，这种自由而无限的心理感觉使个体逃避现实生活而进入网络的世界。

（2）认知－行为模型。戴维斯（Davis）提出了认知 － 行为模型，试图解释病态网络使用的发展和维持，如图 9.1 所示。该模型中靠近病因链近端的因素，是病态网络使用发生的充分条件，靠近病因链远端的因素则是必要条件。模型的中心因素是非适应性认知（maladaptive-cognition），它是病态网络使用发生的充分条件。戴维斯认为病态网络使用的认知症状先于情感或行为症状出现，并且导致了情感或行为症状出现。有病态网络使用症状的个体在某些特定方面有主要的认知障碍，从而加剧个体网络成瘾的症状。该模型认为病态行为（即病态网络使用）受到不良倾向（个体的易患素质）和生活事件（压力源）的影响，它们位于病因链远端，是病态网络使用形成的必要条件。个体的易患素质是指当个体具有精神病理学因素（如抑郁、社会焦虑和物质依赖等），则更容易发展出病态网络使用的行为症状。压力源（紧张性刺激）指不断发展的互联网技术。该模型对特定病态网络使用和类化病态网络使用做了界定。特定病态网络使用是指个体为了某种特殊目的病态地使用网络。而类化病态网络使用则是指没有特殊目的病态地使用网络，通常与社会孤立和缺少社会支持有关。

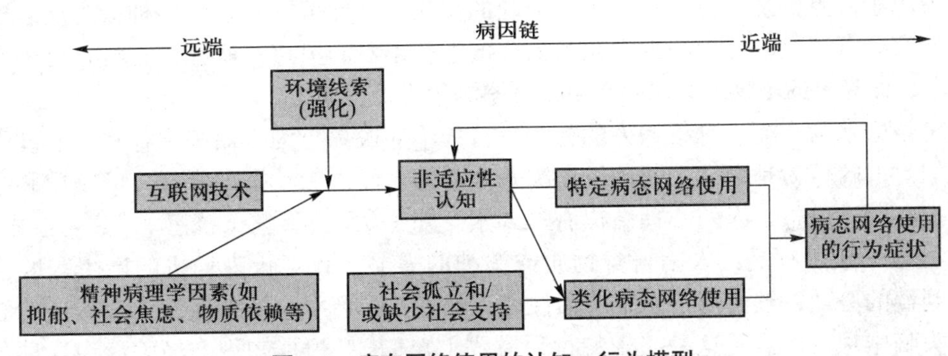

图 9.1 病态网络使用的认知－行为模型

（3）Grohol 的阶段模型。阶段模型认为所谓网络成瘾只是一种阶段性的行为，如图 9.2 所示。该模型认为网络用户要大致经历三个阶段。第一阶段：网络新用户着迷于网络，或者有经验的网络用户着迷于新的应用软件；第二阶段：用户开始回避导致自己上瘾的网络活动；第三阶段：用户的网络活动和其他活动达成了平衡。Grohol 认为所有的人最后都会到达第三个阶段，但不同的个体需要不同的时间。那些被认为是网络成瘾的用户，只是在第一阶段被困住，需要帮助才能跨越这个阶段。

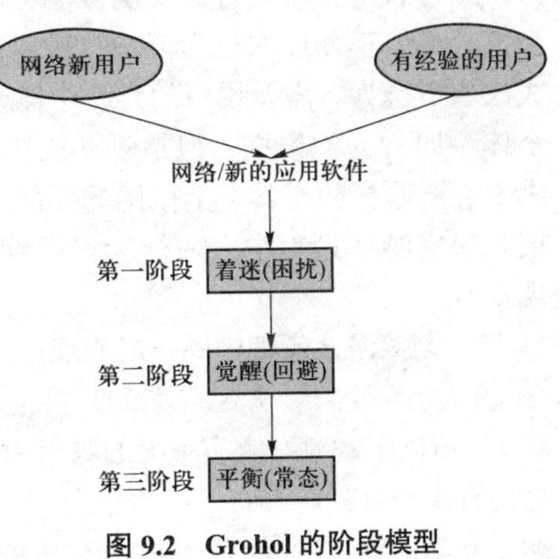

图 9.2 Grohol 的阶段模型

网络成瘾是一种与药物成瘾既有相似之处又有很大差别的、心理上对网络的依赖，需要从心理层面进行研究。研究者应当从网络成瘾的特点出发，对网络成瘾这一概念进行科学、准确的界定。基于这一界定，根据心理测量学的原则编制出严格科学的测量工具。研究者还应当综合运用调查研究、个案研究和实验研究等多种研究方法，对网络成瘾的特点及形成机制进行深入而全面的研究。

9.4　网络管理心理

9.4.1　网络管理的一般心理

在现代西方心理学研究中存在着两大对立的思潮，一是以人的内在精神世界作为研究对象的深层心理学，二是以人的外显行为作为研究对象的行为心理学。行为心理学认为，人的行为源于外界，是环境中各种刺激引起的反应，因此偏重对人的各种行为反应模式的考察和探究。事实上，行为心理学在很大程度上并不对心灵进行研究，它将自己的研究范围局限在显而易见的事物上，局限在可以观察到的人类行为上。

巴甫洛夫认为，行为是行为人的行为，行为不能脱离行为人而独立存在。心理学原理告诉人们：人的行为是由一定的动机支配并推动的，而人的动机来源于人的物质和精神需要。根据心理学分析，人的心理结构有三要素：知（认识）、情（情感）、意（意志）。人的行为心理一般过程是：人因自身物质或精神的需要导致了行为动机的产生，即获取某种预期利益的心理，继而由于思维的惯性即人长期在生产、生活的实践中所形成的心理习惯，在头脑中预设出满足这种心理的行为模式（知），并根据知识与经验认识这种预设行为模式与获得预期利益的现实可能程度（情），然后判断与取舍即实现或不实现预设的行为模式或修正预设的行为模式，最后形成肯定或否定的意志（意），实施所确认的行为模式或取消行为。需要说明的是，个体差异的具体因素，包括生理和心理因素，都可以成为个体不同行为的根据，但是哪些因素可以现实地成为行为主体具体行为产生的根据，取决于它所遇到的与其发生作用的外部条件，如情境因素、自然环境因素等。用行为心理学模式研究游戏过程中人的行为，可以得到以下对网络行为管理有指导作用的一些心理学现象。

1. 网络游戏管理中的一般心理

因为游戏能够满足玩家的一些心理上需求（如在现实生活中无法实现的一些自我超越），所以游戏对玩家有很大的吸引力。分析玩家在游戏时的心理活动和心理需求对于理解如何开发出好的游戏有一定的帮助。

玩家在游戏中的行为是人基本的活动行为模式之一，即交流（或是说互动）。而这个行为模式，又会根据游戏类型的不同分为两大类：人机互动模式（人机互动，就是人与事先设定好的程序进行交流和互动，单机游戏多是此种类型）和人人交流（人人互动，指在一个程序设定好的平台上进行人与人之间的交流和互动）。它们的游戏心理活动如下。

（1）人机互动模式心理活动。人机互动模式大多用于单机游戏，因为单机游戏的游戏过程是事先设计好的，玩家面对的是一个很有规律的东西，因此玩家的心理活动也会有一定的规律，即发现目标→出现阻扰→找到解决阻扰办法→解决阻扰→达到目标→发现新的目标。玩家在发现目标时心理状态是产生好奇心，出现阻扰后则产生解决问题的动力和压力，一旦达到目标就会产生成就感（但是这个成就感是与压力成正比的），最后发现新目标再次形成好奇心，这样形成一个心理活动循环。

需要注意的是，在这种心理活动规律中，游戏的趣味性主要是在阻扰和解决阻扰这两个过程中产生的。在解决阻扰的这个行动过程中，玩家的两个心理因素（解决问题的动力和压力）其实是在进行一个类似天平的心理活动，当动力超过压力时，玩家有兴趣进行游戏，但是如果压力超过动力太多，玩家就会放弃游戏。有两点需要注意，一是玩家的心理承受力是不同的。同一个游戏过程，每个人产生的游戏动力和压力也是不一样的。二是这个心理过程不是一成不变的，压力和动力会在游戏中不停地进行寻求平衡的运动，这个运动频率越大，达到目标后的成就感就越大。但是，这个运动频率不能超过玩家的心理承受力范围，否则玩家就会抛弃这款游戏。

（2）人人互动模式心理活动。人人互动模式心理活动是无法描述的。因为在网络游戏中，人与人之间互动的心理活动和现实生活中的人与人之间互动的心理活动走势是完全一样的，人机活动则完全不同。这种心理活动是动态的，充满了不确定因素。

这使人人互动模式会产生许多人机互动模式永远无法所产生的独特的交流乐趣。但是，这种乐趣和投入感是建立在人与人良性互动的基础上的，因此设计合理的游戏系统，最大限度地促进玩家与玩家的良性互动，避免恶性互动，是网络游戏设计一个很重要的方向。

2. 网络信息服务用户的需求心理

从用户的角度来看，服务效用的评价决定了用户是否持续使用网络信息服务网站及使用时间的长短，它主要通过用户的服务体验和服务评价来表现。

在信息服务过程中，由于不同用户对服务的期望不同，以及他们在个性、经验方面的差异，用户的服务体验可以分满意、基本满意、不满意三种情况，这三种情况可以通过网络信息服务网站设计、服务态度、信息质量以及信息获取的便利性等反映出来。如果用户对服务满意，就会积极选择该网站继续接收信息；如果用户对服务基本满意度，但还没有处于放弃的状态，用户就会减少接收服务的时间，降低接收的信任度；如果用户对服务不满意就会尽力避免重复接受此服务。正因为用户在接受服务后可能产生三种不同的体验，所以在开展网络信息服务时应重视用户的体验，为用户提供全方位的优质服务，使用户在接收信息时获得最大限度的满意体验。

除此之外，用户的服务体验以及对服务的评价，既可能影响用户自己下一次的信息利用行为，又可能通过这一评价的传播而影响他人对该网络信息服务网站的态度和行为。网络信息服务网站应该在服务手段、服务方式、服务内容等方面进行更新，使其更符合用户日益增长的信息需求。

面对纷繁无序的信息海洋，用户对信息的吸收能力显得十分有限。用户应该根据自己的价值观和特定需求对信息进行选择和过滤，筛选掉无关的信息，保留有价值的信息。如果信息对用户是有价值的，则他将产生对信息的需求；否则，用户将会放弃对信息的需求。这时用户的心理反应是对自己越有用的信息，需求就越迫切，查找态度就越认真，查找行为也就越积极。可见，价值是判断用户的信息需求是否得到满足的主要依据，也是产生一切信息需求活动的驱动力。

美国学者齐普夫（Zipf）从用户查找文献信息的行为现象中总结出一条“图省事律”（the principle of least effort）：“大多数研究人员，甚至一些严肃认真的学者，都习惯于使用那些容易到手的信息源，哪怕这些信息源质量是不高的。同时，他们也容易满足于那些容易到手的信息源，而不愿意花费更多力气，去追寻质量更高的信息源。”所以，用户在获取信息时，总是有一种以最小的努力去获取最大收益的心理趋向，这种心理趋向使用户在对信息机构的选择中表现为舍远求近、弃繁求易、就近方便的心理状态。因此，随着网络信息服务体系的形成和不断完善，网络终端的设计应充分考虑用户的需求习惯，努力向“一站式”服务模式发展。

3. 网络信息服务用户的防御心理

防御心理是指当某种带有或可能带有伤害性或与己不利的刺激出现时，用户会本能地采取防御姿态，关闭感官通道，拒绝信息的输入。网络作为一种媒介，其特点是显而易见的：同步性或即时性、覆盖面广、信息海量、互动性强、多媒体并存等，这些特点在给人们带来极大方便的同时，也使人们产生了防御心理。

从信息服务主体来看，网络信息服务主体处于多元化状态。国内外各类型的数字图书馆、国内各种外传统媒体的网络版、各种商业机构的网站及个人网页等，给用户目不暇接的感觉。用户在接收信息的同时，对信息传播者是否权威、信息源是否可靠、信息质量是否有保障产生了怀疑。从信息传播的内容来看，网络信息具有大数量、多类型、跨时空、跨地域、多语种等特点，其复杂性和多样性空前增加，学术信息、商业信息、政府信息、个人信息混为一体，在海量信息的冲击下，用户往往会不知所措。从网络管理来看，网络的发展和网上信息资源的动态增长是由用户驱动的，但由于缺乏必要的过滤、质量控制和管理机制，信息发布具有很大的自由性和任意性，信息安全和信息质量都令人担忧。

可以说，网络信息服务与传统信息服务相比有着很大的不同：传统信息服务中服务对象确定、服务双方关系明确、回答行为确定，回答内容的解读也具有确定性，具有较强的可信度；而网络信息服务中服务对象不明确，有无回答不确定，回答内容的解读具有多种可能，信息可信度不高，这一切不能不使用户产生防御心理。

9.4.2　网络管理的行为心理

1. 网上讨论

为了说明网上讨论的行为心理，这里先设想以下场景。一个有关网络药品的邮寄列表的订户，很想知道别人用葡萄糖胺治疗背痛的经验。在邮寄列表的信息中，他发现了某个葡萄糖胺品牌的名称、购买渠道、市场价格等信息，并向别人询问是否使用过该产品。之后，有人公开指责这个订户利用网上讨论进行这种变相的推销是绝对不可以接受的。也有人指责这个订户没有阅读“入网须知”。还有人会给这个订户发一封介绍自己的私人信件，并谈到自己使用葡萄糖胺治疗关节炎的经验；在信的末尾处，还不忘写上一句：“以后最好不要在讨论的时候提到某一个具体品牌的名字，以免别人怀疑你是一个做免费广告的药品经销商。”

由于不经意提到了具体品牌而违反了小组的规则，上述三种人的反应采用的是不同的策略，因此产生了不同的心理效应。第一种人用的是攻击型的策略，很容易引起反驳，并且觉得他的指责毫无道理，很难保证对他不予以还击。第二种人用的是嘲讽型的策略，但还是很直接地进行了批评。第三种人则直接回答了问题，他非常聪明地以私密而不公开的方式告诉所应该注意的事项。他知道在公开场合对人的批评具有羞辱和激怒的作用，因而避免那样做。

网上讨论对达成小组成员间的共识很重要。网上讨论的语调和风格对网络用户有重要的心理影响。上述三种迥然不同的回应方式清楚地表明，人们对待网上讨论的各不相同的态度能够产生完全不同的效果。在进行网上讨论时，应该谨慎从事，尤其是参加公开讨论和进行评论的时候，否则会使讨论变成相互攻击。

2. 网络成瘾与强化疗法

对网络成瘾的人来讲，他们呈现出一种病态的对网络的依赖性。是什么原因使他们的行为近乎着迷？这也正是著名心理学家斯金纳（B. F. Skinner）的工作重点所在。他通过强化疗法来说明着迷行为的原因。

斯金纳通过电子邮箱发现强化疗法的复杂性。强化疗法的原理非常简单：每个人都愿意被重复表扬，愿意做那些令人快乐的事情。重复一个特定行为得到某种奖励的可能性是该行为吸引人的一个重要原因。如果一直重复某种行为却得不到奖励，人们就会对该行为失去兴趣，但有时即使没有奖励，行为也会持续很长一段时间。

强化疗法是一种影响行为的基本心理过程，不仅仅局限于着迷行为。在陌生环境中人们的认可和注意便是一种奖励。同样的，强化疗法的过程使人们更多地沉醉于网上游戏和聊天室。

小结

网络应用心理学是随着计算机网络技术的发展而逐渐成长的一门交叉学科，本章简要介绍了它的产生、研究内容和意义。

随着网络的日益普及，网络应用带来了大量的心理问题，一方面是传统心理学借助网络技术而全面网络化，另一方面则由于随着网络的快速发展出现了诸如网络成瘾等一系列问题，从而导致心理学开始考虑将网络作为自身的研究内容。应用计算机网络技术来发现、研究和解决心理学问题促使一个新的研究领域——网络应用心理学的产生。

此外，本章还介绍了网络交互心理、网络应用心理以及网络管理心理的有关内容。

思考与讨论

1. 应用心理学的发展局限性是什么？
2. 网络应用心理学是在什么背景下产生的？
3. 网络应用心理学的研究内容与传统心理学的研究内容有很多不同，谈谈你的认识。
4. 为什么要重视网络应用心理学的研究？
5. 网络应用心理学的意义是什么？
6. 什么是“人机交互？”它在人机界面学中扮演何种重要角色？
7. 网络交互的内涵、形式和特点分别是什么？
8. 网络聊天在当今社会是极为普遍和流行的，试从利弊两方面谈谈你对它的认识。
9. 网络交互心理产生的背景是怎样的？
10. 结合网络环境下产生的心理问题，谈谈你对这些心理问题的认识和看法。
11. 对网络应用心理特征进行分析的现实意义是什么？
12. 网络成瘾的测量工具主要有哪些？网络成瘾与通常的药物成瘾有什么相同之处和不同之处？应该采取哪些措施来避免网络成瘾？
13. 网络管理中的一般心理是什么？产生的这种心理的原因又是什么？
14. 人人互动和人机互动的心理活动有什么相同之处及不同之处？
15. 通过对本章内容的学习，你对网络应用心理学的理解是什么？你认为网络应用心理学对网络社会的发展具有哪些重大的指导意义？其发展前景如何？

第5篇

第 10 章
电子商务案例分析

对电子商务案例进行分析总结是非常重要的，案例分析可以使读者能够深化所学的理论知识，加深对理论知识的深层次理解；能够将所学的知识转变成技能，使理论学习与实际应用有机地结合起来；能够锻炼培养综合运用前面所学的知识解决实际问题的能力。

本章通过对几个典型案例的分析，使读者可以从这些案例中借鉴成功的经验以及解决问题的思路，为电子商务设计与电子商务企业运营提供有益的指导与帮助。

本章的内容主要包括电子商务案例分析方法，以及电子商务案例分析实例。

10.1 电子商务案例分析方法

10.1.1 电子商务网站评价分析方法

1. 电子商务网站评价的概念和作用

随着因特网迅速商业化，电子商务网站大量涌现，市场竞争日趋激烈。电子商务网站经营者需要了解网站受用户欢迎的程度、用户使用网站的方式、网站的成功与不足之处，并找出进一步改进的方法。电子商务网站投资者需要了解网站的运营状况、品牌、实力和发展潜力，评估网站的价值，以便做出投资决策。消费者需要了解如何寻找最好的网站，以获得最好的服务和最大的价值。要解决这些问题就必须采用合适的标准和方法来评价网站。因此，网站评价的研究和实践活动蓬勃地发展起来。

电子商务网站评价是指根据一定的评价方法、评价内容与评价指标对电子商务网站的运行状况和工作质量进行评估。作为电子商务市场发展和完善的重要推动力量，电子商务网站评价不仅可以使自身得到快速发展，还可以促进电子商务网站整体水平的提高，以及电子商务网站经营的规范和完善，从而推动电子商务健康发展。

通过电子商务网站评价，网站经营者可以更加客观、全面地了解网站实际运行的效果以及用户的满意程度，正确认识网站的地位、优势和不足，以作为网站维护、更新及进一步开发和完善的依据。具体而言，电子商务网站评价的作用主要表现在以下几个方面。

（1）扩大知名度。客观、公正的评价结果往往会被多种媒体转载，产生良好的新闻效应，对扩大电子商务网站的知名度有着明显的效果。

（2）吸引新用户。网络用户数量快速增长。对于许多用户来说，对一些电子商务网站的情况可能并不十分了解，因此电子商务网站的综合评价结果具有重要的指导意义。

（3）增加保持力和忠诚度。优秀的电子商务网站大都有相似的特征：良好的用户服务、有价值的网站内容、生机勃勃的商业模式。在同等条件下，用户显然对评价高的电子商务网站拥有更高的忠诚度。优秀的电子商务网站同时也意味着更多的承诺和用户的信任。

（4）了解行业竞争状况。尤其对购物模式电子商务网站进行评价，通过电子商务网站评价结果和排名，可以很清楚地了解本行业竞争对手的状况，从而认识自己的优势和不足，便于改进。

（5）促使电子商务网站更加重视用户的满意度。由于电子商务重视与用户的关系，以用户为中心，因而用户服务质量是对电子商务网站进行评价的重要因素，这样有利于促进网站从提高用户满意度入手改进经营模式。

电子商务网站评价的社会需求促使一种新的电子商务模式产生：比较电子商务。电子商务网站评价作为比较电子商务的主要组织形式，随着电子商务的发展而发展，其作用日益重要。它根据特定的评价方法和指标，以一定的电子商务网站为评价对象，为用户、被评价网站及其投资方提供相关的分析与评价结果。测评机构和专业评比网站作为中立的第三方，通过提供信息增值服务——网站测评、排名及其分析报告等而快速发展起来。例如，美国著名的商业性专业评比网站（Gomez、BizRate）对电子商务网站排名的影响力越来越大。因此，专业评价网站作为一种新的电子商务模式产生并蓬勃地发展起来。

因此，专业评比网站是电子商务网站与用户之间联系的通道，为用户提供中立、公正的被评电子商务网站的信息，帮助用户选择合适的电子商务网站。另外，专业评比网站还能监督、促进电子商务网站的经营趋于规范和完善，它关于电子商务网站的评价及其评价指标对电子商务网站的经营管理者来说具有指导意义。随着电子商务的不断普及，专业评价网站的作用将越来越重要。

电子商务网站评价能够在一定程度上解决电子商务网站和用户之间的信息不对称问题。用户可以根据中立的电子商务网站评价结果，获得各个电子商务网站可靠的评价信息，从而降低信息搜索成本，更方便、更迅速地选择合适的电子商务网站进行商务活动或获得最好的服务。例如，在网络购物方面，用户利用电子商务网站的评分结果，可以从产品的价格、质量、优惠措施等各方面进行比较，从而根据自己的需要找到最合适的电子商务网站，并买到价廉物美的产品。

2. 电子商务网站评价的分类

电子商务网站评价根据不同的分类标准，可以划分为不同的类型。由于参与电子商务网站评价的主体一般包括用户（消费者）、相关的专家、网站管理人员和技术人员，因而根据电子商务网站评价的主体不同，可以将电子商务网站评价分为消费者评价、专家评价和网站自身评价。根据被评价电子商务网站性质的不同，可以将电子商务网站分为商业性电子商务网站评价和非商业性电子商务网站评价。根据电子商务网站评价的方法不同，可以将电子商务网站分为电子商务网站流量指标评价、专家评价、问卷调查评价和综合评价。根据被评价电子商务网站的行业范围不同，可以将电子商务网站分为综合性电子商务网站评价和专业性电子商务网站评价。其中，专业性电子商务网站评价又可以按照行业分为各个不同行业电子商务网站的评价，因各行业有其特殊性，故其评价标准有一定区别。根据电子商务网站评价活动的组织者不同，可以将电子商务网站分为官方或非官方的行业性评测机构、商业性专业评比网站、各类咨询公司及有关的媒体、民间的“品网”。各类电子商务网站评价机构以其独有的方法展开对电子商务网站的评价，各自的目的和服务对象不尽相同。

（1）行业性组织测评机构。行业性组织测评机构，在我国又称为官方的测评机构，如中国互联网络信息中心（CNNIC）。该中心是成立于 1997 年 6 月 3 日的非营利管理与服务机构。从 1997 年开始，中国互联网络信息中心每年组织两次“中国互联网络发展状况统计调查”，并分别发布相应的调查报告。中国互联网络信息中心主要采用网上调查问卷的方式，并在调查报告的结尾有一个基于用户调查推荐形成的分门别类的“十佳优秀网站”。

美国消费者联盟（CU）也开展了卓有成效的电子商务网站测评活动，美国消费者联盟是一个独立的、非营利性的测试和信息组织。从 1936 年起，美国消费者联盟的使命一直是检验产品，向公众发布检测报告，并保护消费者。美国消费者联盟的非营利性质有助于树立其在公众心目中的公正形象。目前其管理的网站“消费者报告在线”（Consumer Reports Online）主要对以下 9 类网站进行评比：服饰、器具、汽车、书籍和音乐、目录、电子、玩具、家庭装饰以及家具。

（2）商业性专业评比网站。比较著名的商业性评比网站有美国的 BizRate 和 Gomez。BizRate 公司成立于 1996 年。它采用“在线调查法”收集用户对电子商务网站评价的资料，即其所有资料全部来自真实用户对电子商务网站直接的反馈信息。由此得出的评比结果可以被认为是用户满意度的标准。

Gomez 公司是一个为网络用户以及电子商务企业提供网络服务质量评测的机构。也就是说，它通过综合业界专家的意见，通过全面、广泛、客观的 Internet 评价、高质量的社区评比，以及在线企业的评论，为网络用户和电子商务企业提供用户经验评测、电子商务基准测试和用户导购等服务，以帮助企业建立成功的电子商务网站和指导网络用户进行在线交易。Gomez 公司的目标是成为业界第一的提供电子商务决策支持和在线用户经验评测的企业。

（3）各类咨询公司以及有关的媒体。著名的研究咨询公司 Forrester Research 公司在电子商务的发展中也进入了电子商务网站评比领域，并在电子商务网站评价领域做出了突出的贡献。Forrester Rearch 公司采用在线消费者调查、站点统计数据以及专家分析相结合的“强力评比法”（Forrester power rankings）对某个站点进行评价，为用户提供全面、客观的评价结果，帮助用户更好地做出在线消费的决策，同时也能对电子商务企业的经营进行公正的评价。

我国的赛迪网等机构或媒体也相继开展了电子商务网站的评价活动，评选优秀的电子商务网站，在国内已产生一定的影响。

（4）民间的“品网”。所谓民间的“品网”是指非官方的、非营利的评比网站。与中国互联网络信息中心发布的互联网络发展状况统计报告是为国家和有关部门提供政策性咨询的目标不同，“品网”网站的服务对象是广大的网络用户，其目的是向网络用户推荐可看、耐看、好看的站点；其品评的对象也主要是一些个人站点，尤其是一些比较优秀但同时又不为众人所知的个人站点。我国比较有名的“品网”有梦想热讯网、网星网等。

3. 电子商务网站评价方法

电子商务网站评价所采用的方法很多，从评价所需数据资料的获取方法来看，常用的电子商务网站评价方法有以下 4 种。

（1）电子商务网站流量指标统计。电子商务网站流量指标统计就是通过特定的软件统计、分析电子商务网站的浏览量。国际著名的咨询调查机构如 ComScore 公司、ACNielsen 公司等采用独立用户访问量指标来确定网站流量，并据此定期发布网站排名。我国有一定影响的网站访问量统计机构，如中国互联网络信息中心的第三方网站流量认证系统等都是采用网站流量指标排名方法。网站的排名一般有周排名、月排名，也有昨天最新排名。国际上对独立用户的定义是：在一定统计周期内（一个月或一个星期），对于一个用户来说，访问一个网站一次或多次都按一个用户数计算。

（2）专家评价。专家评价是一种采用规定的程序请专家进行调查，依靠专家的知识和经验，由专家通过综合分析研究对问题做出判断、评估的一种方法。

专家评价法有集思广益的优点，可以对各电子商务网站进行综合评价，但其局限性也十分明显。例如，专家人数有限，代表性不够全面；主观性强，难以避免部分专家具有倾向性；个别权威专家可能左右讨论结果；等等。这些局限性有可能影响整个评价结果的公正性。

（3）问卷调查。问卷调查是一种常用的调查方式，通常有抽样调查和在线调查等形式。中国互联网络信息中心历次中国十佳优秀网站的评比都是基于在线问卷调查的方式。但是，由于问卷调查结果的可信水平与问卷的设计、抽样方法、样本数量、样本分布、系统误差、调查费用等多种因素有关，问卷调查的结果也只能在一定程度上反映出网站在用户心目中的“形象”。

对于任何一个评比网站来说，建立科学的评价标准，并保持自身的公正至关重要。但是无论是专家评价还是问卷调查，都摆脱不了主观因素的影响，这样对每种标准的判断就会有差异。所以，无论是定量分析还是定性描述，各种评比方法都存在一定的缺陷。

（4）综合评价方法。由于以上各网站评价方法都有一定的局限性，电子商务网站评价需要一种综合性的评价方法，即集动态监测、专家评价、问卷调查为一体的综合评价模式，这既需要有科学的分析评价方法，全面、公平、客观的评价体系，权威、公正的专家团体，也需要有科学、合理并有足够数量的固定样本作为基础。

这种评价方法，首先是建立加权的综合评价指标体系；然后通过技术测量、专家调查、用户调查等方法收集数据，并建立监测数据库、调查数据库等；再采用定性与定量方法、比较分析方法、模型分析方法等对数据库及其相关资源进行挖掘和分析。有的文献对综合类证券电子商务网站（主要是包含应用服务提供商平台服务、因特网内容提供商内容服务等非券商类电子商务网站）在技术指标、功能模块和商业模式等方面进行了综合评价，测试各电子商务网站的技术指标，综合比较其各功能模块，对其商业模式进行基本面的战略能力描述，并做出优劣势分析及比较评价。

4. 电子商务网站评价指标

如前所述，电子商务网站评价有多种类型，由于不同的电子商务网站所设定的目标不同，所以有不同的评价标准。例如，信息服务型网站、教育咨询网站、商品分销网站、销售网站等不同类型网站的评价标准都有所不同。但是，网站的访问量则是所有网站共同的评价指标。

Gomez 公司和 BizRate 公司主要从用户需求、用户满意的角度来制定网站的评价指标。Gomez 公司制定了 5 个一级类指标：易用性、用户信心、用户关系服务、站点资源和总成本。如表 10.1 所示。

表 10.1　评 价 指 标

评价指标	指标解释
总评	对网站所提供的服务以及网页设计和布局总的使用情况评测
易用性	网页形式一致，且和网站的外观相结合；布局紧密，且与内容和功能相结合；提供有用的示范和广泛的联机帮助
用户信心	网站高度可靠，拥有知识丰富且易于访问的用户服务机构，并且提供质量和安全保护
用户关系服务	企业通过个性化服务建立电子化的用户关系服务，允许用户在线提出服务请求，通过用户联谊活动和额外津贴等方式提高用户的忠诚度和集体感
站点资源	不仅在站点上提供广泛的产品和服务方面的信息，还通过电子账户、交易、工具和信息查询等方式提供针对这些产品服务的全方位的深度服务
总成本	企业为用户提供定制化一揽子服务所需要的成本，包括一揽子服务的原材料成本、运输和处理的附加费用、最小的收支差额和利率

BizRate 公司制定的电子商务网站的评价指标共有 10 项：再次光顾网站的比率（通常称为回头客的比率）、订购的方便性、产品选择、产品信息、网站外观与表现、物品运输和处理、送货准时性、产品相符性、用户支持，以及订购后跟踪。

美国消费者联盟“消费者报告在线”网站的评价指标包括网站流量，销售额，网站政策（安全性、个人隐私、装运、退货、用户服务），使用方便性（设计、导航、订单及订单取消、广告）和网站内容（分类深度、产品信息、个性化），然后根据各项指标的综合结果对电子商务网站进行排名。

中国互联网络信息中心的评价指标有网站浏览器的兼容性、引擎出现率、网站速度、链接的有效率、被链接率、拼写错误率，以及网站设计。

电子商务网站的评价指标因各自的目标不同而不同，有的侧重于技术指标的评价，有的侧重于信息服务评价，而有的侧重于用户满意度的评价。对于商业性电子商务网站而言，应该至少从以下 6 个方面进行评价。

（1）技术指标，包括网站速度、系统稳定性与安全性、链接的有效性等。

（2）界面指标，包括整体视觉效果、美工设计、页面布局、网站结构与分类深度、使用的方便性等。

（3）信息指标，包括提供信息的数量、质量及种类，信息更新频率，个性化信息服务等。

（4）功能指标，包括网站功能的完备性、功能实现的有效性、特色产品、特色功能和特色服务等。

（5）用户服务指标，包括商品配送的收费和配送方式的选择性、送货准时性、用户支持的水平和质量、个性化定制能力、网站与用户的交互性、个人隐私保护等。

（6）经营业绩指标，包括网站流量（点击率）、交易额、成本利润率，甚至股票价格等。

10.1.2　电子商务战略评价分析方法

电子商务战略评价分析方法主要有以下几种。

1. PEST 分析

PEST 分析即总体环境分析。PEST 代表政治（politics）、经济（economy）、社会（society）、技术（technology）。PEST 分析通常采用矩阵式的方法，就是在坐标中分成 4 个象限。例如，用政治和经济做坐标，在政治环境和经济环境都理想的情况下，就能发展；在政治环境和经济环境都不理想的情况下，就不能发展。两个环境一个理想一个不理想时，就要适当考虑，可能发展也可能不发展。PEST 分析通常用于电子商务外部环境分析。

2. 竞争因素分析

如果电子商务企业要进入某一个新的行业，或者一个新的产品领域，就要分析其会遇到哪些竞争因素。这些竞争因素主要来自 4 个方面，如图 10.1 所示。

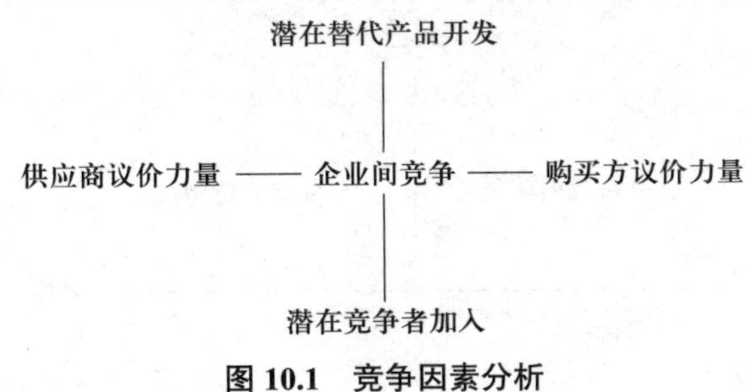

图 10.1 竞争因素分析

（1）潜在替代产品开发。在替代产品处于优势的情况下，老产品就会受到冲击。

（2）潜在竞争者加入。有替代产品，就一定有潜在竞争者加入。

（3）供应商议价力量。产品上游就是供应商，供应商总是在提高自己的利润，他们实际上既是一种竞争力量，也是一种潜在的威胁。

（4）购买方议价力量。下游的用户极力想压低上游供应商的价格，所以购买方也是竞争因素。

3. 波士顿矩阵和价值链分析

波士顿（BCG）矩阵方法用产品销售额的增长率和相对市场份额两个要素组成一个矩阵，通过四象限法则来分析。如果企业生产很多种产品，那么在市场销售过程中，就要探讨这些产品中哪些应该继续发展，哪些不要发展。

假设横坐标是相对市场份额，纵坐标是产品销售额的增长率，如果某种产品的相对市场份额很大，有大量客户，产品销售额每年都增长，这种产品就要发展。如果某种产品的相对市场份额小，销售额的增长率也低，说明这种产品滞销，就不应该再生产了。产品相对市场份额比较大，但是销售额的增长率比较低；或者销售额的增长率较高，但是目前相对市场份额还不大，这种产品就应该保持现状或者继续发展。产品的销售额的增长率很高，但是相对市场份额不大，就需要增加销售渠道，采取一些销售措施。产品的相对市场份额比较大，但是销售额的增长率较低，也要注意增加销售渠道。

产品的价值链分析就是分析从产品的研发到生产、销售和售后服务的各个环节，研究哪些环节做得不太好，哪些环节给企业带来增值效益。

4. SWOT 分析

SWOT 分析是战略管理最常用的分析方法。SWOT 就是指优势（strength）、劣势（weakness）、机会（opportunity）、威胁（threat）。

分析企业的内部环境时，可以把它分为两个方面，也就是 SWOT 分析的前两个要素：一是企业有什么优势，二是企业有什么劣势。对企业外部环境，也可以把它分为两个方面，也就是 SWOT 分析的后两个要素：一是企业有什么机会，二是外界对企业有什么威胁。

在 SWOT 分析中，SO 矩阵分析企业的优势和机会，发挥企业优势，利用企业机会。SO 矩阵分析法如图 10.2 所示。

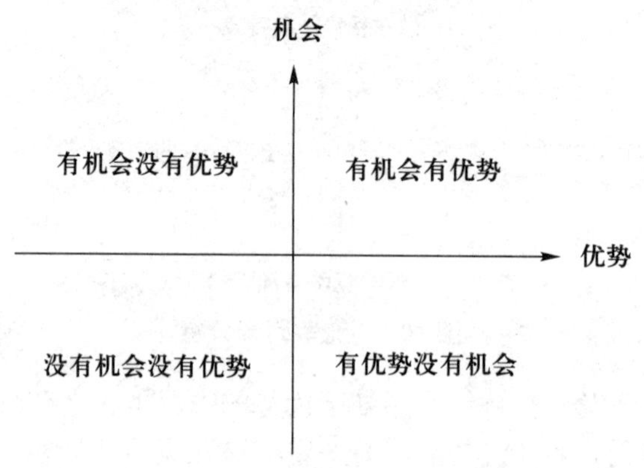

图 10.2　SO 矩阵分析法

WO 矩阵分析企业的劣势和机会。ST 矩阵分析企业的优势和受到的外部威胁。WT 矩阵分析企业的劣势和受到的外部威胁。

5. 三种竞争力分析方法

所谓的三种竞争力分析，指的是企业采取的竞争战略，分别是差别化战略、低成本战略和集中性战略。

差别化战略是提供与众不同的产品和服务，满足用户的特殊需求，形成竞争优势的战略。企业形成这种战略主要是依靠产品和服务的特色，而不是产品和服务的成本。但是需要注意的是，差别化战略不是说企业可以忽略成本，只是强调这时的战略目标不是成本问题。企业采用这种战略，可以很好地防御行业中的 5 种竞争力量，获得超过行业平均水平的利润。

低成本战略的战略目标是获得比竞争对手持久的成本优势，而不是获得绝对低的成本。如果在企业所在的市场上购买者对价格很敏感，那么努力成为行业中总成本最低的供应商就是一个很有力的竞争途径。在寻求低成本的过程中，企业的管理者必须认真地考虑哪些特色和服务被购买者认为是至关重要的。一种产品如果过于简便，没有附加的特色，就会削弱而不是加强产品的竞争力。成本优势的价值取决于这种优势的持久性。如果竞争对手发现模仿领导企业的低成本方法相对来说并不难或者并不需要付出太大的代价，那么低成本领导者的成本优势就不会维持很长的时间，就不能产生有价值的优势。

集中性战略是指把企业经营战略的重点放在一个特定的目标市场上，为特定的地区或特定的购买者集团提供特殊的产品或服务。集中性战略与其他两个竞争战略不同。低成本战略与差别化战略面向全行业，在整个行业的范围内进行活动。而集中性战略则是围绕一个特定的目标进行密集型的生产经营活动，要求能够比竞争对手提供更有效的服务。企业一旦选择了目标市场，便可以通过产品差别化或低成本领先的方法，形成集中性战略。就是说，采用集中性战略的企业，基本上就是特殊的差别化公司或特殊的低成本公司。由于这类企业的规模较小，采用集中性战略往往不能同时进行差别化和低成本的方法。如果采用集中性战略的企业要想实现低成本，则要在专用品或复杂产品上建立自己的成本优势，但这类产品难以进行标准化生产，也就不容易形成生产上的规模经济效益，因此也难以具有经验曲线的优势。如果采用集中性战略的企业要实现差别化，则可以运用所有差别化的方法去达到预期的目的，与差别化战略不同的是，采用集中性战略的企业是在特定的目标市场中与实行差别化战略的企业进行竞争，而不在其他细分市场上与其竞争对手竞争。在这方面，采用集中性战略的企业由于其市场面狭小，所以可以更好地了解市场和用户，提供更好的产品与服务。

6. 5 种力量模型分析

5 种力量模型分析从一定意义上来说隶属于外部环境分析方法中的微观分析。该模型由迈克尔·波特（Michael Porter）于 20 世纪 80 年代初提出，对企业战略制定产生了全球性的深远影响。它用于竞争战略的分析，可以有效地分析用户的竞争环境。5 种力量模型分析是对一个产业盈利能力和吸引力的晶态断面扫描，说明的是该产业中企业平均的盈利空间，所以这是一个产业形势的衡量指标，而非企业能力的衡量指标。通常这种分析方法也可以用于创业能力分析，以揭示本企业在本行业中具有何种盈利空间。迈克尔·波特对于管理理论的主要贡献，是在产业经济学与管理学之间架起了一座桥梁。在其经典著作《竞争战略》中，他提出了行业结构分析模型，即所谓的 5 种力量模型。他认为：行业现有的竞争状况、供应商的议价能力、用户的议价能力、替代产品或服务的威胁、新进入者的威胁这 5 个竞争驱动力，决定了企业的盈利能力，并指出企业战略的核心，应在于选择正确的行业，以及行业中最具有吸引力的竞争位置。

在进行战略分析时，既不要夸大优势，也不要回避劣势，实事求是非常重要。

10.2 电子商务案例分析实例

10.2.1 金融业电子商务案例分析

电子商务综合运用计算机和通信网络，成为传输、管理和运行商业活动的新方式。由于电子商务活动涉及网络上的信息流、物质流和资金流，因此它至少包括用户、商家和金融机构三个部分。其中，金融机构起着决定性作用。只有通过网上支付活动，才能真正完成电子商务的运作，从而推动电子商务的发展。

电子商务需要金融服务提供基础架构。电子金融是电子商务条件下金融创新的产物，由网上电子货币带动的网上金融服务正在迅速发展。在相当长的时期内，传统金融业务与网上电子金融新兴业务将共存。目前主要有以下几类公司在竞争电子金融服务：① 信用卡公司，如VISA、MasterCard等；② 网络服务公司，如AOL等；③ 大型银行，如美国商业银行（BOA）等；④ 财务软件公司，如Intuit等；⑤ 热衷于电子现金的新公司，如DigiCash等。

在电子金融的支持下，金融国际化和全球化的发展更加势不可当，金融服务及其功能的多样化与日俱增，并带动了金融创新的深入发展。

在国际金融市场一体化、金融创新和技术革命浪潮的推动下，突破地域与时间限制的电子商务迅速发展，全球金融业出现全面改革的局面以适应新时代社会经济发展的需要。用户是银行的生命线，金融改革首先触及的是用户管理体制的改革。世界商业银行长期实施的是以提高盈利为宗旨的服务竞争制，随着银行间竞争日趋激化，金融风险增加，金融服务与管理出现重大变化，即需要推进以扩大市场占有率为宗旨的用户综合管理体制；以人为本，注重市场营销，将市场营销观念作为指导金融业务经营的基本思想，要求金融服务一切与用户有关的活动都应该按照市场营销因素协调起来，将市场营销观念渗透到金融业务经营的各个领域。现代化技术的日新月异为金融业变革提供了基础，特别是互联网的发展要求金融服务及时、便捷、安全、多功能和全球一体化，从而形成全球电子商务的金融基础。

技术革命突飞猛进，金融步入电子化新时期。这一浪潮使金融能快捷地为世界各地的用户提供电子金融服务。对于金融机构而言，用户才是最重要的财富，金融为了在信息技术时代求生存，首先要争取用户，尽可能为他们提供优质服务，尤其是自动服务。使用自动服务系统，包括自动账单打印机、自动柜员机、自动服务终端等，用户可以进行现金存取、转账、账户查询等操作，进入“无人银行”境界。网络使各银行间的联系十分方便。用户对金融服务的需求，促使金融服务手段现代化。金融致力于采用新技术，也为金融与银行以及银行与用户间的联系增加了新的内容。

在电子商务的促进下，金融企业通过互联网开展业务，人们要求在计算机上可以处理任何金融问题。因此，金融服务从传统的储蓄、支付扩展到理财、投资、保险、信息咨询等领域范围。这要求银行是多功能银行，提供方便、及时的多功能金融服务。技术的发展和观念的更新要求银行必须树立新的观念，这包括以下几个方面。

（1）“数字经济”的新思潮。在国际金融市场，以互联网为代表的信息通信现代化和市场自由化的思潮，融汇成“数字经济”新思潮。互联网将全球计算机连接起来，一切信息、交易、资金调拨等都可以利用开放性全球网络来传输。银行用户迅速增加，要求银行管理实现数字化、网络化。金融信息能够以数字化的形式，通过互联网以最短的时间和最低的价格得到处理，这就是数字经济的具体形式。

（2）确立“以人为中心”观念是商业银行管理改革的核心。“行为科学研究”已在世界上逐渐形成了潮流，这也直接导致了企业管理的深刻变革。企业界开始认识到人是经营管理的主体，商业银行已由以“物为中心”的管理转向以“人为中心”的管理。银行的竞争实质上是人才的竞争，银行有了高素质的管理人才，才能赢得广大用户的信任。有了高素质的银行管理者，才有大量的用户群。

（3）商业银行管理改革的基调——提高服务品质，研究用户心中的价值。用户在判断服务质量时，是以知觉品质和期望品质之间的关系来确定的。服务品质首先是观念的改变，使得服务在用户心中的价值高于提供服务所耗费的实际成本，出现“乘数”效应，具体可以采取以下措施。

① 培养“独家用户”。银行工作者需要树立针对特殊用户实行专项服务的思想，使其只考虑与这家银行合作而摒弃其他银行。

② QSCV 检查。经常审查银行人员的品质（quality）、服务（service）、整洁（cleanness）和价值（value），将它们作为鉴别服务品质的共识。另外，一些银行还引入了其他标准。例如，花旗银行还注意 ART 的衡量，即正确性（accuracy）、反应性（responsiveness）和及时性（timeliness）。

③ 建立“可靠服务团队”（term group）。尽量达到“第一次就做到”，使用户满意。银行如果没有善经营、通管理的人驾驭市场，就将失去市场，为市场所淘汰。银行专家极为重视市场占有率分析、市场集中度分析、市场特性分析和市场潜力衡量。银行必须充分利用电子技术，克服地域、时间的限制，成为电子商务的基础，只有这样才能不断扩大市场占有率，增强竞争力。

电子商务的发展，为金融业提供了全新的服务领域和服务方式，这就为金融机构，特别是为中小型银行和新兴的金融服务机构带来了新的机遇。金融业服务的内容和方式要进行相应调整，以满足在家庭银行、企业银行大发展的时代，人们要求不受时间、地点的限制，交互式地进行金融活动的需要。具体地看，电子商务带动的金融活动有以下几个方面。

（1）金融服务。网络银行服务、网上支付、个人财务管理、会计账务管理。

（2）保险业。保险代理服务、网上报价、理赔管理。

（3）投资理财业。网上证券交易、委托投资、网上投资、财产管理。

（4）金融信息服务业。发布与统计信息，咨询、评估与论证管理。

在线电子支付是电子商务的关键，又是金融发展新的增长点。没有适时的电子支付手段相配合，电子商务就只能是一种电子商情、电子合同或者低级的电子商务。同时，离开电子交易的电子支付又会成为单纯的金融产品和金融支付手段。

无论是对传统的交易来说，还是对新兴的电子商务来说，资金的支付都是完成交易的重要环节，所不同的是，电子商务强调支付过程和支付手段的电子化。因此，银行作为电子化支付和结算的最终执行者，起着联结买卖双方的纽带作用，网络银行所提供的电子支付服务是电子商务的最关键要素和最高层次，直接关系到电子商务的发展前景。从这个意义上讲，随着电子商务的发展，网络银行的发展亦是必然趋势。网上金融业务具有如下特点。

（1）互联网具有高回报低投资的特点。它以其便捷的信息传递、高效的工作效率、低廉的费用成为银行机构之间以及与企业、用户之间普遍的连接方式。互联网已经成为传递金融信息的一个良好渠道。最终，所有银行都将在网上开展部分金融业务。目前，多数银行都开展了网上金融服务。

（2）网络银行可以减少固定网点数量，降低经营成本，增加收入来源，同时用户可以不受空间、时间的限制，随时随地享受不间断服务。开办一个网络银行所需的成本很低，相比之下，建立一个传统的银行则需要较高的成本，每年还需要不低的附加经营成本。网络银行是传统银行网的一种极其经济合算的替代系统，这无疑预示着银行电子化是未来的一个发展方向。

（3）电子金融的实现使企业拥有了一个前所未有的广阔市场。这是一个拥有数亿网络用户的全球市场。借助互联网的全球化特征，电子商务使世界经济融为一体，赋予企业一种全新的营销手段，可以轻而易举地实现金融业的国际化。银行无论是实力雄厚还是规模较小，在网络上都是平等的，因此许多银行都有机会在网络上重建自己的地位。

（4）电子商务将为用户提供全方位、全功能的服务，对银行的用户来讲，就是希望在一家银行能够享受到各项服务。电子商务使银行间的竞争扩大到了银行以外的行业，网络化社会使许多别的行业也可以提供金融服务。为用户提供满足其特定需求的完善的服务已经成为银行根本的生存之道。

（5）电子商务使网络银行的品牌形象变得尤为重要。网络银行是虚拟的，如何能留住用户是网络银行面临的重要问题。在这其中，银行的品牌形象尤为重要。

随着金融产品的逐渐趋同，服务质量的要求就越来越高。如何通过提供高附加值产品和服务实现不同品牌的差异化，争取用户使银行获得利润，是摆在网络银行面前的重要问题。

在新技术革命、金融电子化不断发展和金融机构激烈的兼并、竞争浪潮推动下，世界金融业管理制度改革的中心，是建立用户综合管理网络制。这一体制可以从以下两个方面来理解。

第一，技术性电子网络制。互联网能向用户提供世界范围内的金融、贸易等信息。网络银行有十分庞大的用户群，并设有财务设置、用户服务及个人财务等部门，为用户提供全天候的服务。用户通过互联网进入网络银行后，只需输入姓名、密码，就可以获得多种服务。

第二，服务对象网络制。商业银行将所有的用户都视为一个整体，即不单纯指现有的用户，而外延至用户的关系企业、法人，建立一个以用户为主体的管理机制。这一体制的建立，改变了商业银行以往的内部分工，将过去按照存、贷、外汇交易的传统银行业务分工体制，变为往来用户综合管理，成为用户导向型体制。下面列举几家典型银行的网络银行服务。

（1）招商银行“一网通”网络银行。早在 20 世纪 90 年代末，招商银行就把目光瞄向了当时刚刚兴起的互联网，并迅速取得了网络银行发展的优势地位。1997 年 4 月，招商银行开通了自己的“一网通”网络银行。1998 年 4 月，“一网通”推出“网络企业银行”，为互联网时代银行和企业的关系进一步向纵深发展构筑了技术平台。招商银行于 2005 年 9 月推出了“一网通 4+3”电子商务综合解决方案，从而进入国内网络银行电子商务的支付结算市场。

所谓“一网通 4+3”，是指招商银行网络银行支持“4 个所有”，同时实现“3 个统一”。即支持以 B2C 电子商务、B2B 电子商务、C2C 电子商务等模式营运的所有商家、支持个人计算机、PDA、手机、电话等所有用户渠道，支持商家采用所有技术平台和开发工具实现与招商银行网络银行对接，支持借记卡、贷记卡、个人账户、公司账户等所有客户，以及实现统一的账户体系、统一的商家接口、统一的安全机制。

（2）美国花旗银行。花旗银行（Citibank）是美国大型的金融服务组织，在全世界近 150 个国家和地区设有分支机构。花旗银行的网上服务主要是“直接存取”（direct access），它是一种方便而安全的联机理财方式，而且绝对免费（免费支付账单、免费划转资金、免费股票报价、免费客户服务等）。提供的服务主要有驱动器检测（test drive）、浏览器核对（check browser）、签名进入（sign-in）、私人秘密与安全、用户指南、用户协议等。

（3）美洲银行。美洲银行（Bank of America）的网上业务主要集中在家庭银行（home banking）和在线银行（bank online）方面。

使用美洲银行的家庭银行，可以利用计算机在任何方便的时间进行银行业务，它允许用户决定何时进入支票、储蓄、货币市场、存款账户等银行业务，检查当前账户余额，划拨资金，下载理财软件等。美洲银行的家庭银行有以下特点。

① 有效的支付方式。家庭银行可以及时、安全地在线支付账单。

② 清算支票簿。使用家庭银行可以很容易地结清支票簿，用户可以随时存取活期账户并进行结清。

③ 预算开销。使用家庭银行的理财软件，用户可有效使用自己的支票簿，规划所有金融事务，甚至跟踪和分析花费情况。

（4）美国国民银行。美国国民银行（Nations Bank）是美国大型金融服务公司之一，它提供如下服务。

① 国民银行在线。通过互联网存取个人或商业国民银行账户，查看账户余额和已过账的业务情况，转移资金，发送用户服务通知，传递用户请求。例如，支票或请求支票和明细表副本，有选择地下载金融管理软件，亲自尝试等。

② 商业表达和个人表达。查看商业账户余额和历史业务情况，在银行内两账户之间划转资金，核对调节账户，电子支付雇员工资，将账户信息输出到空白表格软件，了解支票利益情况，打印银行明细表，接收各种金融报告。此外，还有余额汇总表、账户资产负债修改表、详细业务记录表、付出支票报表、银行明细表、历史平均数表等报告的详细情况。

③ 理财。完整的个人财务管理软件，允许查看账户信息，划转资金，支付账单，核对

账户，生成报表和报告，包括理财介绍，免费下载软件，显示在线菜单，实时开户或进行理财，并设有交流板块。

④ 投资。提供网上存取个人账户与贴现手续费的服务，启动贸易，查看余额、业务总结、证券形势、交易所数据、实时配额等，还有几种选择来帮助满足用户的投资需求。例如，理解投资含义：投资具有风险，与储蓄不同，投资的风险与股票、资金有关；投资咨询服务：咨询范围包括产品介绍、开户、投资查询等；贴现手续费服务：包括产品和服务介绍、投资信息、开户、在线交易等。

10.2.2　石油化工行业电子商务案例分析

1. 石油化工行业实施电子商务的主要方式

石油化工行业实施电子商务的主要方式有石油化工制造企业的网站、第三方网站交易平台，以及国际联合体。下面分别进行简要介绍。

（1）石油化工制造企业的门户网站。由于石油化工产品大部分是标准化产品，产品质量及规格数据完善，产品交易量大，物流以一对多、多对多、多对一形式进行，非常适合在网上交易。所以，大中型石油化工企业在开展电子商务时，往往第一步就是建立起自己的门户网站。这种门户网站除了提供产品目录、发布信息之外，还具有在线订货、实现安全交易等功能。

例如，德国拜尔公司通过自己的 BayerONE 网站与用户开展业务往来，除订货外，还具有发货跟踪，查询原料安全数据单（MSDS）、化学证明（COAS）、购买历史记录等功能。陶氏（Dow）化学公司、伊士曼化工公司等均有自己的门户网站，可为用户提供交易功能。

（2）第三方网站交易平台。第三方网站交易平台又称独立电子商务交易网站，全世界已涌现出很多专门做石油化工产品交易的独立电子商务交易网站。部分独立电子商务交易网站有大型石油化工企业注入资金，但大部分都是自负盈亏的独立运营商。普华永道咨询公司把它们分为以下 4 种类型。

① 交易厅型独立电子商务交易网站。主要是商品交易平台，如 CheMatch、ChemConnect 和 e-Chemicals 等。

② 目录型独立电子商务交易网站，主要提供产品及服务信息清单，如 ChemNet、ChemExpo、PlasticsNet 和 yet2.com 等。

③ 经纪人型独立电子商务交易网站，支持电子采购、拍卖和电子销售，如 Chemdex、SciQuest 等。

④ 社区型独立电子商务交易网站，是垂直行业网络的一部分，主要提供信息、新闻和独立咨询业务，如 Chemical Online。

表 10.2 列举了主要石油化工产品在线交易网站。

表 10.2 主要石油化工产品在线交易网站

网站	提供的石油化工产品	电子商务类型
CheMatch	大宗石油化工产品	拍卖、交易
ChemConnect	大宗石油化工产品、特种石油化工产品	拍卖、交易
Chemdex	实验室及科研用品	目录、采购
ChemNet	精细化工品、中间体	目录、采购
Covalex	基本化工	拍卖、交易、目录
e-Chemicals	各种化学品	目录、采购
GePolymerLand	塑料	目录、采购
PlasticsNet	塑料	拍卖、交易
SciQuest	实验室及研究用品	目录、采购
VerticalNet	研究及工业	社区型
WorldwideTesting	测试化学品质量	取样、分析化验

（3）国际联合体。传统石油化工制造企业面对电子商务挑战的办法之一，就是联合起来共同创造电子市场，即形成国际联合体（consortia）。

① Envera：由 Ethyl 公司牵头组织 22 家公司共创的联合体。它是为其所有成员设计的全球性 B2B 电子商务交易市场，从跨国石油化工企业到用户、供应商，包括分销商、零售商等均可通过其获得信息指南，进行交易联络等。

② Omnexus：由 5 家大型石油化工企业发起的联合体网站，它们是巴斯夫公司（BASF）、拜尔公司、陶氏化学公司、杜邦（DuPont）公司和泰科纳（Ticona）公司，目标是为塑料模具制品商提供产品及服务。

③ Newco：由巴斯夫公司、拜尔公司、BP 阿莫科公司（BP Amoco）、陶氏化学公司、杜邦公司、三井化学公司（Mitsui Chemicals）、罗地亚公司、罗门哈斯公司（Rohm and Hass）和住友化学公司（Sumitomo Chemical）等共同组建。

2. 典型的石化企业电子商务案例

国际上开展电子商务比较早的石油化工企业有陶氏化学公司、巴斯夫公司、拜尔公司、杜邦公司、三井化学公司、罗门哈斯公司等。

陶氏化学公司早在 1998 年就着手建立自己的门户网站 My Account@Dow，并于 1999

年正式开通。陶氏化学公司要求其网站有友好的用户界面，加强与供应商 / 采购商的联系，并参与创造新的市场渠道。陶氏化学公司还投资参股到一系列石油化工独立电子商务交易网站中，如 ChemConnect、SciQuest 等，并参与发起成立国际联合体，如 Omnexus、NewCo 等。

伊士曼化工公司特别重视电子商务联盟，它一方面构筑自己的门户网站，一方面注资参与相关的电子商务网站建设。

由此可见，在国民生产总值中占有较大比重的石油化工行业开展电子商务，无论是从促进国民经济发展还是从促进其自身行业进步的角度上讲，都是大有益处的。所以，石油化工企业应尽快转换思路，赶上信息技术革命的浪潮，实现商务电子化。

10.2.3　国际贸易中的电子商务

1. 电子商务与国际贸易的关系

电子商务是为适应国际贸易发展的要求而产生的，电子商务对国际贸易有着巨大的反作用，它将推动国际贸易不断发展。我国是一个进出口贸易大国，电子商务对我国的国际贸易有着巨大的促进作用。需要充分认识电子商务对国际贸易的促进作用，加快我国国际贸易领域的电子商务应用。

（1）国际贸易促进电子商务的产生。在商品经济条件下，经济规律作用的结果要求经济资源在全球范围内实现最优配置。由于各个国家的社会经济条件（包括科学技术水平、生产力发展水平、国内市场的大小、人口的多寡和社会经济结构的差异）以及自然资源（包括气候、土壤、资源禀赋、国土面积和地理位置等）的不同，因而各个国家生产商品的成本不同。古典经济学的奠基人亚当・斯密（Adam Smith）认为：根据各个国家自己的社会经济条件和自然资源，每个国家都可能适于生产某些特定的产品，如果每一个国家都按照其有利的生产条件去进行专业化生产，然后彼此进行交换，则对所有国家都是有利的。各国按照各自有利的条件进行分工和交换，将会使各国的资源、劳动力和资本得到最有效的利用，并使一国的资源在全球范围内实现最优的配置，将会大大地提高劳动生产率和增加物质财富。长期以来该理论和大卫・李嘉图（David Ricardo）的比较成本说一直在指导着国际分工和国际贸易的发展，各个国家都在用这些理论指导并安排自己国家的商品生产与国际分工，大力发展自己的优势商品生产，并积极地发展对外贸易，从而推动了国际贸易与世界经济的发展。国际贸易成为推动世界经济增长的“发动机”，特别是第二次世界大战以来，国际贸易的增长大大高于世界经济的增长（国际贸易与世界经济增长指数如表 10.3 所示）。改革开放以来，我国对外贸易增长速度也一直快于国民经济的增长速度。国际贸易的迅速增长造成了传统的以纸为载体的贸易单证和文件的数量激增，据测算做成一笔交易所涉及的单证有 30 ～ 50 种，正副本合计可达 360 份，可能涉及的单据种类如表 10.4 所示。

表 10.3　国际贸易与世界经济增长指数

指数	1950 年	1955 年	1960 年	1965 年	1970 年	1975 年	1980 年	1985 年	1990 年	1993 年	1994 年
国际贸易增长指数	100	148	210	310	476	605	776	862	1 157	1 295	1 360
世界经济增长指数	100	129	155	203	263	318	387	442	516	539	563

表 10.4　国际贸易中可能涉及的单据种类

第一类：资金单据（financial document，主要用于货款的收取，具有货币的属性）	
1. 汇票	bill of exchange/draft
2. 本票	promissory note
3. 支票	cheque/check
第二类：商业单据（commercial document）	
1. 商业发票	commercial invoice
2. 重量单 / 磅码单	weight list
3. 装箱单据	packing documents
——装箱单	packing list/packing slip
——包装提要	packing summary
——包装说明	packing specification
——详细装箱单	detailed packing list
——尺码单	measurement list
——花色搭配单	assortment list
4. 保险单 / 保险凭证	insurance policy
5. 运输单据	transport documents
——海运提单	ocean bill of lading
——铁路运单	rail way bill
——承运货物收据	cargo receipt
——航空运单	air way bill

续表

——邮包收据	parcel post receipt
——运输单据	combined transport document，CTD 或 C.T.B/L
第三类：官方单据（official document，是指政府机关、社会团体签发的各种证件）	
1. 商检证书	inspection certificate
2. 产地证	certificate of origin
3. 普惠制产地证	generalized system of preference certificate of origin form
4. 海关发票	customs invoice
5. 领事发票	consular invoice
6. 领事产地证	consular certificate of origin
第四类：其他证明（other certificate）	
1. 受益人证明	beneficiary's certificate
2. 电抄	copy of cable/telex/fax
3. 船籍证明	certificate of vessel's nationality
4. 航运路线证明	itinerary certificate
5. 船长收据	captain's receipt
6. 运费收据	freight receipt

在传统国际贸易条件下，这些单证的处理完全凭手工作业，劳动强度大，效率低，出错率高，费用高。图 10.3 是传统国际贸易条件下的单证处理流程图，由图 10.3 可以看出传统国际贸易条件下的单证处理非常复杂，单证的制作与处理需要企业投入大量的人力与大量的时间。

制造商、供货商和消费者之间，跨国公司与各分公司之间都迫切要求提高商业文件和单证的传递和处理速度，缩短空间跨度和提高传递处理的正确性。追求商业贸易的"无纸化"成为所有贸易伙伴的共同需求。这就迫切需要用计算机来处理国际贸易的有关信息和商务文件。

在使用计算机处理各类商务文件时，人们发现虽然贸易伙伴之间需要计算机处理的大部分数据（约 70%）是重复的，但是由于这些计算机之间不能直接通过通信来交换数据，这些数据需要在不同的计算机中重复输出与输入，这样重复的输入与输出不但浪费了大量的人力与时间，而且由于过多的人为因素，影响了数据的准确性和贸易的效率。因此，人们又开始尝试在贸易伙伴之间的计算机上使有关的商业数据能够自动交换，于是，电子数据交换（EDI）这种电子商务的初级形式应运而生。

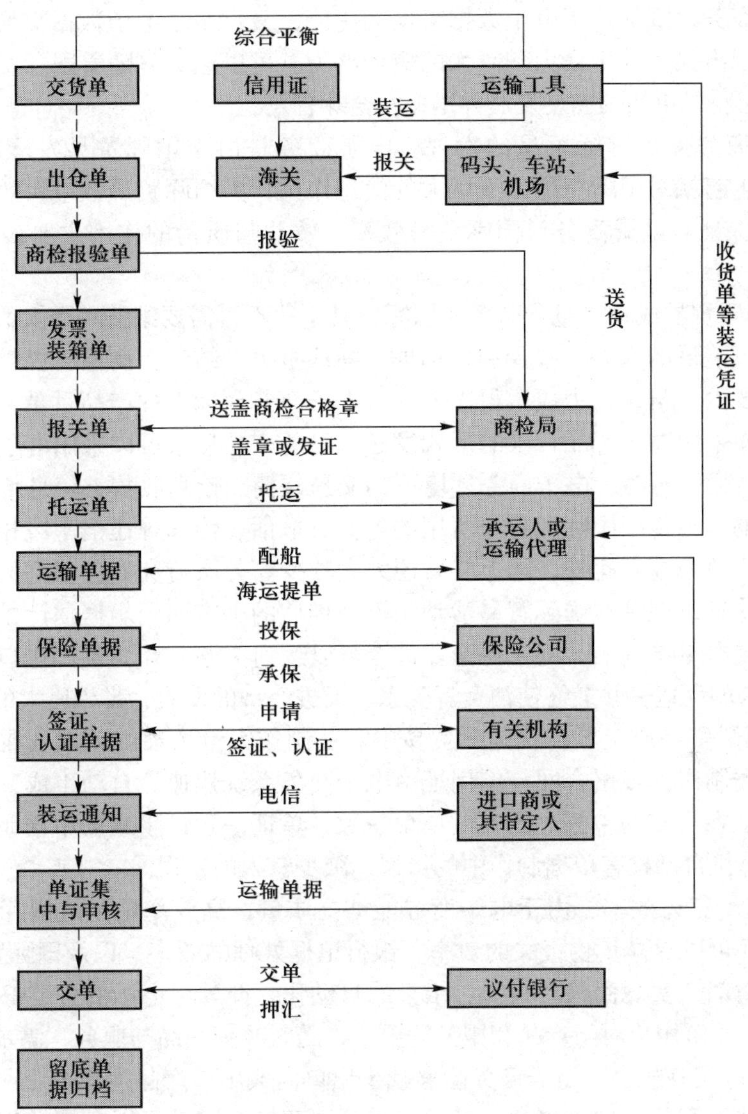

图 10.3　国际贸易单证工作流程图

起源于 20 世纪 60 年代的电子数据交换是电子商务的雏形。到 20 世纪 80 年代末，发达国家的电子数据交换已形成规模。在增值网络服务推出以后，此类专用信息交换系统得到了更大发展。因特网在全球日益普及，更加速了电子商务的发展。随着信息技术的发展和应用范围的拓宽，电子商务的内涵和外延也在不断充实和扩展，并不断被赋予新的含义，开拓出更加广阔的应用空间。

20 世纪 90 年代中后期，商业贸易活动进入因特网，并成为因特网应用的最大热点。因特网的发展弥补了电子数据交换的不足，它不但成本低廉，而且能够实现信息共享。基于因特网的电子商务，既保持了电子数据交换的优势，又克服了电子数据交换的不足，因此自诞生起就表现出强大的生命力和巨大的应用潜力。可以预见，随着国际贸易的进一步发展，电子商务必将以更快的速度发展并迅速在全球普及。

（2）电子商务促进国际贸易的发展。电子商务是由于国际贸易发展的需要而产生的，但它自诞生起就对国际贸易产生巨大的促进作用，为国际贸易效率、效益与质量的提高提供了技术保证。电子商务对国际贸易效率、效益与质量的作用主要表现在以下几个方面。

① 降低国际贸易成本。电子商务使国际贸易企业不再需要维持一个大的办公场所，库存也维持在尽可能低的水平，减少制作单据、办理报关、结汇、商检、售后服务等非直接贸易环节所需要的人员，人力成本得以节约。电子商务环境下的产品目录，不再需要用国际邮件寄送，而采用电子产品目录的形式发送。电子产品目录可以采用电子的方式进行查询，查询起来方便、省时。电子商务环境下的交易磋商、信息收集、信息传递大多是通过因特网来传递的，与传统国际贸易中所用的电传、电话、传真等通信手段相比，这种通信手段的成本低、效率高。此外，网上交易还大大减少商务旅行和商务谈判的开支等。这些都是电子商务快速发展并在国际贸易活动中迅速推广的根本原因。据估计，电子商务一般可以降低流通成本 40% 左右，对某些企业甚至可以达到 70%。出口商和进口商能够共享这种成本节约带来的利益，并最终使消费者受惠，促进经济的发展，带来巨大的社会效益。

② 提高国际贸易质量。传统国际贸易中需要制作大量烦琐的单据。在电子商务环境下，所有的单据制作都根据合同与信用证由电子商务系统快速、自动生成，这样生成的单据不但能够保证在所有的单据之间实现单单一致、单证一致，生成的单据完整、整齐，而且可以通过计算机自动检查单据制作中的错误，减少输入的错误。

③ 提高国际贸易效率。由于电子商务能够高质量、高效率地生成国际贸易所需要的全套单据，从而可以提高货物报关的效率、银行单据处理的效率，以及国际贸易企业商检、通关、结汇的时间，实现商检、报关、结算的自动化。此外，电子商务能够使企业随时随地与用户沟通，了解用户对于产品和服务的要求，随时改变产品与服务，满足用户要求。

④ 增加国际贸易机会。电子商务能够减少出口商或出口产品生产企业和最终消费者之间的环节，企业不和传统的进口商、批发商、分销商打交道就可以直接销售产品，从而能以更低的价格销售产品，这样也就更容易进入目的市场。电子商务可以快捷地获取商业信息，使企业随时掌握瞬息万变的国际市场行情、随时随地与自己的用户取得联系，了解国际市场的需求以及用户的需求，从而根据市场行情的变化及时调整生产，获得更大的效益和更多的市场机会，同时减少不必要的损失。

⑤ 提供新的贸易手段。电子商务可以使企业跨越时间与空间的限制，向用户提供全天候的产品信息和服务，从而大大提高市场竞争力。利用电子商务，企业可以采用 7×24 小

时的模式，接受订货，进行营销，增加商机。同时，使企业不受资本、规模的影响，平等地参与市场的竞争。

综上所述，电子商务为国际贸易的发展提供了新的手段，提高了国际贸易的效率。

电子商务也促使许多新的国际贸易形式产生，从而使国际贸易迅速发展。

2. 电子商务在国际贸易中的运用

这里所讲的电子商务在国际贸易中的运用，主要是讲在国际贸易的哪些环节可以运用电子商务来减轻业务人员的工作任务，降低贸易成本，提高贸易效率和服务质量，从而提高企业的综合竞争能力与企业获利能力，带动我国国民经济更快地发展。同时，也为企业开展电子商务指明发展的方向。

（1）运用电子商务获取国际贸易信息。这主要体现在以下几个方面。

① 在获取国际贸易信息方面的运用。在电子商务环境下，业务人员将从繁重的备货、安排运输、制作与办理有关单据等工作中解放出来，把主要的精力集中在收集、整理、利用有关信息，进行贸易洽谈上来。因此，电子商务系统在收集、利用国际贸易相关信息方面的应用将给国际贸易人员带来很大便利。利用电子商务系统，可以通过因特网来查询有关的信息，还可以通过数据挖掘技术获得有关的信息，并将获得的信息进行过滤、加工，辅助业务人员进行决策。

② 在贸易洽谈方面的运用。贸易洽谈是一个涉及多种因素，具有创造性与挑战性的复杂过程，在这一过程中，业务人员可以参考电子商务系统所提供的与该商品有关的信息，也可以利用电子商务系统提供的安全机制，通过因特网进行洽谈。这样既可以帮助业务人员在贸易洽谈中做出正确的决策，又可以保证信息的安全，提高贸易谈判的效率。

（2）运用电子商务进行国际贸易。这主要体现在以下几个方面。

① 在备货方面的应用。假设一个服装贸易企业的业务人员与用户签订了一个衬衣合同。如果合同中用户所需要的衬衣是由服装贸易企业自己生产再出口，那么电子商务系统就会据此计算出履行该合同所需的面料和辅料（扣子，衬，线，包装用的垫板、内盒、纸箱）的数量和交货时间，在数据库中查找这些面料和辅料的供应商，利用供应链管理系统在极短的时间之内向有关的供应商发出订货的通知（包括数量、价格、质量、包装、交货日期），使交货日期的安排能够做到既不影响企业生产的正常进行，又不至于企业过早地收到货物，而长时间占用资金与仓库，从而达到降低成本的效果。此外，利用生产企业内部的企业资源计划（ERP）系统安排企业内部的生产，使企业的生产资源得到最合理、最有效的利用。

如果合同中用户所需要的商品不是由服装贸易企业自己生产，而是采用买断制出口，那么电子商务系统就会对有生产经验且产品质量也有保证的生产企业进行比较，比较它们的质量、成本、交期、信誉等方面的优劣，然后选定一个或两个生产企业，向选定的生产企业下订单（包括详细的生产指示书、数量、规格、包装、交货日期、销售包装的印刷内容、运输标记、产品检验机构与检验证书要求等）。

② 在商检方面的运用。电子商务在商检方面的运用主要是制作商检证书、商检质量报告，自动与检验检疫机构（进出口商品检验检疫局、商检公司或者国外的商检机构）进行数据交换、预约检验或检疫。如果合同规定是由进口商派人（或由其指定检验机构进行检验），则电子商务系统就会根据生产情况及时向进口商发出具体检验日期的通知，要求进口商派人或委派指定的检验机构到厂检验。

③ 在运输方面的运用。利用电子商务系统及时向轮船公司提供货物名称、数量、体积、重量、每件货物的包装尺寸和委托运输通知，以便向轮船公司租船订舱，并根据货物的情况安排国内部分的运输工具，合理地进行排载，保证合理地利用仓容，做好各种运输工具的衔接，降低运输成本。

④ 在办理保险与报关方面的运用。电子商务系统能够根据货物的生产情况、租船订舱的情况、合同规定的险别，以在线方式自动向保险公司预约保险或投保，并自动出具电子形式的保险单。自动与海关的报关系统接通，海关受理企业的报关申请，自动报关出口；在货物装上船后自动地向用户发出装船的通知。

⑤ 在办理出口许可证方面的运用。电子商务系统能够根据国家对商品的出口管理政策，自动向国际贸易管理机关提供有关资料，向国际贸易管理机关申请电子形式的出口配额与出口许可证，原对外经济贸易合作部（现在已与国内贸易部合并成为商务部）在 1998 年就做出规定，自 2000 年开始不再受理以传统方式提出的配额申请与配额投标，仅受理以在线方式提供的申请与投标，这大大推进了国际贸易企业的电子商务进程，提高了申请与发放许可证的效率。同时，通过电子商务方式还能够实现与国际贸易管理机关的数据交换和信息共享，可以随时了解配额的使用情况和许可证的发放情况。

⑥ 在出口退税方面的应用。在企业产品出口后，税务机关可以通过电子商务系统直接查询货物的实际出口情况，企业可以及时办理出口退税，从而减少企业的资金占用，降低经营成本。

⑦ 在制作出口单据方面的运用。在制作出口单据方面，电子商务系统能够根据出口合同与信用证的规定，自动制单，迅速而准确地生成出口所需要的所有单据的书面形式或者电子形式，并与银行的电子商务系统实现自动结汇。

（3）运用电子商务订立合同并履行合同。这主要体现在以下几个方面。

① 电子商务在国际技术贸易中的应用。技术是人们在生产活动中应用某种方法制造产品或提供服务的系统性知识。技术的表现形式可以是文字、语言、表格、数据、公式等有形的东西，也可以是实际生产经验、个人技能或头脑中的观念等无形的东西。技术必须可以传授，可以用于生产并能带来一定的经济效益。技术不能依附于个人的生理特点。由于国际技术贸易的交易标的（文字、语言、表格、数据、公式等）很容易实现数字化，因此都很适合网上交易，所以在电子商务环境下，国际技术贸易将会率先进入电子商务时代。尤其是由于多媒体技术和虚拟现实技术的发展，使得交易的双方足不出户就能进行国际技术贸易所需要的考察、交易谈判、技术提交、技术培训等。这样可以大大节约技术交易的

成本，提高技术贸易的效率，从而促进国际技术贸易更加迅速地发展。

② 电子商务在国际服务贸易中的应用。电子商务运用于国际服务贸易，将使许多原本不可能进行的服务贸易成为可能。服务的输出方提供的服务，如国际信息服务贸易（国际技术与管理咨询服务，包括如工程咨询、法律、金融、财务服务贸易），国际专家服务（包括国际教育、医疗专家服务贸易，专家理财服务）等，都可以通过网络进行，“足不出户”即可为全球各地的受众同时提供服务。服务的输入方接受服务的方式也发生了根本的变化，他们不需要再以面对面的方式接受服务，也不需要通过传统的邮政系统、电话系统，而是可以通过网络随时接受服务，或者主动“上门”请求服务。而这是以消费者适当付费为前提的，也就是说，这是一种服务贸易形式。

③ 电子商务在国际金融贸易中的应用。电子商务在国际金融贸易中的应用使新兴的网络银行成为可能，网络银行的开通，使得银行的运营模式和竞争方式发生了根本的转变。传统的受地域和时间限制的实地银行模式被突破，用户可以通过任意一个网络入口点接入网络银行，随时随地享受“24 × 7 服务”（即每周 7 天、每天 24 小时的不间断服务）。网络银行不再有规模大小之分，能否在竞争中取得优势完全取决于其服务内容、服务质量及创新意识。

电子商务使银行低成本、高效率地运行成为可能，为银行提高竞争力、增强盈利能力提供了新的手段。网络银行不需要物理上的庞大建筑物，不需要众多的从业人员，其业务活动全部通过计算机和网络完成。实现无纸化办公，这无疑将大大降低银行的经营成本。网络可以大大压缩资金的在途时间，提高整个社会系统的经济效益，还可以为网络银行提供来源广泛的信息，使网络银行可以掌握尽可能多的有用信息，完善风险管理，提高决策效率，从而增强自身的竞争力。

电子商务使得银行能够建立起“无缝”的用户联系环境。信息技术的发展及因特网的普及，使得互联网企业及非银行金融机构逐步实现向银行业渗透，争夺银行业市场份额成为可能。在这种环境下，传统银行业面临着巨大压力和严峻的挑战。网络银行的出现无疑为传统银行业夺取这场战争的胜利增加了一张有力的王牌。网络银行便捷、灵活的服务方式吸引着用户，尤其是高层次、成长型、高价值的年轻用户的“注意力”，而这种注意力将成为 21 世纪商家争夺的焦点及银行利润的来源。同时，诸如新型的企业银行业务，中间业务（如证券交易、网上收费等），网上支付功能，多样化的电子支付手段以及银行呼叫中心服务等网络银行业务日益多样化、个性化的服务手段将有良好的发展前景，将使银行与用户之间实现“无缝”联系成为可能，从而实现与用户的“零距离”沟通。

电子商务在金融中的应用还可以实现网络购物与消费、网上外汇市场、手机银行、非银行金融业务、电子资金转账等新的金融业务。网络银行为银行业提高服务质量，增强竞争力，增大盈利能力提供了一种全新的手段，为银行业的跨越发展提供了充分的空间，是银行业开拓业务的利器。

④ 电子商务在国际旅游中的应用。旅游是适合电子化经营的产品形态之一。随着移动

电子商务的广泛应用，电子商务在旅游行业的应用使得个性化的旅游成为可能。用户可以通过因特网与旅游网站进行沟通，安排自己的旅游路线，提出希望的交通方式和住宿条件等，然后由旅游网站按照其需要安排好具体行程。在整个旅游过程中，用户不再需要传统的导游陪同，而是通过因特网，随时随地获得旅游网站为其提供的“个性化”服务。

电子商务在旅游行业的运用，还可以使利用用户的自我宣传、自我推荐进行交叉销售，扩大旅游市场与客源成为可能。通过电子商务系统的整合筛选功能把用户的旅游信息连接起来，然后向用户推荐，以实现让有相似兴趣的用户互相推荐。参与的用户越多，推荐的准确性就越大。

10.2.4 阿里巴巴电子商务案例分析

2016 年 3 月 21 日，阿里巴巴集团 2016 财年电子商务交易额（gross merchandise volume）突破 3 万亿人民币。交易额突破 3 万亿人民币，阿里巴巴集团仅用了 13 年。3 万亿人民币的交易额与线下的社会商品零售总额相比，仅次于排名第一的广东省。在 2018 年的“双十一”购物狂欢节中，阿里巴巴平台的交易额达 2 135 亿人民币。阿里巴巴集团旗下的菜鸟网络、跨境电子商务平台、淘宝村都参与其中，覆盖了全球 235 个国家和地区。其中，菜鸟网络共产生 10.4 亿个物流订单。

阿里巴巴集团的发展是以云计算、大数据等为代表的信息技术不断拓展产业边界的结果，同时形成了以云计算智能终端为代表的新的商务生态体系。阿里巴巴集团的发展还带动了制造业的转型升级和创业创新发展。

《中共中央关于制定国家经济和社会发展第十三个五年规划的建议》提出了“创新、协调、绿色、开放、共享”的发展理念。2016 年 2 月，国家发展和改革委员会等部委联合出台了《关于促进绿色消费的指导意见》，提出大力推广利用“互联网 +”促进绿色消费，鼓励利用网络销售绿色产品。阿里巴巴集团通过大数据对 PB 级的商品属性关键词进行分析，将带有“资源节能、环境友好、健康品质”的绿色属性关键词的商品称为“绿色篮子商品”，2015 年阿里巴巴集团旗下平台上购买“绿色篮子商品”的消费者（即绿色消费者）规模达 6 500 万人，占其活跃用户的 16%。

2016 年 5 月，国务院发布《国务院办公厅关于建设大众创业万众创新示范基地的实施意见》，按照其部署要求建设大众创业万众创新（以下简称“双创”）示范基地，首批双创示范基地共有 28 个，其中包括阿里巴巴集团等 7 个企业示范基地。阿里巴巴集团自 1999 年成立之初就确定了自己“让天下没有难做的生意”这一使命，目的就是帮助中小企业的发展。淘宝网仅仅是阿里巴巴集团战略发展体系中的一部分，在支持创业创新方面，阿里巴巴集团的脚步走得很稳健、很迅速。2016 年财年，阿里巴巴集团旗下各业务平台支持超过 1 000 万人创业；在阿里巴巴零售平台上，随着创业者的增多连带创造了超过 1 500 万个就业机会；同时通过刺激上下游产业链，显著促进了物流、营销、运营、信息技术、客户服务等电子商务服务业发展，带动了超过 3 000 万个间接就业机会。

阿里巴巴集团确定了全球化、农村、大数据及云计算三个大战略，并以此形成了电子商务服务、金融服务、物流服务、云计算服务、全球化、物联网和消费者媒体七大核心业务板块。同时，还在影业、健康、体育、音乐、本地生活等方面进行了布局。阿里巴巴集团不是单纯的电子商务企业，从它的七大核心业务板块就可以看出阿里巴巴集团是在打造独特的商业服务生态（广义商业服务生态），这一生态中的整体交易规模保持稳步增长的态势。图 10.4 所示的是阿里巴巴集团给出的广义商业服务生态的定义。

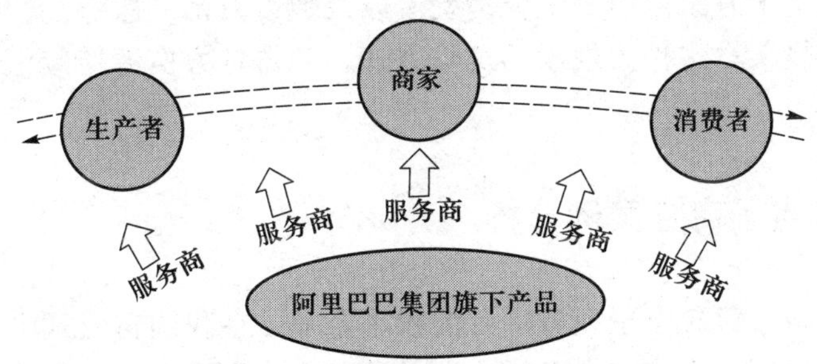

图 10.4　阿里巴巴集团给出的广义商业服务生态定义

为了给商家提供更多日常经营活动中所需的服务和工具，阿里巴巴集团于 2009 年建立了“服务市场”，即狭义阿里巴巴商业服务生态。根据阿里研究院发布的《阿里巴巴商业服务生态白皮书（2016）》，2015 年服务市场“服务类应用”，如客服外包、咨询服务、质检品控、招聘培训等的交易规模增长 144.5%。服务市场之所以成功，主要原因是服务市场赋予了服务商以下多种能力。

（1）商业变现能力。服务市场与阿里巴巴集团旗下的淘宝网、天猫商城核心经营渠道和服务密切关联，可以保证服务商获得商家流量。

（2）平台基础能力。服务市场技术依托于淘宝网开放平台，淘宝网开放平台已开放了几千个应用程序接口（API），能够提供各类开展电子商务活动所需要的基础数据和功能。

（3）清晰的盈利模式，多样化的结算体系。服务市场提供了清晰的盈利模式，可以支持不同的结算需求，如周期付费、订单付费、计量付费等。

具体来说，阿里巴巴集团的成功可以归结为以下三个方面的原因。

（1）新技术，大平台。新技术是指阿里巴巴集团不断运用互联网、云计算、大数据等信息技术建立的完善的基础设施，为用户提供服务。大平台就是阿里巴巴集团在电子商务、互联网金融、智能物流、跨境贸易等方面依托新技术建立的平台，初步形成了独具特色的商业生态系统，可以全面、系统地涵盖营销、物流、金融、培训、信息技术、数据等多个领域，提供多维度赋能。从 2009 年开始，阿里巴巴集团历时数年建立了中国最大、全球第三大云计算服务平台，并把大数据、云计算作为未来十年的核心战略之一。

（2）多模式。今天互联网所驱动的商业社会，已经由“信息技术（information

technology）时代”逐步向“数据技术（data technology）时代”演进。在这一过程中，不只是单一模式创新，也不只是以一种模式为主导，而是已经发生了数轮包括“基础设施+生产要素+支柱产业+分工协作网络+制度与文化”的“技术-经济”范式转移，是多模式融合的结果。以阿里巴巴集团的创业创新模式为例，就有云栖小镇这种“云端一体化”创新模式，是商务和科技双生态的驱动模式。

（3）富生态。富生态，是指网络上提供的公共性服务。阿里巴巴集团与客户、合作伙伴需要共建共享的模式，以形成一个利益共同体，构成富生态。“不弃微小，方成善政”，阿里巴巴集团聚集了千万家网店、上亿消费者以及数以万计的服务商，彼此之间的联系互动规模巨大，关系复杂。这种大规模的协作方式，使得各方资源持续汇集，不断交互，每天支撑着上亿笔交易。

10.2.5 京东电子商务案例分析

京东是当前中国自营式电子商务平台的领军企业，在我国自营式电子商务市场中占有超过50%的份额；同时，京东也是我国主要的第三方卖家平台之一，在我国电子商务市场中有着较大的影响力。

京东的利润主要来自以下三个方面。

（1）电子商务平台。目前，京东商城主营业务包括13个大类、数万个优质品牌、100多万件商品，以及近万家供应商。京东商城在价格方面，主要采取“大规模、低毛利、标准化”的模式；在质量方面，定位明确，注重提升商品质量，并为用户提供可享受全国联保服务的机打发票与质量保证书；在售后方面，采取“7×24”（全天候）模式，为用户提供实时的在线服务，并针对不同的商品开发相应的附加服务（如价格保护等）。

（2）物流系统。京东自2007年创立自己的物流系统以来，经过10余年的发展，已形成了覆盖全国的智能物流网络体系，能够为商家和用户提供仓储、运输、配送、客户及售后等双向一体化供应链解决方案，快递（运）、大件、跨境、冷链、客服及售后等全方位的物流产品与服务，以及物流云、云仓、物流数据等物流科技产品。在商品运输方面，京东构建了GIS实时跟踪系统，以方便用户实时跟踪自己所购商品的配送情况。

（3）金融体系。金融体系主要是为个人、企业提供个性化、高收益、可信赖且便利的在线支付、金融理财等服务，主要包括个人金融、企业金融及金融科技三个板块。第一，个人金融板块，包括京东支付、京东白条、京东众筹、金条、小白卡等产品及服务，涉及消费金融、支付、理财、众筹、保险、证券等领域。其中，京东支付是京东自有的在线支付方式；京东白条是专门为京东用户开发的一款“先消费、后付款”的信用式支付产品；京东众筹依靠大数据分析平台对用户的消费偏好进行多维度分析，提炼出符合用户需求的商品并通过平台向用户推荐。第二，企业金融板块，包括京小贷、京保贝、金采、快银等产品及服务，服务涵盖信用贷款、保理融资等领域。第三，金融科技板块，包括 FIQS、北斗七星等产品及服务，服务涵盖各类金融机构提供的资产交易、理财、借贷、用户运营、风险定价、风控数据等领域。总之，京东金融一方面为用户网购付款、理财投资提供了便利，也横向拓展了京东的服务范围；另一方面通过自有的融资平台为自身的市场扩展等战略提供了充裕的资金流，为其持续发展提供了有利的条件。

京东的商业模式具有以下特点。

（1）盈利点的多元化。这主要表现在以下几个方面。

① 销售收入。京东的销售收入，主要包括两大部分：第一，自营商品的直接利润，主要是赚取采购价与销售价之间的差价，这部分收入在京东整个销售收入中占有很大的比重；第二，第三方卖家的平台使用年费、技术服务费，若使用京东物流系统，则还包括仓储运输费等。

② 利息收入。京东的利息收入，主要是京东支付系统中的资金沉淀收入，包括两个途径：一是用户支付货款的时间与供应商约定的账期时间，存在一定时间差，因而京东可以获得一笔可观的资金沉淀；二是通过向第三方卖家收取平台与物流系统使用费获得的大笔资金沉淀，为京东带来了客观的投资收益。

③ 其他收入。京东的其他收入主要是平台的广告推广、佣金等服务性收入。

（2）成本的有效降低。这主要表现在以下几个方面。

① 物流成本降低。京东物流系统旨在打造用户体验最优的物流履约平台，通过智能化的举措，将商流、物流、信息流、资金流等有效地结合起来，进而促进消费模式的转变以及供应链效率的提升，实现京东自身、用户、商家的合作共赢。京东智能物流网络体系的建设，不但极大地降低了物流的费用，加强了对物流进度的控制，提升了用户信息的安全性，还优化了用户的购物体验，从总体上提高了京东的工作效率。

② 人力成本降低。京东通过自主研发，构建了高效的供应链响应体系。京东利用大数据分析与挖掘技术，对仓储系统中的备货量、各个仓库的分配量、订单优先级、补仓等进行实时监控与预估，对信息反馈系统中用户的浏览痕迹、浏览次数、停留时间、用户评价等数据进行分析，了解用户的偏好，并据此进行精准营销，从而降低了人力成本。

③ 营销成本降低。除了根据用户偏好进行精准推荐外，京东还根据不同人群的行为自创了诸多的促销节日（如京东 618、女人节等），并通过整合传统与新兴的营销策略，开拓出了多元化的销售渠道，最大限度地提高了京东的品牌影响力与覆盖率，降低了营销成本。

④ 租赁成本降低。电子商务最典型的特征就是交易是在线上完成的，因此京东尽管有巨大的销售规模，却没有实体商铺，而仅有办公场所和仓库，从而降低了商铺租赁成本。

（3）提升效率。这主要表现在以下两个方面。

① 提升物流速度。京东物流的 211 限时达、京准达、极速达、夜间配等业务，在提升物流速度方面做到了极致，为用户带来了很好的网购体验。

② 提升数据处理速度。京东利用大数据、云计算、物联网、移动互联网等新技术，构建云数据库，极大地提升了数据处理效率，为其进行“互联网 +”转型提供了强劲动力。

小结

本章主要介绍了电子商务网站评价分析方法、电子商务战略评价分析方法以及电子商务案例分析实例。同时针对不同的行业应用，对金融业、石油化工行业、国际贸易等领域的案例，以及阿里巴巴和京东电子商务案例进行了分析和总结，使读者能够掌握电子商务案例的分析方法，并总结经验，以建立自己的电子商务系统。

思考与讨论

1. 简述电子商务网站评价分析方法和电子商务战略评价分析方法。
2. 电子商务和国际贸易的关系是什么？
3. 电子商务在国际贸易中有哪些应用？
4. 以一个电子商务网站作为案例，对其进行系统的分析，并撰写一份分析报告。

第6篇

第 11 章 电子商务战略

许多人都希望在电子商务方面取得成功，从而获得长期的竞争优势。但这样的愿望能否实现，完全取决于电子商务战略是否正确。在企业制定电子商务战略，利用电子商务创造机遇的过程中，有成功的经验，也有失败的教训。成功与失败是由它们所采取的战略所决定的。正确的战略能够使企业充分利用电子商务所带来的机遇，实现快速的、跨越式的发展，并获得竞争优势；不正确的战略则可能会使企业失去发展机遇和竞争优势。因此，研究电子商务战略，总结经验，吸取教训，在电子商务研究中具有重大的意义。

11.1 电子商务战略概述

学习电子商务战略，首先需要了解战略的含义、战略的内容，以及制定战略所要考虑的因素等。

11.1.1 战略与电子商务战略

战略是面对重大事件时，为促使事件朝着对自己有利的方向发展而进行的一种高瞻远瞩的、考虑全局的决策选择。战略意味着追求某些东西，放弃某些东西的决策。例如，有时可能要放弃眼前的利益，追求长远的利益；有时可能要放弃局部的利益，谋求全局利益的最大化；有时可能要用空间换时间；有时要用时间换空间。完整的战略有以下三个方面的要素。

首先，它是一个影响重要事物未来发展方向的规划，希望事物能朝着战略所规划的方向发展，使事物朝着有利于自己的方向发展。

其次，它是具有前瞻性的、用于指明发展方向的一幅蓝图，指明如果事物按照规划的方向发展，将会出现的发展前景。

最后，战略具有很强的策略性，它的目的在于赢得竞争优势，成为其他行动决策的指导原则。

从战略的三要素可以看出，战略应该是比较长期的规划，对于事件的发展有长期的指导、牵引作用。

当今社会，国家之间、企业之间在经济方面的竞争非常激烈，人们常说商场如战场，所以在战争中经常使用的“战略”也经常被用于企业的各项经济活动中，出现了所谓的市场战略、经营战略、研发战略、产品战略、广告战略等。

电子商务战略是战略思想在电子商务方面的运用。电子商务的出现给国家、企业、个人都提供了难得的机遇，同时也使国家、企业、个人面临着严峻的挑战。只有迎接挑战，抓住机遇，才能实现快速发展。

电子商务战略是为促使主体（国家、企业）向着设想的、有利的方向发展而进行的一种高瞻远瞩的、全局性的决策。这种决策包括正确地规划企业电子商务未来的发展方向；为电子商务的发展制定一幅清晰的、具有前瞻性的发展蓝图；制定能够赢得竞争对手的一系列策略，成为指导电子商务发展的指导原则。

在制定国家电子商务战略时，需要认真地分析：在我国现阶段的发展过程中希望电子商务起到什么样的作用，长远目标是什么？面对的竞争对手有哪些？竞争对手在发展电子商务方面有什么优势与劣势？自己有哪些优势与劣势？不同的战略定位会导致竞争对手的不同，对不同的竞争对手就会表现出不同的优势与劣势，不同的优势与劣势就需要采用不同的战略战术。

制定企业电子商务战略也是如此。首先应确定电子商务战略要达到的目标，是在某一个地区（如某个省）、某个国家，还是在全球赢得长期竞争优势；是要追赶某个企业，还是要领导某个行业的电子商务发展。不同的范围、不同的目标就有不同的竞争对手，对于不同的竞争对手，就需要采用不同的对策，从而导致不同的战略。此外，对于企业的发展来说，仅仅拥有正确的战略是不够的，根据战略合理配置资源，采取协调一致的行动向着战略目标迈进同样至关重要。

11.1.2 电子商务战略研究

宏观电子商务战略研究主要是指国家电子商务战略，微观电子商务战略研究主要是指企业电子商务战略。

宏观电子商务战略有一些共性。例如，几乎所有的国家电子商务战略都强调电子商务基础设施建设与电子商务法律体系建设的重要性，强调加强这些方面的建设，这是因为电子商务的发展离不开基础设施的支持，离不开法律体系的保障。但是，并没有具有普遍指导意义的电子商务战略，因为每个国家都有不同的经济与技术发展水平，有不同的优势与劣势，有自己的战略目标，因此有不同的战略。分析研究电子商务战略，要包括以下几个方面的内容。

1. 一个国家的经济与技术发展水平

一个国家的经济与技术发展水平是一个国家的经济基础，它决定了一个国家的需求层次。只有较低层次的需求得到满足以后，才会有较高层次的需求。经济与技术发展水平决定了一个国家与其他国家竞争的优势与劣势。

2. 电子商务战略的目标

电子商务战略的目标是由经济与技术发展水平决定的，一个技术非常落后的国家，不可能制定出成为电子商务标准制定者的电子商务战略目标。落后国家的电子商务战略要尽量利用电子商务创造的机遇，避免电子商务给本国经济所带来的不利影响，在可能的情况下尽量超越与自己经济与技术发展水平相近的国家。

3. 一个国家在面对竞争对手时的优势与劣势

确定了战略目标之后，竞争对手也就随之确定了。有时相对竞争对手可能在各个方面都没有优势，这时就要认真分析研究，看是否可以放弃某些局部的利益，获得其他方面的优势；有时可以集中财力、人力与物力获得某些方面的优势。

在分析清楚面对竞争对手的优势与劣势的基础上，认真分析研究开展电子商务还有哪些障碍和阻力，以及如何克服这些障碍和阻力。

4. 电子商务战略的实施效果

电子商务战略制定以后，就要严格执行、认真落实。经过一段时间的实施，要检验其实施效果是否理想，进展是否顺利。如果实施得顺利，效果理想，就说明战略是正确的，要继续按照原来的规划实施。如果实施得不顺利，就要找出原因，对计划做出一定的修正或者加强实施的力度。但是，战略是在比较长的时间内起指导作用的重大决策，因此在制定战略时，要有科学的态度，避免制定不切实际的战略目标。需要强调的是，战略是为了获取面对竞争对手的长期优势，当看到某个国家或某个企业在实施电子商务战略后目前没有明显的效果时，绝不可以说这个电子商务战略是错误的，因为一个正确的战略也许要若干年后才能看到效果，所以目前对电子商务战略效果的分析都只能是局部的、片面的，评价战略是否成功可能是若干年以后的事情。

研究微观电子商务战略时，情况更加复杂。企业的情况千差万别，不同行业、不同地区、不同经济实力的企业情况完全不同。因此，要研究微观电子商务战略，需要分行业来进行研究。

11.2 国家电子商务战略

当今的世界是一个激烈竞争的世界，国家之间的竞争是战略、文化等软实力的竞争。电子商务发展也不例外，世界上一些比较发达的国家，如美国、日本、加拿大等都迅速制定了自己的应对战略，一些新兴国家和发展中国家，如印度、爱尔兰、新加坡、韩国、中国等政府也敏锐地意识到电子商务对国家发展的重要作用，纷纷制定自己的电子商务战略。本章将以美国为例介绍国家电子商务战略。

美国在经济、军事、科技、文化、教育等方面都占有领先地位。此外，美国是信息产业与电子商务的发源地。电子商务技术一出现，美国就迅速利用其优势最早制定出电子商务战略。目前，美国在电子商务技术方面已经取得绝对的优势，下面介绍美国的电子商务战略。

1. 美国电子商务战略定位

美国电子商务战略的定位很高，这是由美国在世界经济、科学技术、军事、外交、法律等方面的巨大优势所决定的。它的定位有两个层次：对内通过电子商务基础设施的兴建，带动相关产业持续快速发展；通过国家电子商务战略的贯彻，促使企业开展电子商务技术研究和电子商务活动，提高美国企业在世界经济中的竞争力。对外通过其科学技术资源、外交资源、经济资源，促使全球接受美国的电子商务技术标准、电子商务法律框架和政策，为美国企业开拓全球电子商务市场扫清障碍。总之，通过电子商务战略的贯彻与实施，使美国能够在经济方面、科学技术方面形成相对于世界各国的长期竞争优势，继续保持美国经济在相当长一段时间内的活力，使美国经济能够持续、稳定、快速增长。美国电子商务战略是完全服务于美国的国家战略的。

2. 美国电子商务战略的内容

在电子商务革命中，美国电子商务能够走在世界前列，固然有其雄厚的经济实力、发达的信息产业基础作背景，但是美国电子商务战略与政府也都发挥了重要的作用。经过对美国电子商务战略的研究分析，可以得出美国电子商务战略的主要内容有如下几点。

（1）在电子商务发展过程中，政府尽量不干预电子商务活动的过程，政府的职责是努力为开展电子商务活动营造良好的市场环境和制度环境，政府对市场的影响通过相应的法律与政策来实现。电子商务要求有良好的市场环境。市场环境包括适宜的社会环境、竞争环境、管理和服务环境等。为此，政府强调电子商务的市场化原则，主张发挥私营企业在电子商务发展中的主导作用，鼓励私人投资，建立自律性产业规范与规则，尽量减少政府的干预；创造适宜的制度环境，为开展电子商务保驾护航。电子商务的发展还需要适宜的制度环境。在这方面政府的工作在于建立和完善法律法规、税收政策、电子支付系统、知识产权保护、信息安全、个人隐私、电信技术标准等。目前，美国在这些方面已有可以操作的标准和比较完善的法律体系。

（2）努力推动电子商务的全球化，为美国电子商务开拓全球市场开道。互联网的开放性，使得建立网上自由贸易区成为可能。但是，要实现网上自由贸易区就必须打破地区、国家和国际之间的界限，建立一套国际统一的贸易规范与法律框架，包括认可电子合同，接受电子签名以及其他类似授权程序的规则，制定争端解决机制，制定权责明确的根本原则等。为此，美国政府率先实施网上贸易免税政策，并主张和推动各国对网上贸易免征关税。这有力地刺激了美国企业开展电子商务的积极性，促进了电子商务的发展。

（3）努力谋求全球接受美国的电子商务标准或政策。美国政府认为，对互联网的多重管理措施，会阻碍自由贸易和电子商务的发展。为此，依据《全球电子商务纲要》所确定的原则与相关政策建议，美国大力促进世界各国及国际组织对其纲要的认同。

（4）加强信息基础设施的建设和投入。1993 年，克林顿总统就签发了《国家信息基础设施的行动纲领》，全面阐述了建设国家信息基础设施（national information infrastructure，NII）的重大意义，以及政府在推行这项计划时所起的作用和应遵循的原则。信息基础设施是电子商务的基础。1994 年美国政府又提出建设全球信息基础设施（GII）的倡议，旨在通过卫星通信和光缆连通全球信息网络，形成信息共享的竞争机制，全面推动世界经济的持续发展。1999 年，美国政府颁布了国家信息基础设施行动计划。信息基础设施的建设已取得了巨大的经济和社会效益。

（5）引导企业积极开展电子商务。为了促使企业开展电子商务活动，美国政府采取了“前拉后推”的政策。所谓“前拉”，就是制定一系列优惠政策和倾斜政策，刺激企业积极开展电子商务。所谓“后推”，就是如果“前拉”政策还没有促使一些企业开展电子商务，那么就对不采用电子商务的企业采取近乎惩罚的措施，从后面迫使这些企业采用电子商务技术，开展电子商务活动。例如，美国政府自 1997 年开始，所有的政府采购、招标都在网上进行，不采用电子商务技术的企业将会失去政府采购与招标这一巨大的市场。为推动信息化、数字化的发展，政府通过法案，决定从 1998 年开始，联邦政府机构的全部经费开支实行电子化付款，并在 1999 年最终取消所有纸质单证。这一计划大大加速了美国金融电子化、网络化的发展，有力地促进了美国电子商务的发展。

11.3　企业电子商务战略

下面以亚马逊公司的电子商务战略为例介绍企业电子商务战略。

11.3.1　亚马逊公司简介

1. 亚马逊公司的发展历程

1995 年 7 月，亚马逊公司在美国西雅图成立，开创了利用互联网售书的新领域。亚马逊公司凭借着其创新意识和客户至上的理念，以独特的在线销售模式和低廉的价格取得了突出的业绩。不到两年时间，亚马逊公司成功上市，此后它开始进行大规模扩张与收购，逐步发展为商品品类众多的综合零售电子商务企业。

1998 年，亚马逊公司推出其音乐商店。此后，为了提升自身的技术，扩充商品线，又收购了互联网电影资料库公司 IMDb、数据挖掘公司 Junglee、社交网络公司 Planetall、网络流量分析公司 Alexa 等。

2000 年，美国网络经济泡沫的破灭迫使亚马逊公司暂缓扩张。亚马逊公司进行了减少对供应商的依赖、为第三方卖家提供 IT 基础设施和物流仓储服务、大幅裁员、合并办公场所等一系列调整。这些措施降低了运营成本，提升了利润率，使亚马逊公司成功抵御了冲击并逆势崛起，并于 2001 年扭亏为盈。

2005 年，亚马逊公司推出了 Prime 会员服务，允许用户以缴纳会费的方式免费获取快递两日到达服务。2004 年 8 月，亚马逊公司收购了中国网上书店卓越网；其后陆续收购了 DVD 制作公司 CustomFlix、女性时尚购物网站 Shopbop、数码相机测评网站 Dpreview、有声读物网站 Audible、在线鞋店 Zappos、团购网站 Woot、网上书店 The Book Depository、仓储机器人公司 Kiva Systems、数字漫画公司 comiXology；2014 年投资入股上海美味七七，开启中国市场的生鲜战略部署。

亚马逊公司于 2007 年推出了第一代 Amazon Kindle 电子阅读器；2011 年，推出 Kindle Fire 平板电脑。亚马逊公司目前的商品涵盖图书、影视、音乐和游戏、数码下载、电子和计算机、家居园艺用品、玩具、婴幼儿用品、食品、服饰、鞋类和珠宝、健康和个人护理用品、体育及户外用品、汽车及工业产品等众多门类。2018 年 5 月 21 日，2018 年《财富》美国 500 强排行榜发布，亚马逊公司名列第 8 位。2018 年 5 月 29 日，“2018 年 BrandZ 全球最具价值品牌 100 强”发布，亚马逊公司名列第 3 位。

2. 亚马逊公司的使命与愿景

（1）使命：让人们可以通过简单的网络操作获得具有教育性、资讯性、启发性的商品。

（2）愿景：成为世界上最以客户为中心的公司，以使人们能在网络上找到并发掘任何他们想购买的商品。

3. 亚马逊公司的目标

尽可能使客户能够在网络上以最低的价格、最好的服务获得想要的商品。

11.3.2　亚马逊公司发展战略的转变

1. 第一次转变：成为“地球上最大的书店”（1994—1997 年）

亚马逊网站于 1995 年 7 月正式上线，其战略定位为“地球上最大的书店”。亚马逊公司采取了大规模扩张策略，以巨额亏损换取营业规模。1997 年，亚马逊公司已经在图书网络零售市场上树立了巨大的优势地位，同时成功上市，并在与 Barnes&Noble 的竞争中获胜，取得了全球最大书店的地位。

2. 第二次转变：成为最大的综合网络零售商（1997—2001 年）

成功上市后，亚马逊公司的发展战略转变为扩充网站商品品类，打造综合电子商务平台，以形成规模效应。随着战略的转变，亚马逊公司开始扩张商品品类，实行横向一体化战略及多元化战略。其主要手段是收购、品类扩张和国际扩张。2000 年，亚马逊公司将宣传口号改为“最大的综合网络零售商”。

3. 第三次转变：成为“最以客户为中心的企业”（2001 年至今）

自 2001 年开始，亚马逊公司除了宣传自己是最大的网络零售商外，把“最以客户为中心的企业”确立为努力的目标。此后，亚马逊公司将打造以客户为中心的服务型企业作为其发展方向，不断创新与推进快捷、便宜、全面、可靠的价值主张，对现有的客户不断进行市场渗透和有针对性的产品开发，使他们有更多的选择。

11.3.3 环境分析

1. 宏观环境分析——PEST 分析

（1）政治环境（politics）。美国拥有相对完善的电子商务法律规范体系。例如，通过《邮件、电话订货法规》《公平信用结账法案》等保障网络购物者权利；2013 年美国参议院投票通过《市场公平法案》，允许征收网络销售税，对网络零售产成了一定的影响。

2015 年 7 月 9 日，美国联邦航空管理局颁布了通告《无人机系统（UAS）在国家空域系统（NAS）中的运营》。该通告提供了空中交通方面的信息和临时的无人机系统在国家空域系统中运营的政策和程序，为利用无人机运送商品提供了政策保障。

欧盟关于电子商务的立法也比较完善，而我国国家工商行政管理总局也在 2014 年 1 月发布了《网络交易管理办法》，对我国的网络商品交易及有关服务进行了规范，保护了消费者和经营者的合法权益，促进了我国网络经济持续健康发展。

（2）经济环境（economy）。2017 年，美国的国内生产总值（GDP）为 193 621.3 亿美元，名义增长率为 4.27%；中国的 GDP 为 122 427.76 亿美元，比 2016 年增长 9.13%；德国经济增长 5.34%；法国经济增长 4.53%；印度经济增长 8.10%；宏观经济整体发展形势良好，消费支出上升，消费市场容量较大。

2017 年，全球网络零售交易额达 2.304 万亿美元，同比增长 24.8%，占全球零售总额的比重由 2016 年的 8.6% 上升至 10.2%。电子商务呈快速发展态势，交易金额不断扩大，发展空间大。

随着运费以及人力成本的增加，对于拥有大量配送人员的自营式电子商务平台来说，经营成本将越来越高。

（3）社会环境（society）。目前，全球网民数已达 40 多亿，互联网普及率达 57%，全球已有近 10 个国家网购用户数量过亿。中国是全球最大的互联网用户市场，截至 2018 年 12 月，网民数达 8.29 亿，普及率达到 59.6%。消费者逐渐从线下实体购物转移至网上购物，消费者生活习惯、购买习惯的变革推动了电子商务的发展。

当今在网络上购物存在有假冒伪劣商品、售后服务难以得到保证、网上支付有安全风险、消费者信息容易被盗用等问题，令部分消费者对网络购物产生疑虑。

（4）技术环境（technology）。随着大数据技术的快速发展，亚马逊网站的各种服务功能不断完善，业务处理能力也大大增强。同时，云存储技术可以大幅降低保存、管理、使用数据的成本。

移动技术的不断发展，使得网络带宽不断提高；智能终端的普及，使得移动网络购物交易规模逐年上升。

随着物联网、人工智能的发展，无人仓、无人机开始广泛应用于仓储管理和物流运输，使物流成本下降，商品交付时间缩短。

2. 行业环境分析——波特五力模型

（1）潜在进入者的进入威胁：一般。电子商务行业依托于互联网，对于综合网络商城来说，物流系统、供应链的建立和数据库的维护都需要很强的信息技术来支撑，所以行业门槛较高。不过现在一方面有很多社区型网站和门户型网站开始借助大规模的用户群体开展电子商务活动；另一方面传统行业也凭借自有产品的品牌优势不断向电子商务领域渗透；再一方面对于传统零售业来说，因为拥有完善的物流体系和忠实的用户群体，想涉足电子商务更为容易。

（2）替代品的替代威胁：一般。电子商务的替代品是传统实体销售行业和 C2C 网络零售行业。虽然到实体店购物能给消费者带来逛街购物的乐趣，但更多的年轻人则愿意享受网络购物的轻松与便利。

（3）供应商的议价能力：较低。亚马逊公司是一个国际性企业，其供应商比较稳定，而且可以从世界各地采购商品。随着电子商务的迅速发展，供应商会越来越多地与网络商城合作，以扩大销路。消费者对商品质量和售后服务的要求较高，这使得亚马逊公司对货源质量也有很高的要求。苹果公司等世界知名公司将亚马逊公司作为指定的网络零售商，也进一步说明了供应商对亚马逊公司的议价能力不高。

（4）购买者的议价能力：强。随着电子商务的发展，消费者可以选择的购物方式和购物网站增多，正因如此，电子商务市场的价格战十分激烈，购买者的议价能力较强。

（5）同业竞争者的竞争程度：激烈。亚马逊公司的竞争对手众多，如沃尔玛网上商城、易趣网、淘宝网、天猫等，竞争激烈。

11.3.4 亚马逊公司的战略及效果

1. 总体战略

（1）多元化战略。多元化战略包括以下内容。

① 网络商店：图书、音乐、影像、软件、IT 产品、家电、厨房项目、工具玩具、服装、食品、首饰、手表、美容品等。

② 网络服务：推出 AWS（Amazon Web Services）网络服务，为用户提供远程云计算服务和存储空间，其最终的用途是作为亚马逊公司所有电子资源的“仓库”和“物流系统”。

③ 用户终端：包括 KindleX 系列电子书阅读器、Kindle Fire 平板电脑。

亚马逊公司从网上书店扩张为包罗万象的综合网络零售商。它以网络商店为核心，通过网络服务向用户终端送达商品和服务，保证了商品和服务的时效性和全面性。亚马逊公司积极持续地进行战略扩张，具有成熟的主营业务，候选业务也处于发展阶段，具有较强的核心竞争力。

（2）横向一体化战略。横向一体化战略包括以下内容。

亚马逊公司一直奉行“如果无法击败它，那么就买下它”的商业法则。亚马逊公司之所以能够成为全球最大的网络零售商是有原因的，即亚马逊公司如果意识到某家公司已对自己构成了严重的威胁，就不再同其展开激烈的市场竞争，而会采取直接收购竞争对手的办法。

亚马逊公司主要的收购历程如下。

1998 年 4 月，收购 IMDb（互联网电影资料库公司）；

1998 年 8 月，以 1.86 亿美元收购 Junglee（数据挖掘公司）；

1998 年 8 月，以 9 300 万美元收购 Planetall（社交网络公司）；

1999 年 6 月，以 2.5 亿美元收购 Alexa（网络流量分析公司）；

2003 年 4 月，收购其在线音乐商店的竞争对手 CD Now（网络音乐公司）；

2004 年 8 月，以 7 500 万美元收购中国的卓越网（卓越当时是一家网上书店）；

2005 年 7 月，收购 CustomFlix（DVD 制作公司）；

2006 年 2 月，收购 Shopbop（女性时尚购物网站）；

2007 年 5 月，收购 Dpreview（数码相机测评网站）；

2008 年 3 月，以 3 亿美元收购 Audible（有声读物网站）；

2009 年 7 月，以 12 亿美元收购 Zappos（在线鞋店）；

2010 年 6 月，以 1.1 亿美元收购 Woot（团购网站）；

2010 年 10 月，收购欧洲在线购物服务网站 BuyVIP. Com；

2010 年 11 月，以 5.5 亿美元收购 Quidsi；

2011 年 7 月，收购 The Book Depository（网上书店），同年还收购了 Lovefilm、PushButton；

2012 年 3 月，收购仓储机器人公司 Kiva Systems；

2014 年 4 月 11 日，收购数字漫画公司 comiXology；

2014 年 5 月 16 日，宣布投资 2 000 万美元入股上海美味七七，开启中国市场的生鲜战略部署；

2014 年 8 月 26 日，宣布以 9.7 亿美元的现金收购视频游戏流媒体服务公司 Twitch；

2017 年，宣布以 137 亿美元收购全食超市；

2018 年，宣布以 12 亿美元收购智能门铃企业 Ring。

（3）外包战略。亚马逊公司的物流中心是按照商品类别设置的，供应商先将商品送至其所属类别的物流中心再由外包的物流公司进行配送。这样提高了物流中心的专业化作业程度和效率，降低了管理和运作费用。亚马逊公司通过物流中心预先对商品进行分拣和包装，再将其大批量地外包给物流公司进行配送，使物流成本从占销售额的 15% 下降到 9%。

2. 业务层战略

（1）价值链环节的低成本。这体现在以下两个方面。

① 供应商：与供应商维持良好的合作关系，利用销售量大的优势压低进货价格；加强与供应商之间的相互信任关系，延长向供应商支付货款的时间，加快资金周转，降低资金占用成本，提高资金周转率。

② 物流：按照不同的商品类别建立不同的配送中心，类别相同且配送中心有的商品可以同批发货，以降低管理成本和存货成本，维持低库存水平，提高库存周转率；安排自有车辆运送货品至物流公司集散地，以降低送货成本。

（2）电子书及平板电脑业务。亚马逊公司以低利润销售 Kindle 电子阅读器和 Kindle Fire 平板电脑，这虽然牺牲了其硬件和数码产品销售的利润，但通过这一措施吸引客户上门，然后向他们销售其他商品，从而达到以牺牲局部利益换取公司整体利益提升的效果。

3. 投资战略

（1）市场份额战略。从 1995 年至 1997 年上市，亚马逊公司一直处于亏损状态，至 2003 年，一共亏损达 33 亿美元。在此期间，亚马逊公司为了盈利进行了一系列收购行动。数据显示，尽管亚马逊公司的净亏损在不断扩大，但其销售收入不断增长，市场份额不断增加，竞争地位也显著增强。2002 年第三季度，亚马逊公司的净销售额达 8.51 亿美元，比 2001 年同期增长了 33.2%，实现了盈利；第四季度的销售额为 14.3 亿美元，实现净利润 500 万美元。

（2）增长战略。亚马逊公司所在的行业是高速增长的零售行业，充分的增长空间使其易于获取资源，能够满足消费者不断增长的需求。其中，资源包括物质资源、资本资源、人力资源、信息资源等，是企业实施增长战略的必要条件。

（3）盈利战略。2002 年，亚马逊公司推出了创新、大胆的促销策略，为客户提供免费的送货服务。这极大地激发了人们的消费热情，客户规模迅速扩大至 4 000 万人，产生了巨大的经济效益。物流服务的创新，对销售额的增长起到了举足轻重的作用。

4. 国际化战略

亚马逊公司认为国际化经营是没有界限的。截至 2018 年，亚马逊公司已将其在美国的经营模式推广到加拿大、德国、英国、法国、意大利、西班牙、日本、墨西哥、澳大利亚、印度等国家和地区。

亚马逊公司坚持投资建设物流基础设施。这些物流基础设施除了供亚马逊公司自用外，还可以为设施不完善国家的零售企业提供物流服务，实现共赢发展，从而减小其海外扩张的阻力。

2017 年第二季度，亚马逊公司的总营业收入同比增长16.3%，增长速度远高于竞争对手沃尔玛、好市多（Costco）等，而 AWS 服务（云计算）的营业收入同比增长更是高达 42.4%，成为亚马逊公司的新利润增长点。2014—2017 年亚马逊公司的核心业务表如表 11.1 所示。

表 11.1　亚马逊公司的核心业务表

业务类别	2014 年		2015 年		2016 年		2017 年	
	销售额 / 百万美元	占比	销售额 / 百万美元	占比	销售额 / 百万美元	占比	销售额 / 百万美元	占比
线上零售	68 513	77%	76 863	72%	91 431	67%	108 354	61%
实体店	—	—	—	—	—	—	5 798	3%
第三方卖家服务	11 747	13%	16 086	15%	22 993	17%	31 881	18%
会员费收入	2 762	3%	4 467	4%	6 394	5%	9 721	5%
AWS 服务	4 644	5%	7 880	7%	12 219	9%	17 459	10%
其他	1 322	1%	1 710	2%	2 950	2%	4 653	3%
合计	88 988	100%	107 006	100%	135 987	100%	177 866	100%

从表 11.1 所示的数据可以看出，亚马逊公司将主营业务分为线上零售、实体店、第三方卖家服务、会员费收入、AWS 服务以及其他。其中，线上零售是亚马逊公司的传统业务，其营业收入在亚马逊公司营业收入中占比最高。2017 年亚马逊公司新增了实体店业务，其营业收入占亚马逊公司营业收入的 3%。该业务不是简单地在线下开实体店，而是借助技术手段将线上内容和线下内容无缝对接，提升消费者的购物体验。第三方卖家服务营业收入占亚马逊公司营业收入的 18%，该服务一方面丰富了亚马逊公司的商品品类，为消费者提供了更多选择，另一方面，亚马逊公司也为第三方卖家提供了配套的增值服务。会员费收入是通过收取会员费，让会员享受增值服务，该服务一方面为消费者带来了实惠，另一方面加大了消费者的转换成本，并通过为消费者提供免费服务而改变其购物习惯。AWS 服务

凭借着低价格、高稳定性、标准化、可定制的优势，成为众多企业 IT 基础设施的首选。

11.3.5　亚马逊公司带来的启发

1. 提升用户体验

亚马逊公司成立 20 余年，其发展战略虽然经历了三次转变，但本质上一直是以客户为导向、以综合网络零售商为目标。在这一理念的指导下，亚马逊公司从网页个性化推荐到包装、运输服务，再到售后服务，始终将客户体验摆在第一位，全方位地满足客户的需求。在提升服务质量的同时，自建重资产物流体系和会员制度，争取了大批消费者。

我国电子商务在发展过程中，应学习亚马逊公司重视提升产品质量、物流体系、服务能力等自身的核心竞争力，以长远的目光看待市场，以客户为导向，不断提升客户体验，以在市场中真正树立自己的优势地位。

2. 重视技术创新

亚马逊公司的商业理念，除了以客户为中心外，便是重视技术创新。首先，大力应用人工智能技术。亚马逊公司很早就预测到人工智能在未来社会中的重要地位，并积极将这一技术融入企业发展的方方面面。技术创新不同于广告和营销策略，其投入大，回收周期长。如今，在以人工智能为代表的第四次商业革命来临之际，我国电子商务企业应该抓住机遇，大力研发和利用新技术，迎接电子商务行业的新一轮转型和洗牌。

其次，大力发展云计算业务。云计算的本质是为企业提供标准化的 IT 基础设施资源，对于许多新创建、规模小的电子商务企业而言，自己搭建电子商务网站及对其进行后期维护的成本很高，而且利用率低。在这种情况下，对大型电子商务企业而言，开展云计算业务，将其包括供应链、海量数据及物流平台在内的隐性基础设施资源转换为利润，可以摊薄其技术投入；对于利用云计算的企业而言，则可以以低廉的成本获得高效、便捷的网络基础设施服务；这样从整体来看，云计算业务带来的资源共享可以避免浪费，提高资源的整体利用率。

在很多人的认知中，云计算业务技术性较高，应以谷歌公司、微软公司等大型 IT 企业为主导，而亚马逊公司成为全球最大的云计算供应商，则打破了人们的这种固有认知。电子商务企业发展云计算业务，既有依靠低价打开市场、迅速形成规模效应的传统策略，又有多年累积的客户资源这种核心资产。我国的云计算虽然刚刚起步，但蕴藏着巨大的发展潜力，亚马逊公司 AWS 服务的成功使得许多电子商务企业有例可援，目前已有众多电子商务企业布局云计算业务。

3. 加强基础设施建设以完善物流体系

电子商务活动大部分都是通过虚拟的互联网完成的，但是物流却需要在线下完成，完善的物流体系是在线销售的前提。亚马逊公司在开展网络零售业务的国家和地区都建立了大型仓储中心和配送网络，不仅可以配送其自营的商品，还可以为第三方卖家提供包括售前分仓、售后退换货等在内的亚马逊代发货（fulfillment by Amazon，FBA）服务。在分仓入库时，亚马逊公司对这些商品进行智能优化排列和规范化管理；在打包配送时，享有 FBA 服务的第三方卖家可以统一商品的包装，并可以利用亚马逊公司高效的物流网络，为客户提供优质的配送服务；在配送过程中，亚马逊公司的订单追踪系统会为客户提供发运时间、预计送达时间等信息，使客户享有更好的物流服务。

4. 加强战略合作

亚马逊公司从成立之初就不断扩张规模，在其整个发展过程中一直都在积极与其他企业开展竞争与合作，在理财、音乐、快递、智能科技以及供应链的各个环节，都有亚马逊公司的身影，而其对全产业链的投资，均体现着竞争与合作并存的理念。亚马逊公司电子商务的典型模式——第三方平台业务被很多人认为会挤压自身的盈利空间，但亚马逊公司却将这视为一种合作提升产品质量、扩充产品规模、加强品牌认知度的方式。目前，亚马逊公司在电子商务供应链方面的合作更是为其旗下的物流服务迎来了新的发展机遇。

亚马逊公司曾在 2012 年以 7.75 亿美元收购仓储机器人公司 Kiva Systems，并迅速将其智能机器人系统在运营中心中应用，大大提高了仓库的存储和处理能力。除了并购重组外，亚马逊公司与供应商、宣传商和其他机构在技术、产品、物流等领域也展开了积极的合作。

此外，亚马逊公司在开展国际业务时，也会选择与当地企业、政府机构达成战略联盟，这样既可以弥补自身产业链的不足，又可以借助对方的影响力打开市场，这种合作形式值得我国电子商务企业借鉴。

小结

本章介绍了战略的含义及内容，电子商务战略与电子商务战略的研究等内容，在国家电子商务战略的层次介绍了美国电子商务战略，而在企业电子商务战略的层次介绍了亚马逊公司的电子商务战略。通过这些介绍可以使读者对电子商务战略的研究与制定有一个概括的了解。

思考与讨论

1. 什么是战略？
2. 制定战略要考虑哪些因素？

3. 什么是电子商务战略？
4. 什么是宏观电子商务战略？
5. 什么是微观电子商务战略？
6. 你认为美国电子商务战略有哪些可取之处？
7. 你认为中国应当制定什么样的电子商务战略？
8. 电子商务战略现有的研究方法有哪些？

第 12 章
电子商务战略与文化

第 11 章从传统意义的战略出发，阐述了什么是电子商务战略，又在宏观和微观两个层次上举例说明了国家电子商务战略与企业电子商务战略的区别。本章将从文化差异的角度对不同电子商务战略进行介绍，同时也分析了产生不同电子商务战略的原因。

12.1 中美电子商务战略的差异

12.1.1 中国电子商务战略

中国电子商务已逐步走向务实发展阶段，主要体现在：① 大型企业电子商务应用开始进入协同商务阶段；② 中小企业电子商务应用意识普遍提高；③ 网络购物规模迅速扩大；④ 电子商务专业化服务体系正在形成；⑤ 电子商务在社会经济生活各领域中的应用日趋广泛。有关报告统计，中国电子商务市场 2018 年交易规模达 28.4 万亿人民币，同比增长 17.8%，其中网络零售交易规模突破 9 万亿人民币。中国电子商务市场呈现高速增长趋势。

电子商务所带来的新经济是在国际竞争取胜的关键因素。中国一直高度重视电子商务发展，通过制定政策、颁布法律等一系列措施，营造电子商务发展环境，确立电子商务战略地位，明确电子商务重点发展领域。

但与此同时，也必须认识到中国电子商务发展所存在的问题。

（1）基础建设仍显薄弱。近年来，中国的网络基础设施建设取得了很大进展，移动互联网与固定互联网的规模分别位居世界第一位和第二位，但同时也存在比较突出的问题：网络存在大量低水平的重复建设，难以实现互联共享，影响了效率的发挥。从电子商务的发展趋势来看，电子商务的网络平台将建立在宽带网络上，当前接入网带宽正成为制约宽带网络进一步发展的瓶颈。

（2）电子商务法规仍需完善。我国正在逐步完善与电子商务有关的立法，并取得了很大的成效，为开展电子商务、解决纠纷提供了法律基础。但是，我国的电子商务还处于初级阶段，还没有建立起完善的法律体系，现有的政策法规还不能满足电子商务发展的需要，主要问题包括：信息技术领域的法律滞后；电子商务政策法规不健全，标准不统一；部分电子商务法律法规缺乏可操作性；等等。

（3）政府的参与和主导作用有待加强。政府信息化是企业信息化的基础。电子商务需要在一定的政府监管下进行。可以说，没有政府的信息化，就没有全面的企业信息化，没有电子政务，就没有真正的电子商务。因此，研究电子商务，研究电子商务文化，是与研究电子政务及其文化相辅相成的。

12.1.2　美国电子商务战略的启示

第 11 章已经介绍了美国电子商务战略，研究美国政府在推动电子商务发展过程中所采取的措施，从中可以获得许多有益的启示和借鉴。

（1）政府的推动与协调是电子商务健康发展的重要前提。电子商务融合了计算机产业、通信产业和信息服务产业等一大批高新技术产业，因而技术密集、研发投入大、风险高。因此，在电子商务发展的初期，需要政府介入与扶持，如制定各种优惠政策，在税收、贷款、融资等方面给予支持等，以减低企业的风险，促进电子商务的发展。美国早在 20 世纪末就出台电子商务交易免税法案，并投入巨资发展国内的通信和互联网产业，这些举措对于促进电子商务的发展具有非常重要的作用。事实证明，政府的规划、协调与直接推动，对于电子商务的发展具有至关重要的作用。

（2）在电子商务的发展过程中，政府的作用主要是营造环境。在电子商务发展过程中，政府的主要作用是为电子商务发展创造良好的外部环境，美国政府将信息基础设施建设、国民经济信息化建设、信息和网络安全建设、电子交易的法律法规建设放在了优先考虑的地位，同时加强电子商务有关标准的研究和制定，为全社会电子商务的发展提供标准规范，以确保竞争，合同履行，保护知识产权和私有权利，防止假冒，增加透明度，增进商业贸易，促进争端的解决等。但是在电子商务交易过程中，应尽可能将政府的参与或干预最小化。

（3）统一的标准是发展电子商务的基础。电子商务的本质是互联、互通、互操作，而这是建立在电子商务平台具有统一标准的基础上的。如果没有统一的标准，互联、互通、互操作都无从谈起。

（4）加快传统企业信息化进程将促进电子商务的发展。电子商务发展到今天，必须要有大量的传统企业加入，这样才能推动电子商务不断深入发展。但事实上，传统企业开展电子商务的速度十分缓慢，许多企业对电子商务准备不足。因此，必须提高传统企业对电子商务的认识，加快其信息化进程，以促进电子商务的发展。

（5）发展电子商务是一个过程，需要不断的管理创新和机制创新。电子商务的核心是商务，而作为发展商务手段的电子信息技术却在高速发展。因此电子商务的发展需要在技术创新和应用的基础上，实现管理创新和制度创新的有机结合，探索和建立行之有效的电子商务运行机制与商务模式。

12.2 电子商务战略与文化

中国和美国的电子商务战略有所不同。两者之间的差异是由长期以来中西方迥异的文化积淀所导致的。因此，下面首先从中西方商务文化的差异说起。

12.2.1 中西方商务文化的差异

中西方商务文化存在着差异是不争之事实，这种差异带来的影响也有目共睹。因此，对中西方商务文化进行比较研究就是要找出两者差异的根本原因。

商务文化是人类为社会生存和发展，在设计、生产、经营和消费商品的实践活动中形成的物质和精神成果的总和。商务文化是人类社会商务实践的产物，脱离了具体的商务运作环境，其文化功能就无从谈起。人类的文化传统、文化模式、生存的文化环境等，都对商务文化产生着深刻的影响。

1. 电子商务中的文化差异及其对贸易的影响

电子商务中的文化差异体现在文化构成要素的各个层面。具体说来，这些文化层面包括特定社会的意识形态、组织结构及制度等，其中最主要的是意识形态方面，即政治、法律、艺术、道德、哲学、宗教等。不同国家由于历史传承和文明演绎的差异，在意识形态上有很大的差别，不同国家在意识形态的主要方面甚至是对立的。这些都形成了电子商务特有的文化氛围。能否适应不同国家的文化氛围是电子商务成败的关键。因为人们的购买行为是由需求决定的，需求是受文化环境制约的，因此在贸易中适应特定文化环境的企业就能抓住消费者的需求，取得巨大的成功；不能很好把握文化环境的特点和消费者需求的企业，其电子商务活动就难以展开。可见，文化差异已影响到各层次的贸易活动。具体地说，文化差异及其对电子商务的影响，主要有以下几个方面。

（1）政治、法律方面。政治、法律泛指治理国家的政策、法令和强制实施的行为规范。不同的国家具有不同政策与法律的形成和运行机制；对世界贸易组织的同一条款，由于各国制定的配套政策法规有所不同，各国的行政诉讼和法系不同，也会出现执行的差别。

（2）道德、观念方面。道德是通过教育和社会舆论等力量，使人们具有善与恶、荣誉与耻辱、正义与非正义等观念，并逐渐形成一定的习惯和传统，以指导和控制人们的行为。在不同的民族文化中，人们的道德、观念及它们对人的约束力都不同。利用道德约束开展贸易活动，对于外来者非常难，因为对不同民族文化中道德观念的理解、掌握、运用是一个漫长的过程。

（3）语言、文字、艺术方面。贸易这一商品或劳务的交换活动，是以语言沟通为前提的，是以对商品本身所包含的艺术的理解为基础的。不同的民族，因为语言文字的差异，沟通常常出现误差，或贸易谈判中常常出现误解，从而影响正常交易的完成。

不同民族的艺术传统也影响着人们对商品的美与丑的评价，所以工艺品的行销也受文化习惯和艺术鉴赏水平影响。

（4）价值观念、风俗习惯、宗教信仰及生活方式方面的影响。价值观念是人们对事物的总体看法和评价，是人们基本的信念和判断，这种评价或判断会影响人们对生活方式的选择，从而影响人们对产品和服务的需求。不同的国家可能有着不同的风俗习惯，在传统生活方式、爱好、忌讳等方面体现出的风土人情都不尽相同。

（5）国民教育和国民性情方面的影响。不同的教育体制和方式在知识传授方式上的不同，不仅造成了人们思维方式上的差异，还形成了人们不同的价值观念，从而对贸易产生重大的影响。

（6）社会组织结构和制度方面。一个社会组织结构和制度的状况，取决于这个社会的文化背景、历史的沿革和特定的习惯，是一个社会文化的凝结和体现。承诺了开放与贸易自由的国家和地区，必须进行相应的制度与机构改革，使之与国际要求接轨，便于贸易的开展。

2. 如何应对电子商务中的文化差异

（1）培养跨文化意识。跨文化意识是指商务人员对文化差异的理解并据此做出适当反应的一种商务意识。换言之，反映电子商务本土文化价值观的行为标准已不能满足跨国公司发展的需要了。国际化企业运作的各个环节，如国际营销、人力资源管理、激励机制等都需要较高的跨文化意识。因此，从事电子商务的人员必须拥有基本的跨文化意识。

（2）电子商务企业应注意与当地文化的融合。创造能被当地人接受又有吸引力的情境，然后在整个经营过程中注意配合文化环境要求进行创新，既要创造出适合销售地文化的产品，又要找到适合当地习惯的渠道，采取购买对象乐于接受的宣传方式。

（3）在电子商务中应注意文化的变迁。任何文化都会随着时代的变化而不断发展，不断变迁。电子商务企业必须适时改变贸易策略，以适应文化变迁后的新特点。不仅中西方商贸文化存在差异，即便是邻国之间，民族文化、商贸文化的微小差异都可能对电子商务产生深远的影响。应该正视民族文化差异对世界贸易的自由化发展以及经济全球化的进程造成的影响，并对这些文化差异中所蕴含的魅力与商机进行挖掘，提出自己的电子商务战略。

12.2.2　文化差异对电子商务战略的影响

中西方文化差异给电子商务带来了诸多问题，下面从具体案例出发，讨论文化差异对企业电子商务战略可能产生的影响。

案例："跨境通"电子商务平台

跨境网络购物多采取少批量商品入关，将国外价格便宜的产品运入国内，通过赚取一定的服务费或物流费来实现盈利。这种方式利用国家税收缝隙，处于监管灰色地带，具有很大的政策风险。

而对于消费者来说，由于缺乏正规的跨境网络购物渠道，消费者在进行跨境网络购物的过程中面临着支付风险、售后服务、临时商品保税、退换货物等一系列难以解决的问题，而且买到假冒伪劣商品的风险很大。

跨境电子商务，是指分属不同关境的交易主体，通过电子商务平台达成交易，进行支付结算，并通过跨境物流送达商品，完成交易的一种国际商业活动。随着我国跨境电子商务的迅速发展，特别是在跨境企业对消费者（B2C）电子商务模式下，现行管理体制、政策、法规及现有环境条件已无法满足其发展的需要。一方面，国内消费者购买使用海外商品的愿望越来越强烈；另一方面，缺乏正规的跨境网络购物渠道，大量商品以快件、邮件的物流方式进出口，单价价值小、批次多，给海关、检验检疫等部门的监管带来难度，导致出现进口税金流失、商品未通过检疫等风险。

为了应对跨境电子商务贸易发展的新形势，国家发展和改革委员会委托海关总署实施跨境贸易电子商务服务试点，上海电子口岸搭建跨境电子商务服务平台——"跨境通"，上海海关完成与之配套的海关通关系统部分的建设，为国内消费者提供一条阳光、便利、快捷的跨境网购新渠道。

2013 年 11 月，全国第一家跨境贸易电子交易平台——"跨境通"电子商务平台在中国上海自由贸易试验区正式上线运行，普通消费者通过"跨境通"电子商务平台跨境网络购物将更加方便。

随着自由贸易试验区的发展，这一跨境电子商务平台将吸引更多境外知名电子商务企业入驻，并有望形成从仓库到个人的直销模式，降低消费者的购买成本。

此外，通过与"跨境通"电子商务平台的对接，海关通关系统将采用全程电子化，形成对信息流、资金流、物流三维信息的合一比对及实时监控，实现对商品的有效查验，以及进口业务在交易过程中所有申报数据可控、可视化、可追溯。

"跨境通"电子商务平台的运行为规范跨境网络购物指明了方向，对于购销双方来说都有利。从进口方面来看，通过建立大型跨境网络购物电子商务平台，可以改变跨境网络购物的格局，规范其行为；从出口方面来看，"跨境通"电子商务平台降低了物流和通关等高额成本，进一步增加了商品的竞争力，有利于进一步开拓中国庞大的消费市场。

案例："淘日本"与雅虎日本"中国商城"

2010年6月1日，阿里巴巴公司旗下淘宝网与日本软件银行集团控股的雅虎日本同时上线淘宝网"淘日本"和雅虎日本"中国商城"，合作建设跨境网络购物平台。无论是中国的网络用户还是日本的网络用户，在"淘日本"和雅虎日本"中国商城"进行跨境交易时，只需按照各自在国内的交易模式就可完成买卖。

淘宝网的商品将直接以日文形式出现在雅虎日本"中国商城"中，同时雅虎日本的日本商品也将以中文形式出现在淘宝网的"淘日本"上。但是，所有的商品都必须符合中日两国的法律及海关相关规定，交易需缴纳关税。同时，中国的食品和化妆品暂不开放对日本出口。

当时阿里巴巴公司和软件银行集团都认为，电子商务的力量能更好地改变小企业的命运，让中国和日本，甚至世界上更多国家的小企业以及消费者都获得利益是双方合作的初衷。

借助此次淘宝网与雅虎日本的合作，淘宝网的国际化进程正式展开。淘宝网开拓国际市场，等于是为淘宝网上大量的中小商家提供了新的渠道和市场，同时也为中国的买家提供了购买国外商品的一个通路。淘宝网的外贸B2C电子商务至少有两大特点。一是市场进入策略。淘宝采取了与日本当地知名的购物网站合作的模式，这样就可以避免由于对日本市场消费者购物习惯等的不了解而产生的问题，降低了市场进入的潜在成本。二是网络商品资源及品牌资源。淘宝网扩展国际市场，把中国制造的商品销往世界各地，其优势之一，是网络商品资源及品牌资源。丰富的网络商品资源以及其在网络零售平台方面的运营经验，使其在国际市场中占据了先天优势。但是，这次跨国合作事实上存在一定的问题。

1. 物流体系能否保障跨国交易

国外发展成熟的网络购物市场都伴随着相对集中和成熟的物流配送体系。而配送问题一直是我国网络购物市场发展的瓶颈之一。随着国内市场的蓬勃发展和国际市场的打开，面对急速上升的配送量和跨国产品的配送压力，国内物流体系是否能够承担？

2. 支付体系能否实现国际对接

支付宝作为第三方支付平台的发展，部分解决了国内网络购物的支付问题。但是跨国交易需要更为国际化的支付平台。支付工具之间的兼容问题，支付工具和当地银行系统的对接，以及跨国交易可能出现的资金风险防范，都需要完善、系统的支付体系保障。

3. 网络购物平台能否顺利从计算机向手机平移

日本移动电子商务发展较快，相对而言，当时中国基于移动电子商务的手机网络购物处于发展初期。要将生意做到国外，移动电子商务发展布局需要的技术应用发展、经营模式探寻、用户体验提升都需要跟进。

4. 双方对彼此的文化、法规体系能否适应

电子商务跨国运行，除了需要面对物流系统、支付体系、移动网络购物平台等问题外，

更多的问题会出现在国际文化以及各地的法律差异当中。

除了上述问题外，配套的购物页面翻译欠妥降低了消费者的消费体验；与已经大量存在于淘宝网的日本代购店铺相比，高关税使得“淘日本”并没有竞争优势；等等。这些都加速了这一“电子商务跨国计划”的衰退。

果不其然，在持续低下的访问量以及较高的维护费用的双重压力下，这次中日电子商务合作持续不到两年就宣告流产。在遗憾的同时，人们也应该从中发现文化对电子商务战略不可忽视的影响：想实现跨境电子商务，有诸多方面的壁垒需要突破。也正因如此，案例一中所提到的“跨境通”电子商务平台，其发展更值得电子商务业内人士研究和期待。

小结

本章讲述了电子商务战略与文化的关系，在国家电子商务战略的层次简要剖析了中美电子商务战略的差异，分析了产生这些差异的深层次原因。之后，阐述了电子商务战略与文化的关系，以及如何应对由文化不同所带来的电子商务战略差异，并通过两个实例，说明文化差异对电子商务战略的影响。

思考与讨论

1. 电子商务文化与电子商务的战略是如何相互影响的？又是如何相互制约的？举例说明。
2. 如何看待电子商务文化问题？在制定电子商务战略时，如何从电子商务文化中借力？
3. 简述中美电子商务战略的差异，并阐述其中的文化因素。
4. 试对一个中国电子商务企业做全面的分析，并与第 11 章中所介绍的亚马逊公司电子商务战略进行对比。在分析的过程中，阐述中外企业电子商务战略的差异。

本书中的主要英语缩略语

ACH	automatic clearing house	自动清算所
AES	advanced encryption standard	高级加密标准
AI	artificial intelligence	人工智能
API	application program interface	应用程序接口
AR	augment reality	增强现实
ASP	active server page	动态服务器页面
ATM	automatic teller machine	自动柜员机
B/S	browser/sever	浏览器－服务器
B2B	business to business	企业对企业电子商务
B2C	business to consumer	企业对消费者电子商务
BBS	bulletin board system	电子公告牌
BOM	browser object mode	浏览器对象模型
BREW	binary runtime environment for wireless	无线二进制运行环境
BWA	broadband wireless access	宽带无线接入
BPR	business process reengineering	业务流程重组
C2C	consumer to consumer	消费者对消费者电子商务
CA	certificate authority	认证中心
CC	call center	呼叫中心
CGI	common gateway interface	通用网关接口
CPS	commodity promotion solution	商品推广解决方案
CRM	customer relationship management	客户关系管理
CRP	continuous replenishment program	连续补货计划
CSS	cascading style sheet	层叠样式表
D2D	device to device	设备到设备通信
DBMS	database management system	数据库管理系统
DBN	deep belief net	深度置信网络
DDL	data definition language	数据定义语言
DDoS	distributed denial of service	分布式拒绝服务

DECT	digital enhanced cordless telecommunication	数字增强型无绳通信
DES	data encryption standard	数据加密标准
DML	data manipulation language	数据操纵语言
DOM	document object model	文档对象模型
DoS	denial of service	拒绝服务
DRP	distribution requirement planning	配送需求计划
DSA	digital signature algorithm	数字签名算法
DSL	digital subscriber line	数字用户线
DSS	decision support system	决策支持系统
DTD	document type definition	文件类型定义
EB，EC	electronic business，electronic commerce	电子商务
ECC	elliptic curve cryptography	椭圆曲线密码编码学
EDI	electronic data interchange	电子数据交换
EPC	electronic product code	电子产品代码
ERP	enterprise resource planning	企业资源计划
FIPS	federal information processing standards	联邦信息处理标准
FTP	file transfer protocol	文件传送协议
G2G	government to government	政府对政府电子商务
GII	global information infrastructure	全球信息基础设施
GIS	geographic information system	地理信息系统
GPRS	general packet radio service	通用分组无线业务
GPS	global positioning system	全球定位系统
GUI	graphical user interface	图形用户界面
H2H	human to human	人与人
HDFS	Hadoop distribute file system	Hadoop 分布式文件系统
HTML	hypertext markup language	超文本标记语言
HTTP	hypertext transfer protocol	超文本传送协议
IaaS	infrastructure as a service	基础设施即服务
ICC	International Chamber of Commerce	国际商会
ICMP	internet control message protocol	互联网控制报文协议
IIOP	internet inter-ORB protocol	网际 ORB 间协议
IN	intelligent network	智能网络
IoT	internet of things	物联网
IP	internet protocol	互联网协议
ISO	International Organization for Standardization	国际标准化组织

ISP	Internet service provider	因特网服务提供商
ITS	intelligent transportation system	智能交通系统
J2EE	Java 2 platform enterprise edition	Java 2 平台企业版
JDBC	Java database connectivity	Java 数据库连接
JSP	Java server page	Java 服务器页面
LLC	logic link control	逻辑链路控制
M2M	machine to machine	物物通信
MAC	media access control	介质访问控制
MASP	mobile application service provider	移动应用服务提供商
MPS	mobile positioning system	移动定位系统
MSP	managed service provider	管理服务提供商
NFC	near field communication	近场通信
NII	national information infrastructure	国家信息基础设施
O2O	online to offline	线上到线下电子商务
O2O^n	O together	线上线下一体化电子商务
ODBC	open database connectivity	开放数据库连接
OECD	Organization for Economic Cooperation and Development	经济合作与发展组织
OLAP	online analytical processing	联机分析处理
OSI	open systems interconnection	开放系统互联
PaaS	platform as a service	平台即服务
PDA	personal digital assistant	个人数字助理
PHP	hypertext preprocessor	超文本预处理器
PIN	personal identification number	个人识别码
PKI	public key infrastructure	公钥基础设施
PoS	proof of stake	股权证明
PoW	proof of work	工作证明
QoS	quality of service	服务质量
RFID	radio frequency identification	射频识别
ROI	return on investment	投资回报率
RTGS	realtime gross settlement	实时全额支付系统
RTK	real time kinematic	实时动态定位
SNS	social networking service	社交网络服务
SCM	supply chain management	供应链管理
SE	secure element	安全单元

SET	secure electronic transaction	安全电子交易
SGML	standard generalized markup language	标准通用标记语言
SMP	symmetric multiprocessor	对称式多处理机
SMS	short message service	短信服务
SaaS	software as a service	软件即服务
SSL	secure socket layer	安全套接字层
T2T	thing to thing	物与物
TCP	transmission control protocol	传输控制协议
TTP	trusted thind part	可信第三方
UDP	user datagram protocol	用户数据报协议
UNCITRAL	United Nations Commission on International Trade Law	联合国国际贸易法委员会
URI	uniform resource identifier	统一资源标识符
VAN	value added network	增值网
VR	virtual reality	虚拟现实
W3C	World Wide Web Consortium	万维网联盟
WWAN	wireless wide area network	无线广域网
WAP	wireless application protocol	无线应用协议
WiFi	wireless fidelity	无线保真
WIPO	World Intellectual Property Organization	世界知识产权组织
WLAN	wireless local area network	无线局域网
WLANA	Wireless LAN Association	无线局域网联盟
WPKI	wireless public key infrastructure	无线公钥基础设施
WTLS	wireless transport layer security	无线安全传输层
WTO	World Trade Organization	世界贸易组织
XML	extensible markup language	可扩展标记语言
XSLT	extensible stylesheet language transformation	可扩展样式表转换语言

参考文献

[1] 覃征，等．电子商务概论［M］.5 版．北京：高等教育出版社，2017.

[2] 覃征，虞凡，董金春．电子服务［M］．杭州：浙江大学出版社，2009.

[3] Qin Z，Li S D，et al. E-Commerce Strategy［M］.Berlin:Springer-Verlag，2011.

[4] Qin Z，Han Y，et al. E-Commerce Outline［M］.Berlin:Springer-Verlag，2007.

[5] 覃征，曹玉辉，王卫红，等．移动电子商务［M］．北京：清华大学出版社，2012.

[6] 覃征，张伟哲，葛磊，等．电子商务文化概论［M］．北京：清华大学出版社，2014.

[7] 中国电子技术标准化研究院．人工智能标准化白皮书：2018 版［R］．北京：中国电子技术标准化研究院．

[8] 唐谦．电子商务在中国发展的探思［J］．中南民族大学学报：人文社会科学版，2005（SI）：202-204.

[9] Lai M K，Humphreys P K，Sculli.The Implication of Western Electronic Commerce for Chinese Business Networks［J］.Industrial Management & Data Systems，2001（6）：281-289.

[10] 刘怡，电子贸易挑战传统税制［J］．经济理论与经济管理，1998（6）：41-45.

[11] 苏静，翟旭君．传统企业电子商务之道［M］．北京：电子工业出版社，2012.

[12] 沈拓．不一样的平台：移动互联网时代的商业模式创新［M］．北京：人民邮电出版社，2012.

[13] 张昭俊，等．电子商务物流管理［M］．北京：清华大学出版社，2013.

[14] 辛明军．电子商务系统分析与实现［M］．北京：清华大学出版社，2010.

[15] 胡燕灵．电子商务物流管理［M］．北京：清华大学出版社，2009.

[16] 吴军，胡桃，杨天剑．电子商务物流管理［M］．杭州：浙江大学出版社，2009.

[17] 张宝明，文燕平，陈梅梅．电子商务技术基础［M］．北京：清华大学出版社，2008.

[18] 张大斌．电子商务技术基础［M］．北京：高等教育出版社，2008.

[19] 秦成德，王汝林．移动电子商务［M］．北京：人民邮电出版社，2009.

[20] 朱宝荣．应用心理学［M］.2 版．北京：清华大学出版社，2009.

[21] 汪应洛．电子商务学科的理论基础和研究方向［J］．中国科学基金，2007（4）：193-200.

[22] 郭全中．门户网站沉浮［J］．互联网经济，2016（7）：74-79.

[23] 蔡洋，丁美玲．计算机技术在电子商务中的运用［J］．硅谷，2012（21）：127.

[24] 李国华，仇小敏．论网络交往对人的发展的二重效应［J］．长沙理工大学学报：社会科

学版，2004（1）: 29–31.

［25］汝艳红 . 微博信息传播的特点及发展趋势［J］. 青年记者，2012（20）: 82–83.

［26］蔺世杰 . 网络虚拟社区及其文化特征［J］. 常熟高专学报，2004（5）: 116–117.

［27］阿瓦德 . 电子商务从愿景到实现［M］.3 版 . 英文注释版 . 北京 : 人民邮电出版社，2009.

［28］周虹 . 电子支付与结算［M］. 北京 : 人民邮电出版社，2009.

［29］查菲，等 . 网络营销：战略、实施与实践［M］. 马连福，等，译 .3 版 . 北京 : 机械工业出版社，2008.

［30］冯晓玲 . 电子商务安全［M］. 北京 : 对外经济贸易大学出版社，2008.

［31］张小蒂，倪云虎 . 网络经济［M］.2 版 . 北京 : 高等教育出版社，2008.

［32］叶佳丽 . 中国电子商务发展现状及其面临的问题［J］. 商业经济，2010（7）: 35–37.

［33］马大勇 . 中国移动电子商务现状、问题及对策研究［J］. 科技信息，2009（28）: 613–614.

［34］王渊，杨姝，王刊良 . 电子商务研究方向的分类研究 : 中国视角［J］. 情报杂志，2008（11）: 87–90.

［35］毕寒 . 移动通信与电子商务的融合——移动电子商务［M］. 中国商贸，2010（4）: 87–88.

［36］曹红苹，李红艳 . 我国移动电子商务现状、问题及对策研究［M］. 商场现代化，2008（27）: 135.

［37］李晶，韦沛文 . 电子商务概论［M］. 北京 : 清华大学出版社，2016.

［38］汤兵勇，熊励 . 中国跨境电子商务发展报告（2014—2015）［M］. 北京 : 化学工业出版社，2016.

［39］范云芝 . 电子商务概论［M］.2 版 . 北京 : 机械工业出版社，2015.

［40］张思光，张延君 . 电子商务概论［M］.2 版 . 北京 : 清华大学出版社，2016.

［41］张滨，冯运波，等 . 移动电子商务安全技术与应用实践［M］. 北京 : 人民邮电出版社，2016.

［42］李春葆 . 电子商务网站开发教程——基于 C#+ASP.NET［M］. 北京 : 清华大学出版社，2016.

［43］周升起 . 国际电子商务［M］.2 版 . 北京 : 北京大学出版社，2016.

［44］姚国章 . 电子商务与企业管理［M］.3 版 . 北京 : 北京大学出版社，2015.

［45］王丽芳 . 电子商务安全技术［M］. 北京 : 电子工业出版社，2015.

［46］周小勇，史吉锋 . 电子商务理论与实务［M］. 北京 : 清华大学出版社，2014.

［47］来有为，戴建军，田杰棠，等 . 中国电子商务的发展趋势与政策创新［M］. 北京 : 中国发展出版社，2014.

［48］蔡志文 . 电子商务安全［M］. 北京 : 北京大学出版社，2013.

［49］孙占利 . 电子商务法［M］. 厦门 : 厦门大学出版社，2013.

［50］夏露 . 电子商务法规［M］. 北京 : 清华大学出版社，2011.

［51］宋梦华 . 电子商务与网络安全［M］. 北京 : 对外经济贸易大学出版社，2011.

[52] 方磊 . 电子商务物流管理 [M] . 北京 : 清华大学出版社，2011.

[53] Perrigot R，Pénard T.Determinants of E–Commerce Strategy in Franchising:A Resource–Based View [J] .International Journal of Electronic Commerce，2013（3）: 109–130.

[54] Xiao B，Benbasat I.Product–Related Deception in E–Commerce:A Theoretical Perspective [J] . MIS Quarterly，2011（1）: 169–196.

[55] Colla E，Lapoule P.E–Commerce:Exploring The Critical Success Factors [J] .International Journal of Retail & Distribution Management，2012（11）: 842–864.

[56] Huang Z，Benyoucef M.From E–Commerce to Social Commerce:A Close Look at Design Features [J] .Electronic Commerce Research and Applications，2013（4）: 246–259.

[57] Li P，Xie W.A Strategic Framework for Determining E–Commerce Adoption [J] .Journal of Technology Management in China，2012（1）: 22–35.

[58] Fang Y，Qureshi I，Sun H，et al.Trust，Satisfaction，and Online Repurchase Intention:The Moderating Role of Perceived Effectiveness of E–Commerce Institutional Mechanisms [J] .MIS Quarterly，2014（2）: 407–427.

[59] Chiu C M，Wang E T G，Fang Y H，et al.Understanding Customers' Repeat Purchase Intentions in B2C E–Commerce:The Roles of Utilitarian Value，Hedonic Value and Perceived Risk [J] . Information Systems Journal，2014（1）: 85–114.

[60] Xiao B，Benbasat I.Research on The Use，Characteristics，and Impact of E–Commerce Product Recommendation Agents:A Review and Update for 2007-2012 [M] //Handbook of Strategic E–Business Management.Berlin:Springer–Verlag，2014.

[61] Huang Z，Benyoucef M.From E–Commerce to Social Commerce:A Close Look at Design Features [J] .Electronic Commerce Research and Applications，2013（4）: 246–259.

[62] Du J，Lu J，Wu D，et al.User Acceptance of Software as A Service:Evidence from Customers of China' s Leading E–Commerce Company，Alibaba [J] .Journal of Systems and Software，2013（8）: 2034–2044.

[63] Sila I.Factors Affecting The Adoption of B2B E–Commerce Technologies [J] .Electronic Commerce Research，2013（2）: 199–236.

[64] Ngai E W T，Lam S S，Poon J K L.Successful Implementation of A Computer–Supported Collaborative Learning System in Teaching E–Commerce [J] .International Journal of Information and Communication Technology Education，2013（4）: 1–20.

[65] Senarathna I，Warren M，Yeoh W，et al.The Influence of Organisation Culture on E–Commerce Adoption [J] .Industrial Management & Data Systems，2014（7）: 1007–1021.

数字课程资源使用说明

1. 通过计算机访问 http://abook.hep.com.cn/1878815,或用手机下载并安装Abook应用。

2. 注册并登录,进入"我的课程"页面。

3. 输入封底数字课程账号(20位密码,刮开涂层可见),或通过Abook应用扫描封底数字课程账号二维码,完成课程绑定。

4. 单击"进入课程"按钮,开始本数字课程的学习。

课程绑定后一年为数字课程使用有效期。受硬件限制,部分内容无法在手机端显示,请按提示通过计算机访问学习。

如有账号问题,请发邮件至:abook@hep.com.cn。